内蒙古歷代方志集成

第一輯 ⑤

歸綏識略
歸綏縣志

内蒙古自治區人民政府地方志研究室 編

山西出版傳媒集團
三晋出版社

圖書在版編目（CIP）數據

歸綏識略；歸綏縣志 / 内蒙古自治區人民政府地方志研究室編. — 太原：三晋出版社，2022.10
（内蒙古歷代方志集成）
ISBN 978-7-5457-2597-1

Ⅰ.①歸… Ⅱ.①内… Ⅲ.①呼和浩特—地方志 Ⅳ.①K292.61

中國國家版本館CIP數據核字（2023）第154048號

歸綏識略 歸綏縣志

編　　者：内蒙古自治區人民政府地方志研究室
責任編輯：張仲偉
責任印製：李佳音
裝幀設計：劉　磊

出 版 者：山西出版傳媒集團・三晋出版社
地　　址：太原市建設南路21號
電　　話：0351-4956036（總編室）
　　　　　0351-4922203（印製部）
網　　址：http://www.sjcbs.cn

經 銷 者：新華書店
承 印 者：山西基因包裝印刷科技股份有限公司

開　　本：787mm × 1092mm　1/16
印　　張：66.5　插頁：5
字　　數：450千字
版　　次：2022年10月 第1版
印　　次：2023年 8 月 第1次印刷
書　　號：ISBN 978-7-5457-2597-1
定　　價：480.00 圓

〔清〕張曾 撰

歸綏識略

二十五卷

清咸豐抄本

歸綏識略

歸綏識畧目錄

崞縣張曾小袁初輯

古蹟

陵墓

城郭

壇廟

寺墖

公署

官學

義學

教場

駐
蹕 人
部 卡 村 濟 賽 市 田 倉
倫 莊 郵 社 集 賦 庫

巡幸
官制
兵防
宦績
賢材
使臣
寓客
史鑑
詩詞上下

土默特

呼圖克圖

物部

土産

税課

歸綏識畧卷一

崞縣張曾小袁初輯

天部

星野

趙地。昴畢之分野。趙分晉。得趙國。西有太原。定襄。雲中。五原。上黨。定襄。雲中五原。本戎狄地。見漢書地理志。史記天官書。亦曰昴畢冀州。

按山西通志。及朔平府志。於星野一門。歷引各書。而斷以山西諸郡。太原潞安遼沁。俱參井分野。大同昴畢分野。朔平介太原大同之間。所分之野○應在昴畢與井○又奥之北土○馬牧之所出○天苑之象存焉○胃得馬牧之氣○邊外分野○昴畢井而外○應盍胃宿○似矣○惟是胃星分野○史記天官書列諸徐州○漢地理志未之及○歷代天文志○天或謂其在魯分○或謂自胃一度至畢六度○自胃七度至畢十一度○為大梁之次○為趙分野○其說參差不一○若天苑為天子苑囿○晉志謂在二十八宿之外○乾象新書謂西八星屬胃○南八星屬昴○丹元子步天歌○以天苑與芻槀等星○皆屬昴宿○則謂胃有天苑之象○其分野當盍胃宿者○誤

也。至於井星分野。既在太原路安遼沁。以星則中隔參觜。以地則中隔雁門。漢書地理志雁門於天文別屬燕如因唐書謂豐勝諸州。皆東井之分。歸綏為豐州地。其分野當直昴畢井無疑。獨是唐書之說。宋洪氏容齋隨筆。已識其謬。且其書以雲中雁門定襄代郡。列諸東井輿鬼秦州雍下。而於昴畢趙冀州下。返列信都鉅鹿等十一郡。與史漢大相刺謬。是烏得引以為證。況歸綏扼西北之險。為古今邊塞要衝。考之天文家言昴畢二宿。占邊事者八星。而胃井無一焉。信乎史漢之說。

顯而可徵。言胃井者。不待辨而知其失矣。昴畢間為天街星。主限中外。歸綏適當南北疆界。與天街之象符合。自廿一史至明史。凡日月五星。掩蝕陵犯於昴畢間者。無慮六七十書。每藉以推占邊事。往往而驗。唐宋以後。此間或内或外。更遷不一。而天街金火之犯。所書尤指不勝屈。元太祖起自沙漠。入主中國。塞上無事百年。元史天文志昴畢兩宿。毫無紀載。順帝至正十一年。孛星見於昴宿。不數載而明師北上。順帝即遁歸和林。孰謂天人不相應哉。明季西法始入中國。以五星之退留遲速。為運行之常。史遂削而不書。然天象示警。分野之說。萬不可廢。是編謬遵志乘體例。雖力矯近世習俗。不敢於開卷之首。繪列昴宿幾星。畢宿幾星。并摭拾方頭天高等名。以蹈剿說雷同諸弊。而史漢具在。平日所師承者在茲。若以為昴畢二宿。昔舉冀州趙國全境而言。歸綏僅彈丸一隅。未能上應兩宿。則天街一星。確有可指。非昴畢之分野而何。後有作者。恐不能不以史漢書決之。

歸綏識畧卷二

崞縣張曾小表初輯

天部

節氣

歸綏地方每交節氣○以度數計之○較京都早一刻四分○較山西省會早三分○較四子部落早二分○較茂明安遲六分○較烏喇特遲七分○以寒暑計之○較京都及山西省會徵寒○較四子部落茂明安烏喇特等處徵熱○此地勢南北高下之異○而天時無多異也○陰山以北○俱係牧地○不能種植○間有開墾○所出亦祇數種○如

油麥胡麻之類○歸綏則與內地近似○惟耕斂有早晚耳○府志立春後○必有大風較秋冬時尤烈○立夏堅冰始稍○草木田圻○夏至後雖三伏盛暑○早晚不離棉衣○立秋天已苦寒○處暑夏田始熟○白露前後○即有嚴霜○野無遺禾○寒露百草枯萎○人皆衣裘○霜降雨雪○土工不興○立冬氷結不解○地凍数尺○山南如是○山北可知○

按歷書所列各處節氣遲早○悉依經度○至於晝夜刻分○太陽出入○則以緯度計算○此間北極出地平四十一度○京都出地四十度○山西省會出地三十八度○在天一度○在地約二百里○南北逾

愈遠○則晝夜刻分○太陽出入○愈懸絕矣○此間冬至晝三十六刻○夜六十刻○太陽較京都遲出二分○早入二分○較山西省會遲出八分○早入八分○茂明安較此間遲出三分○早入三分○四子部落較此間遲出四分○早入四分○夏至晝六十刻○夜三十六刻○太陽較京都早出二分○遲入二分○較山西省會早出八分○遲入八分○茂明安較此間早出遲入○各三分○四子部落較此間早出遲入○各四分○烏喇特與此間同○其南北同也○此間在京都山西省會之北○故冬至日出較遲○日入較

早。晝較短。夜較長。夏至日出較早。日入較遲。晝較長。夜較短耳。茂明安四子部落又在此間之北。故遲早長短。又復不一。其寒暑亦係乎此。故史稱五原豐勝。從古沙漠苦寒之地。府志所載四時節氣。詢之故老。数十年前。大概如斯。今則冠蓋雲屯。市廛星列。極民物繁庶之盛。天時人事。默為轉移。昔也殺氣憑陵。今也和氣感召。干戈擾攘。既変而井鑿田耕。凝閉窮陰。亦変而雨暘時若。雖南北氣候。終有未齊。而以山西一省言之。長城內。外漸亦無甚區別。近年来種植滋

丄

富○裘葛應時○有非大同朔平諸郡○所能及者○是又不以南北度數限之矣○幸無以地氣之自南而北為疑○

上

歸綏識畧卷三

崞縣張　曾小表初輯

地部

沿革

陶唐朔方幽都地。

堯命和叔。宅朔方。曰幽都。高誘注淮南子云。古之幽都在雁門以北

有虞並州地

舜肇十有二州。以冀地廣大。析置幽并營三州。并州在冀西北。故地當屬并。顧亭林日知録。謂并則今忻代以北。至塞外地

夏冀北地。孔氏曰冀州三面距河

禹會諸侯於塗山。復并天下為九州。地仍當屬冀。

商

代子國西北地。因夏九州。分統天下。封同姓代子國。是為稱代之始

周

夷畿要服地。春秋時北狄所居。戰國屬趙。周分天下為九畿。此當為夷畿要服地。春秋晉之北鄙。狄人所居。韓趙魏三分晉地。趙襄子滅代。臨北貉。趙武靈王破林胡樓煩。攘地千里。北至燕代。自代并陰山下至高闕為塞。赧王十五年。趙置雲中九原代郡。此地當即雲中九原屬。九原在雲中西

秦

雲中九原地。為上郡北境。

秦滅趙。仍置雲中九原等郡。朔方郡未分以前九原疑兼河南地

漢雲中定襄郡。疑即今歸綏六廳地五原郡。疑即今烏喇特等地東漢又

為南單于庭。後復置定襄五原。漢末隸冀州。

漢高帝十一年。詔取山南太原之地益屬代。代之雲中以西。為雲中郡。十二年。分雲中置定襄郡。武帝元朔二年。以秦九原地立五原郡。漢書地理志

五原郡。秦九原郡武帝元朔二年更名東部都尉治稒陽莽曰獲降屬并州師古曰稒音固縣十六。九原。莽曰成平固陵。莽曰固調五原。莽曰填河亭臨沃。莽曰振武文國。莽曰繁聚河陰。蒲澤。屬國都尉治南興。莽曰南利武都。莽曰桓都宜梁。曼柏。莽曰延柏師古曰曼音萬成宜。中部都尉治原高西部都

尉治田辟有盐官莽曰艾賨師古曰辟讀曰壁艾讀曰刈稒陽。北出石門障得光祿城又西北
得支就城又西北得頭曼城又西北得孛河地城又西得宿賨城莽曰固陰莫黽。如淳曰音
忉恒師古曰音丁葛反西安陽。莽曰鄣安河目。雲中郡。秦置莽曰受降
屬并州縣十一。雲中。莽曰遠服咸陽。莽曰賁武陶林。東部都尉治楨
陵。緣胡山在西北西部都尉治莽曰楨陸犢和。沙陵。莽曰希恩原陽。
沙南。北輿。中部都尉治師古曰闕駰云廣陵有輿故此加北武泉。莽曰順泉
陽壽。莽曰常得定襄郡。高帝置莽曰得降屬并州縣十二。成樂。桐
過。莽曰椅桐師古曰過音工禾反都武。莽曰通德武進。白渠水出塞外西至沙陵入河
西部都尉治莽曰代蠻襄陰。武臯。荒干水出塞外西至沙陵入河中部都尉治莽
曰永武駱。莽曰遮要安陶。莽曰迎符武城。莽曰桓就武要。東部都尉治莽曰猷

胡師古曰猷音一葉反定襄莽曰著武復陸莽曰聞武師古曰復音服東漢光武帝并省郡國省定襄徙其民於西河省五原徙其民於河東居烏桓於塞內匈奴南單于於雲中地遂為北部所居後從太尉趙憙之請復置五原定襄郡獻帝建安十八年三月庚寅省州并郡復禹貢九州定襄雲中五原地仍屬冀

附松龕中丞兩漢邊郡今地考畧摘録定襄雲中五原三郡

定襄郡屬并州漢高帝置前漢十四縣後漢五縣以定襄成宗前漢志無成宗縣名未知向縣所改武進改屬雲中以鴈門之善無中陵改屬定襄前漢各縣止存桐過武成駱三縣餘皆從省○在今歸化城土默特境內歸綏二城迤東迤西和林格尔清水河之間西抵黃河其北跨內蒙古西二盟喀尔喀境

右翼四子部落兩部地

成樂

郡治後漢省○在今歸化城南水經注白渠水西北逕成樂縣北魏土地記雲中城東八十里有成樂縣城以今勢地推之當在歸綏二城之西南托克托城東北

桐過

○在今歸化城西南濱河水經河水南入楨陵縣西北又南過桐過縣西河水於二縣之间有君子濟之名以今地勢推之當在托克托城西南濱河處

武進

後漢雲中改屬○在故成樂城東南水經注白渠水出塞外西逕武進縣故城北以地勢推之當在今歸化城之南

武臯

後漢省○在今歸化城東北界水經注芒干水南逕陰山西南逕武臯縣以地勢推之當在歸化城北牛心山之右

駱

○在今歸化城土默特境內

武城

後漢志作武成○在今歸化城西南十三州志武城縣在善無西五十里北俗謂之太羅城以地勢推之當在今朔平府右玉縣邊口外清水河之東

武要

後漢省○在今土默特歸化城界內

定襄

後漢屬雲中○在今歸化城東括地志定襄縣故城在朔州善無縣北三百八十里以地勢推之當在歸化城東北寶山附近

都武

襄陰

定陶

復陸 後漢俱省今無考

案定襄郡至後漢時以雲中之善無縣為郡治其地在朔平府右玉縣之南內地乃有定襄郡一隅前漢之十二縣皆在邊口外內地無尺土也今歸化城土默特牧地自寧遠廳直北以西西抵黃河為漢定襄雲中兩郡也其大勢則東境南境為定襄地其西北則雲中地也

雲中郡 屬并州秦置前漢十一縣後漢亦十一縣省陶林楨陵犢和陽壽而有箕陵疑即楨陵改名又以定襄郡之定襄成宗武進改屬雲中○今歸化城土默特界內歸綏二城以西托克托城薩拉齊一帶西南抵黃河跨入河套內蒙古西二盟之鄂爾多斯地北境跨內蒙古西二盟之喀爾喀右翼地

雲中 郡治○在今歸化城西黃河東岸初開於趙武靈王秦置為郡水經注白渠水又西南逕雲中故城南以地勢推之當在今薩拉齊之東

咸陽 ○在今歸化城西水經注大河東逕咸陽縣故城南以地勢推之當即今之薩拉齊

陶林 後漢省○在今歸化城土默特

界內

楨陵 後漢省○在今歸化城西水經河水南入楨陵縣西北注緣胡山歷沙南縣東北兩山二縣之間而出縣在山南北去雲中城一百二十里按楨陵與沙南縣隔河相對楨陵在河東岸以地勢推之當在托克托城西北濱河處

犢和 後漢省

沙陵 ○在歸化城西水經注白渠水過沙陵縣故城南西注沙陵湖以地勢推之當在今托克托城之北

原陽 ○在今歸化城西水經注芒干水南逕原陽故城西以地勢推之當在歸化城之西北

沙南 ○在今河套內蒙古西二盟鄂爾多斯左翼後旗與楨陵縣隔河相對

北輿 ○在今歸化城西界水經注武泉水又西屈逕北輿縣故城之北

武泉 ○在今歸化城西界水經注武泉水出武泉縣故城西南西逕北輿縣故城南

陽壽 後漢省○在今歸化城土默特境內

案雲中為今歸化城土默特西北境其方望大概可指惟水經注白渠荒干芒干武泉四水蒙帶於定襄雲中西郡今一統志所繪河道與晉省石刻輿圖不同未知孰是又一統志纂成時土默特界

內止有歸綏二城此外各廳俱未設故未能據以立說俟他日更詳考之

五原郡 屬并州秦九原郡武帝元朔二年更名前漢十六縣後漢十縣省固陵蒲擇南興稒陽莫䵣河目六縣○東接雲中西窮絕塞背負陰山陽山面臨大河今為內蒙古西二盟茂明安烏拉特兩部地南境跨入河套內蒙古西二盟鄂尔多斯境內者一縣

九原 郡治○在今烏拉特旗北漢朔方之東北雲中之西今河套黃河東流處也以地勢推之當跨陰山北茂明安地界

五原 ○在今烏拉特九原故城西水經注九原縣西北接對一城蓋五原之故城也

臨沃 在今烏拉特九原故城東水經河水東過臨沃縣南注石門水自石門障東南流逕臨沃縣東

河陰 後漢志作河除○在黃河南今內蒙古鄂爾多斯境內五原地在河套內者惟此一縣以地勢推之當在鄂爾多斯左翼後旗

蒲澤 後漢省○案屬國都尉所治似當在陰山北今茂明安界內

宜梁 ○在今烏拉特九原故城西水經注河水東逕宜梁縣故城南闞駰曰五原西南六

里今世謂之石崖城

曼柏

。在今烏拉特黃河北岸

成宜

。在今烏拉特故九原城西水經注河水自西安陽東逕田壁城又東逕成宜縣故城又東逕原亭故城

稒陽

後漢省。在今烏拉特故九原城東北近雲中郡水經河水東逕稒陽縣故城南又東逕塞泉南而東注予接前漢志所云光祿諸城當在陰山北茂明安境內

西安陽

。在今烏拉特故九原城西陰山南河水逕朔方縣東北屈南過五原西安陽縣南

河目

後漢省。在今烏拉特故九原城西陽山南高闕東南北河之閒水經注河水自陽山南南屈逕河目縣左括地志漢河目縣在北假中予案河目為五原極西之境再西即高闕古稱絕塞矣

文國

後漢志作父國

固陵

南興

莫䵣

後漢俱省今無考

武都

案漢五原郡據一統志在今內蒙古西二盟茂明安烏拉特西部界內茂明安在陰山之北東西一百里南北一百九十里烏拉特在陰山陽山之南東西二百十五里南北三百里漢五原郡跨入河

套鄂尔多斯境内者止河陰一縣其餘地勢之可考者皆在烏拉特境内無考之固陵文國蒲澤南興武都莫黖六縣或即在茂明安界内益烏拉特河水所経有水経注以證之故方望猶可指茂明安在陰山之北水経注不言遂無可依據耳

三國魏地屬北部為鮮卑庭

漢建安中雲中定襄五原為北部所擾自雲中定襄諸郡東抵遼水皆為鮮卑庭魏王操始集塞下荒地省雲中定襄五原朔方郡郡置一縣領其民合為新興郡（在今忻州地）文帝黄初元年復徙置并州自陘嶺以北并棄之

晉為拓跋猗盧地後以居越勒莫弗部河以西為赫

連勃〻所居

北魏嘗都此號盛樂城於五原郡置懷朔鎮

初居匈奴故地自拓跋猗盧始南遷城盛樂即漢之成樂縣也後以盛樂為北都延和二年置懷朔鎮魏分東西地屬東魏自魏迄周祇此盛樂左近尚有郡鎮之名餘無可考

北齊隸北道行臺置安遠威遠等郡

北周為永豐鎮此間齊周兩朝不聞有豐州之名通志職官部有豐州刺史二人俟考

隋為豐州後復為五原郡此州郡極廣大河東河西言之

文帝廢郡以州澤民北至五原即周永豐鎮改永豐縣旋升為豐州煬帝廢州復改為五原郡

唐為五原郡為九原郡復為豐州為单于郡又為天德軍振武軍即惰州郡分之五原豐州俱在河西惟单于都護府及天德振武在今歸綏地武德元年張長遜為五原太守尋除豐州總管貞觀中置豐州都督府居突厥降户似改五原為豐州矣乃郭汾陽兼五原太守李景畧以豐州刺史防禦天德軍數名猶並存也天寶中改九原郡領九原永豐二縣又改豐安縣憲宗時居突厥别部沙陀朱邪盡忠於五原後以五原近回鶻徙定襄立单于都護府以受降城騎士隸天德軍定襄即盛樂地

五代為契丹地

天祐三年（遼太祖神冊元年）八月契丹主阿保機率十萬騎入塞攻朔州（即懷朔鎮地非今朔州也）拔之勒石紀功於青冢之南時自代北至河曲踰陰山盡為契丹所據晉高祖石敬塘父事耶律德光（遼太宗）借兵滅後唐割幽薊十六州地與之（十六州無豐勝等名而雲應寰朔俱在豐勝以南則其北先屬契丹可知矣餘詳人部史鑑门）

宋為豐州後屬遼金元（此豐州即今歸化城與唐之在河西者異）

太宗平太原命將潘美楊業等出雁門伐契丹拔雲應寰朔四州天德軍都指揮王承美破契丹於豐州得其地後楊業戰死地復陷於契丹（遼將小鞠鞣破）

豐州徽宗時約金滅遼歸燕雲九州收復天德雲內諸城置定邊軍後金人敗盟約夏侵宋地爲夏據未幾復為金所奪乃徙豐州於府州地方名為寧豐寧宗時蒙古元興取金豐勝等州理宗時元約宋滅金悉有其地終宋之世爾外諸州旋得旋失未久屬焉愚按河東西俱豐州也隨唐宋各以所都之直北言之否則東遷毫無實據

遼置應天軍後復為豐州此豐州又極廣大觀其屬縣能兼漢朔方郡地可知領縣二曰富民縣本漢朔方郡臨戎縣朔方郡十縣三封朔方偹都臨河呼道窳渾渠搜沃野廣牧臨戎臨戎縣莽曰推武曰。振武縣本漢定襄郡成樂縣魏曰盛樂前破後唐振武軍勝州之民皆

趙河東州廢後石晉割地復置勝州以隋唐勝州
俱在河西因別為東勝州又改開遠軍置雲內州
領柔服寧人二縣今河以東當俱為振武縣地東勝雲內其初亦振武地也
金為豐州自宋遼以來俱以今歸化城為豐州治而所屬廣狹竟無從考
仍領富民縣振武鎮皇統九年升為天德總管府
析豐州置淨州為天支郡有天山縣立榷場雲內州
仍領縣二以寧人為雲川縣天山縣在陰山北富民縣當在河東與遼異
元為豐州隸大同路豐州治與遼金同惟將所屬縣并入較金時微大
并富民等縣入豐州廢雲川等縣入雲內州
明為漢南蒙古地元裔所居後賜名歸化城

洪武中設東勝五衛永樂中徙東勝中前後千户
於懷忎等處宣德中築玉林雲川等城設兵戍守
正统中并玉林入右衛雲川入左衛自殺虎口北
皆棄於外嘉靖中俺答築城於古豐州灘是為西
土默特疑即冒頓默啜之轉音自隆慶中款貢後三娘子別
居於此萬歷十四年賜名歸化城即今城是也詳史
鑑門我
大清天聰六年明崇禎七年
太宗文皇帝親征察哈兒即明史插漢駐蹕歸化城土默
特部落悉降

國朝世祖章皇帝入關定鼎以土默特部落全境合豐淨雲内東勝四州之地擴入版圖仍名歸化城分東西南北中五路後改為五廳曰歸化城曰和林格爾曰薩拉齊曰清水河曰托克托城於歸化城東五里築綏遠城

按通志以歸化城附朔平府而方輿沿革溯自上古輯要始於西漢府志亦附載歸化城而沿革則始於黃帝昔孔子删書斷自唐虞故是編亦以唐虞為始三代以上不過舉其大畧歷代

地理志北邊州郡惟前漢頗詳東漢猶畧具梗概魏晉以後中外疊據離合更易作史者不能越疆而徵其實則是此間郡邑可條分而縷析者西漢而外獨我

朝耳然以相隔過遠故址已淪落殆盡漢興迄今二千年所謂五原郡者何在雲中郡者何在定襄郡者何在所謂五原之十六縣雲中之十一縣定襄之十二縣者又何在且無論西漢也隋唐繼興所謂豐州者當自某所以迄某所所謂單于府者當自某所以迄某所所謂天德振武

等軍九原永豐等縣者當自某所以迄某所且無論隋唐也宋遼金元距今稍近矣其豐淨雲内東勝之以州名富民振武柔服寧人天山之以縣名應天開遠之以軍名亦與前明東勝五衛玉林雲川兩城之棄於外者同無一確地可指自我

朝分廳而後又孰能指某廳爲昔之某郡某軍某州某縣耶信乎顧氏祖禹方輿紀要引儲氏瓘之言曰知古非難知今非難夫古不參之以今則古實雅用今不考之於古則今且安恃顧氏又曰

秦漢城邑其不可見於古者什之二三六朝以
降廢置紛更其不可見於今者乃什之四五也
然渠所輯方輿書目經史而外千有餘家猶且
以中國邊陲或詳或畧為著書家憾事觚生謭
陋文獻無徵更何敢於一方之沿革始末鑿空而臆斷
哉茲編原本正史而於他書所見亦偶有節取
信者存之疑者闕之自此以下山川人物俱由
此卷為綱領豪甫脫即就正於同郡徐松龕中
丞中丞前著瀛寰志畧海內已不脛而走頃復
編訂兩漢邊郡今地考畧尚未成書其所考定

襄雲中五原三郡於茲編大可參酌因摘錄於兩漢沿革之下以資考校中丞自言平生足跡未至邊外其書以水经注為據而以輿圖質之倘繪畫稍有未真則毫釐之差恐或致千里之謬矣予謂世间方輿紀載充棟汗牛其卒未可徵信者俱由紙上空談之誤況此间郡縣部落改置頻仍履其地者弗考其文考其文者未履其地遂使前後數千百載無舊章可循即今日而不蒐輯之後此恐更難從事云

歸綏識畧卷四

崞縣張 曾小袁初輯

地部

疆域

歸化城東至討卜齊一百里與察哈兒接壤西至察素齊一百里與薩拉齊接壤南至一間房子八十里與和林格尔接壤北至可可以力更九十里與達尔漢接壤東北至速魯圖一百八十里與四子部落接壤東南至黑炭板升七十里與寧遠廳接壤西北至克里溝一百五十里與茂明安接壤西南至三兩莊

七十里與托克托城接壤兼管四子部落達尔漢茂明安三旗（地名俱蒙古語譯之亦甚俚俗多与古地名不合且無定字後做此）和林格尔東至寧遠廳界大坡底村九十里西至托克托城界甲賴兔村六十里南至邊墻平魯縣界井兒溝一百二十里北至歸化城界狼尾巴嘴子村一百里東南至殺虎口柵外右玉縣界八十家子村一百里東北至寧遠廳界大溝門八十里西南至清水河界庫倫圖六十里西北至歸化城界土城子二十五里計周圍六百餘里

薩拉齊東至歸化城多尔濟界一百二十里東南至

托克托城二道河界一百二十五里南至黄河岸十五里河南即外藩鄂尔多斯所屬之達拉特貝子及杭錦郡王旗地面綿延四五百里再南則陝西神木府谷等縣界西至泊俗作包頭鎮一百里迤西迤北即外藩烏蘭察布盟長所屬之烏喇特東西中三公旗地面周圍一千五六百里至二千餘里各旗之北係外札薩克歸烏里雅蘇台將軍管理其西南仍係達拉特及杭錦旗地綿長一千餘里界連甘肅寧夏平羅等縣北至大青山後一百餘里以外東北係外藩茂明安旗屬歸化城兼管薩拉齊兼管外藩地面惟

烏拉特三公達拉特貝子杭錦郡王等五部

清水河東至邊墻鎮川口七十里為平魯縣界西至黄河岸八十里為準噶尔旗界南至邊墻紅门口九十里為偏關縣界北至獺兒填六十里為和林格尔界東南至邊墻底新莊子九十里為平魯縣界西北至剌麻灣九十里為托克托城界周圍約四百餘里

分管準噶尔旗五百餘里

托克托城東七十里至興旺堡為和林格尔界東南九十里至飯鋪沿為清水河界南九十里至老山溝為偏關縣界西南一百二十里至公彦白蓋兒溝為

陝西府谷縣界西一百二十里至準噶尔貝子營再西為陝西界西北一百三十里至虎速泰河為薩拉齊界北六十里至祝樂慶村亦為薩拉齊界東北八十里至白塩為歸化城界分管準噶尔旗地向與清水河同

按通志於歸化城疆域未詳輯要則謂東西廣四百三里南北袤三百七十里東至四子部落界一百三十八里西至鄂尔多斯左翼前旗二百六十五里南至邊墻二百十里北至喀尔喀右翼界一百六十里距京都一千一百六十里

在會城西北九百六十里府城西北三百六十
五里此舊由西路行走里數近由寧遠廳東路行走近百餘里綏遠城在城
東北五里和林格尔在城東南一百二十里薩
拉齊在城西北二百四十里清水河在城西南
二百六十里托克托城在城西南一百八十里
與現查里數畧同府志謂歸化城東至察哈尔
界一百十里南至長城二百五十里西至黃河
岸二百七十里北至大青山二十里東北至山
後四子部落界東南至殺虎口二百四十里西
南至脫〻城黃河岸一百七十里西北至沙尔

沁黃河岸二百七十里又别本載土默特地回環九百餘里東界至察漢庫倫一百六十里與察哈尔鑲藍旗並四子部落接壤南界至殺虎口邊墻二百六十里西界至包頭鎮黃河岸四百餘里與烏喇特三公接壤北界烏蘭察布淵泉托蘇圖山克壽山二百六十餘里與四子部落達尔漢茂明安旗接壤合之兩志里數各異且皆舉當時全境而言今既分作五廳自應各明疆域至大青山游牧地係乾隆二十八年道光十二年兩次經

欽差大臣履勘奏明與各扎薩克分定界址西界自
白衚郭尔山起至克壽山止與茂明安為界北
界自克壽山起至托蘇圖山止適中為哈達瑪
尔河源立有石碑注明山後屬達尔漢山前屬
土默特游牧東界自托蘇圖山起至烏蘭察布
源泉止與四子部為落界以上各旗游牧界址
經
欽差大臣奏准繪圖送軍機處理藩院及本境各官
正副盟長處各存一分並於沿界一帶奏設堆
記每年秋後遵照奏章由副都統派土默特官

歸綏識畧卷五

崞縣張　曾小袁初輯

地部

山川

陰山見史記趙武靈王自代并陰山秦始皇逐匈奴並河以東屬之陰山築亭障爲河山塞括地志曰陰山北戎地在朔州北塞外東西千餘里漢武帝克匈奴置陰山縣皆在此山山海經有二陰山俱在西山經一曰陰山濁浴之水出焉而南流注於蕃澤其中多文貝又西次四經之首曰陰山上多穀無石其草多茆蕃陰水出焉西流注

於洛俱與此異一統志即今之大青山也在歸化城北二十里東接察哈尔境迤北而西直抵鄂尔多斯以黄河為界北有數口皆通大漠高數千仞廣三百餘里袤百餘里內產松栢林木遠近望之嵐光翠靄一帶青葱如畫屏森列府志謂考漢唐諸史五原豐勝無大青山之名惟漢書五原郡西安陽北有陰山徐廣曰陰山在河南陽山在河北遼史豐州振武縣即漢定襄郡盛樂縣背負陰山前帶黄河元魏嘗都此明一統志及山西通志古豐州境有黑山與雲內州夾山

二

東西相連疑大青山即古陰山黑山也語府志元延祐閭脩道碑以大青山為祁連山北人呼天為祁連金時邊外有天山縣因名大青山為祁連山考祁連山在陝甘涼州以天山為名距此甚遠惟括地志有連山史記正義曰地理志朔方臨戎縣北有連山或亦此山之分支至輯要謂大青山在城西南二百五里蒙古名庫〻合卲訪之居民無一知者所云翁公山在城北三十五里西至河套之北起烏喇特西境東至歸化城東北層巒峻嶺綿亘五百餘里上有元時

建甸城廢址其即此山無疑曰翁公者通山後瓦剌等處有吳公壩口或即其轉音之訛顧氏方輿紀要大同府西北塞外有山曰青山唐貞觀十五年李世勣擊薛延陀逾白道追及之於青山即此明嘉靖中中國叛人逃出邊者廾板築牆蓋屋以居乃呼為板廾有衆十餘萬南至邊墻北至青山東至威寧海西至黃河岸南北四百里東西千餘里一望平川無山陂谿澗之險耕種市廛花柳蔬圃與中國無異各部長分統之紀要語○愚按板廾蒙古語呼屋也或曰城也一作拜甡其音相近無定

字必以爿板築墻解之則鑿矣所謂青山亦即此大青山也明史
嘉靖三十五年俺答老弱避暑大青山外此大青二
字入史傳之始當為我
朝龍興之讖云曾按輯要在城西南南字若作北字則典後附諸說可通或剞劂之訛典
附通志大青山祁連山陰山陽等地通辨
歸化城在遼金元豐州之域其西有陰山陽山大
青山北通瀚海南臨黃河秦使蒙恬北擊胡渡河
取高闕據陽山北假後漢五原郡西安陽北有陰
山武帝克匈奴置陰山縣徐廣謂陰山在河南陽

山在河北水經注鍾山即陰山又曰陽山即陰山
元延祐脩道碑又謂大青山即天山即祁連山明
一統志大青山即陰山是諸山名雖異而實同也
按石碌山之西為陰山山東南為東受降城陰山
之西為陽山更西為大青山山東南為中受降城
西南為西受降城城西越長寧河阿保之南即賀
蘭山也至甘州為漢張掖郡窮石之東為焉支山
肅州為漢酒泉郡高臺之南為祁連山此皆在嘉
峪以東至於伊州之北為天山其西為柳陳城更

西為高昌即明火州為漢車師唐交河蒲類兩縣地是天山與祁連已東西判然矣金時以邊外稱天為祁連置淨州天山縣遂名大青為祁連而元亦因之宜戲水經注山在中國之極北故名陰山水北曰陽山在河水之北故亦謂之陽山以此正徐廣陰山在河南一語之誤誠是矣然河自明季三部落之西北轉逕大青山之陰其南有馬陰山山以東即周朔方漢朔方郡及明河套故地水經所云河水又南逕馬陰山西是也徐廣之所謂陰

山在河南肅或指此山乎抑宜覈

附松龕中丞陰山考畧由兩漢邊郡考畧內摘鈔

一統志陰山俗名大青山西自河套北烏拉特西境東至歸化城東西綿亘五百餘里蒙古土名隨地而異皆古所謂陰山也其實陰山横障漠北南起賀蘭山蜿蜒而北為古之狼居胥山又迤邐起伏而東北直至遼東廣寧邊外皆岡阜接連峯巒疊起中外土名以數十百計自套北至遼葢三四千里漢書匈奴傳侯應言陰山千餘里葢約畧言

爾又一統志言陽山在陰山西河套正北與陰山接連以東西異名耳在烏拉特西北二百四十里陽山之前即秦之北假秦時蒙恬度河據陽山取其地名為北假北假者以地假與貧民使墾種也其西即高闕塞予按後漢書郡國志注徐廣曰陰山在河南陽山在河北其曰陽山在河北是也至云陰山在河南殊不可解河南即今河套套內之山據一統志有二十餘然大勢多平土其山皆部婁岡阜絕無高大之名山陰山為朔漢障蔽橫亘

三四千里即所謂内興安嶺套内一片土將何地以容之考前漢西河郡有陰山縣其地大約在套内徐廣或本此以立説然西河郡之陰山自當是套内同名之小山豈可以區區者當朔漠數千里之陰山耶

緣胡山見漢書地理志雲中郡楨陵注云在楨陵西北十三州志楨陵北去雲中城一百二十里水經河水流楨陵西北當即今托克托城地緣胡山當即今胡塞口也漢書注狐一作胡

天德山見漢書李陵自居延行至天德山唐宋置天德軍遼史太祖平黨項遂破天德軍元史河源錄過達〻地古天德軍蓋軍以山名在今烏喇特境金置天山縣北人呼天為祁連以致元脩道碑有祁連山之稱皆即此山與涼州之山名同而實異德字不可省也達〻二字元人自稱至明始作達靼又作韃靼

黑山見魏書神麚二年車駕東至黑山數軍實通志謂即殺虎山又謂在古豐州境與雲內州夾山相連府志有大青山將即古陰山黑山之説蓋亦古陰山

之隨地而異名者也北人青黑二字往〻通用如青
冢土黑聞者以冢草獨青釋之陰山迤西望之黝然
而黑因先有黑山之名而後有青山又名大青山其
寔仍一山耳
和兜山見魏書魏主燾始光三年自雲中西巡至五
原既而田於陰山東至和兜山山在陰山之東似即
今紅螺谷地
薄山見魏書天興二年襲高車還至牛川及薄山刻
石紀功徙其降民於漠南高車在漠北襲之而還至

牛川薄山州即今之黑牛溝左右山也
柞山亦云柞嶺魏始光初命長孫翰等伐柔然自將
屯柞山是年破夏統萬引兵還至柞嶺神䴥二年燾
西巡至於柞山先是晉元熙元年魏主嗣泰常四年
田於犢渚李延壽曰犢渚在柞山之西方輿紀要山
在大同塞外四百餘里詩小雅疏柞木全白而無赤
心性堅理直將今之白杉樹也烏喇特境內有山產
杉樹極多今即名烏喇山亦曰西山當即其地芻水
渚數處不知孰為犢渚以田獵言惟五當溝州之

石子嶺紀要在盛樂西南晋書苻秦代代戰石子嶺新唐書自夏州北渡烏水百二十里又百餘里玉石子嶺當即今喇麻灣山嘴又陵石或曰邑名以其有山谿之險因置邑於此北史東如陵石在盛樂東東木根山在黃河東晋太寧二年代王賀傉以諸部未服築城於東木根山而徙居之志曰五原有木根夾山見遼史天祚避女直奔夾山通志謂在朔州北三百四十里與黑山東西相連或謂即紅山摩天嶺諸山也按通志之説似即今吳公壩口天祚奔此欲投往漠北耳

七寶山下有古城相傳即漢五原郡城或曰金屯兵城也輯要有寶山在城東八十里

官山下有九十九泉流爲黑河見府志元史太宗嘗避暑於此張運青鵬翮奉使日記九十九泉池有心肺二山相連

牟那山通志謂在朔州北三百里隋大同城舊墟在焉山近有耳嘴城有秦長城當即甸城脩路地

狼山城南一百二十里蒙古名綽農圖哈喇石碌山城西四十里蒙古名哈尔全和邵出石碌方輿紀要在故平地

縣東太白山城西二百五里蒙古名插漢白雲山城西二百六十五里蒙古名插漢俄博牛心山城西北一百十里蒙古名顏朱尔克蟠羊山城東北七十里蒙古名衣馬圖魏書太祖紀天賜四年北巡至參合陂東過蟠羊山即此六山俱見輯要與謂大青山在城西南二百五里蒙古名庫〻合邵者同輯要成於乾隆四十五年距今僅八十年而山川名目已不可考文獻之徵難矣哉

九峯山在城東南一百二十里九龍灣東西石山上有九峯故名今為和林格爾地

紅山在城南百五十里紅城南東接榆樹梁西抵剌

亥

麻灣有紅山口見府志又東北七十里有大紅山口
三十里有小紅山口今名紅沙口
半箇山黑青山照壁山俱在平魯邊外見府志清水河畧
托里岡在城東南五里
衚衕壩在城東南二百餘里高五里圍十數里一
榆樹梁在城東南二百餘里府境邊外高三里周圍
十里通平魯縣邊外大小榆樹灣山甚險峻多榆樹
未知即古榆林否古榆林與陝西榆林府異
白道梁在城東南二百三十里府境邊外高三里周

圍十里

摩天嶺在城南一百五十里黑城東高五里周圍二十里

黑勒庫谷在城西七十里谷内盡松栢樹

五達谷在城西二百五十里

紅螺谷城東北二十五里蒙古名烏蘭察布輯要作五藍义柏音近無定字即四子部落等會盟所也各内産松柏樹

喀喇克沁谷赤蒙古名城東北四十五里即今演放礮位之喀喇沁溝也谷産材木與紅螺谷同

榆溝在城東北九十里蒙古亦名烏里雅蘇台與定邊左副將軍城名同地異
黄河通志在城西南一百六十里自烏喇特畧東南流入境又折而南黑河水自東来注之又東南经湖灘河朔紫河水自東来注之又折而西南流入偏關縣畧府志在城西北二百七十里自西北山嘴折而東南流至脱脱城西折而東南三十里至剌麻湾山嘴復折而西南至寗武偏頭老牛灣入關河口又考元史河源録曰河東北流過達々地八百餘里過豐

州西受降城折而正東流過達地古天德軍凡七百餘里折而正南過大同路雲内州東勝州與黑河合方輿紀要則曰河在廢東勝州西八里自榆林北塞流經此乃折而南經朔州西境入河曲保德州界各書詳畧不同道里亦多參錯今查河上流自甘肅來由南而北至高闕塞始折而東經烏喇特等旗以南河套以北曲折千餘里入薩拉齊境折而東南百餘里至二道河入托克托城境黑河流注迤南為湖灘河朔至剌麻湾入清水河境紫河及各溝水流注

之

至老牛湾出境為偏關縣界自東南流至此約三百餘里府志所謂至托〻城西折而東南至剌麻湾折而西南者誤黄河九曲計其大者而言小有轉折随曲随直不能計也元史河源錄前達〻地即今阿拉善在河套西後達〻地即今烏喇特旗在河套北古天德軍亦在其地大同路雲内州即今薩拉齊地東勝州即今薩拉齊連托克托城地河道明而古今疆域約畧可指無惑乎談方輿者必本乎水經矣方輿紀要所謂自榆林北塞流入仍是漢唐以来關中建

都通套語更不足據顧氏自言於邊外方輿未能如内地之言之鑿鑿蓋足跡所未及故耳

附水經二十節

河水又屈而東流為北河東逕高闕南始入今烏喇特界

河水自臨河縣東逕陽山南」又南逕馬陰山西

河水又東南逕朔方縣故城東北城在套內

河水自朔方東轉逕渠搜縣故城北城在套內

河水又東逕成宜縣故城南

河水又東逕原亭城南

十二

河水又東逕宜梁縣之故城南

河水又東逕稒宋本作副陽城南

又東過臨沃縣南

河水又東枝津出焉河水又東流石門水南注之

河水又東逕稒陽縣故城南

河水又東逕塞泉城南而東注又東過雲中楨陵縣南又東過沙南縣北從縣東屈南過沙陵縣西

河水屈而流白渠水注之上節入今薩拉齊界此入托克托界黑河合流

河水南入楨陵縣西北

又南過赤城東又南過定襄桐過縣西

河水於二縣之間有君子之名

河水又東南左合一水入今清水河界

河水又南樹頹水注之紫河合流各溝水皆入河

河水又南太羅水注之以上二十節於邊外數郡水道最詳惟自酈注後金蔡氏訛補正之夲不傳於世今之郡邑雖即元氏舊疆而名辨既殊波流宜復一轍或名在而邑徙或地是而名非謹附識之藉以通古今地名并可考兩漢郡邑所在云

黑河在城南二十里蒙古名伊克土爾根輯要謂即古白渠荒干水也源出鑲藍旗察哈尔東北七十里

海拉蘇台坡名喀喇烏素俱蒙古語漢書地理志定襄郡武進縣注白渠水出塞外西至沙陵入河武皋縣注荒干水出塞外西至沙陵入河當即黑河之正名後世因水色純黑與黃河水別且出北方故俗名黑河耳元史海都列營帳於黑河上跨河為梁以便往来一統志黑河古豐州界源出官山西流入雲内州界至東勝州入黃河府志發源大青山東官山九十九泉經城南二十里為大黑河至脫脫城西南伏流入黃河又小黑河在城南十里蒙古名小土尔根

河番漢語兼用西流四十里至洪津入大黑河府志謂源出左右山峪以今考之則自城東北討速虢溝發源疑小黑河為白渠之俗名大黑河為荒干之俗名也又黑勒庫河出黑勒庫谷亦西南流入黑河復入黄河明史嘉靖中總兵劉漢部分參將麻祿等出勒经二黑河一灰河灰河在朔州入桑乾河不在邊外

附水經河水屈而流白渠水注之注水出塞外西逕定襄武進縣故城北西部都尉治王莽更曰伐蠻世祖建武中封趙憲為侯國也白渠水西北逕成樂北郡國志曰成樂故屬定襄也

十五

魏土地記曰雲中城東八十里有成樂城今雲中郡治一名石盧城也白渠水又西逕魏雲中宮南魏土地記曰雲中宮在雲中故城東四十里白渠水又西南逕雲中故城南故趙地虞氏記云趙侯自五原河曲築長城東至陰山又於河西造大城一箱崩不就乃改卜陰山河曲而禱爲晝見羣鵠遊於雲中裵回經日見大光在其下武侯曰此為我乎乃即於其處築城今雲中城是也秦始皇十三年立雲中郡縣曰遠服矣白渠水又西北逕沙

陵縣故城南王莽之希恩縣也其水西注沙陵湖又有芒于水出塞外南逕鍾山山即陰山故郎中侯應言於漢曰陰山東西千餘里单于之苑囿也自孝武出師攘之於漢北匈奴失陰山過之未嘗不哭謂此山也其水西南逕武臯縣王莽之永武也又南逕原陽縣故城西又西南與武泉水合其水東出武泉縣之故城西南縣即王莽之所謂順泉者也水南流又西屈逕北輿縣故城南按地理志曰五原有南輿縣王莽之南利也故此加北舊

中部都尉治十三州志曰廣陵有輿故此加北疑太踈遠也其水又西南入芒于水西南逕白道南谷口有長城在右側帶長城背山面澤謂之白道南谷口有城自城北出有高阪謂之白道嶺沿路惟土穴出泉挹之不窮余每讀琴操見琴慎相和雅歌錄云飲馬長城窟及其扳陟斯途遠懷古事始知信矣非虛言也顧瞻左右山椒之上有垣若頹基焉沿溪亘嶺東西無極疑趙武靈王之所築也芒于水又南西逕雲中城北白道中谿水注之

水發源武川北塞中其水南流逕武川鎮城以景明中築以禦北狄矣其水西南流歷谷逕魏帝行宮東世謂之阿計頭殿宮城在白道嶺北阜上其城員角而不方四門列觀城内唯臺殿而已其水又西南歷中谿出山西南流於雲中城北於雲中城北南注芒于水于又西塞水出懷朔鎮東北芒中南流逕廣德殿西山下余以太和十八年從高祖北巡屆於陰山之講武臺〻之東有高祖講武碑〻文是中書郎高聰之詞也自臺西出南上山

山岳林木唯童阜耳即廣德殿所在也其殿四柱
兩厦堂宇綺栱圖畫奇禽異獸之象殿之西北便
得焜煌堂雕楹鏤角取狀古之温室也其時帝幸
龍荒遊鸞朔北南秦王仇池楊難當捨蕃委誠重
譯拜闕陛見之所也故殿以廣德為名魏太平真
君三年刻石樹碑勒宣時事碑頌云肅清帝道振
懾四荒有蠻有戎自彼氐羌無思不服重譯稽顙
恂々南秦斂々推亡峨々廣德奕々焜煌侍中司
徒東郡公崔浩之詞也碑陰題宣成公李孝伯尚

書盧遐等從臣姓名若新鏤焉其水歷谷南出陰山西南入芒于水芒于水又西南注沙陵湖湖水西南入於河芒于漢書注作荒干或作芒干或作荒于或以荒于芒干為二疑一水也

注内應採入山川古蹟者甚夥今其蹟湮沒無考因錄全注以備稽覈

紫河輯要謂即古中陵樹頹二水蒙古名烏蘭木倫源出察哈尔西南境内西流至殺虎口北合邊内北来之兎毛河又西至烏蘭巴尔哈孫城西入黄河隋大業三年發丁男十萬築長城西距榆林東至紫河二旬而畢唐貞觀十四年遣突厥阿史那思摩建牙

於此亦曰紫乾河天寶初朔方節度使王忠嗣北討奚怒皆戰於紫乾河又隋志定襄郡大利縣有陰山紫河杜佑曰勝州榆林縣有金河紫河自馬邑郡善無縣流入境合金河又南流入於大河

附水經河水又南樹頹水注之注

水出東山西南流右合中陵川水水出中陵縣東南山下北俗謂之大浴山其水亦取名焉東北流逕中陵縣故城東北俗謂之北右突城王莽之遮害也十三州志曰善無縣南七十五里有中陵縣

世祖建武二十五年置其水又西北右合一水水
出東山北俗謂之貸敢山水又受名焉其水自西
北流注於中陵水又西北流逕善無縣故城西王
莽之陰館也十三州志曰舊定襄郡治地理志曰
雁門郡治其水又西北流又會一水水出東山下
北俗謂之吐文水山又取名焉北流逕鉏亭南西
流土壁亭南西出峽左入中陵水〻又北分為二
水一水東北流謂之流水又東逕沃陽縣故城南
北俗謂之可不埿城王莽之敬陽也又東北逕沃

陽城東又東合可不埿水出東南六十里山下西北流注沃水又會東逕參合縣南魏因參合陘以即名也北俗謂之倉鶴陘道出其中亦謂之參合口徑在縣之西北即燕書所謂太子寶自河還師參合三軍奔潰即是處也魏立縣以隸凉城郡也西去沃陽縣故城二十里縣北十里有都尉城地理志曰沃陽縣西部都尉治者也北俗謂之阿養城其水又東合一水水出縣東南六十里山下北俗謂之災豆渾水西北流注於沃水又東北流注盐池地里志曰盐澤在東北者也今盐池西南去

沃陽故城六十五里池水澂渟淵而不流東西三
十里南北二十里池北十里即涼城郡注池西有
舊城俗謂之涼城也郡取名焉地理志曰澤有長
丞此城即長丞所治也城西三里有小阜〻下有
泉東南流注池北俗謂之大谷此佳水亦受目焉
中陵川水自枝津西北流右合一水於連嶺北出
沃陽縣東北山下北俗名之烏伏真山水曰諸升
袁河西南流逕沃陽縣左合中陵川亂流西南與
一水合北俗謂之樹頹水〻出東山下西南流右

反

合詰廾表水亂流西南注分為二水左水枝分南出北俗謂之太羅河右水西逕故城南北俗名之昆新城其水自城西南流注於河注內山川古蹟其無考与前注同仍將全注附錄之

金河上承紫河泥紫金色故名隋大業三年北巡發榆林歷雲中泝金河韋突厥啓民帳即此唐置金河縣一統志金河在古雲內州東南百五十里府志金河泊在東勝州西流入天瑞泊入黃河在清水河界清水河疑即古窴邊河也源出平魯縣西北諸山經

大水七壑二口流出口外合邊外諸水至岔河口入
黃河今以為烏蘭巴尔哈孫一帶置廳總名
頭道河二道河三道河俱在城東南即口內兔毛河
水西流經紅城亦名紅河西南至岔河口入黃河
黃水河在城北百餘里蒙古名西拉木倫源出色古
尔泉東北流入喀尔喀右翼界圖入黃河者誤○又金河亦名黃水河
諾真水在古雲中城西北見唐志貞觀十五年李世
勣追薛延陀衆於青山又敗之於諾真水疑即今黑勒庫河
山黛湖輯要謂即沙陵湖古沙陵縣地疑即今薩拉齊沙海子

卅

大海一作岱海在城東南或謂即蘇子卿海上看羊地也今有招寺在其地

七星湖在城西南一百七十里黄河東岸有七水眼旋轉望之如星今薩拉齊托克托城界有村以七星湖名

豐州灘城西一百二十里蒙古名伊克蘇尔哲源出蘇尔哲谷東南流入黑河見輯要或以為歸綏一帶總名

居延川一名居延澤漢書蘇武嘗困於此通志在雲

内州境又云居延川在陝甘地距此頗遠邵陽魏氏聖武記曰居延山蒙古語為崑都倫此間乾隆初未分五廳以前有東路崑都倫協理通判在和林格尔境内或别一居延地也又記謂大青山蒙古語名漢喀喇陰山名葛札尔黑山名喀喇俄博圖附識以備參考

按禹貢首奠山川山川融結地氣之厚薄因之古者建立國邑必相山川形勢向背以驗地氣之聚散非徒以供游眺快登臨也我晋國表裏

山河即閫外一隅亦復層巒疊嶂河流環绕惟雁門以北山險峻而弗秀水渾濁而弗清行道者輙生南北之感且俗諺有是山無頭是水倒流諸語至殺虎口外則别一景象矣然通都大邑山川易於得名僻遠之區游蹤罕及元遺山登山岳詩云東州死愛華不注向在陋邦何足数敬亭不著謝宣城斷岸何緣比天姥洪震老元人咏〻安東泉山詩云通都大邑人争馳一泉一石小亦奇雲深路绝無人處縱有佳山誰淂

知二詩意絶相類山川顯晦所在皆然况窮邊極塞耶五原豐勝諸州山川見諸史策者大率因軍行所至紀載路塗無高人逸士棲隱之所無景物名勝之蹟崑崙瀚海北包大漠以外前代度漠之軍所至如狼居胥山窴顏山浚稽山涿邪山燕然山皆距代郡定襄雲中朔方一二千里今未敢確指為何山我

朝臣服漠南北蒙古凡阿尔泰山杭愛山以及興安内外嶺盡隸版圖一統志於北幹支派言之至

北十

詳且盡惟以陰山為天山一支魏氏記已辨其誤葢魏氏謂天山之脈盡於玉閭賀蘭陰山乃和闐中幹之支非天山之支考諸各書問之行人無不吻合陰山在歸化城北為漢南口北第一山即今之大青山毫無疑義通志則以石碌山西為陰山再西為陽山又西為大青山輯要不專列陰山之名而於翁公山下有即陰山之說又謂大青山在城西南二百五里府志無翁公山而以大青山為陰山者又復將似其說則

其餘山川可知甚矣志乘之難也以川而言歸綏道署前有左右兩水至此而合不數里流入黑河各志俱未載詢之土人亦未知其何名此外就輿圖所繪尚有十餘水或以土俗名或蒙古番語考諸志乘及地理各書無可取證其輿圖所未繪者時發時涸又當不可勝數茲編既不敢以志乘為名僅取漢唐以來史策所載山川名目及現在有蹟可指有名可徵并各志所所存有名而未能核實者按其紀載先後識之

至桑酈经注尤未獲一〻證明僅鈔録原文数則附焉維古今稱謂雅俗不同陵谷更遷分合互異其中重複錯漏知所不免第以数千百年经始之書值文獻不足之地一人耳目闻見難周半載光陰蒐羅莫及並以職司書記案牘勞形偶一游覽亦朝出莫歸足跡不数十里即或專心採方謂芻蕘可詢而格磔侏儒語言奚辨稍有可解亦皆市井貿易佃種樵牧暫時寄居者流因形命名羌無故實道聽塗説以訛傳訛

入耳者未敢信於心寓目者不敢宣諸口下筆
時再四審酌取舍無從埋沒又復不少至其藩
蔽之益灌溉之利一時更未暇計及閱者諒之

以

歸綏識畧卷六

崞縣張　曾小袁初輯

地部

古蹟

高闕塞史記趙武靈王自代并陰山下至高闕為塞秦滅六國使蒙恬將十萬人北擊胡度河取高闕漢元朔四年衛青將十萬人敗右賢王於高闕水經河水又屈而東流為北河東逕高闕南注山下有長城長城之際連山刺天其山中斷兩岸雙闕善能雲舉

望若闕焉節肰表目故有高闕之名也自闕北出荒中闕口有城跨山結局謂之高闕戍上古迄今常置重捍以防塞道通志在歸化城西北實烏喇特境内

附長城考畧

春秋之世田有封洫故隨地可以設関而阡陌之間一縱一横亦非戎車之利觀國佐之對晉人可知矣至於戰國井田始廢而車変為騎於是寇鈔易而防守雖不得已而有長城之築齊楚韓魏趙與中山俱有長城不但北邊也其在北邊者史記

118

匈奴傳秦宣太后起兵伐殘義渠於是秦有隴西北地上郡築長城以拒胡此秦之長城也魏世家惠王十七年築長城塞稒陽此魏之長城也匈奴傳趙武靈王北破林胡樓煩築長城自代并陰山下至高闕為塞而置雲中雁門代郡此趙之長城也燕將秦開襲破東胡東胡却千餘里燕亦築長城自造陽至襄平置上谷漁陽右北平遼西遼東郡以拒胡此燕之長城也秦滅六國使蒙恬將十萬之衆北擊胡悉收河南地因河為塞築四十四

縣城臨河徙適戍以充之而通直道自九原至雲
陽因邊山險塹谿谷可繕者治之起臨洮至遼東
萬餘里又渡河據陽山北假中此秦并天下後所
築之長城也自此以後則漢武帝元朔二年遣將
軍衛青等擊匈奴取河南地築朔方復繕故秦時
蒙恬所為塞因河為固魏明元帝泰常八年二月
戊辰築長城於長川之南起自赤城西至五原延
袤二千餘里太武帝太平真君七年五月丙戌發
幽冀等四州十萬人築城廣袤皆千里北齊文宣

巾

帝天保三年十月乙未起長城自黄櫨嶺北至社
干戍四百餘里立三十六戍六年發民一百八十
萬築長城自幽州北夏口至恒州九百餘里先是
自西河總秦戍築長城東至於海前後所築東西
凡三千餘里率十里一戍其要害置州鎮凡二十
五所八年於長城内築重城自庫路拔而東至於
塢紇戍凡四百餘里而斛律羡傳云羡以北虜屢
犯邊須備不虞自庫堆戍東距於海隨山屈曲二
千餘里其間二百里中凡有險要或斬山築城或

斟谷起障并置立戍邏五十餘所周宣帝大象元年六月發山東諸州民脩長城立亭障西自鴈門東至碣石隋文帝開皇元年四月發稽胡脩築長城五年使司農少卿崔仲方發丁三萬於朔方靈武築長城東距黄河西至綏州綿歷七百里六年二月丁亥復令崔仲方發丁十五萬於朔方以東緣邊險要築數十城七年發丁男十萬餘人脩長城大業三年七月發丁男百餘萬築長城西距榆林東至紫河四年七月辛巳發丁男二十餘萬築

北

長城自榆林谷而東此又後史所載繼築長城之事也顧氏日知錄所紀如是明成化中築邊墻與脩長城同

附胡字考畧

史記匈奴傳晉北有樓煩林胡之戎燕北有東胡山戎下文遂云築長城以拒胡日知錄謂北狄名胡當自此始是以二國之名而概北方之國猶之羯本地名（上黨武鄉縣羯室）晉時匈奴別部居之後因呼為羯也今之胡姓有以國為氏者胡之為字本非

惡稱如齊人呼齊晉人呼晉耳不知者輒將其為
北人所諱則誤矣至於虜者俘獲之謂初無定名
南北朝以後遂加之北人亦習焉不察也

九原舊城通志在大同西北即唐改豐州者曰舊城
當即秦漢郡縣非唐之九原郡縣也寰宇記九原有
前後雞延及郎君城（按雞延與居延音近）

雲中故城通典謂雲中單于府是也秦漢皆置雲中
郡唐孔穎達曰雲中城在勝州榆林縣東北四十七
里高宗龍朔三年置雲中都護府麟德元年改單于

怍

都護府領金河縣胡氏曰金河漢之雲中郡城也在隋榆林郡城東北四十里自朔州至單于府凡三百五十七里大歷八年徙治振武城內舊城遂廢裴行儉破突厥重置又志曰烏咄各二百七十里至古雲中城入塞圖云從平城西北行五百里至雲中又西北五十里至五原又西北二百五十里至沃野鎮又二百五十里至高闕塞又冀州圖曰雲中城周十六里北去陰山八十里南去漢長城百里將有誤顧氏方輿紀要大同府西北四百餘里古雲中城也

附通志雲中辨

大同之為雲中也，兆於後周，昉於唐，相沿且千數百載。昔蘇秦說燕文侯曰：燕西有雲中、九原。趙武靈王二十六年攘地，北至代，西至雲中、九原，又嘗欲將士大夫，爺其境，直南襲秦。是二郡者，趙之西界，秦之北界也。秦置雲中郡，漢因之，領縣十一，治雲中。後漢無犢和、陽壽，以定襄郡之定襄、成樂、武進隸焉。漢末郡廢，入新興郡。後魏仍置雲中郡，領延氏縣。太平真君七年，以雲中縣屬永安郡之定襄永熙中又置雲陽縣郡本隸朔州改曰雲州此元魏以前雲中郡之大畧也今之大同漢雁門郡之平城元魏之代都也代公猗盧六年城盛樂為北都修故平城為南都天興初置司州太和初改恒州洎齊天保中州廢為恒安鎮隸太平縣終魏齊之世不問以平城為雲中郡也後周始改太平縣曰雲中隋曰雲內恒安鎮屬焉唐貞觀十四年自朔州北定襄城徙雲州暨定襄縣來治洎開元二十年改定襄縣為雲中平城之號雲中於是乎始

呂令問賦平城曰雲中古城是也夫秦漢之雲中古城以唐志裂之雲中都護府爲近其地負陰山帶黃河即元魏之盛樂故都也然元魏之盛樂以爲後漢之雲中郡地則可以爲秦漢之雲中郡城則不可何者范史郡國志凡縣名先書者必郡所治而二漢雲中郡胥治雲中縣以此知盛樂之非雲中故郡也今即以唐志推之龍朔三年置雲中都護府麟德元年改單于大都護府東北距朔州三百五十七里計其距恒安鎮蓋不啻四五百里

而後人乃概號為雲中亦已踈矣其說兆於後周昉於唐而遼西京志又從而實之謂趙武靈王嘗置雲中郡於此又謂雲中縣趙置是蓋以唐郡為漢郡而不知唐之置雲州於恒安鎮與僑郡同非故郡也遼志業以大同為雲中郡故以奉義為漢陶林懷志為漢沙南二縣胥雲中屬也以漢地覈之當在平城之西北不當在平城之東南其謬蓋與雲中郡之說等又嘗考之唐之中受降城西二百里有大同川其東為故大同城又嘗於朔州鄯

陽縣東三十五里置大同軍城胥非大同川故地也遼重熙十七年西夏犯邊始析雲中置大同縣而遼志曰大同縣本大同川地然則古郡縣之遷移而寖失其真者又可勝道哉

五原郡城文獻通考注在唐榆林縣西今七寶山下有古城府志謂相傳即五原郡城則又在東北矣漢五原城有二一郡一縣郡治稒陽宜近稒陽塞唐憲宗時居突厥別部於五原後以五原近回鶻徙定襄山下古城於唐五原城也

卝

定襄郡城其地南大河北白道畜牧廣衍龍荒之㝡
壤突厥爭利之在朔州北三百八十里見唐書似即
今歸化城地以當日郡治在成樂也

附通志定襄辨

今之定襄古陽曲也漢高帝置定襄郡領縣十二
後漢以故屬雁门之善無中陵典桐過武成駱隸
定襄郡而以定襄縣改屬雲中郡建安時移陽曲
於太原乃於其故城置定襄縣隸新興郡晉改晉
昌縣北魏定襄并雲中九原晉昌來屬隋省入秀

容唐武德初析秀容置定襄隸忻州貞觀十四年自朔州北定襄城移雲中置定襄縣永氵元年移民於朔州開元二十年移雲州仍改定襄為雲中縣屬雲中郡宋省入秀容後復為定襄金元因之此定襄郡縣之始末也大抵古雲中定襄地本相近古雲中在朔郡邊外古東勝界定襄在雲中東南魏都定襄之盛樂背負陰山前帶黄河後自雲中徙都平城即今大同府治雁門關外又有小平城皆雁门郡地東南有參合陂則屬代郡唐徙定

襄於雲中後改雲州亦即今有大同地他如唐豐州之安樂戍永濟柵大同川大同故城與古雲中地近而與今之大同相去數百里若指今大同為漢雲中因指今定襄以槩古之定襄是一誤且再誤也夫定襄有郡縣之分即定襄縣亦南北屢遷漢書郡國志凡郡治所在縣名必先書前漢定襄郡首成樂在今歸化城唐書貞觀十五年突厥思摩帥衆兵渡河居於故定襄城即其地也後漢定襄郡首善無在今朔州十三州志所云舊定襄郡是

也至漢定襄縣前屬定襄郡後屬雲中郡今右玉西有故城即故縣大同忻州均非漢初定襄縣地忻州有新興故城肆州故城今定襄縣有永安城桧城古陽曲城距縣百里有古定襄城與魏地形志定襄注總合即舊唐書所云建安時於陽曲故城置定襄縣者亦為有據大同縣西北二十里有定襄城明一統志謂漢郡唐縣皆治此按二漢郡治首成樂善無不聞治平城若指此為唐貞觀中所置定襄縣後改為雲中縣者則得之矣又按唐

書忻州析秀容置定襄意定襄既改雲中而秀容之析在其後與今以二漢定襄郡所屬十二縣五城按之近日郡縣歸化城近成樂朔州近善无右玉近桐過五寨近中陵其餘則多在塞外緣置新興郡後人民四散雖漢末驅塞外民實之惠帝又遷宏農三千戶於此而自元魏時圖籍已多散失至於唐別置定襄都督府僑治甯朔領州四道通大同雲中此又在夏州塞外云

附尹耕四郡考耕字子莘代州人明嘉靖庚辰進士豪宕不羈情性嗜酒喜談兵嘗

為州守廢免家居生長邊陲通知疆事恨武備廢弛邊臣玩愒作塞語十一篇申明邊防虜勢要害

夫大同之地古雲中九原定襄代郡趙秦漢之所置也趙并代以有代斥胡以有雲中九原而置郡則皆於赧王之十五年於是秦因之為三郡漢增置定襄為四郡夫秦漢時天下不過三十餘郡而北地處其四則夫西北之阨豈止是哉故嘗曰三代以來東南之地漸闢西北之地漸淪固理勢之自然也今以其故城考之則雲中在勝州榆林五原即廢豐州代為蔚廢城定襄在今府城之西北

皆非今府城也以其屬考之則雲中有咸陽陶林沙南北輿之屬九原有臨沃文國武都曼柏之屬定襄有成樂桐過襄陰復陶之屬代郡有高柳鹵城班氏平邑之屬皆非今所屬也然則今大同者雲中之東境定襄之南境代郡之北境而九原之南隣也是故合其全則四郡不得不紀指其實則代南境為太原雲中定襄西北境與九原俱在塞外矣是則考興廢者不可不知也此考為大同而作所考亦未盡確如九原與五原微欠分晰定襄郡城仍明一統志之說俱不若通志辨証於古今疆域瞭如指掌

然其文實閙通志之先考輿圖
者似不可以不讀因併識之

稒陽塞漢書五原郡治稒陽注北出石門障得光祿城又西北得支就城又西北得頭曼城又西北得虖河城又西北得宿虜城東漢書鄧騭出稒陽塞魏太武帝太延二年冬幸稒陽皆即此地括地志曰稒陽屬勝州舊縣在銀州銀城縣界府志謂今大青山磧口有吳公壩通瓦剌等處地方與此形勢畧同當即古稒陽塞也予謂塞仍在烏喇特境內河套之北有水經注可證

單于臺漢武帝元封元年冬十月帝出長城歷五原

北登單于臺詳史鑑門杜佑曰在雲州雲中縣西北百餘里元和志云臺在西受降城東北唐武后永昌初使僧懷義討突厥行至紫河不見敵刻石單于臺即此

通志在大同府陽高縣將誤

蘇武城通志邊関圖在東勝州東雲內城北極近陵角海相傳蘇武使匈奴被留居此方輿紀要廢雲內州北有蘇武廟正統中也先挾上皇至其地有小黃河今邊外舊城十餘未知孰是廟亦頹廢無存

李陵臺唐地里志雲中都護府有燕然山有李陵臺

一統志云在雲内州北高二丈餘方輿紀要謂唐志燕然山即陰山也蓋距山當不遠按漢書鄧騭出稒陽塞遂至燕然山則燕然在稒陽塞北不得謂即陰山矣俟考

君子津亦名君子濟水經注漢桓帝十三年西幸榆中東行代地洛陽大賈齎金貨隨帝後行夜迷失道往投津長曰子封送之（句疑有誤蓋封金寄之也）渡河賈人卒津長埋之其子尋求父喪發冢舉尸貲貨一無所損其子悉以金予津長津長不受事聞帝曰君子也即名

其津為君子濟〻在雲中城西南二百餘里晉帝奕
太和二年代王什翼鞬擊劉衛辰自君子津濟恭帝
元熙元年魏主嗣西巡雲中從君子津西渡河大獵於
薛林山魏太武始光三年自將伐夏行至君子津天
暴寒冰合遂濟河襲統萬明年造橋於君子津即此
府志在城西南黃河為古東勝州地或曰即紅津橋
古永濟柵也又來違津亦見魏書在君子津南
盛樂城前漢定襄郡治元魏嘗都此拓跋氏所重築也
方輿紀要在大同府西北三百餘里漢置成樂縣屬

定襄郡後漢屬雲中郡鮮卑拓跋力微始居其地晉元康五年拓拔祿官始分其國為三部使兄子猗盧統盛樂故城建興初猗盧城盛樂以為北都其後為石虎所敗部族東徙至拓拔翳槐於咸康初復城盛樂而居之弟什翼犍於咸康六年始都雲中之盛樂宮明年築盛樂城於故城南八里即漢之成樂縣地也又晉紀太元十一年拓拔珪徙居定襄之盛樂蓋前此遷逐於雲中代郡間無定居也亦曰雲中宮魏土地記雲中宮在雲中故城東四十里義熙九年魏

帖十

主副如雲中舊宮蓋是時都平城故謂盛樂為舊宮魏主燾始光元年柔然入雲中攻拔盛樂宮魏主擊却之孝文遷洛後於定襄故城置朔州領盛樂廣牧二郡正光五年元彧討破六韓拔陵頓於朔州是年詔改懷朔鎮為朔州更朔州為雲州亦謂之雲中李崇為破六韓拔陵所敗自白道還雲中既而復自雲中引兵還平城曰雲中者白道之衝賊之咽喉若此地不全則并肆危矣乃請留費穆為雲州刺史既而北境皆沒惟雲中一城獨存久之乃棄城南奔地記

雲中城東八十里有盛樂城今雲中郡治一名盧城
魏收志永熙中置盛樂郡爲雲州治所即此唐初平
突厥置雲中都督府於盛樂爭罷天寶元年王忠嗣
奏置振武軍西去東受降城百餘里大歷八年徙单
于都護府治振武軍城内元和七年李絳言振武天
德左右良田萬頃請擇員開治詔從之東起振武西
逾雲州極於中受降城出入河山之際凡六百餘里
唐書振武天德良田廣袤千里是也續通典振武軍
即古盛樂城與定襄故城對其地居陰山之陽黄河

北十

之北契丹阿保機神冊元年襲吐谷渾還至振武盡俘其民而東後置振武縣屬豐州金廢為振武鎮當在歸化城西南十數里

白道見魏書太常四年西巡雲中踰白道水經注芒于水西南逕白道南谷口有長城背山面澤謂之白道嶺沿路土穴出泉挹之不竭括地志魏武川鎮北有白道谷谷口有白道城方輿紀要後魏雲中郡有白道嶺白道川自白道北出為懷朔鎮又西北為沃野鎮南為武川鎮又南即雲中城也府志在歸化城

北岭誤且山川門謂城東南二百三十里有白道梁今歸化城東鄉又有村名白道子岭以在東南為是

沃野鎮城後魏置傍金河與漢朔方郡沃野縣異

豐州城有二一隋初所置在河西即九原故城唐因之一在今歸化城左近為宋豐州王承美破契丹兵置孔子廟者也府志混而為一通志以在河西者為古豐州今歸化城為宋王氏豐州葢城二而地一也

附通志豐州考

豐州在戰國屬趙秦九原漢五原郡地五原郡城

收十

在榆林郡界後漢及魏晉漸淪沒隋文帝時因舊永豐鎮改縣置州豐州之名始此煬帝廢州置五原郡唐貞觀四年以居突厥降戶置豐州原注亦在五原郡即後周之永豐鎮在黃河西不領縣十一年州廢天寶中改九原郡領九原永豐二縣景龍二年朔方軍總管張忎愿築三受降城後唐改天德軍遼更名應天軍復為州領富民振武二縣宋初攻契丹得之後沒於西夏徙置府州地名曰寧豐金初仍豐州領縣二後改天德軍總管府大定中析豐州置淨州領

天山縣元復為豐州舊有錄事司及富民縣至元中以大同平地縣入焉明初置玉林雲川等衛後棄於外今由右玉殺虎堡出口西北二百四十里為歸化城城東五十餘里藏經塔有金天輔中碑城内都統署有元延祐中碑皆刻豐州據此則金元之豐州即在歸化城左右隋唐之豐州五原本在河西遼乃改置河北遼志云豐州有大鹽濼九十九泉沒越濼古磧口非豐州故地也歸化城東北有水名豐灘繞城而西曲注黃河唐書三受降

城俱列豐州而豐州之九原永豐二縣或省入勝州之河濱或省入靈州之懷遠或省入延州之豐林此胥指河西豐州非河東豐州也

單于城通志邊圉圖在青冢徼東北似即今歸化城地唐所置單于都護府是也

附日知錄單于一則

單于地名通典麟德元年改雲中都護府為單于大都護府領縣一曰金河有長城有金河李陵臺王昭君墓舊唐書突厥傳車鼻既破之後突厥盡

為封疆之臣於是分置單于瀚海二都護單于都
護領狼山雲中桑乾三都督蘇農等一十四州新
書言磧以北蕃州悉隸瀚海南隸雲中雲中者義
成公主所居也頡利滅李靖徙突厥羸破數百帳
居之以阿史德為之長衆稍盛即建言願以諸王
為可汗遙統之帝曰今可汗古單于也乃改雲中
府為單于大都護府以殷王旭輪即睿宗旦為單于都
護裴行儉傳突厥阿思德溫傅反單于管內一十
四州并叛應之范希朝傳單于城中舊少柳希
朝於他處市柳命軍人種之俄遂成林田歸道傳
默啜奏請六胡州及單于都護府之地則天不許

回纥傳遣使北收单于兵馬钱糧　通鑑注引宋史曰唐振武軍舊单于都護府即漢定襄郡之成樂縣也在陰山之陽黄河之北後魏所都之盛樂是唐平突厥於此置雲中都護府後改单于府新唐書地理志曰唐之盛時開元天寶之際東至安東西至安西南至日南北至单于府徐九皋詩題曰送部四鎮人往单于崔顥詩題曰送单于裴都護赴西河岑参輪臺即事曰輪臺風物異地是古单于是也按此則為太白詩单于秋色來作注故開口即曰单于地名至所以名单于之義則今可汗古单于一語最明非謂古之

單于皆地名也
讀者幸善會之

三受降城見上豐州考元和志東受降城在勝州榆林縣東北八里西受降城在豐州西北八十里中受降城有拂雲堆祠唐於雲中郡置都督府後改橫塞軍又移天德軍即中受降城地也寰宇記唐朔方總管張忎愿於豐州東北八十里築西受降城東城在東勝州東北八里東南至朔州四百里西至中城三百里中城在雲内州距大同五百里明史紀事本末中城南置朔方西城南置靈武東城南直榆林相距

各四百餘里其說互異今不敢確指其地矣汾陽曹慕堂西河考河自東受降城折而南直此云東城在東勝州東北八里方輿紀要曰黃河在廢東勝州西八里自榆林北塞流經此乃折而南以數書合之東城當在薩拉齊托克托城界二道河側

附唐呂温之受降城銘并序温字和叔見寓客门

夏后氏遏洪水驅龍蛇能禦大菑以活黔首周文王城朔方逐獫狁能捍大患以安中區若非高岸峻防重門擊柝雖有盛德曷覲成功然則持璿璣而弛張萬象昊穹之妙用扼勝勢以擒縱八極王者之宏圖道雖無外權則有備變化消息存乎其

人三受降城皇唐之勝勢者也昔秦不量力北築長城右扼臨洮左馳碣石生人盡去不足乘障兩漢之後頗為荒邱退居河滸歷代莫進矯亡秦之弊則可矣盡中國之利則未然唐興因循未暇經啓有拂雲祠者在城之北地形雄坦控扼樞會虜伏其下以窺域中禱神觀兵然後入寇甲不及擐突如其來鯨一躍而吞舟虎數步而擇肉塞草落而北虜懼河氷堅而羽檄走爰自受命迄於中興國無寧歲景龍二年默啜强暴瀆鄰構怨掃境西

伐漢南空虛朔方大總管韓國公張忎愿躡機而
謀請築三城奪據其地跨大河以北嚮制胡馬之
南牧中宗詔許掎議不撓於是留及瓜之戍斬奸
命之卒六旬雷動三成岳立以拂雲祠為中城東
西相去各四百里過朝那而北闢斥堠迭望几二
千所損費億計減兵萬人分形以據同力而守東
極於海西窮於天納陰山於寸眸拳大漠於一掌
驚塞飛而烽火耀孤雁起而刁斗鳴涉河而南門
用晏閉韓公猶以為未也方將建大旆提金鼓馳

神策鞠虎旅看旌頭明滅與太白進退小則責琮
賮受其角定保塞一隅之安大則倒狼居竭瀚海
空苦塞萬里之野大畧方運元勳不集天其未使
我唐無北顧之憂乎厥後賢愚迭任工拙異勢剛
者黷武柔者敗律城隳險固寇得凌軼或驅馬飲
河而去或控弦劉壘而還吾知韓公不瞑目於地
下矣今天子誕敷文德茂育羣生戢兵和親北狄
右衽然而軍志有受降如敵大易有安不忘危崇
墉言之其可弛柝亦宜鎮以元老授之廟勝俾述

舊職而恢遺功外勤撫綏內謹經畧使其来不敢
仰視去不敢返顧永讋猛氣無生禍心聳威馴恩
禽恩荒外安固萬代術何加焉敢勒銘城隅庶復
隍而光烈不昧銘曰韓侯受命志在朔易北方之
疆制以全策亘漠橫塞揭茲雄辟如三門龍躍出
大澤並分襟帶各開風雷俯視陰山仰看昭回一
夫登陴萬里洞開日晏秋盡繖雁不来時維韓侯
方運神妙觀釁則動乃誅乃弔廓乎窮荒盡日所
照天乎未賛不策清廟我聖耀德罷高北門優而

柔之用息元〻昌若完守推亡回存于襄于裔永
裕後昆

黑城在托克托城東北五十五里即魏武川鎮城也唐志已名黑城為魏六鎮之一红城在黑城東六十五里城垣俱存周圍俱十里許未知古何城也

河濱縣城隋榆林縣地唐析置縣屬勝州東北有河濱闕

静邊城定邊城振遠城俱在单于府界為唐所置今俱廢

陘口在殺虎口北二十里魏文帝時所謂自陘嶺以北并棄之者當即指此唐太宗貞觀四年李靖帥兵三千夜襲定襄大破突厥於磧口一作陘口

飲馬長城窟在白道嶺上土穴出泉水經注已言之自古詩有飲馬長城窟行唐宋以來詠邊塞者輒以命題亦未能實指其地矣今歸化城東南里許有地名海窟俗傳蘇武牧羊處或曰古飲馬長城窟也有泉水深不可測今甃為井凡四孔水距孔不盈尺五十家巷名一帶蒙民商賈提汲終日不少減夜輒溢出

久旱不涸

烏咄谷呼延谷在中受降城北迤東八十里谷南口有呼延柵北口有歸唐柵車道入回紇

割達城綏遠城舊名盧城秦長城唐長城鉗兒嘴城府志俱在中受降城北

富民縣城本漢臨戎縣城有黑山神今鎮川口外西南四十里有富民莊相傳即縣城故址

永濟柵或謂即古之君子津今之洪津橋也橋在歸化城西南四十里又剌麻湾黃河渡俗名為湖灘河

朔渡口西北為毛代渡口或謂古君子来達兩津兩岸各設渡船鄂尔多斯以西商民俱從此渡河

楊六郎箭在歸化城西北白石頭溝内山上長丈围尺鋒插石罅揺之輒動風雨侵蝕木色枯朽約数百年物也俗傳宋将楊延昭鎮雁門時典契丹約令退一箭之地而陰使裨将孟良取屋椽揷犁地鐵丹為箭鏃置此誑之謂從雁門関射至者説荒誕不足信

雁山南北談古蹟者每豔稱楊無敵父子如試刀石譊糧堆所在多有獨於其世系名位多信泛小

説曲本則以未塾史傳之故按六郎本名延朗後改名延昭祖信漢麟州刺史父業遼史名继業母折氏折德扆女即俗所稱佘太君者也延昭兄弟可考者七人延玉隨父歿陳家谷口延浦延訓為供奉官延環延貴延彬為殿直延昭以供奉官為崇儀副使皆父蔭也業戰歿後朝廷始録其子六人延昭子三人其一名文廣以名将後且有功官定州路副都総管皆與俗傳不同繁峙有楊七郎墓通志未詳其名但言為業子別有楊興墓亦言

北十

業子且同在縣西十五里愚幼時屢過其地所見祇一墓〻前有碑亦近代立曰宋贈武勇將軍延興楊公神墓不知何據又通志保德州有折太君墓廣昌縣有六郎墓予邑有六郎寨孟良城焦贊寨此間有焦贊墓通志府志無

東勝州城以黑河入黄河道里計之當在今托克托城界方輿紀要遼復置東勝州亦曰武興軍金初屬西夏後復取之領東勝一縣元又省縣入州明初改建東勝左右二衛兵民皆耕牧河套中外寇頗少洪

武二十六年城東勝永樂間移入畿輔其地遂墟正統三年邊將周諒言東勝州廢城西濵黄河東接大同南抵偏闗北連大山榆楊等口中有赤兒山東西坦平二百餘里其外連亘官山實外寇出沒必經之地若屯軍此城則全晉西北可資保障矣府志在黄河迤西誤

附通志勝州考

勝州戰國趙地秦為雲中九原漢為雲中五原史記秦却匈奴槲榆為塞州南故有榆溪塞隋初置

勝州治榆林縣煬帝廢州置榆林郡唐為勝州榆林郡元史唐東受降城南直榆林後因濱河徙置綏遠峯南即今東勝州是也領縣二

榆林縣即漢河南縣地有故雲中城拂雲堆金河紫塞河自馬邑郡鄯陽縣流入有榆林關縣西有漢五原城河濱縣亦即漢河南縣地東臨河岸遼史所載畧同而太祖神冊元年破後唐振武軍勝州之民皆趋河東州廢後石晉割地復立勝州是遼之勝州先在河西後在河東故大同紀曰遼以唐勝州在河西乃加東字也唐決勝州在河南按

即勝州為明河套地杜佑李吉甫說甚明今黄河西來繞東受降城而南注其所經即故東勝地在歸化城之西平魯縣西北口外有明玉林衛城亦與勝州相近云據元史以東勝州城即唐敬宗寶曆元年所徙之東受降城為是

雲內州城遼史道宗置雲內州金元因之府志注唐初立雲中都督府後改横塞軍又移天德軍即中受降城地遼初為開遠軍置代北雲朔招討清寧初改雲內州領柔服寧人二縣有威塞軍古可敦城大同川天安軍永濟柵安樂戍拂雲堆在黄河東西壖與

所志勝州榆林縣及中受降城皆無異金仍為雲內
州領柔服雲川兩縣及寧人鎮元廢雲川縣設錄事
司至正四年省司縣入雲內州今可考者歸化城西
南托克托城北有舊城址古塔石柱刻金正隆中雲
內州錄事司郭說字是錄事司之設金已有之不自
朝始也九邊輯畧明宣德中置豐州雲內等縣設
官置戍正統間寇突入邊內於是玉林雲川等衛內
徙而豐州雲內之民遷於應朔等處是雲內州在明
時又曾為雲內縣矣

通志謂朔平全郡在雲中五原定襄雁门之界右玉在豐淨二州之界左雲在雲州雲西境平魯在豐勝雲内寧邊州境歸化城亙豐淨雲内東勝之地通志作於雍正十二年時五廳尚未分也

華嚴經塔俗呼為白塔歸化城東五十餘里有白塔城周圍約五六里將亾古縣城遺址也土人嘗夜見城垣門樓如新古城每有此異塔在城西北隅七級八面石臺磚砌刻畫極工高約十四五丈周圍約八九丈石欵篆書萬部華嚴經塔〻下有石香亭柱刻金天輔

外

年歸奉使記所謂蓮花為虛砌人物斗拱較中國天寧寺墖更巍然拾級而上可以至頂嵌金世宗時閣經人姓氏俱漢字有土墖數枚高寸許剖視之或麥或黍云念佛所積者今無之矣塔上有元至正中東勝州人題字城外西北各有一古城基周圍俱五六里許宋德祐帝降元封瀛國公後為僧住白塔寺當即在此

大明寺碑在白塔城南門外字模糊不全上刻故開府儀同三司上柱國代國公完顏國郝代國夫人耶律氏雲中張建中篆鄉進士王綍書金天輔中立

郭公墖在歸化城西南八十里俗呼為西白塔别乎華嚴經墖之在東者也高十餘丈周圍五六丈下亦有石香亭柱刻大金雲内州錄事司郭公諱説字本正隆五年明昌進士王天佑撰閻学真守正書（天輔金太祖年號正隆金主亮年號）

元延祐中甸城脩路碑今在歸化城北門内舊都统署大堂東偏碑為平治山谷道路勒石當在路側奉使記已云入城觀之則移立城内久矣（延祐元忎宗年號）

附李文焕豐州平治甸城山谷道路碑記

引子

豐之為郡其来尚矣地名九原雲朔三輔控御沙漠向碑作方面之剹金原世勲戚里置天德軍節度而鎮守馬風俗維氵民物尚樸厥土惟瘠鹵厥田惟下中原高且平墾耕牧養軍民相參居止郡南員郭黑河青冢古蹟仍存郡北一舍有環繞之山名曰祁連中有捷徑故道甸城山谷叱之銀瓮迢遥漁陽險阻近爭一倍抵天平七十餘里歷經沿草山水泛漲阻妨車兩經行寒暑迭遷人無舉覆粤有本州監郡傑烈奉議知州郭承務同知哈喇不

花承務判官倫忠勇等典牧是州未及數月講究
興除利病遂云方今政務宣閫之外供需漠北以
軍旅糧儲為重計奈何以浮石磽确有妨給餉之
正路耶又況歲值凶歉輙欲脩理其可得乎遂將
碑作有此意碑作議申明大同總府及憲司計稟河東
維嶽典聞省臺既從其便行會之間伏遇鎮邊德
寧天山分司宣慰使馬正奉宣慰同知撒德彌實
奉討碑作訓宣慰副使孫朝清繼踵馳驛路由是谷
亦既見之允協前論就諭相鄰社分命東甸城尖

山李家户三村等鳩集丁役蜂聚平治經之營之不日而就以致險隘之地遂成平坦之途奔驛駕車引重致遠過者無不忻懌復值暴雨衝流窒碍行路累蒙使君下令永蠲本社三村雜泛明諭家至户曉常切用力不致將來廢弛前功又矣（碑作於）三岔山路深重狭隘之處設置巡兵警鋪一所盗賊畏伏商旅通行路不拾遺民無病涉王德成既承其命爲敢不遵嘗聞悦以使民〻忘其勞噫守土之官憂民之憂樂民之樂者幾何人哉分封（碑作）

部之间有盧君五袴之咏憲其日月彌遠前德甯
而失其傳鄉人西三州官醫此间碑有前字提領郭瑀泊
張原楊禮並夲社王德成劉通甫李天祐王通甫
等懇請作文記之以刻其石愚辭不獲已故摭其
寔而備敘之碑尾署元延祐七年奉議大夫豐州知州並諸軍奥魯勸農事張鑄立建裕齋後人李文煥撰并書齋名未知誰屬典府志及奉使記所載文亦互異府志更正数字似較易解也碑字已剝落不全書法亦覺粗俗文義多在可解不可解閒其於使君輩似有微詞惟軍民商旅等句與今俗畧相倣耳
玉林故城在今和林格尔境内或作榆林誤

雲川故城亦當在歸化城和林格尔左近明史宣德元年於豐州西南築城後徙於内遺址無所考今和林格尔西北有上下土城相距五里下城較上城微小俱未知其何名雲川城將即在是或曰明初所築為玉林衛城雲川因舊縣城設立衛戍城築於金元以前為雲内州屬今托克托城黄河西五里有舊城周圍約五六里或謂雲川舊城或謂古勝州城或謂古受降城遺址也塞上土人每見舊城輒以受降目之亦未敢遽謂非是因唐東西中三城徙置不一而

漢武帝太初元年所築受降城歷代地理書俱未之言及也此间自秦漢以来古郡縣受降諸城有名而無蹟者衆矣茲有蹟無名者亦無慮十餘城頹垣廢堞所在皆是考古者將於何徵之耶

三娘子城即今歸化城（詳史鑑门）奉使日記所謂周圍可二里惟倉庫及副都統署瓦屋餘寥〻土屋數间者今則閭閻撲地矣邊關圖威寧海側亦有歸化城未詳所始

脱〻城在今托克托城通判署東與歸化城俱詳城

郭門土人謂元脫〻所築按元史名脫〻者凡十五
人惟順帝時右丞相名尤著此則俺達義子也
殺乕口為鄂尔多斯貢道距歸化城二百四十里出
口則歸綏道屬塞北之咽喉也明時為南北疆界今
則為西北榷稅總區虎字初疑我
朝收服土默特蒙古後所改与破虎殘乕敗乕阻乕
等堡同及讀明天啓間界碑已作虎字似改於俺荅
款塞時矣又黑山一名殺乕山與此口異
九龍洞在殺乕口北東西跨兔毛河舊為大橋今存
其半有水洞九俗即以九龍洞呼之近河水東徙橋

在平地全橋之洞當不止九意取其現在者名之耳
橋上有墻相傳為明時中外分界處
玉泉井在無量寺前相傳康熙時
聖祖仁皇帝駐蹕過此馬蹄踏地有泉湧出味清而
甘四時不竭居民建神祠其上水側流数步北滙為
池上蓋巨石鑿井眼四寺前各街巷居民鋪戶咸取
汲焉有碑立寺門外
謹按馬蹄出泉之説或將為後人附會及讀魏氏
記我

聖祖親臨沙漠御營所止或無水之地泉湧於旁無
草〻區離〻然環生帳左右方畧備載其異後岳
大將軍鍾琪征青海沿海氷凍退入崇山士馬皆渴
忽有涸泉湧出一軍皆暢飲奏聞
賜封靈應泉此見一統志者兆大將軍惠黑水營被
圍營中掘井得水及援兵將至井忽瞀遂潰圍而
出亦見章奏又陝西榆林定邊之間有磚井村止
四井此外數十里無水是年徂藏大兵過此人馬
數萬甫下營山水忽至溝澮皆盈遣飛騎探之則

数萬甫下營山水忽至溝澮皆盈遣飛騎探之則
出東北三十里山石中次日軍去而水亦止今山
上立龍王廟井旁立佛寺有碑紀事此見錢唐馮
氏一鵬塞外雜識者夫以
聖祖如天之福出師命將山川且效其靈況
鑾輿親莅耶過者幸勿以傳聞致矜焉可
慶凱橋在歸化城北门外以康熙三十六年征噶尔
丹凱旋得名咸豐六年雨水漲發橋石半圮太原李
豐年秀才繪圖募修擬倣京師太液池金鰲玉蝀式惜
無大力者助成之

玉官橋又名魚貫橋在和林格尔八十家子村西北五里南北跨溝日久傾圮通判玉衡蒞任捐廉重脩較前益壯飛土人謂玉官之名乃其豫兆云

公主府在歸化城北七里許康熙中建

丹府在歸化城北门内為土默特左翼都统丹津舊第聽事有

世宗憲皇帝御書遠上寒山石徑斜四句扁額

按今世得前人一盤一匜猶且搜剔款識摩挲而寶玩之無他以其古也亟輪歸所曁遇古人

雪泥鴻爪之蹟雖將信參半亦復隨聲附和以為一方美談好古之心盡人而有所在皆然無足異者況此間為中外疆界史策所載類皆確有可徵非尋常牽合者比惟以地當邊塞世遠年湮自秦漢以迄有明無日不以戰爭為事其所見荒垣破堞斷瓦殘磚猶得存諸青燐碧血之餘者已屬古今僅有奚有人焉為之溯因革而考興廢曰某地即某名某城即某造耶然聞之長安民家田地契至今有花萼樓含元殿等

名目聞者慨然有廢興之感況歷代方輿考核或取諸山水之遠近或徵諸道路之傳聞第舉名與蹟之偶存焉者按厥世次臚陳而畧紀之又安知後之人弗克因其名以得其地因其蹟以知其名也卷中所識祇六郎箭一條為世俗附會而外餘皆正史典要及近今以来顯赫有名之蹟無一字臆撰黄沙白草四望迷漫得此一二名區亦足為邊城生色惟秦漢隋唐數代俱都關中諸書每涉邊外事蹟山川郡邑城垣

堡鎮率指陝北榆林一鎮計其道里漠南東西遼濶遠近里數俱出紀載者揣度之詞倘以豎亥步之則如許古蹟但在河套南北而黄河東畔幾無容足之方後世談方輿者習焉不察遂使烏喇特部落以東察罕以西稍一談及古人蹤蹟聞者輒將爲牽附吾不知此千餘里内豈當日竟閒無居人抑何至無一城一邑一關一塞一邱一壑之可指耶以戏山陝通志於邊外蹈爭墩之習即顧氏方輿紀要亦且於山西大

同之北陝西榆林之北范長界畔舉凡在烏喇特三公境內者一併以榆林統之而忘其薩拉齊所並轄矣或曰方輿紀要書成於康熙中年各廳分轄乾隆初始定其制似不得以屬秦屬晉責之或曰子晉人也得無為晉省爭故實與則予謂烏喇特雖數百里不過一蒙古部落耳與晉之家閔南者何與予每讀崞縣志竊欲以北魏主田獵之所以及旋鴻池之遊也事貴徵實前不可誣古人後不可欺來者若陸清獻公

修靈壽縣志謂古蹟鮮少地方一幸則又以冠蓋游賞恐擾及黎庶而言非所論於塞上矣

歸綏識畧卷七

地部

陵墓

崞縣張曾小袁初輯

燕太子墓通志府志俱言在口外榆林城相傳即燕太子丹也史記丹使荊軻刺秦王不克秦遂擊破燕代兵進圍薊拔之燕王走遼東斬太子丹以獻於秦越二年秦王賁滅燕還滅代此地在代西北近秦北邊或師旋瘞此如韓侯嶺瘞淮陰侯事或曰此北魏時慕容燕太子也晉孝武帝太元二十年燕太子寶擊魏九月魏王珪將兵拒之盡坑其衆寶单騎僅免或魏人張大其事得其似太子者而瘞之以壯軍威亦未可知此外不聞有燕太子來邉外事大同府北亦有榆林城

青冢在歸化城南二十里黑河側高十餘丈土色黝然望之如山舊說以塞上草白惟墓草獨青故名今無草墓前有石馬一石幢一殘缺不全石碑三俱近代立遼史地理志豐州有青冢即王昭君墓也漢書昭君名嬙南郡姊歸人元帝時以良家子選入掖庭數歲不得見御積悲怨會匈奴呼韓邪來朝帝勅以宮女五人賜之昭君乃請掖庭令求行呼韓邪臨辭大會帝召五女以示之昭君豐容靚飾光明漢宮顧影徘徊竦動左右帝見大驚意欲留之而難於失信遂與匈奴號寧胡閼氏生一男伊屠智牙師為右日逐王後被異母兄囊知牙師烏珠留若鞮單于忌殺呼韓邪立二十八年建始四年死其前大閼氏子雕陶莫皋立為復株絫若鞮單于欲妻之昭君上書求歸成帝勅令從胡俗遂復為後單于閼氏生二女長女云為須卜居次小女為當于居次須卜當于匈奴大族居次猶漢言公主也平帝時王莽秉政欲悅王

太后乃諷单于令遣昭君女須卜居次云入侍太后喜賞賜甚厚云壻匈奴右骨都侯須卜當王莽時拜為須卜单于西京雜記元帝後宮既多不得常見乃使畫工圖形按圖召幸之諸宮人皆賂畫工多者十萬少者亦不減五萬獨王嬙不肯遂不得見匈奴入朝求美人為閼氏於是上按圖以昭君行及去召見貌為後宮第一善應對舉止閑雅帝悔之而名籍已定重信於外國故不復更人乃窮按其事畫工皆棄市籍其家貲皆巨萬畫工有杜陵毛延壽為人形醜好老少必得其真安陵陳敞新豐劉白龔寬並工為牛馬飛鳥衆勢人形好醜不逮延壽下杜陽望亦善畫尤善布色樊育亦善布色同日棄市名畫工於是差稀葭鷗雜識謂单于求娶昭君漢帝吝不與取宮人近似者以往单于寵之後成帝欲殺毛延壽延壽逃出關单于用之予以近職後侍宴昭君出幕行酒延壽進言曰此昭君非真漢帝嘗令臣圖其形顋间

有一紅痣今無之其偽顯然且真昭君美更勝於此單于大怒罵漢人欺我立將假昭君賜死使延壽圖形入漢必欲得真者始和親退師漢帝無計乃出真昭君容華固稱絕代也昭君入胡後不肯與單于婚單于逼之乃自經而死又別有呼韓邪死後單于欲妻之昭君不從胡俗飲藥而死之說諸家聚訟不一惟漢書有元帝以王檣賜單于為閼氏詔南軒集異有王嬙上漢元帝書則葭鷗雜識所紀恐後世傳述之訛不若孟堅稚川兩家可參酌而得其實也尤西堂作青冢銘以不從胡俗而死立意是為昭君昰身分處「奉使日記城南負郭有黑河青冢古蹟遠望如山策馬往觀高二十丈濶數十畝頂上有土屋一間四壁累砌藏以瓦甓此剌麻所為也今無下古柳一株眠地中空如船而枝榦上伸蒼茂如虬今無冢前石虎雙列似石馬之誤白石獅子僅存其一光瑩精工必中國所製以賜明妃者綠琉璃瓦礫狼藉似享殿遺址惜

無片碣可考石磴有蒙古字譯為剌麻所作今俱無　宋牧仲筠廊隨筆嘉禾曹秋岳溶
嘗至昭君墓秋岳嘗官山西陽和道距墓數百里　墓無草木遠而望之冥濛作黛色古云青冢良然是
足以破墓草獨青之謬而形容語妙非親歷者不能道也又曰墓前石案刻某閼氏
之墓為蒙古書疑即奉使記所謂石磴愚所見若石幢者未識是否磴案之遺尔時未讀此二書亦未細檢有字否也　秋岳考譯最詳
曾搨數紙歸迄今不二百年而石案又不可得惜哉通志在古豐州西六十里與今
里數不合且與匈城碑亦大相謬至府志將毛延壽畫圖等語不知何據其固陋更
不待言矣志言青冢有三瓦剌地方及黃河西岸復有兩處與土人傳說畧同土人
更謂每日自朝至暮遠望此冢若數易其形者愚未之辨也又河間府任邱縣亦有青冢其附會更不足信

附漢元帝以王檣賜單于為閼氏詔

匈奴郅支單于背畔禮義既伏其辜呼韓邪單于不忘恩德邊慕禮義復脩朝賀

之禮彩保塞傳之無窮邊垂長無兵革之事其改元為竟甯賜单于侍詔掖庭王檣為閼氏

附王嫱上漢元帝書

臣妾幸得備身禁臠謂身依日月死有餘芳而失意丹青遠竄異域誠得捐軀報主何敢自憐獨惜國家黜陟移於賤工南望漢闕徒增愴結耳有父有弟惟陛下幸少憐之此書見南軒集異謂帝見書始窮究其事殺畫工又近代有名媛尺牘亦載此書外別有一書凡八百餘字疵謬百出其為後人贋作更無疑矣篇末有近聞陛下命搜京師畫工下之全者此輩小人耳即萬千死罪亦何足惜恐天下聞之必以陛下為戀妾之色即呼韓邪知之亦不自安於陛下憐妾之言殺畫工之罪則妾雖死之日猶生之年也妾今別矣妾至漢闕啟月支公主婚烏桓事一拍胡笳一曲琵琶音薦蒼雲腔存丹露上謝君王之德下泣父母之恩千秋萬歲傳我陛下有女臣嫱持節邊庭庶幾倖霍驃姚娉傅介子不猶痛快於帷幄燕私金屋藏嬌者哉與此書另出一手文人寄託見各別

附尤侗青冢銘 侗字展成號悔菴一號西堂長洲人明季諸生順治中由拔貢生授永平府推官為徐立齋元文受業師

世祖章皇帝亟稱許之所著有西堂雜記組等集行世

有美一人爰生三楚家近湘君村連漊女雲上鬟嬌山來眉嫵瓠齒能歌弓腰善舞年華似月粧曉如霞頭宜搔玉腕稱封紗貽陽鸞艷結綺羞花徘徊鸞鏡躑躅羊車紅粉難逢丹青易玷黛短雙蛾朱殘半面未御金環先捐紈扇妾人自悲君王不見春風永巷秋雨長门珠簾畫捲銀燭宵昏淚零宮草夢斷紅蕤不妃赤帝能嫁烏孫漢室和親匈奴請后狗監催粧姮娥折柳擁髻升車光射左右天子拊髀呼韓稽首生辭金屋遠適玉関蕭條紫塞迢遞青山笳吹忽起馬鳴不前驚沙匝地哀雁橫天鴨綠江邊漫蘿山下貂帽狐裘角弓玉弝錦繖夫人胡服騎射亂點酥酡輕飄蘭麝月高圍屋雪滿拂廬琵琶細語垂手躍踰閼氏一笑醉倒單于

左賢色動比妓踟躕朔漢霜寒帝京雲杳凜々北風依々南鳥碧眼方驕紅顏易老旃車晚出毳帷夜腸悲來別鶴慙去聚麀甯甘仰藥豈忍捐裯竟埋沙磧敢望玉鉤魂兮歸來歸彼歸州神遊故鄉形銷絕域墓草青々三年化碧漢使傷心胡兒嘆息恩怨千秋聲傳玉笛

附通志青冢辨

青冢漢明妃墓也宋遼以來諸史多言青冢今在歸化城西南十餘里黑河之側夫歸化城漢五原郡地距墓北絕遠而宋史云太平興國八年豐州刺史王承美敗遼師追至青冢百餘里遼師神冊元年八月太祖拔朔州勒石紀功於青冢之南西京志亦云豐州有青冢元史太祖十四年駐軍青冢縣東勝渡河收西夏合諸史覈之其地胥近歸化城此又何說也按漢史甘露元年呼韓邪款塞祈留居

光祿塞下保漢受降城而北邊息警者六十餘年豈其時王歙輩實導之而遂克反葬與抑好事者艷青冢之名鑿空駕虛流傳至宋遼遂援為典要與老杜云一去紫臺連朔漢獨留青冢向黄昏曰一去曰獨留似有疑詞洵嘗詢之商旅塞草皆黄未聞此草之獨青也然則志其名無鑿其地可也五原句疑誤幕與漢同作詩與考據異必謂一去獨留等字為疑詞疑亦近鑿

附嬙字考畧

元帝紀作檣匈奴傳作牆今承用作嬙疑妃嬪嬙御之稱非名嬙也說文無嬙字亦無檣字左氏傳妃嬪嬙御唐石經本作牆古祇有牆字後人始作嬙為嬪嬙之稱元帝紀恐誤

北魏太祖金陵通鑑晉義熙六年九月甲寅葬魏主珪於盛樂金陵通志從魏太祖

元年営梓宮木柹盡生成林太祖葬獻明皇后賀氏亦葬盛樂餘俱葬雲中金陵在古盛樂城西北永興二年葬道武於盛樂金陵與魏書同日其後元明太武文成獻文皆葬於此則誤矣正光五年宣武帝言冠連河朔逼近金陵似於盛樂較近今未詳其地府志無清水河西南鄉有大王墓二王墓三王墓相距十數里村以是名未詳為某王

唐振武軍節度使墓奉使日記距青冢十里有振武城廢址河水齧沙出碑曰唐振武軍節度使墓聞誌亦漢字棄置河干欲索其碑察其控馭扼要之處而僧以坐關不得出餘無識者按此記則振武城故址尔時猶可辨認其道里亦與史傳符合惜此碑不知埋沒何處矣匋城碑入舊都統署先此亦不過數年何有幸有不幸耶

焦贊墳在吳公壩口內宋史未見其名小說家樂道之謂與孟良同隸楊延昭麾下北邊古蹟如此類者尚多真贋不足辨也

元朝帝后陵在大青山北奉使日記入祁連山有土城廢趾疑即碑所云甸城也遠望石峯疊翠入其中則平阜蜿蜒相傳元世帝后俱潛厝此山而不立陵名又官山九十九泉側有榆樹二株如蓋累石豎旗云是蒙古祖冢

公主墳在歸化城東鄉賈岱村距城七十里府志所云康熙中下嫁額駙策倫敦篤者也

班都統墓在大黑河村南里許有屋數楹四壁累砌由隙間窺之內有如瓶形者三盞土塔瘞骨者外十餘冢高尺許石碑二一蒙古書一滿漢書諭祭文傍有小碑字多剝蝕文義亦不可解府志謂都統世襲精奇尼哈番墓在口外黑河南岸即土默台吉朝庫兒有

御製碑詢之土人初無知者後聞大黑河南有丹府墳墓一所意當為都統丹津葉

地及趋視之乃諭祭右翼都統班達爾什與左翼丹都統無涉傳聞之不可信如此蒙古王公表傳班達尔什卒於乾隆十九年府志成於雍正十一年其所云都統世襲精奇尼哈番墓當在根敦以前（詳上特門）默惟此外不聞有

御製碑俟考

烈女墳在歸化城南東嶽廟側有小石坊為烈女尚氏立今與墓碑俱傾仆矣碑字剝落已不可識詢知為嘉慶初年事舊隣潘嫗之女（芝娃）設其事頗詳云嫗所親見也烈女受某氏聘叔年父因賤役且貧乏不能自存别以女許某氏女聞之詢嫗、具以告女泣下嫗慰之且賀之也女歸佩前所受聘簪珥哭其母竟日夜自縊死女父呼嫗救之弗及聞諸官杖父而旌其女

按古人有言生寄也死歸也至骨肉復歸於土而生人之事畢死者之名姓亦

與之俱盡矣乃越千百年後過其地者若復愛之護之憑弔而詠歌之相與流連嘆息而不忍去其故何也歸綏古中外戰爭地其間水火鋒刃風塵埋沒固不啻恒河沙數至一二忠魂毅魄豈無人焉為之收碧血而葬衣冠耶況自維以來割據不一外番君臣與中國爭強盛豈生前赫赫而死後泯泯竟不得一坏之土為後人所瞻望而指數耶抑果有幸不幸耶此間惟北魏盛樂金陵為史策所紀乃以受降屬築橋山雖在已難覓弓劍之藏奇渥溫氏崛起和林自太祖至甯宗歷代帝后葬起輦谷而外傳聞訛錯無徵不信邇來塞上獨明妃一冢靈光巋然奈歷年來野火春風亦無復青青色矣爰取文人筆談所及并近今有名可指者次第識之庶幾無速朽云

歸綏識畧卷八

崞縣張　曾小袁初輯

地部

城郭

歸化城明萬歷十四年忠順夫人三娘子所築相傳唐時婁師德所建豐州城故址誤矣城周三里許高三丈餘舊南北兩门年夂坍廢經土默特左右翼與六招剌麻台吉等三佐領下人於舊城南增設外城已東西南三面築牆開门東曰承恩西曰柔遠南曰歸化北曰建威俱建樓其上以舊南门為鼓樓顏曰威固康熙三十年工竣報部乾隆元年重脩蒙古語名胡胡河通奉使記作庫〻河通乾隆六十年攺為庫克河通

綏遠城雍正十三年新築乾隆二年工竣周圍九里餘高二丈九尺五寸门四東曰得樹南曰仰日西曰控河北曰吞山门各有樓東迎旭南承薰西阜安北鎮寧角樓亦四

托克托城即脫脫城明嘉靖中俺荅義子恰台吉名脫脫駐牧此城故名周圍約十里許今城垣頹廢不全俗傳舊本甎城後移其甎修右衛城今朔平府城是也此語無所考與歸化城為婁師德豐州舊址之説俱傳自土默特蒙古疑即明正統中以邊外玉林雲川兩衛内徙為左右衛之訛

按城郭之制所以捍外侮也淮南子謂城始於鯀春秋城成必書義綦重矣雖孟子言城郭不完非國之災然以三里七里環攻不勝非恃此增陴濬隍之力而何口外古北番地視水草為游牧遷徙不常秦漢以來毳幕變為版築荒郊

勝壘所至猶存今更分作五廳制同內地非有城郭之固將何以捍我牧圉迺自綏遠城駐防而外和薩清俱無城托克托雖有土城難資保障歸化惟副都統一官尚在城內其餘公署倉廩監獄市廛俱在城外雖復時啓閉謹出入北門鎖鑰實於地方無裨因古今民人積習漸次不同古以守禦為先今惟遁避是務古昔有事則舉四鄉民物羣率而歸之於城以為協力保衛之所今則風聲鶴唳稍有聽聞則在城者羣起而避諸鄉若以此屹屹垣墉乃昔人所設為聚族而蹴馬之地無惑乎以不急之務視茲城郭稍有不測將堅壁清野之謂何矣我

太宗文皇帝親征察哈爾諭土默特左右翼都統謂爾等所守城小濠狹勢難禦侮宜於城外建築層垣以資捍衛工竣之日內城外垣嚴加防守敵自不敢窺伺

煌〻天語所以綢繆未雨而思患豫防者豈獨為歸化一城而言凡在邊陲所應恪遵今塞上幸當無事之日固不啻衆志成城然有時攘竊穿窬獄囚逃越烏得謂非官民野處之故乾隆初各省督撫奉部議令民自行脩城想爾時寨寨邊氓子來無力今則人烟稠聚雞犬相聞車書一統之盛振古未有居斯土者當何以期永固耶

歸綏識畧卷九

嵔縣張　曾小袁初輯

地部

壇廟

先農壇歸化城東南二里許雍正五年都統丹津奏立東西闊十五丈南北長三十丈中為壇有正殿三间東殿三间東西奏樂房各一间大门一间

孔子廟宋雍熙七年番漢都指揮王承美破契丹兵於豐州追至青冢百餘里明年復擊敗之於豐州置孔子廟見宋史今

文廟係

國朝雍正五年尚書通智與都統丹津奏立在城南门外二里許路西正殿三间東

西廡各三间後殿三间後殿東為井亭西為祭器庫正殿前泮宮门三间東西兩小角门角门東名宦祠三间西鄉賢祠三间门外有橋一下為泮池東西齋房各一间欞星门三间東西兩小角门外東西兩轅门與南照壁相連正殿祀至聖先師孔子暨四配十哲東西廡祀先賢先儒後殿為崇聖祠每歲春秋仲月上丁本城副都統率官致祭乾隆三十九年道光四年重脩

碑記初歸化城商民卜地庀材為都統丹津建立生祠欲以所奉貴大將軍者奉之都統固辭弗許而材木俱已齊備勢難中止乃與尚書通智奏請改建文廟嗣後重脩經費俱奏用土默特庫存正項春秋祭祀亦副都統主祭

漢壽亭侯廟府志有二一在小東街一在茶坊今小東街廟内增祀火神馬神金龍四大王酒仙觀音大士茶坊分東西南北俱祀壯繆西茶坊增祀三官孫臏鞾工所祀南

十

茶坊增祀釋迦佛瘟神太上老君（金銀銅鐵錫爐工所祀）魯班吳道子羅真人（薙髮工所祀）軒轅黄帝（縫工所祀）北茶坊先於兩廡增祀財神及馬牛羊三神後於東院正殿耑祀財神又東耑祀馬牛羊三神皆商賈百工藝事報賽之所香火極盛惟東茶坊頗形寥闃終就近有三郎廟（唐元宗）盗跖廟（俗呼為白眉神）為倡優所祀特遠之以避嫌耳

奉使日記謂城南有関夫子廟留帝誌二冊使遠人知忠義住持漢僧闕暹有蒙古妻室其弟子二人亦然今無此俗矣或聞金龍四大王為何神按神姓謝名緒行四南宋諸生嘗讀書金龍山下殉國難殁而為神河神之曽膺封號列在祀典者也惟馬牛羊三神概以王稱殊覺不典相傳其處有冉伯牛祠土人呼為牛王而於壁間畫百牛以象之是與以田子方為蚜蚄神者同貽笑柄矣竊謂文昌魁星俱以星宿而享神祇之奉今且升為中祀與文武廟同則商賈市販之欲馬牛

羊蕃息者何不竟於天苑十六星祀之耶

玉皇閣在城外西南今前殿增祀三官東祀三皇及歷代名醫西祀金華聖母過殿祀靈官及子孫聖母餘祀真武雷神火神馬神及觀世音菩薩

三賢廟即三義廟在南大街東小巷内今增祀觀音孫真人井神倉神

三義以漢昭烈帝及関張並祀識者已懼其失君臣之禮今曰三賢更非歷代褒崇之義矣宜改正為是

財神廟在無量寺前東小巷今北茶坊十王廟俱有之

十王廟府志在城外西街今名小北街廟在西小巷内祀地藏王菩薩及十殿閻羅王東西殿祀火神財神子孫聖母

三官廟在隆壽寺東北前殿亦祀壯繆迤西為魯般廟又西為子孫聖母廟再西為

邉甯寺祀觀世音過殿祀真武馬神及関壮繆其地即名三官廟街

龍王廟有二在海窰北者曰南龍王廟内附祀風雲雷雨八蜡馬神鄭侯書役所祀蔡倫紙工所祀眼光菩薩廟前有文昌阁魁星阁在西茶坊北者曰西龍王廟距同知署里許雍正中建中祀龍神東祀八蜡西祀風神廟内北有村即以廟名

或閒八蜡廟多附祀劉猛将軍此何神也按宋封江淮制置使劉錡為揚威侯天曹猛将之神主八蜡以驅蝗有功農民多崇祀之

東嶽廟在城南漏澤園側廟前為城隍行宫每歲清明中元十月朔為祭厲所傍有小廟祀孤魂

城隍廟在城北门外雍正中建

費公祠在財神廟西康熙中商民為撫遠大将軍費襄壮公建立生祠公歿即塑像

以祀東西塑丹都護津齊觀察布森像道光十二年大學士松文清公筠奉使來城

商民繪像附祀於此

附鄭祖僑貴公生祠碑記 祖僑字惠菴右玉人父崇雅為武陵丞卒於官僑走數千里負骸骨歸家貧苦學中康熙壬午科舉人官曲沃教諭

曩者噶尔丹遠阻聲教頻年跳梁侵擾各蒙古部落以致九邊柝起灞上烽然祁

連以北俱為烽鏑之場矣

天子赫然震怒推轂委大將軍駐劄歸化城凡內外滿漢官及蒙古部落咸屬調遣

時甲戌季春也自大將軍出鎮邊外雞犬不驚貿易交錯兵無匱餉之患民鮮輸輓

之苦且秉雄謀具遠略威儀外嚴風神內照謙光下物赤心示人無論官兵軍卒咸

被恩風而遵紀律焉不料渠魁負固屢犯

天朝雖逞螳臂之威忽為尾大之釁

二十

皇上親統六師深入不毛勅命大将軍會合各路協
力剿除三十五年五月十三日登壇誓衆指揮三軍於昭磨多地方矢石並集白
刄交前殲數年之狡寇解生民之怨讟積甲如山尸封塞河大将軍復深入巢穴
收合餘燼俾遺孽途窮銜璧軍前皆畏威仰德共待
皇恩向之窺伺中夏憑陵同盟者莫不一朝底定也奏捷後
御駕凱旋復以大将軍精忠性成壯武夙具其密謀碩畫素匡贊於
宸聽者不可枚舉但鶉奔鼠竄之黨匿形山谷遺患将來
特命留鎮邊庭以防復作封為撫遠大将軍凡滿漢諸軍既蒙用兵之賞復被投醪
之惠而将軍則揚旍瀚海繫馬陰山嚴刁斗而守烽燧朝夕無暇逸焉方将軍之
用兵也三令五申不拘孫武舊書暗合衛霍方畧是以拓境邊外懾服遐方且器

量深沉知人善任 山藪無棄芑苴不行兵不敢欺盜不敢發於歸化城駐節數載
商賈駢集泉貨流通荒萊既墾黔黎茂育兵革之餘倏成繁華之地雖古之紀功
狼居胥勒石燕然山者未若斯之盛也三十六年八月十一日晉為內大臣一等
公三十七年二月初一日
皇上眷念封疆大臣久駐塞外特命迎歸勳第朝夕啓沃凡塞外兵民商賈共深河
內之請同念黎陽之別將軍以
皇命諄諄不遑久滯與故老營弁多方勸諭撫恤相別凡經過之處無論老幼莫不
攀轅迎頌歡聲四起頌將軍之德皆戴
天子之恩於無疆也至於今塞外廛閈撲地歌吹動天皆將軍之遺惠所垂雖
朝廷屢須寵眷之典而草野詎忘涓埃之報於是營方面吉地選山澤良材命實衡

之匠引亜黝之司建造祠堂以紀宏勛而慰民望祠成凡軍民商旅仰瞻其下者無異昔年帷幄鼓吹時也首事人等欲勒諸貞珉问序於余余僅以管窺之見述其大概云尔至大将軍平生事業翊賛忠義俟諸麟阁之紀焉此記未見石刻惟以粉書木板倣碑式立甬道側字漫漶幾不可讀府志疑有訛錯

按我

朝大清會典於社稷先農先師天神地祇嶽鎮海瀆名山大川俱有直省常祀禮節各府州縣志俱首重學校以文廟為學宫之主而名宦鄉賢忠義節孝及文昌魁星諸祠因類相附其餘風雲雷雨山川社稷城隍祀典所及祈報在焉我

朝因明代舊制設近郊三壇并崇奉武廟及諸神祠宇有靈異者亦聽民祈禱弗禁以故農祀龍神牧祀馬神驅疫者祀瘟神祈嗣者祀子孫聖母至百工技藝亦

各祀其所刱始之人以為崇德報功祈福之舉而神祠香火幾徧天下非鬼之祭所不免矣歸化城惟雍正初設立先農壇於東郊而社稷山川俱未之及祀典之闕也殊甚至文廟為土默特主祭兩廡從祀遺漏殊多名宦數栗主亦未經入奏率以長生祿位送入鄉賢則僅存祠名無所崇奉以故學校一門未能耑立謹以先師冠各廟之首而以諸神祠附焉其甕城小祠與巷曲五道井竈諸神以及鄉村各廟祀并四廳分置新建者不與則以見聞所及實有未周非故分詳畧也間嘗與鍾觀察秀談及此間學校之設易如反掌居民非貿遷是賴即墾種牧廠地畝挈眷就食遇有子弟稍穎異者每以千百里回籍考試畏難輒止其法莫如勸諭農民商民鳩集財資起建文廟學宮及督學試院詳請奏立商籍農籍須定額數添設教官一員考棚經費由該商農永遠捐輸其子

以下

弟悉準入籍并遵各府州縣成例文廟外增建名宦鄉賢忠義孝弟祠以為將來崇祀之所於人心風俗大有裨益且現今西南疆域俱立學校而獨此首入版圖之地尚未聞有振興文教之舉非所謂待人後行耶觀察適以被議去官弗果從後有作者擬仍以此議進之

歸綏識畧卷十

崞縣張曾小袁初輯

地部

寺墖

無量寺俗名大招在城南门外里許我朝崇德中明崇禎中都統古祿格楚琥尔奉太宗文皇帝諭將舊寺委左翼佐領補音圖驍騎校喇巴太與德木齊溫布剌麻協同新脩展大奏賜今名寺內供皇帝萬歲牌位康熙三十六年経札薩克達剌麻訥依齊托音呼圖克圖呈請具奏

殿易黃瓦

延壽寺俗名西呼圖招府志為舍利圖招在無量寺東百餘步康熙三十五年

聖祖仁皇帝西征駐蹕值西呼圖呼圖克圖將舊寺重脩工竣奉

賜今名

賜剌麻唐古忒藏經一部藥王經一部珊瑚數珠一盤紅硃寶石四十二年

御製碑文雍正四年

賜數珠一盤寺係西呼圖呼圖克圖居住嘉慶二十三年十二月經部具奏以西呼圖呼圖克圖補授札薩克達剌麻掌印所有一切報部案件停止逕行咨報呈綏遠城將軍轉咨理藩院咸豐九年重脩殿基增高數尺有藏經埨一寺壯麗為諸寺冠

通志輯要延壽寺在城西北二十五里康熙二十九年改今名疑廣壽寺之訛府

志訛延壽寺為延福其云舍利圖招者亦以漢字文義解蒙古語如解畢齊克齊
為筆寫氣解板升為升板築墻之類繹之蒙古語意則失矣
崇福寺俗名小招在延壽寺東百餘步康熙三十六年訥依齊托音呼圖克圖新建
寺前有藏經塔
聖祖仁皇帝西征凱旋駐蹕於此奏
賜今名
賜剌麻大紅羽緞褂一領黃蟒緞袍褂二領涼冠二頂珊瑚數珠一盤四十二年
御製碑文後又
賜藏經一部藥王經一部金字數珠一盤黃絲帶一條帶扣荷包飄帶水晶靶小刀
火鐮俱全金錢一文曰壽比南山長命富貴銀錢一文曰吉祥如意又

御筆金書心經寶塔一軸康熙庚寅三月十八日沐手敬書寺内訥依齊托音呼圖
克圖居住
恭錄
聖祖仁皇帝御製勅賜歸化城崇福寺碑記
朕維歸化城為古豐州地山環水互夙稱勝境城南舊有佛刹刺麻拖音葺而新之
奏請寺額因賜名崇福寺丙子冬朕以征厄魯特噶尔丹師次歸化城於寺前駐蹕
見其殿宇宏麗法象莊嚴懸設寶旛并以朕所御甲冑弓矢櫜鞬留置寺中夫朕之
親有事於塞外非無故也往者厄魯特與喀尔喀交惡相攻朕憫念生民塗炭遣使
諭解而噶尔丹追擊喀尔喀竟入掠我烏朱穆秦爰命和碩裕親王聲討大敗賊於
烏闌布通時噶尔旦盟誓佛前永不入犯乃班師而還後噶尔丹蔑棄誓言復掠納

木查尓拖音於克魯倫之地丙子春朕親統六師由中路進剿至克魯倫河賊望見
軍容宵遁適朕所期會西路官兵遇於昭木多大敗之俘斬無算丹木巴哈什哈等
率衆歸噶尓丹跳身走是冬朕復駐師鄂尓多斯剿撫並用厄魯特人衆絡繹歸命
而噶尓丹仍未嚮順丁丑率師駐狼居胥山麓官軍分道並進噶尓丹計窮自斃子
女就獲餘軍悉平方今中外恬熙邊境生靈咸得宴然安堵剌麻拖音請建碑垂示
永久因書此勒石俾後之覽者如朕不憚寒暑三臨絶塞為民除殘之意
碑立崇福寺门内書凡四體東西兩碑亭東為國書暨漢文西為蒙古書暨唐古
忒文延壽寺碑亦如之惟節去駐蹕及留置弓矢甲胄數語兹從府志恭録與碑
刻微異敉字我
朝文移書疏之制國書則自左而右漢字則自右而左凡宫城榜額皆如是塞上則

兼用蒙古體佛寺則增唐古忒文為四法苑珠林造書凡三人長曰梵其書右行次曰佉盧其書左行少者倉頡其書下行唐古忒文當即古梵書之遺此间各寺匾額亦多用四體書

崇壽寺俗名朋蘇招一名西招在城西门外河西距城二里許順治十八年剌麻錫拉布建康熙间其徒札薩克達剌麻朋蘇克增脩三十三年奏

賜今名舊設呼畢勒罕一名今無地初宏敞殿宇亦甚壮麗後為河水侵占寺门北移院有藏經壇今在门外

府志為蓬松招即朋蘇之誤舊傳費大将軍誅話佛即在此寺又傳數年前西藏有呼畢勒罕出世遣其徒來寺取塔内藏經寺衆初未之信及啟視封識宛然且言被誅後已轉生數世惟頸創未合俟合時仍當來城疑亦無稽之說也

隆壽寺俗名額木齊招在城西南里許康熙八年綽尓濟達賴建三十四年續脩奏

賜今名嘉慶十年被火重脩有藏經塔一

宏慶寺一名拉布齊招今呼為宏慶招在城南文廟官學西百餘步康熙六年甯〻

呼圖克圖達奏

賜今名苍有觀音寺

以上六寺俱額設札薩克剌麻一名達剌麻一名歸化城增修時所謂六招剌麻

是也

延禧寺俗名綽尓濟招在延壽寺東南里許係西呼圖弟子達尓漢綽尓濟剌麻達

賜今名與延壽寺互諷

萬壽經内拉布札木巴達尓漢呼圖克圖居住額設達剌麻一名

慈燈寺在崇福寺東南里許内有塔基圍十丈上歧為五其制與都城西直门外長
河北岸大正覺寺畧同亦呼為五塔寺又曰新招雍正五年崇福寺喇麻彦察尓清
呼畢勒罕授副札薩克達喇麻呈請建立十年奏
賜今名額設達喇麻一名
甯祺寺一名太平招在城西北里許康熙六十一年土默特两翼官兵等建奏
賜今名乾隆元年遵照部咨因多倫諾尓招内念經由土默特旗遣喇麻四名常川
駐札遇有缺出由甯祺寺喇麻内選補每年秋季給盤費銀一百九十二两由該處
印文來領撥披甲四名護送十九年寺東北增建納木札勒極勝塔二十年寺西北
增建仁義極忠塔額設達喇麻一名
輯要載歸化城北有格根汗廟葢土默特旗祀順義王俺荅者疑即此寺舊址

廣福寺在崇福寺前路西土默特已故叅領札布之妻建立後施與章嘉呼圖克圖
乾隆三十年奏
賜今名額設達喇麻一名
隆福寺一名迦藍招在崇福寺東北地名馬蘭灘寺基狹小無建置年月可考現屬
隆壽寺管理
廣壽寺在城西北烏素圖溝山陽即呼烏素圖招康熙中親綽爾濟喇麻阿旺丹丕
勒勤勞王事蒙賞給銀兩即以建寺奏
賜今名
御賜匾額有奉
旨設立字樣屬延壽寺管理咸豐九年重脩

永安寺舊在城北烏蘭察布地亦西呼圖呼圖克圖所建以寺基逼近公主府蒙府
助給銀一萬兩移建烏素圖東溝内察漢哈達山陽距城二十五里俗呼為哈達招
慶緣寺在城西北山陽距城二十里明萬歷中建我朝乾隆四十七年重脩四十八
年呈請報部轉奏蒙
賜今名額設達剌麻一名
法禧寺在慶緣寺東北係寺屬醫生綽尔濟羅布桑旺札勒建乾隆五十年奏
賜今名
增福寺在薩拉齊梨樹村康熙三十五年慶緣寺所屬徒弟格隆巴雅斯瑚朗建立
距城一百三十里
慈蔭寺在果必托利補拉克地方距城百餘里雍正十年建乾隆二十七年遵照部

咨每歲由土默特旗遣往達拉麻一名徒弟六名念經喇麻二十名按月給發銀米
慈壽寺在城西山陽距城六十里順治中察漢迪彥齊呼圖克圖建康熙中奏
賜今名額設達喇麻
崇禧寺在城東北鄂奇特溝内距城六十里順治中額尔德尼迪彥齊呼圖克圖建
康熙五十二年奏
賜今名額設達喇麻道光十八年遭回祿幾燼
廣化寺在西山溝内距慈壽寺二十里舊為成平廣寺康熙五十八年移建於此乾
隆四十八年增脩奏
賜今名額設達喇麻
普會寺在城北山後沙拉木塄地西呼圖呼圖克圖建奏

賜令名距城一百五十里
普安寺在城東南察哈尔旗岱海地乾隆三十八年彥察尔濟呼畢勒罕建立奏
賜令名土人呼為岱海招距城二百餘里
尊勝寺在城東北哈拉沁溝源吉尔噶朗圖山康熙元年咱雅班第達呼圖克圖由
喀尔喀札薩克圖汗旗下帶來徒衆百餘奉
旨在歸化城居住建立新寺奏
賜令名距城百餘里內設札薩克喇麻一名俗呼為班第達招
善緣寺在城東南登奴素山建置年月無考額設呼畢勒罕一名達拉麻一名屠崇
福寺管理
靈照寺在城西二百餘里明順義王孫大成台吉之妻瑪沁建大門石刻如來佛寺

額設達剌麻一名

明史大成台吉之妻為大成比妓瑪沁彧其名也

福慧寺在城西山陽胡塞村建置無考額設達剌麻一名

永福寺

廣法寺俱在城西北九十餘里阿魯板申山溝內係干珠尔巴諾门漢呼畢勒罕建立額設管理二寺達剌麻一名

吉特庫招在城西吉特庫山陽距城二百餘里康熙三十六年札薩克達剌麻朋蘇克建未請寺名額設達剌麻一名

都貴招在托克托城東南內設呼畢勒罕一名達剌麻一名屬章嘉呼圖克圖管理

廣覺寺在薩拉齊西烏喇特東公旗界五當溝內距城三百四十里對音克哩班第

達呼圖克圖居住寺內喇麻約五百餘名嘉慶四年奉理藩院來文令綏遠城將軍管理每年春秋二季派官前往查該喇麻數目咨報理藩院查照三年將軍親往巡查一次

清真寺在城北门外城隍廟東南為回教禮拜所附近多西域人

回教謂天高覆我地厚載我日月明以照我自天地日月外別無崇奉祀祭之神其教散處中國大約始於唐代初名回鶻繼名回紇先世本匈奴別種西域一帶族類繁衍與外番雜處故近邊地尤多不奉正朔以三十日為一月無小建十二月為一年不計閏或謂每七日入栅一次以入栅五十二次為一年故每年三百六十四日忌食豬肉亦或謂其先本忌諸肉後有黠者改豬字以寬其禁耳禮拜所謂經咒亦與釋道喇麻諸教異

東西白塔詳古蹟門

按謝邪崇正為政之大防陸清獻志靈壽於佛寺道觀概不之及義至嚴也惟

習俗中外不同歸綏六廳本土默特部落順義王俺答老而厭兵始迎取聖識

剌麻與明通好塞上得無事者百年我

朝開國伊始即以佛教馴服外藩迨後西藏撫綏益藉以化誘獷俗馭夷之道各因

其習大聖人神道設教其意至深遠矣今天下佛寺之衆多天竺西藏五臺山

而外其為剌麻住持者當以歸化城為最盛歸化城附近居民鋪户房屋基址

地畝悉屬剌麻香火剌麻所住佛寺向名曰招以漢字釋之或即古招提之義

此間相傳有四大招八小招名目今統計寺名可指數者得三十有一而以回

教之禮拜寺及東西兩塔附識於後非故違義例也此間之有寺塔其所以移

風而易俗者視各府州縣文廟學校有過之無不及焉是烏可以不識至於剌麻之稱即華語所謂無上呼畢勒罕之名即華語所謂化身札薩克為理事之官外番王公皆用之不獨剌麻為然呼圖克圖為剌麻之自稱猶和尚自稱曰僧人亦可以僧稱之非若剌麻之不可自稱猶僧之不敢自稱和尚也托音為剌麻弟子西哷圖為坐牀剌麻章嘉呼圖克圖乃剌麻之受褒封者諾门漢格隆噶布倫其位號乃依次而下矣此等稱謂恐閱者未能驟解因即所知者畧為識之或亦入國而問俗之意其於崇正闢邪之旨尚不至大相剌謬與

歸綏識畧卷十一

崞縣張　曾小袁初輯

地部

公署

綏遠城將軍衙署一所乾隆初建共房一百八十三間在鐘樓西北其餘除屢次裁汰外現存左右兩司衙署二所各房十七间協領衙署五所各房三十八间佐領衙署十八所由奉文撥給世職官三所留十五所各房二十四间防禦衙署二十五所内奉文撥給世襲雲騎尉五所留二十所各房十九间驍騎校衙署二十二所由撥給世職恩騎尉二所留二十所筆帖式衙署三所各房十四间

歸化城副都統將各衙署變價歸款報部後乾隆二十七年准工部來咨遷移補脩

道光二年重脩四年改建大门五年添立東西轅门其户司兵司仍占舊都統署在北门内路東大堂五间東為銀庫西為軍器庫東西兩司辦事房各五间後樓房三间餘印房前鋒營房書吏房十六间道光四年將向西大门遷移向南外操演營署一所稽察廳署一所參領兼佐領署十二所佐領署四十八所驍騎校署六十所歸綏道衙署在歸化城外里許河北乾隆初新建三十七年四十五年嘉慶十八年屢次補脩咸豐四年大雨房屋坍毁幾盡五年重脩共房一百三十餘间所屬同知署二所一在道署西一在綏遠城將軍署東南通判署四所一在和林格尔一在薩拉齊一在清水河一在托克托城歸化城屬管獄巡檢署一所在道署東分巡防巡檢署一所在畢克齊綏遠城屬盈甯庫大使管豐裕倉大使署一所在同知署南和林格爾屬管獄巡檢署一所在本廳薩拉齊屬管獄巡檢署一所在本廳分防巡檢

署一所在色頭鎮清水河屬托克托城屬管獄巡檢署各一所俱在本廳

按公署之設南面而臨嚮明而治所以崇體制肅觀瞻也其廣狹大小固視乎官職之崇卑亦因乎地勢之難易此間惟將軍駐防官屬公署及綏遠同知署倉庫大使署在新城副都統署在舊城其餘俱在城外歸化同知一署建立較早數年餘則次第興脩巡檢署舊傳為公主府別業語亦無從稽考土默特參領佐領驍騎校等署布滿街衢公署私宅幾不可辨塞外風高土薄房最易傾圮即以監司一署而言自乾隆初迄今百二十餘年補脩業經四次此番脩葺其牆屋非故求觀美也公署而以傳舍視之則無事不存五日京兆之想忍於民生國計久安長治之道必有所怠忽者矣整齊部署無廢厥公實與名符上下胥永賴之

歸綏識畧卷十二

峄縣張　曾小袁初輯

地部

官學

綏遠城官學在将軍署有空散房十五间為八旗滿蒙子弟肄業處凡興校庠序塾五學鑲黃正白二旗入興學正黃正紅二旗入校學鑲白正藍二旗入庠學鑲紅鑲藍二旗入序學兩翼蒙古入塾學每學二旗官學生四十名乾隆五十年前任将軍吉福奏准裁汰於原設五學外添設滿漢繙譯學一所各旗每佐領下挑選閒散幼丁年十五以上二十以下能習國書及漢書者各十名入學其繙譯教習由部題請将軍副都統率同本城協領佐領防禦驍騎校筆帖式等官監場考取二員入學三

年期滿如果行走勤慎教導有成將軍等出具教導有方考語保題以驍騎校用五學教習每學二人由八旗領催前鋒馬甲內挑取各學公費銀兩六學一體承領由繙繹學主稿五學出領咨春冬兩季每學各領公費銀一十三兩五錢夏秋兩季每學各領公費銀八兩四錢一分每年四季各學各領銀四十三兩八錢二分統共用銀二百六十二兩九錢二分由房租項內給發

綏遠城取租鋪面房除變價空洞外現存房一千一百六十餘間每月約收銀三百五十餘兩自乾隆六十年起徵收拆毀房間空洞地基菜園租銀每年約收銀二百餘兩官學公費即由此出

土默特官學在文廟西偏正房三間為講堂東西房各三間為學生肄業所再西為箭亭雍正十三年經尚書通智等奏定由六十佐領每佐領下揀送英俊孩童二名

二名由佐領以下官員內選派教習四員每教習月給飯錢一千二百文每學生日給飯錢十六文每月初十日由銀庫散給

銀庫款項見倉庫及物部稅課門

按我

朝以八旗重兵分駐各要地揆文奮武所在皆然自乾隆初始以朔平府駐防移駐綏遠城厥後承平日久投戈講藝息馬論道文學之士爭自濯磨俊乂徧於膠庠黌征登夫皇路科第甲乙蔚然炳然洎道光中年始停止各省駐防鄉會試非重武功而輕文德因繙繹而廢制舉也

國家自入關定鼎以騎射為先務帖括章句原藉以甄拔寒儒八旗子弟進身之始不專賴此況國書釐定須示更不容有銖黍之差科斗蟲魚備存古法乃近今

旗員起家科第者問十二字頭不知而斤斤焉致力於八股舍志正體直弗講
而沾沾焉從事於闈墨舍本逐末日甚一日浸失我
聖祖命宿衛重臣率虎賁三千彈壓巖疆之初意矣然而科舉雖廢絃誦宜存學一
「日則收一日之功讀一書可獲一書之效道德忠義非為科目設也禮樂書數
可與射御兼也自茲以後雖不必風檐寸晷與文士絜短較長而講習之餘實
有以陶氣質明彝倫焉學顧可稍忽乎哉若土默特官學之設雖專用蒙古文
字而清文鑑三合切音等書頒行已百餘年蒙古之讀漢書從漢師者比比皆
是訥嘗入其學觀其應對進退亦彬彬然禮法之存聲教所訖薰陶而涵育之
其丕變可立覩矣同治元年以大學士祁寯藻奏請各省駐防鄉會試復行

歸綏識畧卷十二

峄縣張曾小衣初輯

地部

義學

古豐義學創始無所考嘉慶八年長白德公綸以吏部郎中簡任歸綏道念義學廢弛日久乃自捐廉俸於署内西北隅重建學舍一所中楹奉至聖先師神位東西各五楹爲生徒肄業所時歸化同知西理納綏遠同知塔清阿和林格尔通判繼昌薩拉齊通判札勒罕清水河通判伊克坦布托克托城通判善寳綏遠庫大使周大鼎歸化巡檢葛瀛三薩拉齊巡檢程天麟等亦各輸廉俸共襄厥成於九年春延師主講考取生徒三十人入館受業立定條規每歲延兩師主講席月各奉脩脯銀十两

學徒茶水每月銀三兩考課獎賞每季銀八九兩不等有督學使者陳方伯張及庫大使周大鼎所撰碑記可考張周二記今無存德公又以需用頗多恐難經久因具稟撫憲伯公議定歸廳歲捐銀五十兩綏和薩清托五廳歲各捐銀三十兩歸薩兩廳巡檢歲各捐銀十兩其餘不敷銀兩由歸綏道自行捐足毫不派累商民並將條約碑文刊發各廳其歲捐銀兩定期五月前解清以備支給十七年六月德公升任長蘆鹽運使將卸道篆復稟請署撫憲衡公札飭道屬查照原立章程永行遵辦經布政使陳公遵批移全後任歸綏道嵩轉飭各屬存案交代是年十一月間嵩公因義學房屋坍毀不堪棲止將學移住范家巷其條約仍遵前議造冊備查計開各廳同知通判巡檢共捐銀二百二十兩義學兩師脩脯及生徒茶水每月需銀二十三兩每節送學師禮銀各四兩每年三節需銀二十四兩每年連生徒獎賞等費約通共需銀

三百餘兩除捐銀外由本道補足二八月致祭先師孔子祭品猪羊等項俱本道備辦道光元年歸綏道岳任内因包頭鎮設立巡檢將薩拉齊巡檢應捐銀十兩自二年為始着兩巡檢分攤歲各捐銀五兩二十五年十月歸化城錢行總領並散户等四十九家捐錢一千緡為義學膏火之需經護理歸綏道溯安府知府多公慧壽議以義學賃廡居住究非長策即將錢易銀四百兩價典本城西门外楊家巷路北房院一所正房三間有抱厦東廚房三間西廂房七間東南房三間西南房四間大门一間内除西套房三間原典主自占如蒙古原地主及原典主備價回贖即稟明歸綏道飭歸化廳驗收銀兩另行典買房院典約存案并行歸化廳

附德公告

為曉諭事竊以文明之治不擇地而興蒙養之方可因材而篤本道蒞任兹土所

見閭閻闤闠或以耕牧或以懋遷地廣人稠洵稱富庶顧學校未設人材無自而成爰倣古黨庠塾序之意立義學於衙署之後延師主講凡遠近之成人小子萃處而肄業焉惟濫而無節非所以示區別也今擬以生徒三十人為率其能識前言往行以蓄德者固將陶育以成國器即自幼學以至弱冠雖尚不曉文理而質性穎悟可習經書者皆在甄收之列為此出示闔境人民知悉爾等有子弟願讀書者即赴轅報名候本道示期擇取三十名將姓名年歲籍貫注冊送館內受業毋許無故不到其經此番報名或因額滿不錄者即令附名冊後俟有空缺以次拔補至於文理明通之後諸生徒中有志上進各聽回本籍州縣應試庶幾人材興而風俗益臻醕厚焉是本道所厚望者也特示

附陳希曾重立歸化城義學碑記

希曾字雪香號鍾溪江西新城人乾隆己酉解元癸丑以一甲第三人及第入詞館歷官至工部侍郎著有樸谷文草

我

國家誕敷文教學校如林自通都大邑以迄山陬海澨罔不蒸蒸向化家有塾黨有庠而國有學也即邊徼羈縻之地為自古聲教所未通者今亦野無匿秀人知向方往往以義名其學而或者限於地絀於財經始者未得其人繼起者未振其緒則其學亦終不立此固賴存心之公愛人之切亹亹然全其始要其終而後其事以集其功以成歸化城為三晉藩衛觀察德公莅任有年所以通商惠工者成效已彰彰矣而尤以興教勸學為先務舊有義學久廢不舉公亟謀更建之度地於道署之右捐廉為屬吏倡鳩工庀材不數月而告成屬予為文以記之且語予曰

地近官廨集生徒數十人其長者課以文藝勉之黜華崇實以敦品制行為大端其幼者與之繹經義課記誦并出絹素毫翰以鼓舞之或日一至焉或二三日一至焉樂此不為疲也予聞之喜曰此邦人士何幸得嘉惠儒林教學為先諄諄如公者哉知化民成俗之必由於學也而以身先之知遜志時敏之厥修乃來也而以勤董之知入學考校離經辨志之不可淩節而施也而次第以及之知觀摩有自復霣彼之苦其難而不知其益也而獎賞以誘之夫豈徒高其垣宏其宇為寒士謀棲遲之所哉蓋欲樸被而來者之實能相與有成也然則公之好學深思其存心之公愛人之切亦概可知矣予視學此邦凡使節所至靡不以先德行而後文藝為士子勗每進諸生於庭拳拳懇懇勉其所已能而振其所未至蓋獎誘後進之思與公實有同心焉幸與公同事一方樂其心之相契而尤歎是舉之德施

於無窮也異日者化成俗美風聲所樹將見擔簦負笈者接踵而來斷斷然相與
絃誦服習於其中吾知必有瑰奇特出之士倜儻不羈之才出而宣揚郅治黼黻
皇猷而歸本於振興庠序翕然稱公之德於不衰則公之培養士氣作育人材以上副
聖天子觀文成化之治者雖邊徼羈縻之地固無殊於通都大邑也予故樂為之書
并為肄業者勗焉

按今世自各省會以至府廳州縣凡有學校之地莫不設立書院以培養人材
猗歟休哉何風之盛也至於義學之設或紳富樂善好施或鄉村公議建立俾
寒家小戶無力延師者之子弟得就以資講習識之無地方人士自經理之守
土者不與聞焉歸化城學校未立因無書院自前觀察德公設立義學五十餘
年各官攤捐廉俸合力延師名為義學實則與書院同每歲兩學師脩脯亦與

尋常州縣書院山長不相上下口外無儒學各官每朔望講約輙以學師兼之亦所以廣教澤示尊重也惟凡事因循日久恐視為具文薪水未能以時講課必致輟業有名無實餼羊僅存揆諸前賢創始苦衷實相背之且邊塞周圍數千里所恃以移風易俗者祇此一區倘得推而廣之於各廳胥則傚焉將詩書絃誦之聲與犬吠雞鳴同相聞而達四境矣有心者尚共勗諸

奉使日記謂歸化城外番貿易蜂集蟻屯乃衝劇扼要之地控制之法良不可忽考之古碣元為豐州設知州同知判官各一員統於大同總府與宣慰使所轄今我

朝威德遐暢幅員之廣曠古未有即如臺灣遠在海外亦為郡縣應照此例將歸化城亦設為郡縣用府廳縣教官各一員以寄撫綏教化之澤設滿漢將軍一員

轄現在蒙古都統即金之置天德軍節度使元之立大同總府其意一也歸化
一帶土廣人稀將死罪中有可矜將免死之人發往開墾填實地方其新設郡
縣各官照臺灣例三年升轉以致其奮庸之念
聖諭廣訓十六條中外文武臣民講讀乃化民成俗之本應令各官於朔望日齊集
軍民一體講讀使知
聖化其軍民中有清秀子弟令教官教習漢書俟其通曉文義亦照臺灣設科取士
之例人有進身之階不輟絃誦之音化魯朴為禮讓矣佼悍為忠義莫要於此
十年生聚十年教訓更遐荒之區為冠裳之地增版宇而廣化育度越古帝王
萬萬矣按記作於康熙二十七年厥後雍正五年都統丹津尚書通智奏請建
立文廟設歸化城理事同知協理筆帖式後改設各廳理事通判增巡檢各官

乾隆二年以朔平府駐防将軍移駐綏遠城并裁減蒙古都統添設歸綏道一員統轄各廳俱與訖意若合符節至所云開墾之説更無俟夫矜疑免死之人今遠近富厚農民且無不趨之若鶩利之所在天下歸之人情大抵如是惟學校至今未立致此間無土著之民每與當路談及仍有志未逮云尔

歸綏識畧卷十四

崞縣張曾小袤初輯

地部

教場

綏遠城駐防官兵教場在城西门外每歲春秋二季八旗槍箭營官帶領兵丁操演槍箭兩箇月俟将軍閱畢停操演陣共用兵一千六百一十四名自二月十五七月十五開操日起城上吹海螺十五日秋季演教子母礮位在哈喇沁溝

歸化城土默特教場在城北门外二里許內閱武堂三间火藥庫二间看守兵住房二间照壁一堵每年春秋二季土默特兵一千名各操演一箇月操演時官兵齊集操演營同赴教場鳥槍兵五百名弓箭兵五百名鳥槍兵演三進二連環斷後兵出

收隊官員與弓兵演習馬步射又演槍牌三日自二月十五八月初一日起閘操城上鳴海螺十五日

歸化城綠營教場在城北都司營側每年春秋二季大同鎮総兵來營較閲都司以次將弁演習騎射兵丁三百名演習槍礮其平時操演都司主之

附槍字考畧

槍七羊切周禮秋官職金國有大故而用金石則掌其令注用金石者作槍雷椎椁之屬疏槍雷椎椁皆守城扞禦之具古無鳥槍其言槍者指刀槍之槍而言蓋矛屬也然槍與雷並稱後世鳥槍亦當從之俗作鎗非鎗楚耕切在庚韻鼎類其音瑲者與鏘同為鏗鎗之鎗從未作軍器解或以鳥槍作鳥銃充仲切音梳玉篇銎也集韻斧穿也解亦不同仍用槍字較近

附礮字考畧

礮俗作炮潘安忎閑居賦礮石雷駭其礮字之最先見者李注礮石今之拋石也說文無礮字惟旝字注云建大木置石其上發機以磓敵是許氏以旝為礮唐書李密傳以機發石為攻城械號將軍礮自後人有火礮之製俗遂從火作炮字更非火礮之用始見於宋楊萬里海蝤賦序云宋紹興三十一年金兵欲濟江虞允文伏舟七寶山舟中發一霹靂墜礮墜水中硫磺得水火自跳出紙裂而石灰散為烟霞眯其人馬之目金兵大敗然此乃紙礮用石灰以眯目非以礮子為攻擊之具也礮之用鐵始於金名曰震天雷以火礮攻城始於元世祖得回〻所獻新礮以攻破襄陽城名曰襄陽礮明永樂中平交趾始得神機槍礮法至嘉靖二年佛郎機寇廣州指揮柯榮禦之賊敗遁官軍獲其舟得其礮即名為佛郎機詳見

明史紀又兵志云佛郎機礮式以銅為之長五六尺重千餘斤小者數百斤礮之
用銅始見於此我
朝天聰五年始造紅衣大礮名曰天佑助威大將軍崇德八年又造神威大將軍礮
康熙十五年又造神威無敵大將軍礮二十八年又造武成永固大將軍礮詳
皇朝禮器圖式見梁茝林中丞浪跡叢談

按操練之說莫詳於戚南塘紀效新書及練兵寔記其卷首或問諸條有切中今日操演之病者如或問祖宗自設官軍至今操練二百年矣比子之操一二年者孰為熟習且官軍亦有陣法教場隨時演習而臨事無裨寔用何也曰譬如學生平日總下講習的是五經四書解義策論一旦入場試官出來題目就是往書上的便可想望中式若平日雖是手不釋卷卻讀些雜說詩詞作些傳

奇歌賦一旦入場要作經義策論中選所習非所用如何可得就是好學的也徒然耳今之軍士設使平日所習所學的號令技藝都是照臨陣的一般及至臨陣就以平日所習者用之則操一日必有一日之功一件熟便得一件之利況操練二百年自幼為兵士者耶奈今所習所學通是一箇虛套其臨陣的真法真令真營真藝原無一字相合及其臨陣又出一番新樣與平日耳目聞見逈然不同如此就操一千年有何用處且如各色器技營陣殺人的勾當豈是好看的如今教場閱兵但要周旋步武滿片花草便是好武藝但要整齊排列進退從容便是好陣式花法勝而對手工夫漸迷虛文張而真正營務不講戲局套數跳舞哄人司閱者但取一時好看卻一些用不得諺曰到斷打時忘了拿架子此病最甚因識教場之畧而附及之

歸綏識畧卷十五

崞縣張　曾小袁初輯

地部

倉庫

豐裕倉盈甯庫在綏遠城爲駐防官員兵丁俸餉銀米及各廳錢糧監督稅課総出納地設立倉庫大使一員耑司其事額設儲銀二十萬五千餘兩米二萬三千餘石屬糧餉同知管理如額米不敷支放隨時稟請採買

軍需倉在歸化城内駝橋街内久安盈恒充裕六廒額儲谷五萬一千二百六十石係供支綏遠城官兵口糧之需

常平倉五廳皆有之歸化城設立在城外城隍廟側内蓋藏滿積聚豐六廒額儲谷

三萬四百八十石零係按豐歉平糶及借給農民之需
土默特倉在歸化城内駝橋街内設隆字一厫儲谷二千石係支放副都統衙门俸
米並托里布拉克台剌麻口糧及養濟院月米
土默特庫在舊都統署大堂東偏内收存房地租銀煤炭税銀以備春秋祭祀将軍
副都統康俸官學膏火及脩補軍器操演公費繕書鋪司台站差使工使食并一切
賞卹之用
義倉在三賢廟内儲谷一千二百一十二石以備凶荒賑濟
五廳錢糧税課庫俱在本署隨徵隨解無庫儲定額托克托城倉在城内雍正中建
舊存放徵收米石今統歸豐裕倉本倉所存惟常平倉谷
按是編畧倣志乘之體倉谷一门自不容以不立惟盈虛豐儉未得其詳有弗

敢率尔置喙者計自弱冠後橐筆游幕幾三十年箋啓往復而外於古人語斷章取義寔有問錢谷不知問兵刑不知之愧况以倉庫重務非等迂儒紙上之談袁簡齋覆兩江制府興革事宜謂常平者漢時良法而其弊已見於東漢劉般傳中社倉者宋時良法而其弊已見於金華社倉記其所謂條陳應革應興諸事與此間情形雖有不同而變通在乎其人從古所謂有治人無治法也至豐裕軍需兩倉採買之法尤關緊要賈誼曰積儲者天下之大命愚謂積儲以養兵與積儲以養民又異民之賴此積儲時少而軍之賴此積儲時多耳廐長立而馬益癯東坡斯言將聽牧人之盜其芻菽耶將何以治其末而求其本也識畧及此仍不過存其目云

歸綏識畧卷十六

崞縣張　曾小袁初輯

地部

田賦

歸化城額徵大青山後廠地租銀一萬三千九百四両一錢四釐空間廠地租銀一千六百四十八両三分二釐土默特租銀五百二十二両六錢五分額徵渾津黑河本色折色米四百八十八石二斗四升六合九勺十五溝米三百三石五斗八升六勺内有豪賴溝村於咸豐六年秋災案内詳報冲毁地五頃五十五畝應開除米十六石四斗二升八合寔應徵米二百八十七石一斗三升二合六勺

綏遠城同知額徵渾津黑河莊頭米一千三百九十二石九斗五升三合

和林格尔額徵正黄等五旗厰地租銀一千六百九兩四錢八分二厘内除咸豐四年詳報逃户缺額銀六百一十四兩五錢八分外寔應徵銀九百九十四兩九錢二厘土默特租銀五百四十六兩六錢七分四厘額徵米五千五百九十七石五斗一升八合一勺三抄

薩拉齊額徵土默特租銀一千八百六十六兩一錢一分額徵米三千七百七石一斗三升六合三勺

清水河額徵鑲兰旗厰地租銀二百四十五兩七錢土默特租銀六十七兩五錢額徵米折正銀一萬七千七百九十四兩二錢五分一厘内除二次逃户缺額銀七千四十七兩六錢九分六厘寔應徵銀一萬七百四十六兩五錢五分五厘

托克托城額徵土默特租銀三百七兩二錢六分額徵米三千一百一十七石九斗

一廿三合六句

按田賦為倉庫之源尤非局外所能縷析咸豐九年四月間鍾石帆觀察以督催所屬清水河錢糧被議去官十一月解任郵函問答藉窺一斑蓋口外催科之難較腹裏不啻倍蓰漢南地方遼濶租戶俱自遠來歲收偶遇歉薄輙捲席逃去章所種蒙古廠地租賦較輕且徵收多係米石於納稼之日即就近輸將省以米易銀之煩無米價銀價低昂短絀之弊此催尚易為力惟清水河一廳前因路途遥遠駝運阻滯爾時想銀價亦低遂致米折正銀至一萬七千餘兩嗣因兩次逃戶缺額議減七千有奇現仍寔徵銀一萬七百餘兩倘遇凶荒水旱遠竄紛紛無家屬可尋無親族鄰里可問與土著居民都累都中累甲者迥别而催徵各官處分與口裏府廳州縣正項錢糧同以致有督催之責者每屆

忝限輒同干嚴譴觀察此番去任雖以銀數錯漏舛誤多端而推厥由來究因非年清年款所致此後若不速為更切仍照舊章将監司通判兩官朝至而夕獲咎焉後來者當何以處之

歸綏識畧卷十七

崞縣張　曾小袁初輯

地部

市集

歸化城商賈向有十二行俗傳都統丹公由京師帶來其説無可考近則生聚蕃衍貨物具備百工咸集以行而計不啻千百數矣遇有公務則仍曰十二行其餘各以類附之總其大者而言也

十二行公舉鄉耆四人總領十二人經理庶務鄉耆會館設立三賢廟遇有商賈詞訟事件輙諭令處結各行公議條規俱由鄉耆等定議五廳曁各鎮皆然惟擇各行鋪長老成諳練者充之無鄉飲酒禮文

歸化城行商坐賈相輔而行行商販運貨物至大青山後諸部落及西域一帶貨鬻易金銀牲畜以歸有後山營路各生意名目乾隆四十二年准兵部來咨歸化城前往烏魯木齊等處貿易商民俱由副都統衙门發給照票將該商人數姓名及前往貿易之部落札薩克旗分據該同知詳報到日填註詳細照例給發等因嘉慶五年經署定邊左副將軍齊登札布具奏歸化城商民於山後札薩克旗下擁集過甚稽察紛繁且恐滋生事端嗣後請發給照票方准貿易以便稽察等因蒙准由理藩院咨行綏遠將軍令將本院照票領去給發各商民前往烏里雅素台等處及各蒙古地方持票勒限貿易派員赴都請領俟商民貿易完竣依限繳銷

歸化城商民至烏魯木齊等處謂之北套客其路乃客賂蒙古人所開自歸化至迪化僅兩月程但無旅店可宿行者須自携鍋帳耳見紀文達公烏魯木齊雜詩注

外

行商貿易山後營路率於歲杪由城啓行至次年秋冬間回城携帶牲畜貨物在城
發賣
歸化城牲畜交易約有數處其馬市在綏遠城曰馬橋駝市在副都統署側曰駝橋
牛市在北外外曰牛橋羊市在北茶坊外曰羊橋市俱近橋故也其屠宰牲畜剝取
皮革就近硝熟分大小皮貨行交易在城南門外十字街俗呼為皮十字
口外蒙古厰地寬濶人物繁庶米粟糶糴較别務尤急各廳俱有粟店行開設按時
價出入毋許閉積其距廳遥遠者亦得就近為市如歸化城屬之畢齊克齊及山後
克克伊里根等村托克托城屬之河口薩拉齊屬之泊頭鎮皆米粟匯聚所在舟車
馳運絡繹不絶
和薩清托各廳交易俱用足錢歸化城慣用短陌錢銀價較他處必昂錢數多寡不

不一居民多病之商賈謂便於貿易

或問錢曰短陌始於何時按王伯厚困學紀聞梁武帝時錢陌減始有足陌之名唐末以八十為陌漢隱帝時王章又減三錢始有省陌之名日知錄引隋書食貨志曰梁大同後自破嶺以東錢以八十為陌名曰東錢江郢以上七十為陌名曰西錢京師以九十為陌名曰長錢中大同元年乃詔通用足陌詔下而人不從錢陌益少至於末年遂以三十五為陌唐憲宗元和中京師用錢每貫頭除二十文穆宗長慶元年以所在用錢墊陌不一敕內外公私給用錢每貫一例墊八十以九百二十文成貫至昭宗末京師以八百五十為貫每陌纔八十五河南以八十為陌漢隱帝時王章為三司使聚斂刻急舊制錢出入皆以八十為陌章始令入者八十出者七十七謂之省陌又抱朴子云取人長錢還人短陌則短陌之說晉

時已有之不始於梁也

鈔票大錢鐵錢數年來各處或用或否惟口外五廳以毗連外蕃俱未使用地方情形使然守土者不能强也

或問鐵錢與銅錢並行無分輕重固不問而知其難久矣惟大錢之當千當百當十近代如梁茝林浪迹叢談等書極言其利然卒未能暢行何也曰子不觀宋徽宗時御史沈畸論蔡京鑄當十錢乎其言謂古者軍興錫賞不繼或以一當百或以一當千此權時之宜豈可行於太平無事之日自為當十之議召禍起奸游手之民一朝鼓鑄無故而有數倍之息何憚而不為雖日斬之其勢不可遏也咸豐五年晋省始用大錢一時歡悅謂其便於携帶不數月而私鑄者起居民不知揀擇輒受其害市儈百般刁難甚或指官鑄為私鑄任意挑剔非以其輪廓之破缺

即以其字畫之模糊各省形式不同即難互使不得已而二八一九換用年餘卒至盡廢而後已此可以見大錢之無用矣至鈔票之法即古之楮幣也文獻通考首列田賦其次即言錢幣謂舉方尺腐敗之券而足以奔走一世寒藉以衣饑藉以食貧藉以富銅重而楮輕鼓鑄難而印造易舍其重且難而用其輕且易者下免犯銅之禁上無搜銅之苛亦一便也明季亦有十便之說是在用之者何如耳濟陽張氏尔岐蒿菴閒話唐憲宗時商估至京師委錢諸路進奏院及諸軍諸使富家以輕裝趨四方合券乃取之號飛錢此即鈔法之始但商估與富貴人私為之如今之會票宋初許民入錢京師於諸州便換朝廷始置務給券其時商人齎券入諸州當日給付不得留滯違者科罰此法寔便公私尔時官吏無需索可知所謂鈔者錢券也至執券而給錢不時則鈔滯矣甚而無錢可給則鈔虛矣再甚而以虛鈔為寔錢

則鈔不得不廢矣愚嘗謂鈔之為用可用於度支充裕之日不可用於帑項支絀之時譬如同一錢票也富商大賈人所共信藏其票者直以外府視之竟有不忍取用之意偶遇水火盜賊鋪戶反得其利即不然而經年累月携走遠方取用極遲生息亦不堪計算至於財本消乏之輩欲暫藉紙票支吾印墨未乾而取錢者已矣多一番僞造更加一番窘迫即或偶遲月日忽一時蜂擁而來豫備稍有不足輙將鋪戶封閉此明代寶鈔之制所以不始於啓禎衰微之年而始於洪武創興之日也前明鈔式用綿紙厚如錢色青黎外用墨闌周界々內上端橫書大明通行寶鈔六字其下復為龍文闌界寬寸許中一橫墨綫界為兩方上方橫書一貫二大字々下畫錢索々形兩傍篆書大明寶鈔天下通行八字下方細書七行書曰戶部奏准印造大明寶鈔與銅錢通行使用僞造者斬告捕者賞銀弍百五十兩仍給犯人財產洪武年月日識以兩朱印々二文不可辨背面下截為花文闌界內橫書一貫二大字々下亦為錢索形上截空處亦識以一朱印一貫五百文四百文三百文二百文一百文凡六等字並同惟橫書字錢索文各如其數嘗閱之一木工云鈔正面墨闌々長即鈔尺也墨闌々一長一榘即

民间市尺也語似有本見亦萬菴閑話愚幼時見一紙製同

総之鈔票大錢鐵錢俱不能與銅錢並行經久即或有行使之處銀價貨物必逾恒昂貴仍以銅錢抵足價值不過備數而已又何益哉

口外粟店行錢行前有買空賣空諸弊每致高抬市價居民受害寔深近俱遵例禁止有犯者照賭博例科罪

歸化城四季標期春季正月二十二日夏季四月十八日秋季七月十七日冬季十月初九日各行交易居期清帳

按文獻通考端臨馬氏曰漢初鑄錢輕於周秦一時不軌逐末之民蓄積餘贏以稽市物不勤南畝而務聚貨於是立法崇農而抑商入粟者補官而市井子弟至不得為吏可謂有所勸懲矣然利之所在人趨之若流水貨殖傳中所載

大抵皆豪商鉅賈未聞有以力田致富者至孝武時東郭咸陽以大鬻盐孔僅以大冶領大司農桑宏羊以賈人子為御史大夫而前法盡廢矣文帝時晁錯說上曰商賈大者積儲倍息小者坐列販賣操其奇贏日遊都市乘上之急所賣必倍故其男不耕耘女不蠶織衣必文采食必粱肉無農夫之苦有千百之得因其富厚交通王侯力過吏勢以利相傾千里遊敖冠蓋相望乘堅策肥履絲曳縞此商所以兼并農人農人所以流亡也今法律賤商人商人已富貴矣尊農夫農夫已貧賤矣故俗之所貴主之所賤吏之所卑法之所尊上下相反好惡乖迕而欲國富法立不可得也觀此二則知商賈之盛自漢已然無感乎今之從事者日衆也晉省夙稱富有固唐俗勤儉使然然其謀生之精實有他省所未易及者沃史趙彥復作謂其邑土狹人滿每挾貲走四方所在流寓雖山陬

海澨皆有邑人此風正不獨曲沃一處歸化城界連蒙古部落市廛之盛甲乎西北走口外三字為吾鄉人醫貧良方以故富者出其貲覓人出口代權子毋貧者互相汲引同心協力操贏居奇以圖厚利日積月累按股均分不數年而貧者驟富矣或少年躬親負販而桑榆晚景及身已坐擁金珠或乃翁鞭逐馬駝而泉粟輸將厥子即貴膺民牧計其享用之侈興發之速儼特畎畝畊種霑体塗足者流弗克望其肩背即使咿唔終世沾畢窮年倘以食報之豐約計之彼此亦判同霄壤太史公作貨殖傳所以崇勢利而羞貧賤也嶺南市謂之虛川中謂之亥晉省口內外俱謂之集

歸綏識畧卷十八

嶂縣張　曾小袁初輯

地部

賽社報賽既以社名歸入地部自應以寺廟爲綱月日爲目方合体例茲編取便於檢閱識者諒之

正月初四五六日太陽社在東栅街三官社在小西街初七八九日安静社在馬蔺灘合義社在南茶坊通順社在通順街初十十一二日興旺社在北茶坊十一二三日義仙社在玉皇阁十四五六日平安燈社在城内十五日醇厚社在火神廟十五六七日平安社在崇福寺前興旺社在無量寺前一在牛橋三官社在隆壽寺前十九二十廿一日興旺平安社在南柴火市廿一二三日平安社在宏慶寺前廿四五六日意誠社在崇福寺前又是月有福慶駝社在北茶坊及城内駝橋無定日

二月初一二三日青龍社在財神廟初七八九日大南街太平社在火神廟初十十一二日大西小北兩街平安社在火神廟初十二三四日代州社祀財神在十王廟十四五六日金炉社在南茶坊十八九二十日祈保平安社一在三官廟西覌音寺一在宏慶寺巷覌音寺廿一二三日平義社在南茶坊又清明節有平安社在城隍廟二三月間有陝西社在小東街関帝廟無定日

三月初一二三四日誠意社在延壽前真慶社在城内初九十十一日咸寗社在無量寺前十三四五日集錦社在貴公祠十四五六日生皮社在小東街関帝廟十六日紙房社祀蔡侯在南龍王廟十七八九日蒙古社在十王廟集義社在財神社聖母社在三官廟街聖母廟廿一二三日鄭侯社在海窰公義社在南茶坊廿三四五日誠敬社在三賢廟廿七八九日義合社在財神廟

四月初三四五日馬王社在小東街一在海窟義和社在南茶坊車店行社在玉皇閣初七八九日晉陽社在南茶坊交城社在十王廟十三四五日福興羊社在北茶坊十四五六日良緣社在崇福寺前十七八九日在邊甯社在邊甯寺廿三四五日福興牛社在北茶坊廿六七八日十二行社在費公祠又是月有農民社在南龍王廟定襄社在財神廟福隆羊社在北茶坊無定日

五月初一正日祁縣社在小東街関帝廟初四五六日上黨社在南茶坊雲中社在財神廟甯武社在関帝廟忠義社在十王廟祀旃檀佛初九十十一日十二行社在城隍廟初十十一二日騾店行社在玉皇閣十二三四日介休社在南茶坊崞縣社在財神廟盂縣社在北茶坊单刀社在関帝廟十八正日農圃社在南龍王廟威鎮社在関帝廟十九二十二十一日瘟神社在南茶坊廿四五六日成衣社在財神廟

太谷社在關帝廟廿六七八日榆次社在南茶坊意和社在西茶坊又是月有文水社在小東街關帝廟無定日
六月初五六七日福廂社在玉皇閣毡毯社在財神廟初八九十日三義社在西茶坊十一二三日崇福社在崇福寺前十四五六日寶豐社在財神廟十七八九日誠意社在延壽寺前魯般社在魯班廟廿二三四日十二行社在火神廟廿三四五日平安社在隆壽前聚錦社在南茶坊德先社在西茶坊
七月初六七八日恒雲社在城内十一二三日淨髮社在南茶坊十四五六日京都社在三官廟崇德保安社在城隍廟廿一二三日金炉社在南茶坊廿六七八日集錦社在賈公祠
八月初一二三日六合社在南茶坊初三四五日定福社在財神廟十四五六日平

安義社在火神廟平安社在海窟土地祠忻州社在関帝廟十八正日仙翁社祀酒仙在小東街廿一正日紙匠公義社在南龍王廟又是月有聚仙社祀酒仙在小東街崇豐社在九龍湾小東街有本街社道署及同知巡檢署前有平安社無定期

九月初一二三日福鹹社在三賢廟初八九十日銀炉社在玉皇阁靈佑社在小東街十二三四日太原社在南茶坊壽陽社在三賢廟十五六七日稅局德義社在西茶坊十六七八日蔚州社在財神廟十八正日金龍社在小東街廿四五六日應渾社在財神廟又是月有汾孝社在十王廟無定日

十月初一二三日平安社在城隍廟此外有醇厚社在費公祠崇豐社在玉皇阁河神廟皂君社在財神廟瘟神社吴真社祀吴道子葢城社在南茶坊盂蘭社在東嶽廟平義社一年在火神廟一年在南茶坊俱無定月日其他領酬神綵觴燕會不在此數

按報賽之說從古有之演劇事神未詳肇自何代蓋四民各有本業自當追奉其先代創始之人崇德報功祈福咎就即藉酬神之舉以為燕樂之期桑柘影斜家家扶醉歌台舞榭亦足以點綴昇平聖人在上原所弗禁惟口外市廛森列梵宇如林商賈踵事增華歸化一城歲三百六旬六日賽社之期十逾七八此外四鄉各廳尚難指數靡財廢業淫志蕩心其流弊不可言狀識畧始作謬捻稍為勸誡并歷指戲樓酒肆選声别色以及採青放工諸名目宜痛自裁草冀人心風俗稍有挽回迺閱者不諒苦衷輒於有所譏刺因亟加改削較原稿十存一焉比聞金陵漢口等處前際咸時其豪侈且百倍於此自粵氛竄擾以後人烟稀闊舉目蕭條有欲覩前日紛華靡麗之風而不可得者則留此一二閙熱名區亦足覘太平景象惟望於廟会所在仍遵示嚴禁凶酒賭博并婦女

入寺燒香及扮演燈戲各獎無視為具文庶足免誨盜誨淫之習其迎神送神
禮節尤當酌量盡善差勿蹈襲僭妄之舊以驚世而駭俗云

歸綏識畧卷十九

崞縣張　曾小袁初輯

地部

濟䘏

養濟院在歸化城西二里乾隆初遵照部咨設立額養貧民百口每口日給米一升歲秋季給布一匹九月至二月給薪炭銀四十餘兩院頭一名歲給工食銀七兩二錢其米由土默特倉按月支放銀兩布匹土默特户司会同巡檢發給又隆壽寺側有濟生店爲乞丐棲宿所

漏澤園在歸化城南東嶽廟側嘉慶中觀察德公倫建立嗣蒙古施捨地畝商民添蓋房屋爲殯葬厝棺及看守人居住之所其旁另築磚洞收存無棺屍骸每歲清明

及中元節前三日將屍骨攢瘞入土以免暴露并狼犬殘食此外各州縣所建如代
州等境各行業所建如雞頭墳梨園墳之類尚多不及備載
按從古發政施恩必先告濟卹之道非止一端而養生喪死如養濟院漏澤
園尤其大者我
朝自綏遠城設立駐防官兵以來於八旗滿洲蒙古有孀婦孤女銀米有四王莊地
撥給墳塋於土默特有賞給鰥寡孤獨地畝租銀
聖恩至優極渥口外雖蒙民雜處而濟卹之典與腹裏郡縣毫無歧視惟歸化城地
方寬廣人數衆多無業游民凍餒至死者不可勝計隆壽寺街開設窮民小店
數十家乞丐每夕出錢數文藉避風雪遇有疾病不能求乞同輩更無人憐卹
輒拋置寺前空地名曰大炕每氣息尚未斷絕而負屍者已棄擲漏澤園磚洞

收十

中其負屍之人若輩呼為灰堆終歲以此為業剝取屍身襤褸鬻資餬口數人爭先掇拾而殘喘更無生望矣言之寔深悽惻雖文王復起亦不能使膏澤普徧遐荒而因流溯源在禁止開設賭場一事蓋此間賭博場店錢注大小不一非若別處盈千累百方可入局即無衣無褐者流傭趁數十文或尋覓親友或沿街叫化乞得數錢希圖壓寶贏餘以毋博子且俗諺有一錢壓十寶十箇駱駝馱不了之語卒之來回展轉俱為出九入十者所得眼傒肚餓斷送一生無知愚民多墮其術而不悟是在守土者嚴加禁示勿俾為羅網之張并望各者總廣立條規傳諭居民鋪户但施與貧人米粥及破敝衣履毋於朔望日總施錢文自圖省事於若輩毫無裨益致施捨與不施捨等更推廣濟卹之意設立育嬰全節等堂藥材棺木等局禁止鴉片烟館及冬月典賣着身襖褲則終歲

所全活者益衆矣復有各處流民初死無力歸葬暫行寄埋數年後子弟親族每將屍骨燒化成灰用囊橐攜帶旋里翦觀且以忘孝目之謂合於首邱之禮嗟乎生不能豐衣足食歿復遭此焚燬之慘死而有知恐甘為餒鬼於他鄉未必願受此祝融之虐也現擬白諸當事有犯者照毀屍例治罪至若陸放翁老學庵筆記謂宋時有不養健兒却養乞兒不管活人只管死人之謗則自致慨於軍糧之乏民力之窮譏州郡官舍本而逐末耳豈謂養濟之院漏澤之園非善政耶

附錄咸豐八年各廳奉本道札飭查稟地方情形

歸化城

一廳屬東界察罕西界薩拉齊南界和林格尔北界四子部落茂明安等旗周圍千里而遥漢回蒙古狃邊外積習性貪而狡氣粗以悍小則穿窬鼠竊大則搶刼横行雖不時派役捕巡而山北山南歧路百出外番部落最易藏匿匪徒盤查所不能及近年每遇失事弋獲者十無二三此緝捕盜賊之难也

一廳屬每年人命案件總不下二三十起寔由風俗強悍之故此外尚有達尔漢等三旗命案亦歸〻化城同知驗訊辦理距城里数近則数百遠則一千餘往返需時各該旗蒙民人等均係游牧散居無鄉隣聞見證據遇有拘喚差役即聞風遠颺或糾夥抗拒縱到案亦百般刁譎鮮得寔情此審辦命案之难也

一廳屬五方雜處蒙民交錯命盜詞訟本極煩多自嘉慶十五年道光二十二年大青山後沙拉穆楞招西涧放牧地以來又添茂諾尔聚寶莊等数十村地户争訟更繁且蒙民交涉之案由副都統派委蒙員会審并有将軍都統本道暨撫藩臬衙门以别廳審解之案情罪未協飭委審辦者簡牘紛々如掃落葉每内有應質要證必須傳案訊究而民無土著非暫回原籍即他出謀生累月經年拖延莫結此讞鞫詞訟之难也

一本廳監獄人犯兼四子部落達尔漢茂明安三旗為数已自不少又有外藩齊々尔哩克一盟并克魯鄂城車臣汗等旗命盜重犯亦均寄禁再遇秋審之期暨各廳照例招解之犯蒙本道飭發收監者統計约数百名稽察稍有未周禍端每出意外此防範監獄之难也

一弭盜安良莫過於保甲之法屬奉憲札飭令寔力遵行無如廳屬地方情形與內地不同除本城及附近村莊尚能遵照憲定章程辦理外其離城窵遠之處多係無業游民遷移靡定并有搭蓋窩鋪隨地牧宿一處水草淨盡旋往別處謀生此輩草野性成一丁不識縱極力勸誘仍復置若罔聞而欲使之懸門牌造户冊填寫循環簿籍似猶强瞽者而使視强聾者而使聽也此編查保甲之難也

按卷內各廳村莊有名可指者九百七十四村其餘零星處所未經載入者又當在三分之一和林格尔清水河稟詞可驗也其名之稍存古昔者十無二三餘皆蒙古俗語詰屈聱牙借音成文無一定字義則其俗之樸野可知矣各廳所稟情形俱數年來目覩耳聞毫無增飾官制門所附鐘觀察撫憲書尚多採

取其説昔人言不遇盤根錯節不足以覘利器如有明王文成之於龍場驛我朝于清端之於羅城縣其難治更十倍於是也王文成挾孔孟書一部日與諸苗講愛親敬長之道諸苗咸知慕悦于清端初抵羅城無眠食之地其視羅城民如子弟故民愛之如父母至於此間居人五方雜處初不始於今日漢書地理志定襄雲中五原本戎狄地頗有趙齊衛楚之徙其民鄙朴少禮文好射獵寰宇記云自代北至雲朔等州北臨廣野封累之內南北錯居其風自古如是頃此一年成聚二年成邑三年成都利之所在羣起而趨焉者夫非猶是天壤間熙熙穰穰之衆哉橘踰淮而爲枳鳩既秋而爲鷹未聞人出乎邊城之外盡變而爲惡也雖耳濡目染一齊之傳不足以敵衆楚之咻亦惟上之人以化外視之斯民亦甘自處於化外耳吾聞之教民之道莫大於學校防民之法莫嚴於保

甲学校之設非大有力者不能成其事若保甲則隨時可行隨地可行不能行諸遠也先行之於近不能行諸蒙古村莊也先行之於農民村莊由城而鄉曰大而小勸懲兼用逐漸以施其始也無畏難無憚謗無惜小費其從也無厭煩無滋擾無始勤終怠行之久而難者易煩者簡擾者安謗者息矣譬諸飲藥其始未嘗不以為苦口也從而與病投焉久而病患去焉則人皆信其為良藥而惟醫者之不用是懼保甲之法非數月無以見其功奈何并此數月而不能待耶他如詞訟傳喚盜賊緝捕春秋催征之难皆可於保甲一以貫之前於托克托城所稟令各里粮頭自立限状按卯交納之說未及面詢其詳近即数語反覆思之似與加塘吴潛竹樫牧濟録中所損益滚单之説最為相近然其法寔與保甲互為表裏吴君自言查定保甲時雖僻小村巷亦必親歷無遺爰將各

大小村莊區分數十處每處繪圖一頁彙為一冊將村名道路山川橋梁堤岸古蹟名勝寺觀廟宇及四面交界之地皆詳繪圖內縱橫里數戶口幾何其形勢之平險村落之疏密地畝之肥瘠河隄之通塞亦詳記焉時一展卷瞭如指掌是即識畧於村落一門不憚瑣屑必書其名目之意也上之人本吳君之法以求之安見王文成 于清端之治不再見於今日與桑梓小民跂予望之

歸綏識畧卷二十一

崞縣張　曾小表初輯

地部

卡倫

土默特界内大青山前原設卡倫十一處
鞥滚卡倫在歸化城北二十里
哈拉沁卡倫在城北三十里距鞥滚東二十里
烏里雅蘇台卡倫在城東七十里距鄂奇特三十里
和林格尔卡倫在城東南八十里距烏里雅蘇台三十里
珂㙟庫卡倫在城西北八十里在鞥滚西八十五里

特门庫珠卡倫在城西一百四十里距珂珜庫六十里

戞魯第卡倫在城西二百里距特门庫珠一百二十里

蘇勒哲卡倫距城二百五十里在戞魯第西五十里

烏達卡倫距城三百里在蘇勒哲西五十里

察漢鄂博卡倫距城三百四十里在烏達西四十里

以上十一處係乾隆十九年奏設每月輪派土默特官一員兵各五名巡防賊匪

每年十一月间将軍委派滿營官兵稽察

大青山後新設卡倫十六處

色尔德恩

哈魯勒

哈拉托羅蓋
哈拉和碩
以上四處係嘉慶十九年奏設每月一處派土默特官一員兵十五名輪流巡緝
賊匪每官月给銀四兩五錢每兵月给銀三兩
鞥滚特克
庫特依
特勒不圖
以上三處卡倫係道光十二年奏將舊設胡雅克圖等三卡土默特官兵移駐其
鞥滚特克一卡與察漢庫圖勒滿洲卡倫按月輪班對調官月給銀四兩兵月給
銀三兩

克勒溝
此一卡係道光十二年奏設責成土默特公專管每月派台吉一員阿勒巴圖十名輪流巡緝台吉月給盤費銀二兩阿勒巴圖月給銀一兩五錢
哈布塔蓋
沙拉哈達
以上二卡係道光三年奏設每卡月派延壽寺格斯貴一名黑徒十名輪流巡緝其月給盤費銀兩由綏遠城旗庫支領
烏蘭胡都克
烏蘭諾尔
以上二卡係道光十二年奏設令延壽寺呼圖克圖自備資斧派黑徒十名巡防

賊匪

莫多沁

巴彥布拉克

胡雅克圖

察漢庫圖勒

以上四卡係嘉慶二十二年奏設由綏遠城八旗内每處派官一員兵十五名輪流巡緝每官月給銀四兩五錢每兵月給銀三兩

烏蘭察布一盟六旗與土默特接壤安設卡倫共十二處

四子部落五卡

達爾漢三卡

茂明安一卡

烏喇特東西中各一卡

按卡字後人所造古人書未之有也字彙補作從納切音雜解云楚属関隘地方設兵立塘謂之守卡今讀如克雅切亦如乂雅切大约取不上不下之義故合而成文也卡倫之稱近世設関稅嚴稽察者多用之仍以戒私越免偷漏耳紀文達公閱微草堂筆記中曾兩見之一自注曰戍守瞭望之地一曰軍營瞭望之名俱在烏魯木齊等處與此間所設正同蓋要路所經所以巡緝賊匪或移駐或添設與內地墩鋪略同與抽收厘稅者迥異如冬月衝途州縣必添設更棚窩鋪護送行旅上司必委員察驗亦未始非善政之一第奉行日久無不視為具文甚且勒索行人或錢或貨較関稅尤急必滿其欲而後已又甚則公

然聚訟夥強刼財物桀暴為暴其害且不勝言矣又豈當日設卡者所計及哉

歸綏識畧卷二十二

崞縣張　曾小袁初輯

人部

詩詞下

陳廷敬凱歌二十首　國朝○廷敬字子端號說巖本名敬奉

旨加廷字山西澤州人順治戊戌進士官至文淵閣大學士謚文貞著有午亭文編為林佶手書

皇家本意為銷兵。剋日邊沙一戰清。九伐元從
天子出。翠華親總六師行。

聞道神功斷乃成。盈庭連表諫親征。誰知
聖算高千古。一着戎衣定太平。

蕭〻龍笛出関聲。雲旆晴翻朔吹輕。十萬羽林眠夜
月。回看北斗掛南營。
汗馬河源飲欲乾。夕陽萬竈冷吹烟。玉鞭應有山靈
護。指處三軍見井泉。
宜暘時節草芊〻。便是窮荒大有年。風伯雨師齊效
順。可知
聖德格皇天。
筭得西營計日糧。
玉音緫罷見封章。懸知宿飽三軍士。金革銜
恩左戰場。

祇為生民事遠征。前軍馬上捷書成。綵綸簿載蛟龍筆。批答人知出塞情。

月上旌门映細旃。旄頭影落斷狼烟。尚衣高鎖黃金甲。長記龍韜決勝年。

闢拓皇輿四接天。職方環海浩無邊。黃雲萬疊青霄外。收取山河直到燕。

苗格於今正七旬。兩階干羽更森森。全收瀚海為靈囿。要置天山列禁林。

幕南庭北接王畿。一道清塵捷騎飛。四十九藩先拜舞。朔天生養左皇威。
漠漠雲隨露布生。人知天意為
親征。朝衣半溼蒼龍雨。點點分明淨洗兵。
回軍吹角罷連營。疊鼓風多破陣聲。寫入
天朝新樂府。流傳
神武見昇平。
武功文德並崔巍。
聖藻篇章每獨裁。萬古燕然留片石。磨崖親與勒銘
迴。
春歸苑樹別長安。六月龍沙草露漙。邊柳千條花萬

朶。一時畱取待
回鑾。
今来楊柳正依〻。昔去関山雨雪霏。魚海輕陰猶未
散。五龍常繞六龍飛。
天廐驍騰汗血斑。嘶風别去簫雲還。辰時不遣黄龍
戍。苜蓿青〻意自閑。
九邊萬里抱神京。地盡邊荒戍不驚。夜〻関门闻曉
月。天家本不用長城。
劍花弓月拂雲還。歸路邊塵障塞间。数首新詞翻鼓
吹。凱歌聲裏舊関山。

帝德天威日正中。九賓王享百蠻通。炎黃以降多青史。第紀臨戎第一功。聖祖親征噶尔丹駐蹕歸化城文貞以凱歌二十首進

顧炎武邊城雜詩 炎武字甯人崑山人為國史儒林第一

落日林胡夜。南風盛樂春。地當天北極。山是國西鄰。冠帶中原隔。金繒異域親。武陵遺策在。猶可制秦人。

駿骨来蕃落。名茶出富陽。年年天馬至。歲歲酪奴忙。蹴地秋雲白。臨壚早酎香。和戎真利國。烽火罷邊防。

舊說豐州好。于今歸板升。印鹽和菜滑。桐乳入茶凝。塞北思唇齒。河東問股肱。獨餘京雒叟。終日戍樓憑。

原題為大同雜詩。詩共四章。惟首章專詠大同。餘則統指北邊言之。至指盛樂豐州板升。尤与大同無涉。

故易之。

劉獻廷　王昭君二首

獻廷字繼莊，廣陽人，博学無所不能，詩亦餘事

六奇已出陳平計，五餌曾聞賈誼言。敢惜妾身歸異國，漢家長策在和番。

漢主曾聞殺畫師，畫師何足定妍媸。宮中多少如花女，不嫁单于君不知。

陳恭尹　邊草

恭尹字元孝，廣東順德人，著有獨漉堂集

勿論榮与悴，今古恨無窮。雪散燒痕上，青歸戰血中。天長垂大漠，地遠後東風。獨有明妃冢，年年似漢宮。

顔光敏　昭君曲

光敏字脩來，曲阜人，康熙丁未進士，官吏部考功郎中，与

宗牧仲汪季用諸君有十子之目

一辭宫闕出秦関。長得丹青識舊顔。為報君王休愛惜。漢家征戍幾人還。

朱彝尊明妃曲　彝尊字錫鬯号竹垞浙江秀水人康熙己未以布衣召試博学宏詞官翰林院檢討著有曝書亭等集

上林消息斷歸鴻。記抱琵琶出漢宫。紅顔近来惟悴盡。春風更遜畫圖中。

張鵬翮歸化城謁関夫子廟

龍沙絶塞建公祠。正氣森然仰令儀。真節可興天下士。純忠不愧古人師。平生心事如天日。百代明禋薦歲時问道遐荒能報德。千秋大義重追思。

登歸化城樓口占 前人

萬里風雲動壯猷。斗邊劍氣映南樓。龍门客醉燕山月。鹿塞寒生漠北秋。秣馬不堪宵露下。司軍应念挈壶愁。孤臣日有長纓願。忠信還期賦遠游。

歸化城郊原蒙古持獻炒糜清茶伏迎道左喜而賦之 前人

使星遙指古豐城。此日壶漿道路迎。邊塞天低横劍氣。祁連秋早動笳聲。祇脩文德遠人化。無俟勤兵绝域平。自是雲龍威德大。早圖王會獻承明。

昭君青冢 前人

獨留青冢古城隅。愧殺當年漢大夫。萬里長城憑粉黛。千秋國士老樵漁。香閨流影魂飛動。塞上吹簫鳳有無。延壽寫真君莫恨。長門空鎖月明孤。以上數詩俱見奉使日記。有青冢絕句。及望昭君青冢歌。尤草率不成詩。茲亦未能悉識

傅昂霄飲馬長城窟 昂霄字龍翰江蘇吳縣人康熙己酉舉人

君不見長海〻北青海邊。平沙直上黃雲天。沙中白骨堆何年。陰山九月風怒號。風吹戍火連雲高。雲中五原軍出幕。左賢右賢心膽落。軍中大將問姓霍。鼓聲如雷笳聲死。冒圍睨走天驕子。烽烟一掃萬里秋。

漢家天子恩未酬。男兒何用言封侯。太白蝕月旄頭沒。歸来飲馬長城窟。

吳雯明妃（雯字天章蒲州人試宏博未遇著有蓮洋詩集）

不把黃金買畫工。進身羞与自媒同。始知絕代佳人意。即有千秋國士風。環珮幾曾歸夜月。琵琶惟許託賓鴻。天心特為留青冢。春草年年似漢宮。

李必恒歸化城（必恒字百藥高郵人廩生与查閻齊名有江左十五子詩）

歸化城。徠羣生。日入入部就我日出主。閔風其。施施来。来施施。帝念念。作室家。相地宜。俾尔父母兄弟妻子無寒飢。出作入息。以教以嬉。駐其歌。行其思。歸化

城。樂不可支。鐃歌六首之一成於康熙間征噶尔丹時

徐蘭 歸化城雜詠見寓客门

祈連呼吸与天通。不与人间節候同。後騎解衣風柳下。前軍墮指雪花中。髮離漢地根先白。泪過秦山色变紅。騶伍漫劳歌况瘁。侯王猶自佩彫弓。雜詠必多别裁止選此一首惜未得見全集

雨阻黑河 前人

天地有此河。黑流獨浼浼。黄河曾為聖人清。濁浪咆哮獨不改。追遏西上勢蜿蜒。兩旗疆界相鉤連。自注土默特兩都统分地受降城頭生飛將。牧馬不敢争河邊。上有共

工觸破未補ㄍ漏天。下有鮫人痛哭不測ㄍ深淵。陽春有脚走不到。那得兩岸生人烟。但見奇花塞洲渚。色如人面形如拳。花裏見魚不見水。一網可以盈一船。飢兒阻雨不須哭。朝魚暮魚食尚足。雷電光中任過春。脚底萬苔黯然綠。天晴曝衣上古原。白骨堆邊撿金鏃。黑河無魚已久問之故老亦無見此百數十年光景不同如此

燐火苓若詩集未見沈歸愚選別栽詩以此首居前二首之間當亦在此地時作也

土雨空濛著衣濕。燐火如螢飛熠ㄍ。須臾散作星滿天空。際地聞衆聲泣。有火獨明必鬼雄。衆鬼吐燄無至紅。紛來羣燐共明滅。無乃昔日為元戎。別有火光

黑比漆。埋伏山坳語啾唧。鬼馬一嘶風亂旋。千百燈從暗中出。電聲閃閃兩軍接。狐兔草中皆震慴。一派刀聲不見刀。髑髏墮地輕於葉。血過千年色尚新。那知白骨化烟塵。新鬼日添故鬼冷。無復寒衣送遠人。

塞下曲　前人

萬騎從天下。邊人拭目看。長城無限窟。飲馬一時乾。

関山月　前人

城頭一片秦時月。每到更深照黑河。馬上萬人齊仰首。不知秋思是誰多。

出関　前人

憑山俯海古邊州。旆影風翻見戍樓。馬後桃花馬前雪。出關争得不回頭。此詩向傳為出山海關作讀別裁詩選知亦為此間詠也録之

邵岷送友出塞岷字百峯江南元和人諸生

鞞笛作邊聲。憐君萬里行。雪埋光祿塞。雲起赫連城。地入龍沙闊。身將馬革輕。封侯原素志。去矣莫沾纓。

周準明妃曲準字欽萊錢塘入長洲諸生著有与迂村漫槀沈歸愚謂与超然名利之外嘗与歸愚同輯國朝人詩皆蓋棺論定之臨終時含笑謂所親曰我幸甚我詩可入別裁集矣則至於身後之名更有不能忘之也

中原消息斷。胡地風沙寒。經年不逢春。悽惻摧心肝。

君王遣妾和戎勇。萬里辭家心獨苦。早知塞外不勝

愁。那怪將軍怕邊土。君不見百戰生降李少卿。羈留絕域一身輕。丈夫失路尚如此。賤妾銜悲空復情。

塞下曲 前人

持籌絕域感蹉跎。沙塞年年漫枕戈。翻羨蘇郎歸國早。白頭終向茂陵過。

劉統勳 歸化城晚行（見宦績門）

蹇驢破帽獨衝風。（微服出關）路指陰山落日紅。行客不須悲塞北。版圖先已屬遼東。（土默特臣服最早）皇恩雨露蘇邊草。使節星霜滯轉蓬。幾度拂雲堆上望。紛紛得失悟雞蟲。（此詩傳誦甚多數字微異）

無名氏費大將軍祠題壁（見府志）

遺像今何似。當年駐馬時。一方民父母。千載世神祇。勒石全軍勝。屯田治策奇。乾坤同不朽。留与後人思。

袁枚明妃曲（見官績門費大將軍傳）

明駝一犀角數聲。漢家宮女昭君行。六宮送別泪如雨。怨入民间小兒女。昭君上馬鞍。手取琵琶彈。生来絶色原難畫。影落黃河自愛看。詔書敦勸選容質。傳到龍庭轉幽咽。侍女能熏甲帳香。傾城遠歸天山雪。橫波滿臉向名王。手拂穹廬作洞房。生長內家風味慣。酒酣時作漢宮粧。從今甥舅息干戈。塞上呼韓日請和。寄言侍寢昭陽者。同報君恩若箇多。

周於智殺虎口 於智字明遠號愚溪雲南人乾隆壬戌進士官至開歸道

城闕東依嶺。征夫北繞河。一夫防守易。百國往來多。
落日鳴班馬。春風載橐駝。時清途路坦。無處不謳歌。

馮瀠昭君詠 瀠字寶汾號元蘊慈谿縣諸生試宏博不遇幕游濟南遂家焉

匹馬和親去塞垣。明妃從此屬烏孫。六宮粉黛誰承寵。一曲琵琶妾報恩。居不如人何惜別。生軀入去死招魂。祇今冢上青青草。千古風流葬可歎。烏孫字誤

王循青冢 循字循叔石首人宦游山西由簿尉權令丞有飽山樓詩集子耤孫覃俱官山西以詩詞世其家

怨魄傳青冢。雪風出黑河。黃沙迷古渡。翠靄護烟螺。女手英雄泪。琵琶壯士歌。一心爭不朽。莫漫感雙蛾。

歸化城 前人

西北風雲連九徼。古今形勢重三邊。穹廬已絕單于域。牧地猶稱土默川。小部梨園同上國。千家闤市入豐年。

聖朝治化無中外。十萬貔貅尚控弦。

朱休度塞外遇東吳徐居士即疊其清明感懷元韻 休度字介裴号梓廬秀水人以舉人官廣靈縣知縣

水萍風絮舊生涯。甚矣吾衰感歲華。況是青春日將

暮。相逢紫塞客思家。李陵臺畔入烟冷。秦將城邊柳
色餘。黯以窮愁天涯〻。一年能見幾枝花。
草萌忽覺在天涯。炙硯猶寒寫物華。敕勒山風高捲
幕。滄浪亭月遠違家。賣餳吊阜春何鬧。拖菜篙湖夢
六餘。此夜叩嚘聽哭節。邊城婦女清明夜多哭於家人謂之哭節那堪相
對落燈花。
萬里雲天渺一涯。空吟傳燭憶京華。東風敕報韓翃
句。春水船浮杜甫家。客興蒲萄盃裏淺。鄉心楊柳遂
中餘。此時山對滿頭雪。故國人看婪尾花。
清時中外化無涯。雁戶新添似不華。天以穹廬欣共

托。官將傳舍笑為家。羞余把鏡行藏老。讓汝加鞭意氣賒。年少圖南須早計。莫教頭秃眼生花。

信宿蒙古界值大風漫賦首入

大聲撼起沙飛揚。蓬〻勃〻疾莫當。頃刻漲滿穹廬黃。粗沙撒豆細沙颺。〻〻空無計天茫〻。昏如千鯨吐霧黑。轟〻若萬礮騰烟張。猛如深林眾虎鬭。旋若大海羣龍翔。砰訇旋轉無定方。簸車偃馬屋排倒。況乃穹行顛且僵。不辨人形不辨語。白晝索燈〻滅光。對面如鬼捉迷藏。朔方宅高土脈厚。冬凍入底陰拘陽。更少川流与分洩。噫氣春奮宜蹶狂。當發不發曰違候。

鬱為地震翻罹殃。南人胃脆殊北强。見見縮頸有若懦卒臨戰場。急掩戶壥塞隙空。沙尋門罅穿屋梁。噴滿几席流衣裳。冥冥灰洞填五竅。幾乎鼻塞出入妨。破鐺冷炕草草煨微火。兜衾拳卧如冡囊。吼枕無眠夜達旦。惝恍一夢還江鄉。江鄉何所有。春色鋪花柳。澆面和風暖於酒。

吳頡鴻送拮省菴成額之綏遠司馬任公字笛江

江蘇上元人道光癸巳進士官崞縣知縣少苦貧歷官所至於寒士尤喜汲引退食之暇向学者踵相接也曾從学四年尤蒙青目公歿後囊無一錢惟荃石居集數卷

遄征正是歲闌時。仙吏行裝最便宜。收拾江山歸宦槖。半肩書畫一囊詩。

邊塵黯黯塞雲飛。草短山邊雪四圍。此去定從青冢過。一尊為我酹明妃。

策馬樓煩望曉暾。五辛盤列酒盈尊。遥知竹馬騅迎處。帶得春光度雁門。（計元旦可抵任）

數聲風笛送花轅。千里相思月一痕。料得歸來持贈我。倪家雲樹米家山。（時索君畫山水）

自殺虎口至和林格尔（同前）

車軸響硜硜。程每十步平。風聲都少韻。山色總無情。路過荒坑隔。梁危獨木撐。迷途欲問訊。絶塞少人行。

中秋月夜登清水河署樓望諸山積雪 同前

屏山八月朔風烈。吹出千山萬山雪。我來踏雪縱雙眸。九塞分明銀一色。是時玉宇浮雲空。沙磧淨掃無塵容。琉璃世界現本色。冰輪正掛天當中。前宵滕六肆威怒。如掌雪花飛萬樹。牛心山沒七墩平。々盡人間不平處。北望石碌南雁門。二十六口飛烟屯。忽逢兔魄明秋霽。一白不覺天黃昏。風來尚捲梨花朵。百尺樓高宜著我。翻憶閨中兒女歡。正拜姮娥設瓜果。詎知絕塞民生難。稻粱半熟逢嚴寒。場圃築成蓋藏少。坐對佳節空愁歎。我昔看月金山頂。萬道金蛇盪波影。又曾看月嶮山顛。九點遠失齊州烟。今朝于役来塞北。頓使書生眼界闊。黛海青山一覽收。置身如在玻瓈國。水調歌翻白雪篇。不知今昔是何年。願將塞外清寒景。補入豳圖達九天。

彥德青冢詩（彥德字立菴滿州正黄旗人乾隆癸卯舉人襲世職歷官至漢軍都統定邊左副將軍左烏里雅蘇台日嘗有詩云山嵐聳翠草如茵政簡兼恬事事酣酩酒羔羊偏遼口羲皇以上是何人淵淵濤聲盈耳畔蔥龍岫色列窗前更饒日暮牛羊下一曲夷歌勝管弦寄心盦詩話中采之）

閨閣堪垂世。明妃冠漢宮。一身歸朔漠。數代靖兵戎。若以功名論。幾於衛霍同。人皆悲遠嫁。我獨羨遭逢。

從使承恩寵。烏能保始終。至今青冢在。絕勝賦秋風。

此詩現勒石冢側，別有二碑，一為故相耆英作五古，人詩俱不足存；一為前將軍昇勤直公作七古，主不繼胡，胡仍飲藥而死，立論固見昭君身分，惟以蘇子卿娶胡婦比之文姬失節，法雖尊題，不無太過。鄙見如此，未審是否

昇寅青冢行

乾坤毓秀無遐邇。半出簪纓半牀第。才顏豈足定閨賢。總觀大節知臧否。呼韓入覲詔六宮。願嫁烏孫挺身起。一枝穠艷別椒闈。三千粉黛皆委靡。畫師伏罪天子瞋。昭君遂志單于喜。御溝紅葉水潺潺。團扇秋風處處同。回憶簪花眾姊妹。可憐白首甘泉宮。琵琶

醉酪日歌舞。寵擅閼氏塞北空。外無胡馬飲江水。內無野鷄興女戎。甯爲鷄口不牛後。誰識女子真英雄。大青山下黑河汜。旁有孤墳如壁壘。空餘牧豎任樵蘇。與昔流傳青冢是。當年夫歿請還朝。詔令從俗亂人理。守志妃賢從一終。君王忍不諒人只。視彼文姬返漢闕。失節屬嫁中朝士。典屬老人吞雪忠。牧羊又娶胡兒婢。名臣才女縱千秋。貞操應令昭君鄙。問道黃河兩岸邊。亦有明妃舊芳趾。噫吁嘻。一抔黃土易銷沉。青冢傳終勝青史。

張棣明妃曲 公字蕚樓道光丙申進士官直隸吳橋靜海知縣十七年政聲

洋溢著有甓齋存草曾幼從受業未敢以伯仲齒

雪滿天山草不春。琵琶幽咽怨和親。縱然不為丹青誤。也是長门失意人。

塞下曲

陰山飛雪冷征袍。古戍寒霜溼佩刀。颯颯西風連夜急。受降城外月輪高。

寶琳侍家大人大青山行獵 琳字梵蓮昇勤直公子官監司

小雪初過塞山白。朔風卷地冰堅澤。傳說將軍射獵行。桓桓師旅來千百。前驅逐隊弓失張。馬嘶聲壯旌旗光。網開三面示不殺。如何飛走猶猖狂。角弓一鳴

雙雉落。雲際雕盤鷙鳥雀。狐將那避靈重環。罨狡難
逃鷹隼搏。壯士擒生興更豪。帳中犒飲烹羊羔。軍威
整肅軍聲樂。歸途得意邊城高。

余正酉出塞絶句 正酉字秋门歷城人官平陸縣知縣生有詩癖評選古今詩集數十家續輯山左詩鈔行世子澐以州牧需次山西弱冠即有詩名

朔風獵々透征衣。枯草驚沙捲地飛。去々天山吊青
冢。此行端々為明妃。
大漠天低四野圓。黃沙千里絶人烟。此生夢斷封侯
想。也到陰山敕勒川。

青冢行 前人

昨出雁门関。行宿黒水河。〻邊穹碑高嵯峨。大書屹立明妃墓。今我吊古雙滂沱。漢代佳人世無匹。少小生長秭歸里。明眸皓齒倩誰憐。獨倚春風艶桃李。一朝灑掃備掖庭。君王按圖索傾城。詎知寤寐求淑女。轉把丹青誤聖明。詔下和番誰適主。再拜出宮泪如雨。羞藉黃金買畫工。留將坏土傳千古。一曲琵琶馬上哀。剝憐環佩委塵埃。歸魂夢斷龍沙月。青冢黃昏吊紫臺。紫臺一去不復返。回首長安悲日遠。任教玉顆葬胡塵。那許金屋陪御車。往事傷心莫議論。天涯何處不沾巾。生憐憔悴難逢世。空使嬋娟解誤人。過客踟躕獨立久。俯仰今昔一搔首。世人但知悲明妃。
古今幾許毛延壽。

山左詩鈔卷末附余氏家集。前二詩乃秋門左太原需次時。轉餉歸化城道中作也。是役得詩四首。其崞縣道中懷古云。大漠塵昏朔氣多。征人遥指古沙陀。荒原落日盤鷹隼。短草秋風走駱駝。地近窮邊常雨雪。行経絶塞一悲歌。獨憐三矢傳遺恨。至竟功成負七哥。出雁门晚宿田家云。雁门関下秋草黄。雁门関上秋雲長。明駞穿磧沙如海。冷雁叫空天欲霜。樵徑紆於寒林杪。人影出没前山岡。

投宿不愁無處所。信之犬吠荊籬菊。沉雄鬱勃之氣。寫邊塞風景最宜。因附識之。

閨媛汪端塞下曲 端字允莊號小韞錢塘人陳裴之妻著有自然好學齋詩鈔王題李空同集云琵琶彈盡楊州怨良友何曾報武功題王鳳洲集云人才海內歸標榜祇負貧交謝茂秦知人論世具有卓識真巾幗而丈夫者也

二月龍堆走白沙。黃金寒色入悲笳。明妃蔡女思鄉泪。灑向天山作雪花。

一聲羌管月中吹。關外黃榆葉乍飛。思婦莫愁霜氣重。寒衣昨夜到金微。

萬馬長嘶紫塞風。嫖姚却月佩雕弓。一從猿臂將軍沒。射雁無人但射鴻。
燕支山繞塞垣青。十五雛鬟摟轡行。秋老黑河風雨急。琵琶解作漢宮聲。

王錦過青冢用杜工部荊門懷古韻（錦字雲卿四川入保定籍道光辛卯副榜貢生由教習館滿官山西祁縣加縣）

朔漠紫蒼連雁門。明妃遺跡傍荒村。黑河滾滾風聲疾。青冢漫漫日色昏。春草有情猶識路。平沙無處可招魂。和親果使邊烽靜。麟閣何人許並論。

于秉信自朔平入歸化遇雨有懷（秉信字君執章邱諸生有醉月亭詩草）

策馬雲中路。經年事遠行。戍樓臨廣漠。畫角動邊城。旅舍人千里。胡笳月五更。故鄉烟雨隔。計日數歸程。

方龍光青冢曲

龍光字荷浦安徽桐城縣人官歸化同知著有一拳石齋詩文稿竹世

世间恨事甯有此。明妃遠嫁单于死。漢宮西去無還期。空留青冢巍然起。我從去年守邊州。訪古一到城南頭。暮雨難禁白髮感。遠山如見翠眉愁。翁仲摧殘石馬倒。野棠零落胭脂老。漆燈皺燼不知年。可憐惟有青青草。玉関回首劇傷情。冢中哀怨殊分明。好將司馬青衫淚。滴作檀槽出塞聲。

南義學晚生姚熙舜塗鈔

補入

庾信昭君詞

斂眉光祿塞。遙望夫人城。片片紅粧落。雙雙淚眼生。冰河牽馬渡。雪路抱鞍行。朔風入骨冷。夜月照心明。方調琴上曲。變作胡笳聲。與前首俱改置五言律後為五言排律之首注不錄

高適送渾將軍出塞

將軍族貴兵且强。漢家已是渾邪王。子孫相承左朝野。至今部曲燕支下。控弦盡用陰山兒。登陣常騎大宛馬。銀鞍玉勒繡蝥弧。每逐嫖姚破骨都。李廣從來先將士。衛青未肯學孫吳。傳有沙場千萬騎。昨日邊

虜羽書至。城頭畫角三四聲。匣裏寶刀晝夜鳴。意氣能甘萬里去。辛勤動作一年行。黃雲白草無前後。朝建旌旗夕刁斗。塞下應多俠少年。關西不見春楊柳。從軍借問所從誰。擊劍酣歌當此時。遠別無輕繞朝策。平戎早獻仲宣詩。此首左張說巡邊之下

盧照鄰昭君怨唐○照鄰字昇之范陽人為鄧王府典籤後自沉潁水死

合殿恩中絕前誤為高適作置王維後茲當改正為唐五律之首

駱賓王王昭君義烏人七歲能詩武后時數上書言事下除臨海丞棄官去後從徐敬業起兵作檄傳天下斥后罪狀甚切敬業敗不知所終

斂容辭豹尾。緘怨度龍鱗。金鈿明漢月。玉筋染胡塵。

古鏡菱花暗。愁眉柳葉顰。唯有清笳曲。時聞芳樹春。

葹字犹

此首即置盡後將中二聯調轉以免失粘之病

宋之問王昭君

之問字延清汾州人偉儀容武后召直習藝館睿宗殺之

非君惜鸞殿。非妾妬蛾眉。薄命由驕虜。無情是畫師。嫁來胡地日。不並漢宮時。辛苦無聊賴。何看上馬辭。

左駱

後

唐賡堯　殺虎口　字載歌号寓庵浙江會稽人順治九年進士官山東提学道有歷游草

西上殺虎口。崇岡連廣漠。居場雜馬牛。飲啖半乳酪。
遠人無绝理。渴茗以為藥。誰謂互市非。良以示約束。

詩見國朝詩人徵畧摘句將前後尚不止此

張蠙青冢見前

傾國可能勝敵國。無勞冥漠更思回。太真雖是承恩死。祇作飛塵向馬嵬。

無名氏胡笳曲

月明星稀霜滿野。氈車夜宿陰山下。漢家自失李將軍。单于公然来牧馬。

王元節青冢 金。元節字子元宏州人

環佩魂歸青冢月。琵琶聲斷黑山秋。漢家多少征西將。泉下相逢也合羞。

郭允升塞外道中

長城關外暮雲飛。蕭瑟秋風雁幾羣。戍士牧兒頻借問。只今誰是李將軍。

落日平沙接大荒。蕭蕭衰草藉河湟。受降城在今何處。此地空題古戰場。

王恭　詠胡兒吹笛　明　見前。

雲淨陰山片月孤。數聲羌笛起單于。不堪吹作梅花調。多少中原客在胡。

施敘　塞上曲　敍字孟莊　錢塘人

八月秋高塞草斑。將軍千騎獵前山。彎弓不射南飛雁。恐有征人附信還。

靈栮雲中曲 見前

高閼塞頭殺氣橫。居延川內少人行。黃沙欲沒李陵墓。明月長懸蘇武城。

吳亮李陵臺

飛將猶傳國士風。出師未捷敢論功。得當欲報漢天子。千載知心太史公。

望鄉臺上漫銷魂。仗節何人入玉門。十九年來成底事。甘心終負漢家恩。

蘇武祠

辛苦中郎已白頭。節旄零落志方酬。可憐麟閣圖名 圖

肉字終

姓。不及椒房博陸侯。

王越邊行即事

越字世昌濬縣人景泰中進士封威甯伯贈太傅謚襄敏

二月山城雪尚飛。年年草色見春遲。不知上國閒桃李。開到東風第幾枝。

徐禎卿詠昭君

禎卿字昌穀常熟人宏治中進士与唐祝文稱四才子

辛苦風沙萬里鞍。春紅微淺黛痕殘。單于猶解憐嬌色。親拂胡塵帶笑看。

薛蕙塞下曲

蕙字君采亳州人正德中進士以議大禮下獄尋復官給事中

陰山縛盡犬羊羣。萬里胡天散陣雲。塞上降王三十部。來朝盡隸霍將軍。

長城西北萬重山。無數征人若箇還。明妃死後留青冢。定遠生前隔玉関。

顧璘塞下曲

璘字華玉吳縣人徙居金陵宏治丙辰進士歷官至刑部尚書

千里驊騮丈八矛。男兒立地取封侯。黃昏塞上傳烽火。一夜吹笳出戍樓。

百戰摧胡未許強。馬前生縛左賢王。麟符鵲印須臾事。祇博淩烟字一行。

黃河氷厚馬横行。朔氣稜〻古鐵明。恨煞夜來風雪緊。匈奴逃出降降城。

汪循明妃曲

循字進之休甯人宏治丙辰進士歷官順天府通判

將軍仗鉞妄和番。一樣承恩出漢関。死戰生留俱為國。敢將薄命怨紅顏。

羅洪先昭君詞 洪先字達夫吉水人嘉靖己丑進士廷試第一官太常少卿卒謚文恭或以為仙去於燕齊間海上見之

長秋幾引到簷前。名姓誰知外國傳。記得君王回盼處。肯令相識不相憐。

鸊鵜泉上髑髏殘。滿地黃雲拂草寒。遇得花枝不忍棄。々時容易遇時難。

馬前雙臂海東青。擒得哀鴻不忍聽。我欲南歸無羽翼。問渠何事度龍庭。

黃金縱買毛延壽。玉貌還如薄命何。多少佳人怨憔
悴。算來不屬畫圖多。

尹耕出塞曲

鸊鵜淬劍鵲調弓。獵罷陰山落日紅。鐵騎不嘶沙磧
草。牙旗飛掣桔槔風。

附列朝詩選小傳一則

子莘詩沉雄歷落。有河朔俠烈之風。分宜當國。起
兵部郎。出知河間府。擢河南按察司僉事。為張孚
紀所劾。遣戍遼左。遂屏棄不復用。有秋興八首。其
三四首云。薊門千里接雲中。虜騎清宵警報同。合

陣殘窺青海月。鳴鞭爭下黑山風。殘冬戰士衣仍薄。荒歲孤城廩欲空。南國十年輸輓盡。防秋諸將漫論功。十萬鳴弦報吉囊。野心狼子是花當。連姻故自輕中國。分道頻看入漢疆。推轂丈人空肉食。操戈遺孽尚蕭牆。不應干羽修文日。歲歲三關有戰場。俱感憤邊事而言。人謂少陵秋興八首後。此其嗣響。

謝榛塞上曲（見前）

旌旗蕩野塞雲開。金鼓連天朔雁回。落日半山追黠虜。彎弓直過李陵臺。

飛將龍沙追虜還。夜驅驄馬入燕關。城頭殘月誰橫笛。吹落梅花雪滿山。

胡笳曲

沙磧茫茫黑水流。胡兒六月換羊裘。駱駝背上吹蘆管。風散龍荒作冷秋。

漠北詞

委羽山橫塞北天。學飛雛雁夕陽邊。匈奴歲歲無征戰。白馬黃驄傍草眠。

石頭敲火炙黃羊。胡女低歌勸酪漿。醉殺羣胡不知數。鵶兒嶺下月如霜。

曉開氊帳擁秋雲。勇將揮鞭部落分。牧馬陰山莫南向。雁門今有李將軍。

張元凱明妃咏

白龍堆裏塞雲昏。黃鶴歌殘馬上論。自恨良家充內使。也同公主嫁烏孫。

于慎行題忠順夫人畫象 慎行字无垢東阿人隆慶戊辰進士歷官至禮部尚書卒贈太子太保謚文定

燕支山色點平蕪。染出春愁上畫圖。一曲胡笳明月夜。邊聲又度小单于。

邊城新舞柘枝詞。降以渾邪罷漢師。不道長安春色少。甘泉宮裏畫閑氏。
天山獵罷雪漫漫。繡袜斜偎七寶鞍。半醉屠蘇雙頰
冷。桃花一片殢春寒。
蓮花寶鉠緑雲鬟。不脱襜褕款漢關。枉殺白登城下
畫。雾中原自有紅顔。

馮琦題三娘子畫象琦字用韞臨朐人萬歷丁丑進士入翰林年十九歷官至禮部尚書易簀前夕猶力疾草疏極論時政疏入而暝時前四十有六謚文敏

鑺褕春暖鎖芙蓉。爭羨胡姬拜漢封。繞膝錦襴珠勒
馬。當胸寶袜繡盤龍。
塞北佳人亦自饒。白題胡舞為誰嬌。青霜已盡邊城

草。一片梨花冷不銷。

紅隊一隊陰山下。亂點駝酥醉朔野。塞外爭傳娘子軍。邊頭不牧烏孫馬。

徐渭邊詞 渭字文長浙江山陰人為胡忠憲幕客生平尚氣節不以阿曲取容詩文書畫俱佳卒以貧死

千金赤兔匿宛城。一隻黃羊奉老營。自古著棋嫌盡殺。大家和局免輸贏。詠通馬市

立馬單盤俯大荒。提鞭一一問戎羌。健兒只曉黃台吉。大雪山中指帳房。

黃酋墮馬已成禽。漢卒爭功被脫身。魂魄至今留黑

石。兜鍪連歲落魚鱗。以上咏黄台吉

漢軍争看繡裲襠。十萬穹弧一女郎。喚起木蘭親与較。肩他用箭是誰長。

長纓辮取鎖嬌嬈。馬上纖腰繫不牢。好把鴛鴦鞵上腦。倩誰湲縛馬鞍橋。

女郎那取復梟英。此是胡王女外甥。帳底琵琶推第一。更誰紅頰倚蘆笙。

老胡寵向一人多。窄袖銀貂茜叵羅。遞与遼東黄鵠子。側將雲髻打天鵝。以上咏三娘子

姑姑花帽細銀披。兩鬢腮梨洒練椎。箇箇美花不離

手。大家立馬點胭脂。聶碧牕道士哀被擄歸詩有云嘆柳垂鬟別樣梳醉來馬上倩人扶江南有眼何曾見争捲珠簾看固姑自注固姑胡婦髻名蒙韃備錄凡諸酋正室則有顧姑冠用鐵絲結成如竹夫人長三寸許飾以紅青錦繡或珠玉草木子云元朝后妃及大臣之妻皆帶姑姑高圓二尺許用紅羅蓋唐金步搖冠之制輟耕錄翰林學士承旨阿目茄八剌帶罟罟娘子十五人固姑頓姑姑姑罟罟音無定字實一物也吾鄉呼鷄之高冠者曰頓姑鷄亦此意

胡兒處處路傍逢。別有姿顏似慕容。乞得杏仁諸妹食。射穿楊葉一翎風。原注胡人最嗜糖纏杏仁

駱駝見柳等閒枯。霎見南醪命拚殂。倒与鴟夷留一滴。回纏猶見卯兒沽。原注諺云駱駝見柳達子見酒又胡語以叩頭為卯兒沽

崔鏞塞上曲

鼓角聲喧塞日孤。黃沙白草走单于。大荒自古無分地。指點而今入版圖。

霍鍈青冢

鍈字中明，云先豐州人，居馬邑。萬歷丙辰進士，擢監察御史，以忤魏璫削秩。崇禎初起補原官，晋通政使，以積勞卒。又同邑田書霽，云先以豐州人，俱邑望族。

琵琶彈出漢宮秋。青冢千年姓字留。多少紅顏承主幸。名隨身世盡東流。

蛾眉出塞萬家春。不數將軍作虜臣。但使此身能報國。何妨恩寵屬他人。

歸綏識畧卷二十二

崞縣張　曾小袁初輯

人部

土默特

剌麻札布土默特人姓博爾濟古特元太祖十六世孫阿爾坦裔阿爾坦號格根汗初由河套徙豐州灘築城架屋居之曰拜甡明史訛為板升者也與明通好封順義王以歸化名所居城至今仍之阿爾坦九子長僧格号杜棱汗子噶爾圖以避察哈爾東徙隣哈喇沁為土默特東路即今駐牧巴顏

和碩之土默特右翼扎薩克其居西路者自格根汗凡四傳
至博碩克圖汗仍居歸化城察哈爾強役屬博碩克　汗不
從偕喀喇沁部布顏台吉等敗察哈爾兵四萬於土默特之
趙城又敗其赴張家口請明賞兵三千與察哈爾林丹汗交
惡博碩克圖汗卒林丹汗襲之有其眾我
朝天聰六年大軍征察哈爾以林丹汗西奔唐古特移師趨
歸化城博碩克圖汗子俄木布及其部頭目古祿格杭髙託
博克等集眾降
詔安堵如故八年以林丹汗竄死大草灘

遣使取道歸化城往諭唐古特
命所部人護送之九年睿親王多爾袞帥師收林丹汗子額
哲於黃河西託里圖地貝勒岳託留駐歸化城所部人告矣
言俄木布乳母之夫毛罕潛通明沙河堡守將以歸化城叛
偽稱俄木布為西土格根汗且導明使約喀爾喀兵為外應
岳託遣諜往喀爾喀兵在途追襲之無脫者執俄木布以歸
古祿格杭高託博克分守歸化城轄土默特部眾
崇德元年
詔編所屬三千三百餘丁為二旗以古祿格為左翼都統杭

高為右翼都統領之託博克尋代杭高子巴桑掌右翼嗣是
博碩克圖汗裔分隸左右稱台吉剌麻札布祖素爾巴勒濟
父達木巴世居歸化城隸左翼乾隆二十年
詔徵歸化城土默特兵千隨北路大軍剿達瓦齊於伊犁剌
麻札布獻馬三百匹敘功授一等台吉
命乾清門行走二十一年
命隨承恩公明瑞赴巴里坤徙厄魯特達什達瓦部衆於阿
勒台并以其女妻和託輝特郡王青袞咱卜會青袞咱卜叛
詔隨左副將軍喀爾喀親之成衮札布由烏里雅蘇台進剿

偵青袞咱卜即逃往俄羅斯復隨叅贊大臣納穆札爾等輕
騎尾之抵杭哈將噶斯青袞咱卜就擒捷
詔增設土默特一旗封剌麻札布為輔國公授札薩克綠烏
闌察布盟
勑曰朕仰荷天麻撫綏區宇中外臣工凡有效力宣猷勞績
茂著者罔弗優封爵秩用獎忠勤爾土默特一等台吉剌麻
札布追擒叛逃奮勇有功朕甚嘉之爾其副朕豢養之隆恩
歸撫爾旗人衆恪守典常靖共爾職勿蹈愆尤敗乃成業國
有常刑勗哉無斁二十五年以不入

覲及違例妄行罪議削爵
諭曰剌麻札布自優封公爵以來不思感淑朕恩奉公守法
乃日躭逸樂恣意妄爲本應照議削爵但念公爵究係從前
勤勞所得著加恩免削其札薩克及乾清門行走之處著併
革退飭令回旗效力三十一年剌麻札布卒次子索諾木旺
札勒襲四十九年
詔世襲罔替
古祿格土默特人姓納喇其先本姓土默特因滅扈倫國之
納喇部遂以爲姓世居葉赫部葉赫部亡依土默特博碩克

圖汗於歸化城号楚琥爾博碩克圖汗卒察哈爾林丹汗攻

滅土默特後屬之天聰六年大軍征察哈爾古祿格偵林丹

汗由歸化城西遁懼掠匿山砦乃免旋請內附九年來朝

優賚之崇德元年授左翼都統與右翼都統抗髙竝駐守歸

化城三年春以喀爾喀札薩克圖汗擁衆逼歸化城馳疏聞

上統大軍征之札薩克圖汗遁師旋

諭古祿格及抗髙曰爾等所守城小濠狹勢難禦敵宜於城

外建築層垣以資捍衛垣如城髙一丈五尺闊稱之俾可屯

兵其上垣四面置四門門各置甕城四隅各建望樓垣外環

以深濠工竣之日內城外垣嚴加防守敵自不敢窺伺爾等
其善為之夏率衆領韜瑚等九十六人來朝
遣官迎宴
詔授一等男爵賜弓矢冠服冬遣烏巴什等貢朝珠文綺四
年獻所護明歲給弊五年授其子烏克蘇穆佐領職協守歸
化城六年正月古祿格遣第巴圖等貢駝馬三月復遣納穆
習禮等解送來降蒙古獎
獎賜白金有差順治元年遣使獻方物
賜雕鞍弓矢皮弊二年晉爵三等子

特頒珠頂貂帽朝衣玉带曰冑弓矢等物以殊異之六年睿
親王多爾袞征喀爾喀古禄格以兵来會偵喀爾喀遁乃歸
康熙五年卒長子烏巴什泰襲三等子召赴京隸蒙古正白
旗四子錫喇布留歸化城襲都統九年卒子古睦德襲二十
臣奇塔特等奉使厄魯特察獲所掠歸化城人巴朗歸之古
睦德二十五年古睦德来朝以厄魯特巴圖爾額爾克濟農
和羅哩携衆降附将由歸化城入覲
命速歸護降衆未幾以廢職罷都統
名赴京授佐領隸蒙古正白旗以其叔父阿喇納襲阿喇納

者古祿格之第五子也由佐領襲都統二十七年偕副都統

阿廸等選兵偵禦噶爾丹三十年

命護視附近歸化城遊牧之喀爾喀衆無致失所三十五年

偕阿廸等隨大將軍費揚古擊噶爾丹於昭莫多師還運礮

七十九置歸化城三十六年正月助軍駝三月

駕由歸化城視師甯夏以土默特士衆委靡弓馬不嫻皆由

左翼都統阿喇納及右翼都統弼達等軍律廢弛所致

詔削職停右翼都統世襲改用京員以阿喇納兄子古睦德

重襲左翼都統四十三卒子丹津襲先是烏巴什泰襲三等

子卒阿玉什襲阿玉什卒子多爾濟襲五十九年多爾濟以
罪革三等子
命丹津兼襲雍正元年疏請建文廟於歸化城左右翼各設
滿學教官一歸化城增設理事同知一
允之復以訓所部弁兵嫻弓馬
諭右翼都統如世襲舊制以阿彌達子根敦補授其副都統
職聽丹津察舉九年大軍議剿噶爾丹策淩
命丹津與副都統五十六酌辦歸化城駐兵事宜尋因移駐
洪果尔鄂隆

詔察給兵騎十二年以烏喇特部被災損牧畜遵
旨察閱户口發歸化城帑賑之十三年九月奏歸化城每年解額爾德尼招糧米四萬八百石向用内札薩克等牛車及喀爾喀官駝請自來年始募商駝輓運停喀爾喀官駝令善牧備軍用又應運米向由山西巡撫撥解道行不無竭蹷請以商人所納倉米十萬石就近解送庶經費可省動用亦使
上從其請十二月
命大臣赴歸化城視形勝地築城屯曰以丹津及根敦協理之乾隆元年設馬廠於歸化北城北

詔丹津董牧務二年卒先是丹津子達奈居京由世襲佐領
歷官散秩大臣卒無子以丹津族子札什泰襲佐領至是丹
津妻請即以札什泰為丹津嗣
詔停襲左翼都統仍襲三等子兼授三等侍衛二十四年
諭曰左翼古祿格所遺都統職前因丹津無嗣停襲著加恩
照右翼例改授三等男爵令三等子札什泰兼襲三十年卒
子福保襲三等子兼三等男
託博克土默特人姓巳拉格特世居歸化城隸土默特博碩
克圖汗部因察哈爾林丹汗滅土默特遂為所屬天聰六年

大軍征察哈爾託博克偵林丹汗西遁籲請內附九年來朝
優賚之崇德元年授三等參領隸右翼與都統抗高協守歸
化城三年率子瓦騧來朝授一等輕車都尉世襲瓦騧以佐
領授騎都尉五年
詔晉託博克一等參領賚弓矢冠服諸物六年賜貢使們
博奇等宴及甲冑冠服順治元年獻駝馬貂皮三年隨豫親
王多鐸擊喀爾喀土謝圖汗及車臣汗兵於札濟布喇克四
年敘功
詔授右翼都統時抗高子已棄以軍務獲罪削職以託博克

代六年復隨英親王阿濟格討叛鎮姜瓖於大同屢敗賊衆

康熙九年卒

賜謚果壯長子厖騧以騎都尉兼襲一等輕車都尉

詔加為三等男爵卒弟古魯襲都統職十三年

詔選兵入邊會剿陝西叛鎮王輔臣十四年正月偕副都統

席第等率土默特兵七百至榆林聽調

諭奬其聞命赴速三月由榆林迎提督陳福軍於興武營會

鄂爾多斯部貝勒索諾木亦帥兵至五月合圍花馬池叛賊

朱龍糾衆來援大軍迎擊之朱龍遁城守賊出降花馬池平

六月隨大軍復磚井安邊諸砦七月進圍定邊撫定下馬関
師還駐榆林八月由西安援剿固原十五年正月寧夏兵兵（変）
詔古曾等防禦靈州定邊等處旋請屯黄河岸扼寇衝
允之三月敗賊衆於靈州六月閔隴平叙軍功以兄冗騧騧
卒兼襲三等男二十年卒子拉察布襲二十一年拉察布卒
以其子什第襲三等男以其叔父烏巴什襲都統什第卒子
達什色棱襲達什色棱卒子納木札布襲納木札布卒子甘
保襲烏巴什者託博克等第三子康熙二十一年由佐領襲
都統二十八年備兵防噶爾丹二十九年運殺虎口倉米濟

都統額赫納軍三十五年副都統多爾濟等隨西路大將軍
費揚古進擊噶爾丹
命安郡王瑪爾渾統土默特兵防歸化城噶爾丹既敗遁瑪
爾渾移駐爰畢哈錫喇穆棱畧留兵所部以烏巴什子副都
統阿弼達領之是年烏巴什卒阿弼達以副都統襲都統三
十六年以不訓練士卒罷削職停襲改用京員札喇克圖代
赫楚忠相繼代任雍正元年
諭曰歸化城土默特兩旗原在四十九札薩克内其都統副
都統等官皆係本部初附功臣子孫世職前因廢弛軍務

革退都統另選京員管轄令舊習漸改訓練兵弁行五整齊

凡行圍出征等事與內地弁兵一搃効力不負

聖祖仁皇帝教育生成之意宜復舊制以阿彌達之子副都

統根敦襲補右翼都統其副都統缺仍令丹津将西旗內補

應補人員与原任都統副都統世家子孫內保送擢用欽此

根敦係阿彌達長子初授副都統康熙五十九年授參贊大

臣隨振武将軍博爾丹由阿勒台進剿策妄阿喇布坦至格

爾額爾格擒宰桑貝坤等百餘人復焚其糧於烏闌呼濟尔

上優賚之雍正元年襲都統職二年

詔率滿洲兵二千赴里坤防禦青海叛賊羅卜藏丹津尋分
兵千駐魯番師旋入覲
賜孔雀翎及
御書福字白金等物九年三月大軍議剿噶尔丹策凌根敦
師土默特兵千赴涼州聽調七月會西路軍於巴里坤偵噶
爾丹策凌遣兵由伊犁犯北路軍於和通呼爾哈諾爾根敦
隨西路大軍岳鍾琪為擣巢計襲擊烏魯不齊大敗之追至
額爾穆克河而還十月蒙
上諭以土默特將弁兵丁連歲從征甚屬勤勞已命頒給賞

賚至都統根敦向在阿勒台軍營効力十有餘年今復至巴
里坤楙著勞績朕甚嘉之特賞御用冠服及銀二百兩以示
奬勵十年隨副將軍常賚等帥兵三千餘赴哈密拔剿十三
年撤兵由塔勒納沁入嘉峪關還軍歸化城是年
詔偕丹津協理屯兵事乾隆元年敘功賚幣四年入朝七年
卒子達班爾什襲入覲
賜孔雀翎扈蹕五臺山以挍射獲優賚十九年卒
詔傳襲右翼都統改三等男以子賽音彌里克　襲二十年
諭曰歸化城右翼都統原係

十一

國初土默特杭高所遺世職後改授託博克嗣因子孫不勝其任由京員補授四次復念有可用之人是以令根敦及子班達尔什襲授是職朕思都統有整飭軍伍之責非閑散世職可比班達爾什之子賽音弼里克圖係前鋒職今若驟膺都統不惟恐弗勝任且旗内台吉大員甚多亦恐未必服其調度著將班達尔什所遺都統職另簡京員補授其本支内加恩改授三等男爵令賽音弼理克圖襲欽此是年入覲授左翼副都統二十五年以病罷二十六年卒無嗣以從弟賽音岳蘇圖襲三等男爵

按土默特三傳乃
欽定蒙古王公表傳原文傳成於乾隆中年以後承襲世次
尚俟確查補入傳中所記
太宗文皇帝征察哈爾年月与魏氏記微異其左翼右翼亦
第分古祿格與託博克等所統兩旗而言與魏氏記左
翼為濟拉瑪裔右翼為元裔者亦異彼兩翼在歸化城
土默特外此兩翼則專指土默特之在歸化城者也阿
爾坦即俺答之轉音蒙古語本無定字正不必以拜甡
為是以板升為非耳各世職距城頗遠其家藏譜牒亦

二

未肯輊以示人僅識其受封之始如此

歸綏識畧卷二十三

崞縣張曾小衣初輯

人部

呼圖克圖

呼圖克圖者剌麻之學道能轉世分掌教化猶華言再来人明史所謂尚師實理事之大僧官也其秩有國師禪師及札薩克達剌麻等號分駐各蒙古部落而皆遥領於西藏達賴班禪其来歸化城之始在明隆慶萬歷間欽定蒙古源流以歸化城立廟為隆慶間事惟曰歲次癸酉考癸酉為萬歷元年元太祖十八世孫阿尔坦汗即

俺答年六十八歲既與明通和好又收服阿木多喀木等部落於是阿里克刺麻為哼誦大有利益分别取舍等經餘脫三惡緣及來世罪孽汗遂專志经典始念六字心咒其涅鄂爾多斯部博碩克濟農來見叔曰前世朱陷城池因与中國之人結仇以致出亡失絕今汗壽已高漸至於老事之有益今生及來世者惟在經教今聞西方純雪地方大慈大悲觀世音菩薩出現祈遣使請來依從前神祖忽必烈汗與帕克刺巴刺麻設立道教豈非盛事乎阿爾坦汗然之遂与右翼三萬人和好右翼三萬眾為巴尔斯博羅特長子袞必里克墨尔招所領俺答為次子領左翼三萬眾據十

二土默特丙居於詁部中尤強盛遣使聖識一切之索南木札木蘇呼圖克圖使未至其聖識剌麻靜坐微笑曰阿尔坦汗前世已經善緣我今必往於是在左翼蒙古三萬人議於青海之察卜齊勒雅地方脩造廟宇初遣八百人往迎次遣千人往迎再遣三千人往迎四次汗自領萬人迎於察布哈勒廟每次獻幣諸寶駝馬無算剌麻為各言其前世三生善緣於是諸台吉奏言前世青吉斯汗之孫庫騰汗与忽必烈汗以道教使天下太平今值屢世爭戰之餘但值聖剌麻与大力汗二人相遇伏願自今將湧血之大江變為溢乳之淨海普編大衆無有

窮極是時番漢番土伯特蒙古等十萬餘人無不贊嘆希有從前蒙古人死後多宰駝馬殉葬為行糧自此改按八節持戒誦経每月治齋三日禁殺牲漁獵創立十善福政尊以聖識一切瓦齊尔達賴剌麻之號剌麻亦贈汗台吉等以経教護法之号阿尔坦汗許於歸化城立廟以八寶莊嚴佛像博碩克圖汗許將一百函甘珠尔経用寶石金銀裝脩達賴剌麻亦許於尼濟木塔拉地造弥勒佛像使其徒呼圖克圖先往廟中入馬明王定土神獻珍寶助上既而剌麻親至天散花雨又收服雷摯摯剌麻之術士引入菩提此呼圖克圖始来

歸化城及土默特地方始立佛廟而我
朝因之遂藉以綏服蒙古者也事詳
欽定蒙古源流八卷魏氏源所作
國朝撫綏西藏記後嘗附錄之而於剌麻歷代譜系事蹟記
中言之尤詳讀之可以畧知其梗概其上篇云西藏古吐番
元明為烏斯藏其人則謂之唐古特亦曰土伯特其地分三
部曰康即四川打箭爐外巴塘察太多之地為前藏（亦曰喀木）曰
即衛即布達拉及大招寺本吐番建牙之所今達賴居之為
中藏（布達拉華言普陀宗乘也）曰藏即札什倫布本拉藏所治今班禪居

之為後藏札什倫布華言吉祥山也又並極西之阿里則稱四部云北界河源南界大金沙江西距雪嶺東西六千餘里南北五千餘里距京師萬有四千餘里由川陝滇入藏有三路皆先至前藏而後西至中藏又西至後藏又最西至阿里在五天竺之東非古佛國也而距天竺較近故經教至多持陀羅尼尤驗多僧無城郭僧居臺土臺者皆持戒律不持戒者居土臺外自唐太宗以文成公主下嫁吐番贊普好佛立寺廟西藏始通於中國元世主封西番高僧八思巴為帝師大寶法王以領其地後嗣世襲其号而西藏始為佛教宗主元史釋老傳八思巴者土番人

生七歲誦經典數十萬言能通大義國人稱曰神童年十有五謁世祖潛邸即位尊為國師命製蒙古新字字僅千餘凡四十一母頒行天下令後藏薩迦有剌麻即元帝師後人為紅教之宗其教先娶妻生子有後則不入室始登法座

明洪武初太祖以西番地獷人悍即覦其勢而分其力故凡元代法王國師後人來朝貢者輒因其故俗許其世襲以化獷俗尊中國永樂初成祖則兼崇其教問西僧哈立麻有道術國人稱曰尚師遣使迎至京師為高帝后薦福於靈國寺有卿雲甘露青鳥白象之祥封大寶法王西天大善自在佛其徒三人皆封國師其後又封大乘大慈二法之禮之亞於大寶於是其徒爭來朝貢輻湊京師所封有闡化闡教輔教

護教贊善五王又授西天佛子者二灌頂大國師者九灌頂國師者十有八法王等死其徒輒自承襲歲一朝貢畧與土司等嗜茶貪貢市冀保世職故終明世無西番患然皆紅教非黄教其黄教宗祖則創於宗喀巴（一名羅卜藏札克巴）以永樂十五年生於西寧衛得道於西藏之甘丹寺成化十四年示寂初明代諸法王皆賜紅綺禪衣本印度袈裟舊式也其後紅教專持密咒流弊至以吞刀吐火炫俗無異師巫盡失戒定慧宗旨宗喀巴初習紅教既深觀時數當改立教即會衆自黄其衣冠遺囑二大弟子世世以呼畢勒罕轉生演大乘教呼

畢勒罕者華言化身也二弟子一曰達賴剌麻一曰班禪剌麻剌麻者華言無上也今俗加口旁曰喇麻班禪又稱曰額尓德尼相傳達賴為觀音分之光班禪為金剛化身在印度已轉生數十世其說不可後詳皆死而不失其通自知所往生其弟子輙迎而立之常在輪回本性不昧故達賴班禪易世互相為師其教皆重見性度生斥聲聞小乘及幻術下乘當明中葉已遠出紅教上未嘗受封於中國中國亦莫之知也達賴一世曰敦根珠巴者即贊普之裔世為番之至是舍位出家亦名羅倫嘉穆錯嗣宗喀巴法傳衣鉢始以法王兼藏之事其二世曰根敦嘉穆錯自置第巴等代理兵刑賦稅其

弟子稱呼圖克圖則分掌教化當明正德時始以活佛聞於中國（武宗遣中使迎之不至武宗崩世宗立盡斥遣番僧人益謂達賴之不至有前知焉）三世曰鎖南嘉穆錯明史所稱鎖南堅錯也名益著青海河套諸蒙古罔不響服順義王俺答躬入藏迎至青海建仰華奇章之大會諸部飲長生水鎖南戒其好殺勸令東還而俺答亦勸其通中國乃自甘州遺明大學士張居正書自稱釋迦牟尼比邱中國始知有活佛而紅教中大寶大乘諸法之亦皆俯首稱弟子改從黃教化行諸部東西數萬里熬茶膜拜視若天神諸番王徒擁虛位不復能施其号令傳至第四世曰雲丹

嘉穆錯生蒙古圖古隆汗族十四歲入藏坐牀二十八歲示寂故事蹟不著然河套青海蒙古守其戒不敢鈔掠西邉安枕者五十餘年第五世曰羅卜藏嘉穆錯當我

太宗文皇帝崇德二年喀爾喀三汗奏請發遣帑使延達賴剌麻四年因厄魯特使貽達賴書於是達賴班禪及藏巴汗青海固始汗問我

朝興東土各報使繞塞外數萬里以崇德七年至盛京奉書及方物約共行善事幷獻封驗知必當一統明年遣使存問達賴班禪稱為金剛大士是為我

朝通西藏之始順治初天下混一達賴班禪及固始汗復各
遣使獻金佛念珠表頌功德
詔賚甲冑弓矢皮幣并遣使送達賴九年冬至京師賓之於
太和殿建西黃寺居之及行餞之南苑德壽寺授金冊印封
西天大善自在佛領天下釋教普通鄂濟達賴剌麻
命和碩親王以八旗兵送之康熙二十一年第五世達賴死
有第巴曰桑結者即專國事秘不發喪偽言達賴入定居高
閣不見人凡事傳達賴命行之自是益橫既袒準噶爾以殘
喀爾喀蒙古復唆準噶尔以鬥中國又外搆策妄內鬩拉藏

汗遂指準兵寇藏之禍西北擾攘數十年皆第巴桑結一人所致噶尔丹者亦四厄魯特之一曾入藏為剌麻与第巴暱歸篡其汗自言受達賴封為準噶爾博碩克圖汗又喀爾喀自

國初時以入藏隔於厄魯特乃自奉宗喀巴第三弟子哲卜尊丹巴之後身為大呼圖克圖位与班禅相亞凡數十年矣至是喀部車臣汗与土謝圖汗交惡搆兵

聖祖遣使約達賴和能之第巴奏使噶尔丹西勒圖往蒙古謂剌麻坐牀者為西勒圖葢達賴大弟子而喀部哲卜尊丹

巴亦章

詔蒞盟壇与西勒圖並坐噶尔丹使其族人隨之覘釁因責

喀部待達賴使無加禮詬責之為土謝圖汗所殺噶尔丹遂

以報仇為名襲侵其部喀尔喀東走

聖祖申命達賴遣使罷兵第巴使濟隆呼圖克圖往反陰唆

之二十九年遂寇漠南為我兵所敗噶尔丹託濟隆代乞和

頂佛立誓而遁第巴内懟乃託達賴意合青海蒙古及厄魯

特各台吉上尊号

聖祖不受屢遣京師刺麻入藏探之帰言第巴桑结使巴遥

望禮拜有剌麻立高樓上繙紗之中香烟繚繞覿不分明三十三年達賴遣使入貢言已年邁國事皆決於第巴乞与封爵

詔封第巴桑结為土伯特國王三十五年

聖祖親征噶尔丹至克魯倫河問噶尔丹敗竄時慰其部下此行非我意乃達賴剌麻使言南征大吉是以深入也

上謂達賴存必無是事乃遣使賜第巴桑結書責其唆祖準夷之罪且言達賴存日塞外無事者六十餘年頃詢諸降番知其脱緇已久何至今猶匿不奏問如達賴果存此番使往

必令相見第巴桑結恐次年啓奏言為眾生不幸第五世達賴於壬戌年示寂轉生靜攬令十五歲矣前恐唐古特民人生 故未發喪今當以丑年十月二十五日出定坐牀求

大皇帝勿宣洩西藏不紀天下惟以地支所屬紀亦以十二月為一歲以寅為正月亦有閏月但與中國閏不同亦雍正十年閏五月其地則閏正月十三年閏四月當乙卯其地則於寅年閏七月且無小建而有閏日亦是月當閏初二日則於初一日後即初三日矣無月必有初一十五三十而閏日但與中間摘去一二日耳並封進

達賴臨終牀簀尸塩拌像

上許為秘之俟十月宣示內外第巴使者歸途遇策妄那布坦會禽噶尔丹之兵復宣言達賴已歿世尔部落兵毋得妄

行策妄哭而歸
上以第巴始終反復持兩端乃追還其使傳集各蒙古宣示
密封則像首已墮第巴使驚仆於地四十四年第巴謀毒拉
藏汗不遂即以兵逐之拉藏汗集衆討誅第巴拉藏汗者青
海固始汗之孫也自三十六年嗣爵後因議立新達賴剌麻
故與第巴交惡至是奏廢第巴所立之假達賴
詔執獻京師行至青海病死即方畧所云策妄那布坦遣使爭迎之而拉藏不遣此也而
藏中所立博克達山之伊西嘉穆錯為第六世達賴者青海
諸蒙古復不信之而別奉裏塘之噶爾藏穆錯為真達賴以

康熙二十二年轉生二歲著靈異亟是廿歲矣諸蒙古迎至青海坐牀請賜冊印与藏中所奏互相是非

上恐其搆釁

詔暫居西甯紅山寺旋移塔尔寺塔尔寺者西甯衛城西南四十里之塔山十三峯環繞之海中有二島人跡不至即唐時龍駒島番僧習禪定者於氷合時裹一歲糧休焉往往出異僧故青海佛法與西藏相亞兩部爭議未決五十六年七月策妄遣台吉大策零敦多布領兵入藏執殺拉藏汗搜各廟重器送伊犁禁新達賴剌麻於札克布里廟五十七年西藏諸土

伯特合詞請奉青海呼畢勒罕擁置禪榻而以藏中所舊立者爲僞

詔許給冊印於五十九年春諸蒙古汗王貝勒台吉扈從達賴剌麻入藏

詔加封宏法覺衆第六世達賴剌麻於九月登座取拉藏所立之偆克達剌麻歸京師葢自第五世達賴剌麻卒後三十餘年兩立假剌麻西陲俶擾至是始定論者謂達摩創法震旦有一花五葉之讖至六世果以衣鉢啓争故六祖不復傳衣鉢與宗喀巴至第六世達賴之事若出一轍物盛難繼始

必有終天數所極佛法且不能違而況人事與內節去大兵平定厄魯特語祇取剌麻世系錄之其下篇云初雍正元年哲卜尊丹巴呼圖克圖自喀部来朝卒於京師年九十矣上親臨奠賜名号冊印如達賴班禪之例遣使護其喪帰庫倫其後五年喀爾喀奏呼圖克圖呼畢勒罕轉生於庫倫詔賜金十萬造寺以綏喀尔喀之衆又為駐京之章嘉呼圖克圖後身造寺於多倫泊以綏内蒙古之衆章嘉者上在雍邸時所從咨佛法者也方是時世宗憲皇帝天縱神悟夙覺大乘優禮髙僧方將以君師宏

法教普利羣生而二年即有青海剌麻助羅卜藏丹津之叛
其青海諸寺剌麻眾各數千羣起騷動甚至以察罕諾門汗
大剌麻亦黨賊拒戰王師討平之
上謂玷辱宗門莫斯為甚乃收各寺明國師禪師印并定制
廟舍無逾二百楹眾無逾三百人冬
命大臣正副二人分駐前後藏鎮撫之移達賴剌麻於西裏
塘之惠遠廟以避準噶爾八年遷於泰甯護以兵千十二年
詔果親之偕章嘉呼圖克圖赴川送達賴由泰甯歸藏其哲
卜尊丹巴於九年移多倫泊以避準噶爾者至是亦返庫倫

乾隆二十二年
詔加封專教安衆大剌麻四十五年
高宗七旬萬壽第六世班禪來朝祝釐
詔仿後藏札什倫布式建須彌福壽之廟於熱河班禪自崇
德中同達賴通貢（其第一世曰凱珠布格埒克巴勒藏二三世無考）順治初以年老
未隨達賴入覲者皆其第四世羅卜藏垂吉嘉穆錯也第五
世曰羅卜藏伊什於乾隆二年示寂第六世曰羅卜藏巴丹
伊什於乾隆六年登坐至是年四十有二矣七月班禪至接
見於避暑山莊之澹泊誠敬殿初

上習蒙古語及平回部金川即習回語西番語兹因班禪來
覲復習唐古特語故重譯朝見告語如一家舊以班禪有髙
行入覲惟跪不拜至是班禪固請拜
上嘉其悃誠從之至京接見於南苑德壽寺仍居西黃寺講
經放參皆
世祖達賴處也京師西山僧某往論佛法責其宜居西番清
淨式衆不宜入中國過受崇奉班禪謝之十一月以痘終京
師
詔即其地建清淨化域明年春舍利金龕西歸

駕幸西黄寺拈香送之而留其高弟子羅卜藏敦珠布者領班第二十人住持札什倫布廟傳授後藏經律選内地剌麻百八十人習焉是年册封第七世達賴剌麻時年二十二歲尚未受封至是班禪卒乃封達賴以綏唐古特之衆初達賴剌麻之呼畢勒罕一世二世出後藏三世出前藏四世出蒙古五世出前藏六世出裏塘皆非一地一族班禪及大呼圖克圖亦然至乾隆末而各大剌麻頪多兄弟叔姪且多出蒙古汗王貝勒子弟甚至哲卜尊丹巴示寂適土舍圖汗之福晋有娠衆即指爲呼畢勒罕及彌月竟生一女尤貽口實損

蒙古之敬信黃宗喀巴徑言達賴六世班禪七世後不復再來故登坐者無復真觀密諦祇憑垂仲降神指示垂仲者猶內地之師巫也又達賴班禪親族多營為大呼圖克圖以專財利致有仲巴兄弟海盜之禍仲巴呼圖克圖班禪剌麻之兄盡有班禪入覲所錫賚布施財物其弟舍瑪爾巴垂涎不遂憤唆廓爾喀入寇擄其財上久悉其弊即革之而未有會也乘用兵之後五十六年廓爾喀深入福康安海蘭察大舉討平之特運神斷創須金奔巴瓶一供於中藏之大招寺遇有呼畢勒罕出世互報差異者納幾瓶中誦經降神駐藏大臣會同達賴班禪於宗喀巴前掣之而各札薩克蒙古

所章之呼圖克圖其呼畢勒罕將出世亦報名理藩院与駐
京之章嘉呼圖克圖掣之瓶供雍和宮尤元明以来所未有
章嘉呼圖克圖者其先於康熙中自藏来朝乃第五世達賴
之大弟子也
聖主優禮之命住持蒙古多倫泊之彙宗寺章嘉通宗乘為
世宗藩邸時所敬禮建其第二世呼畢勒罕轉生於多倫泊
詔造善因寺居之
高宗朝奉召来京師翻定大藏經咒又佐莊親王修同文韻
統晚年病目能以手捫經卷而辨其字於四十一年趺逝京

師是謂黃教第四支与哲卜尊丹巴一支皆住持蒙古亞於達賴班禪二支而藏中之紅帽十三支黑帽數小支則不暇詳述云綜计剌麻之能出呼畢勒罕入理藩冊者西藏号呼圖克圖者十有八号沙布隆者十有二漠北蒙古十有九漠南五十有七青海番地三十有五四川察木多番地五又駐京呼圖克圖十有四共呼畢勒罕百有六十惟青海諾們罕一支久同世襲許以親族入籤又嘉慶十三年第八世之達賴之呼畢勒罕靈徵衆著由駐藏大臣奏問請

旨不復瓶掣是二者為破格然康熙中有丹巴呼圖克圖出

世時能自述前生事受封清修禪師住持五臺山竟以酒色不檢黜退是能知夙命之真呼畢勒罕隔世尚或迷其本性云凡剌麻朝貢除達賴班禪哲卜尊丹巴三人歲遣貢使不列年班外其餘大剌麻駐漠南北蒙古各部者班六每年一至岷州剌麻班四三年一至凡西藏剌麻皆袈裟僧衣惟將入朝貢始易內地衣冠其駐京剌麻或在京掌教或赴藏辦事或分駐盛京熱河多倫泊五臺山或派往伊犁及四川之懋功寺分闡黃教三歲而更代臣源曰西藏誠非古佛國而自元明以來佛藏則衛教為盛其始不過過內受冊封師

第相嗣至宗喀巴崛起不藉中朝封号而复出諸大法三上西北諸行國常視為嚮背中國常用為銜勒亦佛法因緣有時會與廢非人力與夫大雄涅槃不閒轉世即宗喀巴經亦言達賴班禪轉生止六七世自後不復再來今之黃教非昔之黃教尤非古之釋教宜若可以已為然自葱嶺以東惟回部諸城郭國自為教外使無世世轉生之呼畢勒罕以鎮服僧俗則數百萬衆必互相雄長狼性野心且決驟而不可制蓋邊方好殺而佛戒殺且神異能降服其心此非堯舜周孔之教所能馴也

高宗神聖百族禀命

詔達賴班禪兩汗僧當世世永生西土維持教化益自金奔巴瓶之頌而

大聖人神道設教變通宜民者如山如海高深莫測矣

天章丁甯申諭比於吏部之為籤部視元代尊奉帝師千紀妨政者曷可復道里計哉此篇節錄十之五六其後記云達賴所轄寺廟三千百有五十餘所剌麻三十萬二千五百有奇百姓十有二萬千四百五（八）十一戶班禪所轄寺廟三百二十七所剌麻萬有三千七有奇百姓六千七百五十二戶乾隆二年理藩院造冊

其刺麻稱呼圖克圖者不可勝紀皆同土司各轄番民不設官吏僧多於民君并於師介出家在家之間釋典言普陀有三一在天竺南海中一在中國浙江定海一在西藏平地連二峯高百餘丈其一達賴居之其一為高行刺麻静脩之所其達賴所居因山勢 迤疊甃而成樓十有三重高三十六丈七尺有八寸上有金殿三金塔五僧舍萬餘間金玉銀銅佛象無數歷代寶器充牣耀目皆創建於唐時贊普而歷世達賴與藏巴汗重葺之西殿則宗喀巴遺蹟焉存焉有手足印在黄酥油寺上久而不渝為番民所頂 山之東五

里為大小招寺皆唐公主所建西番謂廟曰招猶言大寺小寺大招高楼四層重殿宇闌干皆銅鎏金左廊有贊普及公主暨白布國王女塑像供神佛萬計缸酥為燈小招規制亞之大招供釋迦牟尼佛乃唐公主鑄自中國請往者小招所供珠吉多佛其座額書寂默能仁則亦釋迦像也世俗妄傳大招寺像乃白布國王女成佛小招寺像即公主侍女成佛直委巷之談耳甘丹寺距山八十里則宗喀巴成道之所有遺塔及所坐禪榻以十月二十五日為成道之期是夕萬户然燈光明如晝遇節期則達賴升堂講甘珠爾經丹珠尔經

二經乃西大乘經之最尊重者圜聽膜拜千計達賴所坐疊耀瑜瓶十里番民得其一摩頂一拏拂者如不世之遇班禪所居札什倫布寺次之相距七百餘里遠近贍 受法傳戒相等有呼圖克圖分掌教化其兵刑賦稅則第巴噶布隆戴喀堪布等分理之有番律四十一條甚酷番民病故後所有之財半供達賴刺麻半施各寺諷經追薦故國中布施多於賦稅此外有西南布魯克二部世傳紅教寺廟百有二十刺麻二萬五千餘南近天竺界惟番僧往來漢民罕至者此篇節錄十之二三

松湘圃相國綏服紀畧則云紅教刺麻最尊者為薩迦

呼圖克圖即元帝師帕斯巴剌麻之後也在札什倫布之西宗喀巴初年亦學經於薩迦廟本出一源及學成乃自立宗余巡邊見薩迦呼圖克圖詢其經典悉同黃教其僧亦無眷屬惟薩迦有妻室塑望相見餘時不往來祇為生子襲衣鉢計蒙古番眾凡崇信黃教者亦皆敬 薩迦如達賴班禪蓋紅黃二教本同其邪術惑人乃紅教之末失非紅薩之本宗也其与黃教異者一則衣冠異色二則咒語稍別三則傳子与轉生不同如斯而已歸化城大小剌麻惟 服升坐說法袈裟袍褂俱用黃色餘則紅黃並用幾莫辨其何宗且袍褂冠

履陳紅黃色而外与軍民官吏無別常熟錢氏出塞記畧言歸化城剌麻廟有一僧被黃衣袒右肩西面坐号呼土克圖自言能憶前生叔世貌莊氣靜類有道者此適遇其升坐時耳近則升坐亦無此服飾豈以有品級大剌麻於年班入覲必易頂帽袍褂故平日亦概從其制耶余慶遠維西見聞記謂維西黃教剌麻夏戴平頂竹笠冬戴平頂方氊帽此間小剌麻出寺行走夏笠用黃紗帽表裏縫裏制極精細氊帽上用黃毛蓋頂長尺許綵綵四垂如披髮狀春秋間方戴之冬則概用貂狐帽沿無用氊者又記稱紅教剌麻十三種維西

係格馬一種其五長五人輪回生番地掌教名曰五寶乾隆八年紅教謨勒孤剌麻轉生於維西民家名曰達機年七歲其弟子華占卜尋至達機先一日即告知父母及期揀珠認鉢及所書心经笑摩衆頂歷言前生事不爽遠近爭販頂迎去乾隆乙卯有善知識剌麻亦格馬四寶之高弟子轉生於維西通事王善家丁亥年四寶命剌麻教（扱）人以金銀馬騾夫迎入藏每程未至山川皆豫知之則是紅教亦有呼畢勒罕轉生不獨黃教矣剌麻家譜曰經簿其布達拉經簿詳載歷代源流時有續修各處剌麻皆有之惟外人未之見耳經

簿言第一世達賴生於明洪武二十四年辛未魏記宗喀巴生於永樂十五年是弟子長於師二十餘歲二十受大戒壽八十六歲第二世生於成化十二年丙申第三世生於嘉靖二十二年癸卯名索諾木嘉木瑳即魏氏記之鎖南嘉穆錯親赴各蒙古地方布行黃教蒙古王等咸稱為達賴剌麻尊而信之萬歷間封為大國師第四世生於萬歷十七年己丑十五歲至藏魏記十四歲敕封為沙布達多尔濟桑結能　邪逐崇時著靈異於石上踏留足印第五世生於萬歷四十五年其生之日与釋迦牟尼佛同崇德七年同班禪剌麻差烏巴什台吉達盛京進貢約行善事餘与魏記同第

六世名羅卜藏林沁倉洋嘉不磋康熙二十二年生於蒙巴拉沃松地方（按通志康熙四十四年拉藏汗請以阿王伊西爲達賴剌麻而青海諸蒙古所别奉之噶尔藏嘉木錯亦以康熙二十二年生此即阿王伊西也）第七世名羅卜藏噶勒桑嘉木錯磋康熙四十七年生於裏塘地方（此即青海蒙古所别奉也惟生年与魏氏記大相懸遠且以同時奏立互相是非之人而分爲六世七世其徑簿恐不足據）第八世名羅藏丹碑旺楚克江巴尔嘉木磋以乾隆二十三年戊寅生於後藏托结地方（即魏氏記所云嘉慶十三年駐藏大臣奏問加封經瓶掣也惟生年相距太遠可耳）此下尚未續修今達賴爲第十一世其第九世未詳第十世於道光十六年圓寂又問今達賴於道光十五年生裏塘泰寧民家其

祖父本陝人以業窑至泰甯母畨女也前藏中　時達賴
移牀泰甯故亦為勝地生三歲藏中蹤跡　之自其家移大
寺有五色雲覆頂謝都閫曾親見之魏氏謂達賴出微賤一
旦置身青雲始在孩提即為
天子所隆　二萬里王公僧俗男婦無不誠心敬奉非福德
殊異何以臻此昔漢高祖所在其上常有雲氣韓魏公廷唱
第一太史奏五色雲見皆本　精氣所發非山川之雲所見
良是惟其生時年歲在第十世未示寂之先不無可　經簿
又言班禪第一世名刻珠尼瑪綽尔濟伽勒布格尔生於明

正統十年乙丑与魏氏記異二世名珠拜旺曲索諾木綽尔
濟朗布生年缺三世名結珠拜旺曲羅布藏敦玉珠巴生於
宏治十八年乙丑魏氏記不之及四世名班禪羅卜藏綽尔
濟嘉勒參生隆慶元年丁卯崇德七年遣使進貢我
太宗文皇帝詔令班禪達賴二人年少者拜年長者為師學
習經典壽九十六歲五世名班禪羅布藏伊喜生於康熙二
年癸卯五十二年
賜金冊印注明札什倫布各廟宇地方屬班禪管理六世名
班禪哲布尊巴勒丹伊喜生於乾隆三年戊午三十年

賜金冊四十五年入覲
賜四 字玉冊玉印以上三世亦与魏氏記小異第七世生
於乾隆四十七年壬寅以下亦未續修達賴有金印玉寶金
印文曰勅封西天大善自在佛統領天下釋教普通瓦赤拉
呾喇達賴剌麻之印玉印文同惟不稱印而稱寶又有金冊
玉冊玉冊長六寸餘寬約四寸頁厚二分邊刻龍文面書達
賴剌麻玉冊其字四前漢文次唐古特文次蒙古文最後國
書其實國書右行先國書次蒙古文次唐古特文最後乃漢
文也凡書籍碑刻四文準此冊十五頁不聯金冊大小如之亦十五頁

兩聯其腦如展書式皆用紫檀座盛之班禅額尔德尼有金冊印無玉冊印達賴下有二呼圖克圖一為濟隆一為第穆俱以所轄地名稱之濟隆在後藏之南第穆在工部又有二那门罕或作諾门罕一為榮增那门罕榮增者梵言師傅為達賴授經之師一為噶勒丹錫呼圖薩瑪第巴克什那門汗其人名阿旺札布巴勒楚勒齊木洮州人先時在京師以前輩達賴圖寂至藏為那門汗代理賞噶勒丹錫十二字名號道光二十四年駐藏大臣奏革之向例達賴圖寂以班禅或兩呼圖克圖及那门汗代理呼圖克圖較尊那门汗次之阿

旺札布巴勒楚勒齊木前後代理達賴事二十餘年跋扈不法第十世達賴之死藏人洶洶言其謀毒堪布及衆剌麻訴於大臣事無再驗不能究也有不服者更以抵罪阿旺札布巴益驕黨羽日衆厚結大臣以自固至是敗竄黑龍江藏中管理寺院講習經典之僧官皆名堪○布○冣大者曰○總○堪布○次曰○通○巴○堪○布○達爾○罕○堪○布○品級大小有差札薩克三人乃濟隆第穆兩呼圖克圖及那門罕理事之大僧官也歲○琫○者○達賴○起○居之內侍也其次曰○森○琫○又次曰○曲○琫○職司經卷又次曰孜仲○職司熬茶歲琫以下皆堪布之有職事者卓○尼○爾○

達賴之傳事者也達賴刺麻山上儲金銀緞疋珍寶之內庫曰商上主庫之僧官曰商卓特巴曰仔琫皆四品商卓特巴本即倉儲巴以訛處皆有故特異其名其主徵收者曰業尔倉巴五品主刑名詞訟者曰噶廈曰協尔幫五品主文書者曰大中譯六品曰小中譯七品通傳譯語者曰羅藏娃主馬廠者曰達琫六品分管地方者曰希約第巴曰郎仔轄第巴皆五品掌户口冊者曰岔琫五品主兵者曰戴琫次曰嘉琫次曰甲琫次曰定琫代達賴理事者曰第巴統理兵馬刑名者曰噶布隆又作噶隆三品噶布隆凡四人又曰格隆戒僧也

格隆之熟經典者曰格喜修行未深初轉一二世者曰沙布倫剌麻弟子通　曰托音俗官初入籍者曰東科尔又有邊缺大營官小營官皆主地方及兵事仔琫商卓特巴噶布隆有缺駐藏大臣會同達賴剌麻選　正陪二人請旨補用餘皆會同揀放極小職事則聽剌麻自用之達賴圖寂後大臣行文各路民間有呈報生子靈異者或有徵驗則藏內遣大堪布噶布隆持達賴生前愛用之物數事雜以他物試之其兒指不取不爽或見堪布出一二語乃臨寂時事則令其父母携至德慶站地名距前藏一如此者或一二人或三四

人大臣覆驗後擇日以金瓶掣籤前七日各大寺刺麻虔誠
誦經幫辦大臣至大招行　用牙籤書各小兒名人各一籤
弥封盍瓶内駐藏大臣行　啓盍掣取其一對衆拆封既知
為某名則率衆至德慶迎入大招堪布日夕守護具奏入呼
畢勒罕冊
上命章嘉呼圖克圖至藏照料坐牀六歲學經七歲受小戒
即學禪坐不令卧公事皆班禪或呼圖克圖代决十六歲乃
自理事此俱乾隆定中定制至此間所奉呼圖克圖由雍和
宫瓶掣已見魏氏記下篇其各寺職寺事名号亦仿藏内制惟

跳神之説各書俱未言及此閒於正月十四日夜各寺俱登樓吹角角以銅錫鑲骸骨為之傳集剌麻僧衆粧束黎明齊時齊集五塔寺前如天魔舞有青獅白象以紙粘木為之四足有輪牽走如生日出後各歸寺扮演其札薩克剌麻或達剌麻在殿上南面據高坐坐褥用黄緞著棉極厚褥數層高數尺對面寺门前張黄傘蓋一剌麻戴壽星具北嚮坐前列小兒高二尺餘戴小沙弥面具者五合掌侍東西廊突出戴假面具衣灰白色緊襖褲憔悴作枯骨形者數十百人皆以三尺許小兒為之殿階西南側坐剌麻十人作两行列列各

五戴紫氈帽髙二尺前鉤後坡脊起如摺扇形衣紫布衫袒右肩左肩前後以紫布蒙之捲疊約長敉丈左執有柄鼓圖經二尺柄拄於地以右手執抱擊之寺門内壽星稍北數刺麻圖一几吹角聲嗚嗚与鼓聲上下應其器有短角名剛洞以髀骨為吹作龍吟有長筒名剛領以銅為之吹如虎嘯既而頭顱貯水名噶布拉喇脂水然燈代鼓撞鐘聲震殿瓦如枯骨者敉十百人聚階下作大周轉每角一聲輙翹一足作商羊舞進退以鼓角為度約炊許轟然仍東西散殿上出一老人亦假面具白鬚眉衣錦襖襍褲俱黄色有織繡紋下階徐徐作

龍鍾態笑容可掬，數小童花衣緑帽扶掖以行亦作大周轉
踉蹌緩步依壽星立殿上又出一人粧束如女子頭插雉羽
六徐舞作東西顧盼行下階向大周轉處以手中拂上下指
拂柄作骷髏形衣錦衣雲肩下垂飄帶條極多如戲班中所
謂宮衣者冠前後圖亦小骷髏形高寸餘約七八枚舞數刻
殿上又出八人繼又出八人兩次下粧束如前女子頭插雉
羽四皆執拂左右舞殿上又出數隊或兩人或四人對舞兩
下約二十餘衆有牛首者有龍首鹿首者皆假面具以漆髹
之狀貌猙獰如蛇神牛鬼袍多紫黑色五采雲繡与前十六

女子穿花舞以一牛首与插雉羽六者居中所舞似無多式樣惟前後旋轉及以衣袖与拂左右翔彦耳舞畢東西列老人者仍作前態上至正坐前以首亞地袖出一物如帛獻之名曰逦哈達正坐者摩頂受其壽星者亦扶五沙弥上如大壺盧窃結㩜小壺盧黃傘蓋隨至階壽星詣正坐前亦逦哈達如老人而退正坐者起立音樂導送入别院前舞者復對對如商羊翹足而退入殿内壽星老人依次入外鼓角大作㩜人舁一紙塔上有百千骷髅形至廟外焚之是日觀者如堵山後男女番衆皆結伴来城衢跕為之壅塞男女由寺門

出入有一剌麻手青絹巾拂其額輒喜有抱兒跪求者有自以額就之者擲錢數文或數十百文不等喧笑而散云看跳神畢矣商民則謂之跳鬼當亦古人大儺以驅疫癘之義特番俗不同耳問其所粧演各人則俱以小剌麻為之歲歲元宵節各寺必有是舉六月間崇福寺晾甲之典後亦如是問歲除亦間有作者未之悉也晾甲之典即取

聖祖仁皇帝所留甲胄晾之哈達如白絹上織佛像商民販鬻專以待蒙古部落康輶紀行謂番俗合古者數事番衆相見必以哈達即古之束帛　失而求諸野此其一端也王漁

洋池北偶談有河套刺麻一則与此間亦多同者其引嘉禾譚舟石延綏鎮志曰套中尚佛教距榆林三百里外為研抱山山左有水水曰河泥津古羅右有泉曰法兒烏蘇中有寺曰堵王延袤可十里兩水環其前而合流其地名曰板升社（將即明末叛人趙全等所築）寺中住持則板地（原闕一字）得刺麻也寺一門二殿门曰哈刺哈殿則覆以琉璃瓦殿名（原闕二字）中塑大刺麻像稱曰補旁皆供藏佛第二殿名堵之中亦塑不刺麻像稱曰補兒罕板弟子譯言佛與祖師也楹之東為（原闕一字）花佛佛身高二尺頂湧一江菡萏長可五寸許製甚巧有機（原闕三字）開使

成蓮葯上坐一三首佛花瓣中亦各有一佛卧馬楹之西為馬頭佛一佛坐以俟馬頭佛項掛三十六鬼頭數珠貌甚獰悪當面飛来如　撲噬狀坐佛作歡喜容仰手舒臂迎之復以两足鉤出其後是曰佛度而鬼頭數珠則皆以銀鏊成者也旁供小蔵佛設木龕三層佛大小參差無數四壁皆畫天神及諸菩薩而金剛者長不過二尺餘就次於東西墉下左刀矛右旛幢少北皆虛置柱黄金塗梁間丞纓絡結成花縢者四殿立四柱空其中如樓不庋板垂四阿而室則十二開牕牖於上若重屋然殿後有塔名蘇婆兒哈即大剌麻蜕骨

處山之半創一小殿名蘇沒繚以周垣南啓一門東西北皆有配殿殿中供瓦窑聖狀類牟尼左供阿赤尔馬儀類普賢右供江勝撥帝蘇類觀音其山無石而有石子套部長以潔白圖潤者人各集一堆名阿保髙丈餘列山上自王以下皆有歲歲初夏作醮或三日或一月前期以佛頭如盂者銀足承之盛水用酒或白糖供於殿上佛頭盂骨厚可寸許不類人之髑髏也經有三卷皆梵文誦或以百計以千計亦時時作樂樂器俱用銀以人脛骨作管銀筒承其上下吹之聲如清角誦經畢取佛頭盂中水人以匙分之自口至頂用手摩

浮為獲福矣復用柏樹一枝綴五色小旗并刻木作刀劍弓
矢植於琟上或其主有遠行則以一矢告返亦如之皆插於
柏樹之旁其鏃或以金銀為之任其朽人莫敢犯時或旱潦
亦往祈禱旱則刺麻頭頂甕鉢水禱於山以口噀之雨如期
至或雨時刺麻知此中不須雨亦以頂水噀之雨即分雲而
下潦則左手指間搯一小紅旗掌中托一小淨水瓶右手捻
訣而前至山上口誦梵語雨即山或有疾病誦經以禳兼以
小紅葉丸救之即　或其人中鬼以頂骨數珠釁其頂或繞
其中指是人即發顫自呼伏曰某鬼為祟頂骨數珠者以髙

僧頂骨中取圖厚如如　子者為之其数亦一百有八河套
刺麻徒眾可三百人其戒行亦与浮圖相似惟飲食則牛羊
肉即乳湩耳此間刺麻雜牛羊肉及麥麪合大鑊中煮食之
名曰忽腏肚

四十一

歸綏識畧卷二十四

崞縣張曾小袁初輯

物部

土産

穀屬

穀

穀為禾稼之總名五穀禾麻粟麥豆周注以麻黍稷麥豆為五穀六穀稻粱菽麦黍稷又黍稷稻粱麦蓏八穀黍稷稻粱禾麻菽麦九穀黍稷秫稻麻大小麦大小豆又鄭康成注無秫大麦而有粱蓏皆穀也至於百穀稻粱菽三穀各二十種蔬果各二十種又不止言

禾稼矣晉省以出粟米者為穀有黏不黏之分黏者則曰軟穀其米曰小黃米蓋別乎黏黍所出之黃米也不黏之穀其米曰小米別乎稻之大米而言其實所謂穀者乃古人所謂稷与粱耳物之廣生而利用者多以其公名呼之如吾鄉人呼棠杜為果呼蔓菁為菜吳人呼桒為葉洛陽人呼牡丹為花者是塞上諸穀皆有獨無稻

黍

有黏不黏兩種李時珍曰稷黍一類二種黏者為黍不黏者為稷其說非也黍穗散分而下垂搖曳去其粒可以作

帚其莖　乾飼馬俗呼為穰穲穗緊湊而國長顆粒附著其莖　乾俗呼為乾草以之飼馬每斤可當穰二斤價亦倍之苗初生即易辨晉省呼黍或曰糜子其不黏者曰硬糜子此間多炒食之名曰炒米每食用茶水送下遠行以代裹糧極便黏者亦呼軟糜子有黃白紅黑諸色以紅者為上且有大紅二紅三紅之別米色俱黃故曰黃米做糕食及造酒用尔雅秬黑黍郭氏注秠亦黑黍也說文黍可為酒從禾入水會意汜勝之曰黍暑也當暑而生暑後乃成王禎農書曰詩曰維秬維秠又曰秬鬯一卣言黍之為

酒尚矣北方遠處惟黍可生語本孟子今頗不然其莖穗似小可以釀酒又作饌粥黏滑而甘此黍之有補於艱食地者廣志有赤白黃大黑等黍又牛黍及燕頷馬革驢皮稻尾鶯鴿諸名皆就其形色言之齊民要術種黍法曰田新開荒為上大豆次之穀爲下地必熟再轉乃佳一畝用子四升按農書所言用子較今要多至十之七八故無苗不足之患三月上旬種者為上時四月為中時五月為下時常記冬三月凍樹日種之萬不失一凍樹者霜雪封著木條似所謂樹架也如月三日凍樹即以月三日種黍餘皆仿此十月凍樹宜早黍十一月宜中黍十二月宜晚黍若十月至正月皆凍樹則早晚種黍皆宜苗生隴平即以耙勞

鋤三遍乃止刈稷欲早刈黍欲遲久積則鬱宜蒸而裛之晒之令燥不蒸者舂米多碎至春則土臭蒸者米堅而香過夏不臭孝經援神契曰黑墳宜黍麥尚書考靈曜曰夏火星昏中可以種黍汜勝之書曰先夏至二十日有雨彊土可種黍雨灌黍心則傷而無實崔氏曰夏至先後各二日可種黍愚按黍之為種前人無言不黏者惟農書每以黍穄並稱穄為黍之別種今塞上於硬黍所出之米呼為穄米音如祭則黍与穄似即黏不黏之分古人未之別也古今注禾之黏者為黍亦謂之穄仍渾言之耳

稷

辨者不一紛紛聚訟至有見諸策問條目者迄今無定論惟吾鄉以俗呼為穀者當之似較近理爾雅粢稷也禮稷曰明粢許慎曰稷五穀之長田正也（此以官名言）陸清獻公靈壽孫志曾繪形為圖謂黍貴而稷賤（以價之低昂言）黍早而稷晚（以日之多寡言）黍大而稷小（以粒言）黍穗散而稷穗聚其說与吾鄉同孫炎曰稷粟也或稱粱秫亦稷之別種陶宏景曰粱即粟類蘇恭曰粱雖粟類細論則別黃粱穗大毛長粒米皆麤白粱殼麤扁而長青粱則穗殼俱有毛而粒微青早熟

收薄止堪作餳用不堪煮食其說与吾鄉相反吾鄉以穀之美者為粱与爾雅注同齊民要術種（稷）法曰凡穀田菉豆小豆底為上麻黍胡麻次之蕪菁大豆為下良田一畝用子五升薄田三升田必須歲易二三月種者為稙禾四五月為穉禾春種即深夏種即淺春種宜曳重撻不曳撻則根虛雖生輒死夏種直置自生凡種穀雨後為佳遇小雨宜接濕種尚書考靈曜曰春鳥星昏中以種稷廣志稷有十四種賈思勰所論美惡八十六種此間僅十數種耳蓋稷与黍相似而實異黍以性黏為常間有不黏者稷以性

不黏者為常間有黏者猶稻之有糯也說文稷之黏者為秫爾雅亦云秫黏粟凡黏性者皆可為酒穀之有秫其性直与黍同陶淵明種秫五十畝為釀酒用非今之蜀秫乃今之軟穀矣

麥

秋種夏熟備四時之氣者曰宿麥春種夏熟者曰春麥以之磨麪食之冣上品也爾雅大麥牟小麥来葢大麥為麦之别種其性与麦迥矣惟形似耳麥以秋種為正尚書大傳曰秋昏虛星中可以種麦汜勝之曰夏至後七十日可

種宿麥早種則多蟲而有節晩種則穗小而少實當種麥時若天旱無雨澤則薄漬麥種以酢漿并蠶矢酢漿使其耐旱蠶矢使其耐寒也俞貞木種樹書曰麥苗盛時須使人縱牧於其間令土稍實則其收倍多此間謂牛食苗者佳羊食苗不易長即蠡海集牛食如澆羊食如燒之諺所由起其實性有不同與種麥之法土即細溝欲深耙即輕撒即匀王禎農書曰麥種初收時旋打旋揚與蠶沙相和可辟蟲傷資地力苗又耐旱凡種須用耬犁下之又用砘車碾過即石碌碡則成隴易於鋤治又有漫種一法農人左手

挾罨盛種右手握而自擲訖地既偏則用耙勞覆之亦頗省力此北方種麥法呼種為點塞上多用其製韓氏直説曰五六月麥熟帶青收一半合熟收一半若過熟轉拋矣古語曰收麥如救火若少遲慢一值陰雨即為災傷塞上尤避雹災且還延遲時秋苗亦悞鋤治至於藏麥之法此間旋收拉糴絕鮮蓄藏偶捱日久輙患損蝕四時類要曰麥宜多曬今年收者於六月間掃淨場面候地毒熱衆手出麥薄攤取蒼耳挫碎拌匀至未時及熱收可二年不畏蟲蛀陳者亦依此法更曬今年收須在立秋以前秋後則

蟲已生矣又藏麦於三伏日曬極乾先以稻草灰鋪倉底上以灰蓋之蟲亦不蛀大小麦皆然陶隱居本草曰大麥為五穀長一名麰麦似穬麥而無皮似吾鄉所云漏仁草麥者也然此種不多得言大麦者率以穬麦當之元扈亦曰今人皆指穬為大麥穬麥者草麥也皮皮有芒而麤可以飼馬可以製麯北方農家於將熟時蒸煮晾乾磨作細綫名曰碾轉殼去以蔬菜拌食王漁洋集中有之元扈又言雀麥即燕麥穗細長子小去皮作麪可救飢牧令之油麥是油麥性耐寒關外種者極多吾鄉自太原以北皆恃為

常食製法亦較他處亦精他書俱作油（莜）麥按書莜田吊切無油字音其麦麪熟時色頗似和油者故撥書作油字雁門一帶亦間呼為燕麥昔人有兔葵燕麥之語能者以為燕麼也對真麥而言與燕石燕玉同揚升菴丹鉛總錄謂滇南霑益一路皆有之土人朝夕食未稔其製法若何博物志云食燕麥令人骨節斷解令無其說是炒製之法不可廢也尔雅皇守田注似燕麥生廢田中一名守氣未詳何種又別種有蕎麥一作莜麥又作烏麥黑皮三稜去皮取米吾鄉呼為籾子農政全書言北方山後諸郡多種之

治去皮殼磨而為麪焦作煎餅配蒜食或作湯餅謂之河漏滑細如粉亞於麥麪風俗所尚供為常食飽而有力農家之日饌也今歸綏等處信然土人所呼為河洛平聲市肆鬻飲食者莫多於此行路尤以為便傅青主曰河漏雜湯第一羊湯次之新秋蕎麥初下家宜此食雜羊濃煮加以薑椒隔數日一頓頗利老脾又謂高齊時促律忽塔想亦用蕎麥為之今未詳其製法三漁洋池北偶談引盧氏雜說唐明皇射鹿取血煎酪賜哥舒翰及安祿山謂之熱洛河祿山帳下健兒名曳河洛河恐因字音相近而附會其說

令齊魯間以蕎麥作麪食名河洛俚語亦有所本是河洛
河漏未能定其雅俗惟見諸紀載如此爾雅蕎卭鉅注今
藥草大戟也荍蚍衃注今荊葵也說文亦俱無麥名之說
靈壽志謂唐高承簡傳以荍為蕎非未審何據俟考又瞿
麥藥草也齊民要術謂種法以伏為時畝收十石渾蒸曬
乾舂去皮米全碎炊作飧甚滑細磨下絹簁作餅亦滑美
其說頗与蕎麥相似与本草所載瞿麥不同此間無種瞿
麥者藥肆所用皆野生也要術又言瞿麥性穢　則數
年不絕耘鋤甚為費力則又与蕎麥異矣要術所言種蕎

麥法與今頗同地耕并種凡三次立秋前後皆十日內種之耕地兩次則兩重著子耕地三次則三重著子俟下兩重子黑上一重子白汁滿而濃即須收刈但對梢荅鋪之其白者可漸黑若至上重子黑則下重黑子落矣王禎農書曰蕎麥立秋前後漫撒種即以灰糞葢之稠密則結實多稀則結實少惟種遲則其子與花見霜而隕耳吾鄉種蕎麥者多在麥地麥秋後即時耕種雖薄田亦得兩穫塞上春夏多旱於五六月間得雨别種俱已過時則盡以種蕎麥若遇霜早則為饑歲矣諸麥中穬麥最早蕎麥最遲

穬麦非水田良田不可此間惟近城有之餘地磽瘠雖種亦不獲也種油麥法諸農書未之及以兔葵燕麥其初俱非種植而生古人種麥有區種之說農政全書亦載之謂區一畝可收百石以上十畝可得千石以上種他穀亦然其說未敢信也油麥之外别有青稞亦名青莜油麥蕎麦之外别有苦蕎皆以飼馬間有食者亦等諸莨稗之類

粱

爾雅虋赤苗芑白苗注粱也穀之良者曰粱古人所謂膏粱者是非今之高粱也高粱乃蜀秫之别名以其莖高故

曰高粱高粱非粱猶大麥非麥耳有紅黃白三色紅者多有黏不黏兩種不黏者多土人或呼為茭子則又非是茭乃菱芡之屬無以穀名者惟以蜀秫當之古今皆合京師至河北一帶俱呼其莖為秫稭有訛秫作黍者博物志地節三年種蜀黍羣芳譜曰蜀黍一名蜀秫一名高粱詩傳黍苗似蘆高丈餘今黍無高丈餘者將亦秫之訛矣齊民要術種蜀秫法宜用下土宜薄地而稀一畝用子三升半種與稙稷時同燥濕之宜耙勞之法亦與稙稷同性不零落晚刈者佳莖高丈餘穗大如帚熟時收刈成束攢而立之

其子作米可食餘及牛馬可以濟荒俱與今高粱同關南人以熱水煮去紅色磨麪作食日以為常此間人性較奢奢不以充食惟釀酒通行天下言酒美而味冽者必曰高粱燒其莖去穰用皮可以織席束之可作帚刷或縛穗為之以滌釜甑亦頗適用其稭與蘆葦同用最下者夾籬供爨亦無棄材洵濟世之穀農家不可闕也直隸河間等處則以其米作粥或作水飯美其名曰桃花飯食之究覺粗糲以其性澁故耳元扈曰蜀秫古無其種後世或從他方得之大約蜀地所出其黏者近秫故借名為秫即今之軟高

粱軟茭子是生白色熟赤色别有一種玉蜀秫其莖葉俱似高粱惟穗無實其實左右歧出别為一苞有鬚吐出向上鬚乾子熟蓋亦從遠方傳種粒大而勻有黃白紅數色黃白者多土人呼為玉茭或曰包穀

菽

豆也此間所種有大豆小豆黃豆黑豆綠豆豇豆扁豆各種皆以秋熟惟豌豆春種夏熟或隔歲種與宿麥同其餘如刀豆聯豆皆以供蔬菜之用然俱以豆名未便列諸蔬屬所謂大豆者惟指粒大皮粗可炒熟去皮食以代饑糧

者而言其實大豆不一種也爾雅戎菽謂之荏菽注曰胡豆孫炎曰　菽大豆也詩荏菽旆之鄭箋亦以為大豆乃王禎農書言大豆之黑者食之充飢可備凶年歲豐則以供牛馬料食黃者可作豆腐可作醬料是黃豆黑豆俱為大豆廣雅大豆菽也有黃落豆御豆其豆角長有場豆葉可食有青者黃者又有黑高　豆鷰豆蹕豆皆大豆之屬崔寔曰正月可種蹕豆二月可種大豆則蹕豆又在大豆外矣蹕豆一作豍豆崔氏又曰二月昏參中杏花盛桑椹赤種大豆者謂之上時凡農書種植時月皆以中土言之塞上稍遲也齊民要術

十一

曰春種大豆次稙穀之後地不求熟必須耬下鋒耩各一鋤不過再葉落盡然後刈如即留葉者則於九月中候近地葉有黃落則速刈之葉不黃必浥鬱刈不速則遇風而落遇雨而爛矣氾勝之曰大豆不用深耕須匀而稀花畏見日見日則黃爛而根焦穫豆之法莢黑而莖蒼輒收無將過熟則落故曰豆熟於場此間所謂小豆亦另為一種角長而豆白其粒較菉豆微大若古人所謂小豆則以自種自穫較大豆時日頗省非一種也賈思勰謂小豆有綠赤白三種及豍豆豌豆豇豆豋豆留豆之類齊民安術種

小豆法大約用麥　然恐過晚有地者須兼留去歲穀下
以撥之訖取貴純用舊歲穀底耳大約綠豆一作菉以色名粒大而色鮮
者為官綠皮薄麪多粒小而色深者為油綠皮厚麪少今
塞上油綠者多以水漫濕生芽白而長為菜中佳品李笠
翁言北方少鮮菜惟豆芽可日日嘗鮮可以代南方之笛
雖戲語亦確論也唐人詩初日上團欒照見先生盤盤中
何所有苜蓿長闌干注苜蓿豌豆芽按豌豆芽細不任食
仍以綠豆芽為是生芽之法各處不一俞貞木種樹書云揀
菉豆水浸二宿候漲去聲以新水淘過空乾用蘆席灑濕鋪

地摻豆於上以濕草薦覆之其芽自長大豆芽同大約謂黃黑豆若胡豆生芽則粗不可食惟黃豆芽煮湯味極佳令製殊不然皆置甕盎此大字仍活看中日換水耳王禎農桑通訣謂北方用菉豆最多農家種者亦廣每以豆作粥作飯或磨作粉熱條晾乾所行尤遠或作麵食其味甘而性不燥用解藥毒極妙亦濟世之良穀矣豇豆一名䜶䝄莢必雙生紅色者多故名李時珍曰開花結莢必兩兩並垂有習坎之義按豆莢雙生者多不必豇豆惟豇豆子有腎形所謂豆為腎穀宜以此種當之農書穀雨後種六月收子再種再生八月又收子一歲兩

熟塞上不能也扁豆惟山中種之色如豌豆而粒扁小麪較他豆稍粗昔人未之言之按農書有稨豆古名鵲眉俗名沿籬有黑白二種黑者名鳴豆其莢凡十餘色嫩時可充蔬食茶料老則收子煮食白者入藥品清明日下種以灰蓋之不宜土覆芽長分栽搭棚引上似此閒聯豆之屬與扁豆迥異豌豆遼志作回鶻國豆唐書作畢豆崔實作豍豆即青斑豆也務本新書曰豌豆二三月種諸豆之中豌豆最為耐陳又收多熟早如近城郭可摘豆莢先賣莊農往往饋獻以備薦新蓋一歲之穀此其最先也刀豆以

形名作蔬菜用豆莢乾者可以飯鬻無糴豆及磨麪者酉陽雜俎樂浪縣有挾劍豆即此三月下種蔓生農政全書清明時鋤地作穴每穴下子一粒以灰蓋之只用水澆待芽出則澆以糞汁蔓長亦搭棚引上聯豆吾鄉俗稱其名未見諸書京師呼為雲豆此間多本省人故仍呼聯豆或取其纏聯之義一作連義同塞上種者頗多種法與刀豆畧同喜雨水夏秋間醋蒜調食或和肉食家家以為常蔬豆色多赤粹即所謂赤豆齊民要術大赤豆三月種遲者四月種亦可皆引架架之田間或用樹枝及高粱稭插地

作架否則蔓長鐲（鋪）地不見風不多生莢其子色白者晒乾
醫家用之以開瘡口其葉多毛摘置牀頭可殺壁蝨別有
莢豆一種如豇豆蚕豆一種如大豆（此間炒食者）王禎謂其蚕
時方熟故名李時珍謂其莢狀如蚕又謂即張薄（傳）望所傳
胡豆也農書又有梅豆黎豆兎豆撒種塞上未之見凡豆
角曰莢葉曰藿莖曰萁俞氏書曰種諸豆及麻宜及時去
草否則為草所蠹耗雖結子亦不多諺曰麻耘地豆耘花
麻須初生時耘豆開花尚可耘豆莢三青而黄拔而倒豎
籠從之生者均熟從本至末全無秕減豆之為用不一除

磨外(粉)其㝡佳者莫如豆腐故小豆花名曰腐婢豆腐亦名
菽乳舊傳以為漢淮南王劉安所作或又謂之來其宋牧
仲筠廊隨筆載康熙中
聖祖南巡至蘇州以內製豆腐賜巡撫宋犖且命廚人親至
撫者傳授製法以為該撫後半世受用
天語鄭重如此惜製法不傳耳名家烹飪以意為之亦佳近
又以藥物煮染曬作腐乾或攤極薄謂之千張亦常饌適
用之品冬月各村莊皆有之每豆腐一鍋可撈腐皮兩層
皆豆油所結豆之精也乾者可以行遠價　兩味香尤耐

咀嚼此間有奶豆腐和牛羊乳為之蒙古人極喜食

麻

有脂麻胡麻大麻草麻各種以之製油多不可食或此間水土可致爾雅黂枲實注枲麻也黂者即麻子名故曰枲實崔寔曰二三四五月時雨降可種之中國舊止大麻為八穀之一漢博望侯使大宛携來麻種別名胡麻塞上種者頗多意胡麻宜胡地耳廣雅胡麻一名藤宏或曰即俗名脂麻也作芝麻者非一名巨勝以其角巨如方勝一名方莖以莖名一名狗蝨以形似葉名青蘘莖名麻藍亦作

麻稭有遲早二種黑白赤三色俗傳胡麻夫婦同種則易生久服之可以休糧賈思勰曰俗呼烏麻者非今世有白胡麻者八棱胡麻白者油多本草注云角作八棱者為巨勝四棱者為胡麻皆以烏者為良白者劣與前說異齊民要術曰胡麻宜白地種月望前種者實多而成望後種者子少而多稗種即截兩腳若不緣濕則不生一畝用子二升漫種者先以耧耩然後散子空曳勞耧耩者炒沙令燥中和半之鋤不過三編刈束即小束大則難曬以五六為一藂斜倚之不爾則風吹倒損候口開抖擻或倒豎以小

杖微摯取子還甏之三日一　須四五次乃盡王禎農書
曰麻胡地所出者皆肥大其紋鵲其色紫黑取油亦多可
煎烹可以然燈又可以為飯四時類要曰種胡麻每科相
去以一尺為度李時珍曰服食家有種青蘘法云秋間取
胡麻子種畦中如生菜法候苗出採食滑美如葵本草謂
胡麻可以辟穀但滑腸耳與白术同用方可皮内俱黑者
良栗色者名鼈蝨胡麻更佳九蒸九曬服之益壽延年天
台仙女飯劉阮者即此令以之作飯者少惟取以製油吾
鄉陽武河一带製油者皆從此間買麻及菜子用胡麻油

味与脂麻油别　脂麻油俗呼香油有大小磨之異小磨者
尤油香連渣為脂麻醬元邑曰胡麻油渣可以壅田塞上
土肥瘠不同無糞田之説關南人多用之呼曰麻籸大麻
粒大而圓亦可製油可炒食此間多以和餳呼為麻糖脂
麻更佳大麻績其皮可製繩索及織布用（古無棉布所衣皆麻今惟以當暑服）其稭白而有枝棱中空外直細者可為燭心以蘸硫黄
可引火燒作炭可製火藥草麻製油味惡惟膏車轂用醫
家以代麥芽之積食最效文人取玻璃瓶或豬尿脬盛之
晾風日中數年潔白明亮如水晶用調印色極妙

蔬屬

白菜

一名菘有夏秋兩種秋熟者佳故云秋末晚菘晉省以忻州府出爲最以其葉厚而肥心捲而實耐烹煮便醃藏耳此間薩拉齊府產微小而少筋味甘似在忻州之上其美當不減安肅也（京師以安肅白菜爲上）諸書謂黃芽菜即此特南北異名耳別種有回回白菜

蘑菇

晉省言蘑菇之美者必曰口蘑曰營盤蘑或誤作銀盤與

臺蘑並重如蕧之言黨蕧也蘑菇本菌屬熱氣濕蒸而生臺產之較勝於他處煮者每歲春夏閒蒙古僧俗携男女駈牛羊駝馬詣五臺山燒香拜佛依水草為廬帳每食必肉骨葉於地殘羹賸汁　潑土石中去後不數月日暄雨潤蒸而成菌味特肥美此閒所謂口蘑更可知矣口蘑較臺蘑味尤厚而氣微濁爾雅中馗菌注地蕈也疏俗呼地菌即此類

芥菜

有數種苗与子皆可食雁門關南一带多取以作油每秋

冬間輒来城收買莱子較米粟價尤貴各鄉皆種之靈壽志謂白菜芥蘿蔔皆菘也 紫花菘今之蘿蔔晚菘今之白菜芥菘今之芥菜

蘆菔

爾雅葖蘆萉注萉宜作菔一名萊菔一名雹葖一名土酥俗名蘿蔔王禎書曰蘿蔔在在有之北方者極脆食之無渣信然又曰有送秤者其質白其味辛甘能 麪毒或謂小麦曰来麪毒故名来服子可入藥名来服子 四時皆可種以末伏秋初為良破甲以後便可供食蘇頌書有大小二種大者肉堅宜

蒸食小者白脆宜生食[illegible]即水蘿蔔之類河朔有極大者可至敉十斤故世傳有人大蘿蔔邊外今是其種齊民安術曰種蘆菔法与蕪菁同四時類要蘆菔宜用沙壖地鋤不厭多稠則拔令稀至十月收窖之或醃或醬皆可耐久如要來年出種則埋藏深窖中安透氣草一把至春發芽取出於畦內下糞匀栽旱則澆灌夏至後收子以備秋種農桑通訣每子一升可種二十畦擇地宜生耕地宜熟地生則不蠹耕熟則草少凡種先用熟糞匀布畦內仍用火糞和子令匀撒種之俟其出葉視稠稀爲去留其去者仍

可供食其法以蔬為良蔬則根大而肥嵍則反是别有水蘿蔔不能耐久春夏間食甘脆如梨色多白有皮紅如胭脂而内仍白者有胡蘿蔔亦較早苗如芥根紅黄色王省曾曰胡蘿蔔宜伏内畦種或壯地漫種頻以水澆之則自然肥大此間以配羊肉食極相宜

蔓菁

種法与蘆菔同一名蕪菁詩采葑采菲注葑蔓菁也陸璣曰葑蕪菁幽州人亦謂之芥一名諸葛菜武候行軍所至輙種之謂其易長且苗与根皆可食人馬踐踏不能傷且

根蔵土中不為敵人所知有數便也此間種蔓菁者少種
蘆菔者多

山藥

有長圓二種圓者為回回山藥種或自西域来昔人未之
言及長者味較美即古之薯蕷也山海經謂之藷薁音義
同本草衍義曰薯字以宋英宗諱曙蕷字以唐代宗諱豫
屬避嫌名故謂之山藥以 慶所出為最地利種及務本
新書皆曰種山藥宜寒食前以沙白地區長丈餘深闊各
二尺少加爛牛糞与土相和平匀厚一尺揀肥長山藥上

有芒刺者每段於長三四寸鱗次相挨卧置區内復以糞
勻覆五寸許旱則澆之亦不可太濕忌大糞苗長以高梢
扶架霜降後地凍前出之將蘆頭另窨以為來歲種無令
凍損元扈曰藏種法於南簷下向陽風處掘土窖深二尺
下用礱糠鋪二三寸次藏種仍以礱糠蓋之臨種時取用
又曰山藥下種時勿用手以鍬钁下之則易大每年易人
而種異苑云薯蕷掘取時嘿然則獲唱名便不可得人有
有植之者隨所見而象之今此間種者本少亦無他說外
有山藷番藷他種皆回回山藥之類種有傳藤傳卵兩法

以山藥切碎塊埋土中即傳卵法也可以救荒若造酒醋則味薄甚矣

擘藍

或呼苛藍或呼玉蔓菁皆土人俗稱其名未見他書惟各志乘多作擘藍今從之通志作擘藍似不如用藍字羣芳譜謂其葉漚藍得藍之半故名爾雅葴馬藍注以為大葉冬藍終即此種疏曰可以為澱似染色所用之藍与此又微異矣根葉皆可食以根為貴与蘆菔蔓菁畧同然二種根在土中必掘取乃可食此則根出土上一望而知結實

尤大而圓皮厚綠如西瓜肉脆而甘亦能解渴土人以鹽醬製作小菜極耐久

芫荽

一名胡荽俗謂之香菜乾鮮皆可食苗類胡芹而小宜羊肉

莧

有紅白紫數種又馬齒莧俱忌鱉肉尔雅蕢赤莧注莧菜之赤痕者即今紅緑莧也

萵苣

採其莖去皮食曰萵笋用鹽醬作小菜尤佳花如罌粟俗名萵苣蓮

胡芹

芹之別種也尔雅芹楚葵注今水中芹菜北方呼芹以胡芹當之昔魏鄭公嗜食醋芹此間亦有醋胡芹之製

蔥

此间俗名初生者曰小蔥移栽者曰鉤子蔥秋栽冬萎春夏間重發者曰羊角蔥皆取其形似本草謂之菜伯鬚与白俱入藥忌用蜜食

韭

説文菜名一種而久收謂之韭象形在一之上一地也春初早出者佳又有黄芽韭門以馬糞壅積而生此間惟冬日有之

蒜

苗嫩時食与葱韭同微老則不可食其莖謂之苔與韭胎同以根為實獨頭者尤良一名胡蒜又野生而根小者曰小蒜薤屬皆五葷之一尓雅蒮山韭茖山葱葝山䪥蒚山蒜注山中多有此菜如人家所種者此間皆有之

菠菜

種出頗陵國後訛為菠薐唐西域傳婆羅獻波稜亦此種

又呼為紅根菜見姑蘇志根有紅白兩種以紅者為貴

茼蒿

形氣似蒿故名茼或作藤誤花如野菊黃色莖葉俱可食

爾雅購蔏蔞注蔏蔞〻蒿也生下田初出可啖東坡詩蔞

蒿滿地蘆芽短正是河豚即上時當即此種和林格爾沙

坡間有種蒿者其子性極黏蕎麥麪過夏後宜參用之俗

名荊蒿与此種異

黄花菜

一名金針以其未開時言

地栗

本草烏芋一名葧臍一名地栗羣芳譜慈姑一名地栗此間地栗与兩種絕異形微長而小纍纍如貫珠如豆莢脆似葧臍兩味極淡塩漬食之以當小菜至葧臍則閩外罕見慈姑即茨菰以根生十二子有慈姑之義故名此間亦數覯也地栗又名地梨呼音近滴溜通志作地笋俗名地留兒

甜苦苣

根葉皆可食尔雅荼苦菜疏生於寒秋經冬歷春乃成月令孟夏之月苦菜秀是也葉似苦苣而細斷之有白汁花黄似菊堪食但苦耳是苦苣与苦菜尚非一種惟未言及甜者靈壽志荼蓼辨云苦菜俗名曲曲菜此間苦苣亦有是名則又似一種甜苣根亦微苦近河多有之春間挑食有長至數丈者

辣角

長者皮薄圓者皮厚有翹如解結錐者有皺如橘柚實者

味辛而香油煠食之精粗饌皆宜其鮮者曰青角子曬乾

可以製油

地皮菜

似木耳而小微薄野生雨後牧羊地多有之

灰菜

有红心者

莙薘

南方謂之菾甜音菜見靈壽志

小茴香

實小如麥味似茴香土人採其苗作菜

瓜屬

西瓜

五代史郃陽令胡嶠自契丹歸　得西瓜之契丹破回得瓜種以牛糞覆棚而種大如中國冬瓜而味甜甘此西瓜入中國之始易以杞色瓜詩七月食瓜禮為天子削瓜春秋傳瓜期而往皆不指西瓜言故本草瓜類不載此種此間入市極遲署月中絕不可得中秋前後始食之中絺絡者將衣毛毳裘矣十月間蒙古部落貿遷者回城輒呵凍

大嚼蓋漠北地極寒冷到此轉熱食之以消暑也農桑通訣曰種西瓜法區行差稀苗出之後根下壅作土盆即瓜大者步留一科科止留一瓜餘蔓瓜皆掐去則實大如三斗栲栳矣瓜性寒解酒毒其子曬乾取人瀹茶亦得

黄瓜

此間味多苦亦水土之異農政全書黄瓜一名胡瓜齊民要術曰於香醬中藏之佳俗以為即王瓜按爾雅鉤藤姑注一名王瓜正赤味苦本草王瓜一名土瓜陶注謂之熟時赤如彈丸則似今之苦瓜非黄瓜也月令四月王瓜生

五

廣義曰菝葜也謂之瓜者以其根似之夏小正四月王萯
莠注即王瓜与黄瓜確係兩種

甜瓜

種類極多以与西瓜別總名曰甜瓜尔雅曰瓞瓝以其綿
綿而生也詩曰綿綿瓜瓞大曰瓜小曰瓞瓜子曰瓣瓜肉曰
瓤跗曰環脫花處蒂曰疐繫蔓處王禎曰瓜之為種不一而其
用有二供果曰果瓜甜瓜西瓜是供菜曰菜瓜胡瓜越瓜
是此间甜瓜有不能成熟者即以供菜瓜之用齊民安術
收瓜子法歲歲先取本母子瓜截去兩頭止取中央子用

本母子者瓜生數葉便結子子復早熟用中輩子者蔓長
二三尺然後結子用後輩子者蔓長足然後結子子亦晚
熟種早子熟速而瓜小晚子熟遲而瓜大去兩頭者近蒂
子瓜曲而細近蹄子瓜短而喎又瓜子收時以細糠拌之
下種時先用水淘淨和以鹽將臥鋤耬却燥土然後培坑
大如斗口納子四枚大豆三顆俟瓜生數葉掐去豆其法
因瓜苗弱不能獨生須大豆為之起土瓜生不去豆則豆
反扇瓜不得滋茂但必須以指掐斷使汁出沾地肥潤勿
拔去之使土虛燥且有隙恐受風也摘瓜法在步道上旁畦

必留步道引手摘取勿踏瓜蔓及翻覆之使瓜易爛

苦瓜　絲瓜　倭瓜種者極多法与種甜瓜同南瓜　冬瓜即瓜越瓠子南方

謂之地蒲見雲壽志叢種皆菜瓜

壺盧

俗作葫蘆亦叢種有名西葫蘆者倭瓜子之屬有名瓠葫蘆者瓠子之屬曬乾解作瓢用有名鴨壺盧者或取東坡詩蒸壺似蒸鴨之義有長柄細腰諸形俱可食或鏤為絲曬乾鬻之又有小圓壺盧無早摘俟其自乾開口取子雕

刻作花鳥文為兒童養蚱蜢用當別為瓠類与瓜類異瓠
于亦然當附於瓜属之末

茄子

別志多入蔬属其結實与瓜同獨非蔓生耳本草茄一名落蘇農桑通訣曰隋煬帝改茄子為崑崙瓜此茄為瓜属之證一種出自暹羅國者其色微紫蒂長味甘今之紫茄黃山谷所謂紫膨脝者是也雖有長圓之別其味畧同又有青茄白茄白者一名銀茄茄皮薄而肉嫩有渤海茄亦白色又一種白花青色形稍扁一種白而扁者俱謂之番

茄甘脆不澀生熟皆可食又有水茄形較長甘而多水可以解渴塞外偶有之惟紫茄為常種

葡萄

種亦不一惟色白者尤佳多曬乾食輯安於歸化城土產有瑣瑣葡萄一種實小而甘其實仍從西域來此間徑轉鬻之無其種也紫葡萄乾由此間轉運他處為染色用或作蒲桃入果屬今以其蔓生也亦附依屬

果屬

桃　李　杏　梨　棗

尒雅桃曰朡之棗李曰疐之樝梨曰鑽之皆啖食治擇之名此間市上所鬻多自閩南來鄉村間不多得也近城惟董氏園有之春夏間花開如錦為游人誤目地園在西龍王廟側

棠

種類極多古既有棠杜之分今亦有沙檳之别或以色名或以時令名總之皆棠類也而今則概呼為果子舉棠杜之名有不知何物者矣惟林擒海棠果二種實尤小此間頗多則以不知移接之故

柰

即蘋婆果李笠翁謂北方此種及葡萄可與南方荔枝媲美塞上偶有之實小而澁遜吾鄉遠甚

松子ㄔ括子

括子似松子而小山後極多行道者撲取之不計值也

郁李

似櫻桃而小尔雅疏唐棣郁李也此間惟董氏園有之土人即呼為櫻桃

胡桃

俗呼為核桃以其專食核也皮有毒不可食

栗榛

亦專食核者榛似栗而小山中野生

羊棗

味如柿俗呼為黑棗尔雅注實小而圓紫黑色又名羊矢棗取形似也

石榴

此間所産酢多甘少尔雅劉〻杙注劉子生山中實如梨酢甘核堅犁即此種則博望侯使西域前已有之矣

山樝

俗名山裏紅

酸棗　酸刺子

酸棗即樲見尔雅酸刺子實小而繁多連枝鬻者此間小兒輩喜食々呼為酸溜溜

紅姑娘

野果也外垂絳囊中空有子如紅珠味酸微澁可採食徐一夔元故宮記有之能治喉痛一名王母珠武謂即尔雅所謂葴也草本

木瓜

此間山中所出小而無香与南產迥異惟于差似耳尔雅楙木瓜瓜別志多入瓜屬然木本也宜附果屬後

花屬

牡丹　芍藥　荷

寺院中有之荷惟盆種不數見也

菊

種類亦多秋菊与閩南同府志有七月菊昔人咏五月菊詩却嫌陶令醉来傍屈原醒吾鄉呼六月菊此云七月亦

可以知節令早暮矣曰洋菊曰江西蠟曰金綫菊皆早菊之别名尔雅蘜治蘠注今之秋花菊

蜀葵

葵

葵心向日與中土同此間以歸化名城聲教所訖已被草木矣惟詩言烹葵及菽唐人有烹葵　上客句則葵之可餐已久今未聞有烹之者或别一種耶王元禎過西湖僧寺問寺僧取葵去晝食幹脆如萵苣特未之試邊外村舍間葵花爛然如錦方圓盈尺倘於春夏時以玉泉水沃之當為此間添一佳味山家清供葵名鴨脚羹或以其葉相

似而名當與蒸壺同饌尔雅菺　葵注今蜀葵也蜀葵花有大小二種俗呼為淑氣花亦名一丈紅宋嘉祐本草菜部有蜀葵是蜀葵亦可為菜

萱

土人呼為穿草花即宜男花也

石竹

一名十姊妹一名石菊一名洛陽花

山丹　百合

百合開花俗名捲丹与山丹相似根可煮食此間山中有

之惜味較苦耳

玫瑰 土人呼為刺梅有紅黃二色

雞冠 㝡倭者名壽星雞冠或曰即玉樹後庭花也見頻濱詩注

蓼花 与茶蓼藍蓼之蓼異 俗名水紅花李長吉詩江圖畫水蕻皇甫嵩詞水蕻花發秋江碧則是紅當作蕻非俗名矣以之入詩詞較游龍尤有別趣

碧桃
俗名榆梅取其葉似

秋海棠
草本實無實

罌粟
此间数年来種者極多農民每貪其利五穀之種日久少為害不可言狀若以花而言則三四月間錦繡徧野五色紛綸塞上畝畝中一鉅觀也有千瓣瓣者尤佳惟園中有之種者嫌其少獲

玉簪　鳳仙近有一種莖葉間俱可開花名曰飛来鳳　薔薇　荷包牡丹　月季

迎春　蝋梅　桃梅与椅梅同時開可供元旦賞玩皆唐花也　金盞即長春　粉團

仙人掌　夜合　丁香色紫白二種　牽牛黑白二種

塞上花雖少而不知名尚多即眼前易識者識之奉使記入祁連山紅白芍藥杏樹萱花萼榮山名勿謂燕支山今無顏色也已見果屬者不録

雁来紅　五色雲

雁来紅一名老少年五色雲惟此間有之名亦極雅其種与雁来紅相似葉備五色望之如碎錦皆草属也雁来紅

入花已久并附諸末

木屬

松

柏

榆尔雅疏皮色白者為杉

椿

黑者為桧否則為槐杉令有紅白二種

樺

車板又可為椎木宜陽北山多有之

樗俗名臭椿

桑尔雅有女桑棧桑又桑辦有椹為梔

棘有牛棘馬棘

楊

杉尔雅披黏注黏小松可以為船及棺材作桂埋之不腐疏俗作

柳

花椒尔雅擻大椒粹苗香之類

槐尔雅櫰槐大葉而黑疏桔槐一也大葉而

揪尔雅搐山榎注令之山揪疏材理好宜為

餘見果屬不知名者不載

草屬

龍鬚尔雅蘑鼠莞注六莞屬纖杪龍鬚可以為席

馬蘭一作馬蔺城南有馬蔺灘俗呼馬蓮

蘆葦爾雅

葦醜芀疏葦即蘆之成者又葭蘆注葦也

蒿 蘩皤蒿注白蒿也蕭萩注即蒿也又蘩之醜秋為蒿注醜類也春時各有種名至秋老成結子則通呼為蒿今此間有三月茵陳四月蒿之說即白蒿也一名荍蒿別有臭蒿

蒲 莞苻

莎 薃侯莎疏薃即莎別名又臺夫須詩南山有臺陸璣云舊說夫汲莎草也

蓬 齧雕蓬薦黍蓬注別種蓬類也此間所出似名莎蓬

首蓿 蓷黃華疏牛芸草也似首蓿述異記首蓿本胡中菜名張騫使西域淂之今洛中有首蓿園苗嫩時可食後即以伺馬与廣文盤中異

莠 根童梁注根莠類詩浸彼苞根陸璣云禾秀為穗而不成今人謂之蓿田翁椒莠亦有穗而小如狗尾草詩不根不莠皆為穀之害

鬼蘮 蘮音計土人讀為筩蘮蒘竊衣注似芹可食子大如兩々相合有毛著人衣相含不去疏似名鬼麥

羊桃 長楚銚弋注今羊桃也或曰鬼桃葉似桃而花白實亦似栀子如麥有絮兇出

蒺藜 布地蔓生細葉子有三角刺人詩楚楚者茨疏一名蒺藜

艾

茅

蒼耳

塞草極多此名之見諸古者

燕支　藍　菸

燕支草似老少年而非莖葉俱赤爾雅蒢虎杖注似紅草而麤可以染赤縧即此種本草陶注狀如大馬蓼莖斑而葉圓是也藍草漚成者為靛爾雅疏作澱見蔬屬擘藍下菸種本出胡地明末始入中國蓋此間夙產也有淡巴菰等名（淡巴國名菰草名）種亦不一

掃帚草

即爾雅箭王蔧是注王帚也似藜其樹可以為掃蔧江東人呼之為落帚疏藜之科大為樹可以作掃蔧農政全書

有種生掃帚一科可作一帚謂之獨掃即此

芨芨草見府志

土人呼近及雞即漢書息雞草也一叢樹数百莖莖長数尺以之縛帚極佳爾雅荓馬帚注似蓍可以為掃篲夏小正七月秀荓傳曰馬帚也班孟堅謂馬食一本即飽五代史亦同然馬殊不食見紀文達公詩將漢書之說因馬帚之名而附會之其實馬不食馬帚与羊不食羊桃同問諸牧者又有作蓆箕者見詩詞部又述異記蓆萁一名塞路生北方胡地古詩云千里蓆萁草箕字萁字將皆萁字之訛

小人草

見奉使日記徧野有花如牛頼子菆生莖開蕋紅花白微香根臭名曰小人草又紅花盈疇遠望如錦茵近視之一莖四朶形若蘿蔔花而十二瓣未言何名又宋景濂集云塞上有蚊母草草茂則蚊出亦未詳其何種

藥屬

知母尒雅薚沈藩注生山上葉如韭一曰蝭母疏藥草知母也一名薚又名沈藩

益母草萑蓷注今茺蔚也詩中谷有蓷注蓷益母草

甘草蘦大苦注甘草也蔓延生也葉似荷青黃莖赤有節々与枝相當說与今草異當別為一種

遠志葽繞棘菀注今遠志也

蒼朮

白朮朮山薊注本草朮亦名山薊

枸杞

枸杞梴注今枸杞也靈壽志枸杞二木名棘如枸之刺莖如杞之條故兼二名草本者不可用

蛇牀子盱虺牀注蛇牀也一名馬牀

車前子芣苢馬舄馬舄車前注今車前大葉長穗穗好生道邊詩采ミ芣苢以治婦人産難

瓜蔞果蠃之實括樓注齊人呼之為天瓜京師製瓜蔞粉婦女於冬夜塗面至春白如玉

澤瀉蕍蕮注今澤瀉

兔絲子唐蒙女蘿兔絲

當歸薜山蘄注廣雅曰山蘄當歸今似蘄而粗大

管仲濼貫衆

葶藶子蕇亭歷

五味子菋荎藸注五味也蔓生子叢在莖頭

款冬花菟奚顆凍注款冬也

門冬蘠蘼虋冬注门冬一名滿冬

以上俱爾見爾雅

黃芪　苦參　沙參　黃芩　麻黃　○柴胡　防風　荊芥

細辛　桔梗　葳靈仙　紫蘇　薄荷　天仙子　王不留

蒲公英　金櫻子　茵陳　夏枯草　草烏　地骨皮　地
榆　秦艽　苦丁香　牛旁子　大戟　土龍骨　三棱
芎藭　地黄　石膏　豬苓　馬兜鈴　黄精
以上俱本草有名者已見别屬不載識未確不載
大黄
此間水土於大黄最宜兒童過藥肆輒買食之如食檳榔
者醫家亦喜用此藥客居宜慎

鳥屬

雞　鵞　鴨（尔雅舒鳬鶩注鴨也）雉（尔雅别其名今曰野雞仍漢避呂后諱也）鴿　燕　鵲

雀　鶯鵝　烏　鴉奉使記謂山出雅烏鵖烏按尔雅純黑反哺謂之慈烏小而腹下白不返哺者謂之雅烏純黑而皎好嘴若丹沙曰雛烏又青冢○○○亼柳樹上有烏鴉較中國都大而聲啞物之不齊如此而況於人乎

雁　鳩　鷹　雕俗有大青山蒼雕語鵰尔雅鶚負雀注鶚也善提雀故名　鵪鶉

畫眉　啄木尔雅斲木鴷　石雞　半翅　布穀尔雅鳲鳩鵠鵴注即今之布穀也

鴟土人呼為餓老鴟尔雅鵅鵋鵂老注俗呼為瘊即此又鴟梟怪鴟皆悪聲鳥也　紅藍點頦二種以色分有音無字將當作此

虎叭喇俗名武云即伯勞也

塞上醜類亦與中土同其未見闕之

百靈

一作白翎札木言於汪罕曰我與君是白翎雀他人是鴻

雁耳言鴻雁或往南方就暖白翎雀則不離北方也曰百靈即百舌之義

沙雞

此间以冬月沙雞多寡卜来歲曰禾豐歉俗諺曰沙雞多賣老婆數年来亦不甚驗

獸屬

牛　驢　驘　羊　豕尔雅豕子豬今通言之　貓　鼠尔雅凡十三種茲識其生屋中者　猴　虎　狼　麞　兎　貛尔雅狼牡貛牝今别為一種　黃羊

犬馬駝鹿而外習見者僅此數種

犬

尒雅然虎醜其子狗然狗与犬不同分其来已久兹仍以一類識之此间畜犬者極多亦極大蒙古语謂之腦亥山後貿易各商所蓄以看帳房者每家以千百計秋冬間回城猜〻徹夜故歸化俗有狗鎮城之説

馬

明開馬市聚訟盈廷令則中外一家無分畛域矣惟古人貴壯馬令則喜用騸馬五代更作扇郭崇韜深嫉宦官謂魏王繼岌曰王登極後當盡去閹宦至於扇馬亦不可用

周南平王則云良馬不可遇但要坐下穩惟扇庶幾語見
北梦瑣言亦作騍見周官注又尔雅注言野馬出塞上今
未之見

槖駞

塞上運載莫便於駝一駝負米一石五斗飲水不多食草
不擇其恤駞之法莫詳於張運青鵬翮奉使日记軟以護其
峯扁鞍以其背慎牽以護其鼻山路施皮鞋以護其足扶
駝具以防其傾側放牧無睡以防其攘竊驚逸必先得牧
人之力而後駞馬不苦於水旱收康熙中漢者之役西路

惟歸化城兵不恤駝馬以致中途倭匿駝之關係重矣俗名曰駱駝府志云

附奉使日記原文

沙漠裹糧而行多則難致少則不足李陵以糧盡而北破匈奴馬死而殁五難之説嚴尤論之詳矣近代如永樂親征初至斡離河乏食再次清水源糧餉不繼班師夫大荒之外觸目凄凉迨糧不繼而後請於中朝轉糧至時飢者已不及待矣法莫善於豫備隨時而劑量其間常則計口授食每口日一升月則三斗足一駞之負或曰一人之食

而需一駝十人則将需十駝矣曰然帳房器具不与馬一
駞遠行僅負重一百有五十斤多則力乏乏則伏地哀鳴
任千鞭萬箠不起矣然出塞莫良於駞多多益善駝能三
五日不飲水食不擇蒿艾枝葉銜尾而行一人可牽三駝
如更多中与後須兩騎從旁照管恐馱子側偏即時控正
若　則驚走雖馳馬不能追千軍輻輳哭而至能驚馬一
馬驚致羣馬皆驚百步之外望見亟下馬執其銜而避之
墜馬之禍庶乎免矣相駝之法峰豎則行速而鼻完者佳
令一人牽而疾走或止或伏悉由人指使則可用矣屜須

軟毡護其肉峰覆以草屜然後加鞍草屜稻草雖軟而不滲而不如粟草去硬節者佳鞍用扁棍者佳軍中見曾員外家駿駝鞍扁棍為之節頭裹鐵最堅固而不撻駝背老於行軍者矣可以為式若市上板鞍最惡不可用餵駝之法涼五日一飲水熱二日一飲水若行路須食草足然後飲之畢少飼以鹽牽則護其鼻恐擁擠壞其鼻則駝之精力減也始加絆縛其足羣繫帳旁不時起視恐繩脫逸失山路畧備皮鞋以防撐掌至於護膝則無用塞外牧駝之人切不可睡之則駝走不知去向且恐有賊竊取凡為主

者皆知此以飭其牧人而牧人則繫其駝而寢其旁迨覺則牽駝歸營家食詡詡然自以為功不知數日之間而駝且斃矣主人尚茫然不解其何故而牧人則又有詞矣牧馬之弊亦然致遠英良於馬軍行更壯威武孔子曰驥不稱其力稱其德也姚宋廊廟須其德李郭治兵並籍其力力不足則竭矣竭則死矣遠行一日需三馬日一輪厚屉護其脊安加鞍審視汗漬土塊恐傷其背背傷則成瘡而馬瘠矣按轡徐行可以終日鞭策飛馳不可以十里常見軍中馬斃多由跑傷与駕車耳究之馬斃而車勞為勞薪

人且徒行暴日蒸其上大沙擁其下始悔前日跑馬之非已無及矣諺曰馬肥需夜草塞上牧馬荒郊牧人㝡苦深夜風雨露冷目不交睫一交睫而馬即逸矣若值雷電雨雹多致驚走牧視更難然馬亦通人性与牧人相慣習問其呼聲即馴服二三人能圈百十馬在一處塞外多乏水草馬一日不得水則渴或掘十數坎以盈水或走二三十里以求井在牧人之勤勞耳不得而強也然拊循之有術亦能得牧人之力而馬不苦於水草

鹿

角初生長二三寸分歧如鞍紅如瑪瑙破之如朽木者謂之茸獵人縶取之然後斃鹿血未散也或曰太嫩者血氣未足用之無力此間鬻者皆長數尺沈存中筆談云凡含血之物血易長筋次之骨最難長麋鹿角無兩月長至二十餘斤角骨屬凡骨之長無速於此草木亦不能及頭為諸陽之會鍾於茸角豈与凡血比哉惟麋鹿茸角未易分别麋補陰鹿補陽麋居澤鹿居山此間山中所獲乃真鹿茸朱氏注孟子麋鹿後多辨其誤。夜談隨録言塞外有獸似鹿而大名曰堪達尔汗蒙古語終即犴前昂後低多力毛粗而長為裘暖角扁而厚為決堅人以其皮可裘而角可決也騾馬彎弓逐而藏之獲厚利其唇方大而厚多膏味極美八玢中有猩唇即此（按猩唇即能言之猩猩此說恐誤）以角試水有毒則角綠色又有掃雪大於貉毧白毫長光避之人以其似貉也亦製為冠服○茶餘客話謂狐之族七蒙古產者二毛黃而長曰草狐短而黇曰沙狐俄羅斯產者五毧黑而毫白曰元狐其次身黵而膁黑曰猧刅刀（或曰倭刀）又其次身黲而肶青曰火狐外此有白狐灰狐二種又有猞猁猻二種大者曰馬猞猁小者曰羊猞猁比貉暖過之輕不及比

老羊裘輕過之暖不及〔凡貿易蒙古部落風雪夜行衣裘之暖以老羊皮為第一〕數種俱不常見附識於此

魚屬

鯉 鯽 鮎〔尔雅注別名鯷〕 鰌〔尔雅疏今泥鰌也穴於泥中故名音秋〕 科斗〔尔雅科斗活東注蝦蟆子〕 蝦〔纖細不可食〕

薩拉齊托克托城等處濱河者始有之鯉肥而美味不減於石華春夏間不易得也

蟲屬

蜂〔尔雅有土蜂木蜂二種注土蜂一名馬蜂其采蜜者別為蜜蜂今土蜂与馬蜂又異〕 蝶 蟋蟀〔尔雅注今〕

足織也阜螽草蟲尔雅疏阜螽之族厥類甚繁有以異名者有以股名者即今螞蚱之類兒童喜籠養

之与蝗異蚊蝇細腰蜂見尔雅果蠃蒲盧注蚓尔雅注即蛩蟺也俗呼為曲蟺壁虎

蜻蜓尔雅虰蛵蝸牛背負殼如螺尔雅蚹蠃螔蝓即蝸牛也蛇蚰蜒尔雅螾衘入耳注即蚰蜒

蜘蛛尔雅鼅鼄有土草二種蟢子尔雅蠨蛸長踦注俗呼為蟢子蟻尔雅蚍蜉亦螘注俗呼為馬蚍蜉小

比蟻蚕蠋大如指似蠶韓子內儲曰蟺似蛇蠶似蠋人見蛇則驚駭見蠋則毛起趣而婦人拾蠶漁者握蟺利

之所在忘其所惡蜣蜋臭版蟲尔雅蜚蠦蜰注即負盤臭蟲疏引洪範五行傳云蜚負礬也狀之物

為蟲臭惡淫氣之所生似即今之臭版蟲性左傳有蜚不為災亦不書則似謂今之有翼而尾味亦臭惡者矣又壁蠶亦

名臭蟲昔鮮于叔明所嗜食者未知其何種也

餘不勝紀大約与關內外同惟自雁門以北無蠍子耳或

戲自閩南携出亦不螫人枳橘之化地氣使然信夫尔雅蝎蛣䗐注木中蠹蟲又蝤蠐蝎俱与此異

巧媳婦

此名未見諸書他處亦從無言之者歸化城婦女每日落即不同砧杵聲有犯者隣里輒戒之曰恐驚出巧媳婦来有見者云長三寸許首翹黑髻作婦人形徧跁皮肉赤色無毛兩手有小肉推如持杵狀叩物有聲如搗衣服其家出此輒不吉亦異聞也按水族有懶婦魚草中有懶婦蔵獸有懶婦畏見機杼織紝之器又濟南人呼蟋蟀為懶婦

見古今注皆与此相似而名則相反惟尒雅釋鳥桃蟲注
俗呼為巧婦与此更異

食属

油　酒　烟　醬

油有脂麻胡麻之分酒有燒酒黃酒之異前取菸草葉製
烟所行已廣近則弛種罌之禁種類亦益加繁矣烟与油酒
自乾隆中年始与皮張同稅（詳稅課門）黃酒謂之代酒醬曰口
醬

黃油　乳皮　乳餅　酪　酪乾

數種山前所製較山後潔淨此間餅餌多用乳酪余初以為蒙古習俗使然頃讀撫言謂韋澳孫宏同在翰林上賜銀餅餡食之甚美皆乳酪膏腴所製則尒時已有此風

磚茶

此間收買烹過茶葉加色香味重製成餅其形如磚磚以鬻諸蒙古部落餘如武彝等茶俱自南來非土產也咸豐九十兩年採辦貼補俄羅斯茶三千箱購運俱極費力

稍賣

呼名近此二字以粉麪和麥麪為皮以生牛羊肉碎切和

葱韮椒料為餡与製餛飩法畧同而收口鬆散可蒸食不可煮食别處俱有惟此间極多且得名耳大小街巷俱有茶館一二所稍賣點心卯辰間坐客常滿巳午則閴然矣

貨屬

煤 炭 木炭

歸化城煤炭價貴東距城二百里方有之西則自薩拉齊來亦祇有煤耳炭則自黄河西来近和林格爾有試開煤窨者未審能成功否也陸清獻靈壽志引唐縣志曰山民焦額爆背墮指裂裂靈霄陟危崖蹈厓穴用三日之力僅

得炭數斤亦難矣哉吾鄉西山一帶亦多炭窑其由窑孔內負炭而出者俗呼爲窑黑子望之幾無人狀諸書言煤炭者但喜其利益之溥而未悉其開採之難也因附識之煤炭所出亦地不愛寶之一端其利與開礦同咸豐七年有奏稱此間刺麻洞黃草崖及清水河一帶山中礦苗出現者經綏遠城將軍及歸綏觀察委員逐處查勘爐民出具並無礦苗甘結始行停止豈塞上土風樸野山川仍自安未雕未鑿之天耶抑顯晦有時不可得而強耶因識煤炭之畧而憶及之其效或見諸異日

附煤字考

日知録云今人謂石炭爲墨按水經注冰井臺井深十五丈藏冰及石墨爲石墨可書又然之難盡亦謂之石炭是知石炭石墨一物也有精粗尔史記外戚世家竇少君爲其主入山作炭後漢書黨錮傳夏馥入林慮山中親突烟炭皆此物也北人反入聲字皆轉爲平故呼墨爲墨而俗竟作煤字非也玉篇煤炱煤也韻會煤炱炭又集屋者呂氏春秋煤炱入甑中高誘注曰煤炱烟塵之煤也素問黑如炲者死注炲謂煤炲也唐張祜詩古牆丹雘盡深棟墨煤生李商隱詩前朝神廟鎖烟煤温煤庭筠詩

烟煤朝莫霿風雨夜歸時是煤乃梁上烟煤之名非石炭也崔銑彰德志作炲（志曰炭有數品其堅者謂之石軟者謂之煤）按玉篇廣韻無炲字此考覈為詳確然古人於同音之字借用者頗多況此間煤炭本有區別塊大而堅者為炭細碎如沙者為煤煤与烟煤相似借用亦無不可如必欲書作墨字不惟市井作異恐讀書人亦驟難得解耳

鹻

皮硝

兩種俱起地之鹵土熬成者与煮塩畧同

紙

近城惟製麻紙草紙

羊皮　皮帽　皮鞾　皮箱　皮繩　各色皮張

數種因近外藩故作房極多其實非盡土產也餘不悉識

帳房

有毡布兩種其圖者名蒙古包其交木而支者曰帳房唐吐番傳貴人處大氊帳名曰拂廬宋刁約使契丹詩餞行三匹製交閣皆帳房之類交閣名極雅○奉使日記塞外以蒙古毡帳為佳風不能動日不能透寒不能入獨是架子氊圍太重非駱駝不能攜向使用人（又有）字帳房表裏用青

藍細布小而峇另撑涼棚可以乘涼（可以會友）蒙古帳房遇雨、另發布棚其上以遮之、人字帳房、遇風、用繩束之、貫頂杆兩頭鐵、而繫之於樁、帳杆交頭鐵色須深、方有力、帳內用折疊小牀行則折置箱內重不過二十斤住則照式安設鋪以鹿皮或麂皮海龍皮更佳褥與被俱以皮為之或貂或猻羊桯便塞外風悪侵擾輙病宜暖不宜涼也

毛毯

元時有疊州毛子局秩正七品大使副使各一員典史司吏各一人管領疊州捏只局頭目一員掌造織花毯至元

十七年置壹州雜造局秩正六品達魯花赤大使副使各一員是尔時織造且不止花毯矣今無織花毯者惟牛毯極粗以之縫袋盛菽麥用

氊

有羊毛牛毛駝毛數種其粗者曰達氊以繩縫作花紋厚寸許者曰駞駝屉可以護駝脊也土人亦鋪用之

歸綏識畧卷二十五

崞縣張 曾小袁初輯

物部

稅課

煤炭窑稅乾隆三十三年由将軍富梁等奏定大青山哈莫尔阿利莫圖清水河喀喇烏克尔圖等四處煤炭窑口每年派土默特叅領一員総管每處派佐領驍騎校前鋒校等各一員駐札收稅額稅二千餘千內除三成作官兵盤費七成交庫收存此外如另有呈請開挖之處據呈委員驗明有

無妨礙立限發給印票准其開挖俟果有煤炭再行發結印票准其出賣飭令附近管窑口各官照常收稅如開挖之後竟無煤炭准其將票交回委員封閉窑口

牲畜稅初有土默特人員記檔之例專為稽查盜賣馬匹而設每價銀一兩抽製錢八文所收記檔錢文交供土默特旗庫以資公費按年造報理藩院核鑽銷乾隆二十六年因內地商賈將茶布等項販運出口換回駝馬牛羊四項牲畜例應進口納稅恐其到歸化城記檔後輒從小徑販往他省易致偷漏即准殺虎口監督期滿額奏將土默特派員抽收記

擋錢文作為正額統歸殺虎口兼收其土默特歲給公費即監督給發足用報部查銷三十一年十月准副都統福條奏蒙古名札薩克趕牲畜來城殺虎口差人記擋收稅伊等不同言語只登記牲畜錢文数目並未及其姓名旗分佐領遇有賊盜事件無從稽查因派理藩院章京一員駐歸化城管理牲畜記擋稅務並將歸化城烟油酒皮張莊地稅亦令新派章京專管此歸化城抽收牲畜稅之始也

烟油酒雜貨稅起於乾隆二十六年前此並無歸化城收稅之例嗣因殺虎口監督期成額奏稱蒙古地方現種烟菓雜

糧製造油酒烟等項在歸化城一帶售賣漸成行市即爲口外土產應行起課經户部議覆将此烟油酒三項准与皮張雜貨均附於落地不税按則抽納乾隆二十七年監督滿斗到任因歸化城烟油酒三項并皮張雜貨落地等税抽收伊始尚未立定章程因酌量口外情形請将從口内販来茶布雜貨等項由殺虎口納過税銀運至歸化城進栅入鋪零星貨賣者免其重複徵收惟由歸化城打成馳馱轉往各省及後山蒙古地方販賣出栅之貨按則抽收經户部據此照發三十三年新設監督法福禮到任管理牲畜税務並管雜税

（十）

因歸化城與殺虎口既分兩關欲將殺虎口納稅貨物到城入柵時重複徵收經巡撫彰寶奏稱設關輸稅原因商賈雲集諸貨流通以物價之低昂定稅則之輕重必須權衡至當庶能裕課便民以垂久遠如殺虎口為內地邊城重匯自南出口自北進口一切貨物俱有應徵稅課至歸化城地方向止抽納牲畜記擋錢近年增設油酒烟及皮張等項均指口外土產而言收附於蒙地木稅並徵其內地各色貨物已從殺虎口納稅在歸化城入鋪零星貨賣者例不重徵所以通商賈而惠市廛義本明晰其所設四處柵關南柵係殺虎口

孔道北柵通山後部落喀尔喀名札薩克等處東柵通察哈尔蒙古八旗西柵通烏拉特鄂尔多斯地方是以歸化城貨物有販往他處售賣者應於出柵時徵收因其車載馱運遠處流通則不論土產及外來貨物又當按則輸稅應請嗣後歸化城烟油酒皮張等項及關東等處發来商貨從草地行走未經殺虎口徵稅者俱為口外土產應令歸化城按則抽稅其內地一切雜貨販運出口經由殺虎口納過稅銀到歸化城入鋪零星販賣者仍不再徵若貨物運往歸化城以後商販車載馱運又販往他處售賣則無論土產與外來貨物

均於出柵時徵收則於殺虎口原定成規既屬相符內地貨物可免重徵之累口外土產亦無漏徵之虞再查則例內價賤之貨以每疋每條每斤每件成馱成簍成擔成箱起稅價貴之貨以每疋每條每斤每件起稅自數錢數分數釐不等其銀數在五分以上者雖物僅一件重止一斤亦當輸稅若每項銀數不過分釐者似應於則例內積算成總至五分以上之數定則抽納庶鄉民零星日用等物不至紛擾如一二疋布三兩包烟胥役人等無從借端需索矣至殺虎口與歸化城兩處監督所徵稅課有無短少浮多應令按月造報巡

按查核其管柵家人書役或仍藉端需索及口外商民包攬偷漏不遵則例輸納等弊俱責成巡按互相稽查察查拏懲治以肅關政仰懇

敕部議覆并將則例逐一釐定須發刊布俾各通曉遵循以

垂法守等因奉

硃批該部議奏欽此嗣蒙户部核覆所奏與節次議准例案均屬相符即行令該處稅員分别遵照仍將徵收則例刊刻不榜豎立稅局并各柵口俾商民通曉道行惟查各關則例凡商販貨物抽收稅課應統計各項銀數彙總核算積少成

多若如所奏請將各項應徵稅銀積算至五分以上始行輸
納其五分以下概免抽收既與原定稅則多有紛更且恐奸
商地棍串同家人書役從中舞弊將例應積算至五分以上
貨物分作散數希圖偷漏侵蝕致於稅課有礙應仍循照舊
例辦理但其中有實係民間零星日用物件如布匹一二疋
烟匹兩三包原不在一概抽收之列應令該監督嚴察家人
胥吏毋得端需索致滋苛擾其按月知會巡撫之處係為慎
重榷政起見亦應准行奉
旨依議欽此

鐵器稅亦起於乾隆二十六年户部議准殺虎口監督期成額奏稱鐵器一條到口收課把守員弁人等以久干禁例不准出口查樞政考內稱沿邊守口遇有廢鐵之料潛出邊境售賣者立即拏究其鐵鍋農器准其前往烏喇等處貿易等語又閱稅全書內鐵杓鋤犁等項俱逕列有科則是有関於農器日用之物並未禁不出口惟廢鐵之料等物有礙打造軍器始行嚴禁該監督於商販到口時應詳細查明除廢鐵之料仍行禁止外如祇係農器及民間日用器　即行按則收稅將名色件數注於票內令該商持票赴口驗明放出到城

後如有販往他處售賣者亦於出柵時按則收稅与油酒烟
雜稅同
油酒二項除按鋪徵收錁銀分别上中户五兩及二兩五錢
外無論就地貨賣及販運他處俱照殺虎口例按馱徵收其
撒不及馱者亦照該口則例燒酒胡麻油每馱收稅八分脂
麻油每馱收稅一錢二分每驢一頭可載油酒一百二十斤
之撒酌斤折收此歸化城抽收油烟酒雜貨稅之章程也
歸化城稅課正額銀一萬五千兩錢九千串盈餘銀一千五
百四十八兩七錢九分錢一百三十七千六百一十文其油

酒課銀每年按照增除征解無庸定額并將經費各冊送部查核實存銀兩解部查收此例定於乾隆三十五年前此三十四年户部議准歸化城税務改歸山西巡撫兼管選派道府賢員按年更替本年即奏委河東道桂林監收自四月十三日起至次年四月十二日止一年期内共收過雜税銀一萬六千五百四十八兩七錢九分牲畜税錢九千一百三十七千六百一十文油酒鋪面課銀一百七十七兩五錢經巡撫鄂奏明户部議准分别正額盈餘於雜税項下支給書役飯食心紅紙張房租等項銀一千二百四十六兩五錢牲畜

税錢項下支給飯食房租錢一百九十二千八百文餘賸錢八千九百四十四千八百一十文易銀解部三十五年奏委歸綏道富躬監收三十六年奏委雁平道錦格監收三十七年仍奏委歸綏道富躬監收三十八年三月署理山西巡撫印務陝西巡撫覺羅巴延三奏稱竊照歸化城稅務經前撫臣鄂寶奏准派委道府監收一年期滿另行更換茲查歸綏道富躬經調任撫臣三寶奏明於乾隆三十七年三月十三日接管起扣至本年三月十二日一年期滿除該道收過稅銀數目俟扣滿日期核明實數另行奏報外所有更換之員

例應先期奏派臣於各道員中悉心籌派冀甯道駐劄省城
距歸化城一千二百里該道管理通省郵政兼轄太原等七
府州事務綦繁礙難派往雁平道駐劄代州距該城八百餘
里河東道駐劄蒲州更二千餘里均有府屬審轉核轉及巡
歷秋審等事若將本任事務經年委員代辦亦非政體其餘
各該知府更有專管地方一切刑錢案件承上接下之責並
無就近可派之員惟歸綏道即駐該處經理較便該道富躬
兩經派管稅務於一切稽察事宜較為熟諳應請管一年臣
仍不時留心訪察不敢稍懈致滋弊竇抑臣更有請者歸化

城稅務既有歸綏道駐劄該處自應即令該道就近徵收祇
因立法之初試收未定恐一人常川經管或致日久生弊是
以議於道府內揀員派往逐年更換令經節年比較正餘各
款業有章程且該處貿易蒙古居多非漢員可能經理所有
歷年奏派俱係旗員而知府從未派委名為按年更換實不
過各道中一二旗員遞相輸替設遇冀寧等三道俱係漢員
更難遴換惟歸綏道係屬滿缺又即駐劄該處耳目易周呼
應亦靈稽查更為切實臣愚以為該道如果徵收無弊似應
循照揚關等處道員監督例即令該道常川經管按年該實

奏報毋庸逓年更換倘有徵多報少或辦理不善致啓家人
胥役中飽等弊一經察出即隨時據實奏叅亦無待扣滿一年
始行查辦所有按年更換之例應請停止等因蒙戶部議覆
經理稅務惟在該管官員實力稽征妥協辦理不使少有滋
弊原所以嚴考核而慎榷務令歸化城稅務既據該撫奏請
令該道接管正宜嚴飭實力經徵按年據實奏報仍不時查
察如果該道徵收有法於一切稽察事宜俱能實心經理則
報滿時自可仍行奏請接管倘有辦理未能盡善或將來更
易新任之員於稅務未能諳練即當選派賢員管理以昭慎

重不必定為歸綏道應管之例似於榷務更為有益奉
旨依議欽此〻歸化城稅務酌定正餘額撥及歸綏道連年
接管之緣由也
歸化城徵收落地雜稅設有總局一所東西南北柵閘四處徵
收牲畜稅設有歸化城綏遠城西包頭薩拉齊托克托城和
林格爾崑都崙八十家子等八處舊統計總局暨大小稅口
共十三處乾隆四十年經巡撫巴奏請於和林格爾東白塔
兒兩處稽察漏稅如有奸商繞道漏越立即拏送道署照漏稅
例懲辦綏遠城添開麵鋪亦照歸化城例按則輸稅咸豐四

年七月經巡撫恒春奏稱歸化城口岸西包頭鎮薩拉齊托克托城三處皆濱臨黃河商民販運雜貨由河路行走程途較近且和林格尔亦有歧路可通各處商販每多不赴歸化城納税分撥即由四外繞越偷漏若不設法變通不特稽查難周且税課有虧所関匪細查西包頭鎮等三處均設有歸化關牲畜税廳一切雜貨既圖捷近行走若仍令赶道由歸化城完税後再行分撥各處銷售未免行旅跋涉似非體恤商人之道應请嗣後沿口內販來一切雜貨並沿口外販入土產等貨即就近在西包頭等交税廳照例輸納並即設立

蒙印稅票有運赴歸化城售賣者入柵時驗明放行毋許再征等因蒙部議准行六年鍾道任內經巡撫王委員擬定章程十二條如西包頭鎮應設立稅廳一所以收該鎮稅務又寧夏貨物西包鎮收稅已久仍照舊辦理無庸另議更張又各項南貨由殺虎口河保營並繞越歧路而來者到西包頭鎮按則納稅其在本鎮零星買賣及載往他處售賣者無論多寡均免重納又南貨及關東京貨已在歸化城納稅有蒙印稅票者到鎮驗明放入於出鎮時無論商民多寡概免輸納又口外土產及後山各部落所出一切貨物無論鄉民及

客商交易收買而来々入鎮免其納稅其在本鎮售賣者六免惟再由本鎮運往他處捆載成馱成車成擔出鎮時均按則徵稅倘丞歸化城售賣或由城經過俱驗明印票放行毋許再征如運至歸化後又復販往他處仍照舊章辦理又鄉民在包鎮買回日用土產各物出鎮時按樣計稅不過五分者免其輸稅再有多餘按則收納又商人赴後山各部落收帳並外藩牧放牲畜種他人民程途較遠及山路上無買食麵油烟酒々處應准酌帶以示體恤但須予以限制方免混如麵止二百斤油酒各止五十斤烟止二十斤概行免稅

再多仍按則收納又南貨由河保營而來有托克托城薩拉
齊兩處歧路可以繞越歸化城西包頭鎮即分往各處售賣
應於托薩兩處向有之牲畜稅廳派役稽查以免偷漏如情
願就近輸稅准其在各該處按則交納以免跋涉之苦又從
套河西暨薩屬各村鎮裝載船筏土產各貨及由托城下河
水運前項貨物內有並不經由包薩而必須經過托城之河
口者自應准其即在托城舊設畜稅廳納稅如在包薩上游
裝載貨物情願就近在包薩完稅者亦聽從商便又薩屬包
鎮各鄉村所產菸葉除在本村鎮零星售賣免其納稅外如

商人收買成獸或做成烟色發往他處者照則准其在邑薩
各處納稅蓋印放行到歸化城免其重納又邑鎮土產微物如
辰貂綠箕帚雞子麵筋莜蕎麵盔巨羅蔥蒜布鞋韈補襯布
梳子兔皮騾皮汲水柳斗鑲鐵木斗升出入概免納稅如查
獲偷漏之人稟官照例究治其管稅家丁書役不准擅自擇
如違准被害人呈告以上各條俱奉批諸（准）行刊刻木榜曉示
此歸化等處稅口歷次添設之始末也
客商匿稅不納課程者笞五十貨物一半入官客商舡船到
岸即將貨物盡實報官抽分若停塌沿港土商牙儈之家不

十九

報者杖一百雖供報而不盡實罪亦如之貨物並入官停藏之人同罪凡周歲額辦茶鹽商稅諸色課程年終不納齊足者計不足之數以十分為率一分笞四十每分加一等追課納官此歸化関監督歷来遵行之條例也

鄭植昌 修 鄭裕孚 纂

歸綏縣志

民國鉛印本

歸綏縣志

蒲圻張國淦

歸綏縣志

吳興錢玄同題

民國二十三年北平文嵐簃印

北江先生評鄭總纂序文

於古今方志之書無不綜覽而復加以概括尋流而得本觀指而知歸嶄然為斯學之權輿不獨志之為一縣役也其行文尤嚴峻有法足以傳世而行遠

弟吳闓生拜讀并志

友漁仁兄先生道座：

承示奉悉。

大著佛海志實為方乘名著，篇首

一序考據精詳，尤為殫見洽聞，

不朽之作。屢辱

明問，愧無以相益，耑復即頌

著祉

弟吳開先上

反漁先生執事承
示大著餘姚縣志並序
虛心下問拜讀一過既佩且慙 弟於方
志之學夙所未諳嘗有一得之愚已為
襄流之助惟平昔竊服膺章實齋先生
之文史通義知古人之於史事至為纖悉
周官有五訓誦訓小史外史諸職掌方志
地圖以備國史之取裁要删故方志者實
國史之基礎也既為國史之基礎自應於

山川風俗物產人倫采摭綦詳始為良志此本撰方志之唯一要義前人除章氏外知之者甚尠故舊時方志於國史多無甚裨益今者社會之組織之情狀大異於疇昔史料蒐集之重要百倍於曩時

大著采摭富贍體例謹嚴文辭尒雅允為徵文攷獻者之良好資料佩甚佩甚手頌撰安不備

弟錢玄同頓首

廿四年五月廿五日

序

鄭明府少漁宰歸綏之三年其尊人友漁先生奉
簡命典試綏遠試竣來故都約吾門東莞張次溪
為寧武南君佩蘭刊行儀徵劉申叔遺書而友漁
實綜編校之役一日手一帙語次溪云此歸綏縣
志略說歸綏宜有志而嚮無也志雖草創凡城市
郊壄道里山川溝防構築庫錢倉粟以及講藝之
堂棲軍之舍更張沿襲之略禮樂節文之詳舉一
切損益廢置胥萃焉始余子為此意在委曲纖悉
蚤夜不少懈余獨以謂宜遵簡易第恐先後終始

之要仍渺弗易得也況歸綏古實遐徼其東阨塞地利以與中原角逐者奚啻一族一代藩輔既久修祭祀奉貢職涵煦累千百秋以至今日其可以無志耶余幼既權酤綏遠中復一視子疾迄今歲癸酉典試計恰三度莅止人事倉卒忽忽已三十年今雖人地遠違而水土所殖物類所珍猶歷歷如在吾目是果緣或使然蟣惜乎歸綏宜有志而嚮無也今志粗具矣又不可無弁言以冠其首予盍為吾謀焉次溪曰諾越日次溪攜志略來乞序余取而讀之立綱陳紀輕重同得殆有如昌黎所

謂莫不忖度而後從事者雖然微友漁則綏志不成微明府作宰彼邦則綏志仍無以成日中必熭操刀必割乘今之時因人之助友漁蓋嘗以是勗其子者值此譸張為幻乃謗既誕之世語及檮杌直同跖蹻藉非友漁賢父子於政理清明之暇從容討論復得邦人君子相與網羅放失彙成巨觀詎能品節詳明炳蔚如此名山一卷執簡御繁功詎在康崑崙下耶彼迂遠者烏足語此信乎名譽之美足垂無窮已少漁名植昌籍桂林其為政保惠庶民能以循吏自勉友漁更恣意所存斐然有

其述作至於所善又寑寑乎使古人無以遠邁根垓既深每有觸發遂不自覺其取於心注於手而汩汩然來也往讀其淡志室集已為之擊節者再懷文抱質來者難誣次溪得是而師友焉亦云幸矣閲志略竟樂為之紀其詳豈獨以慰歸綏人士之思將使後之尹是邦者得觀覽焉序成還以質諸友漁喬梓甲戌十月下浣桐城吴闓生

拙稿奉呈

友漁先生教正

歸綏爲綏遠附郭首邑向無縣志余子植昌爲令是邦嘗欲創修而未果民國二十二年五月裕孚奉

簡命典試綏遠諸士紳因植昌以纂述相屬試竣返北平卽以訪稿見寄旣辭不獲乃就所灼知副實者立目若干條各以其類系屬聞見所及時有增益歷時數月粗具簡編大抵亦沿方志先例而更損益其間以爲窮古往今來之蕃變以會其通推天行人事之奧衍以究其際體裁節目有不憚斷然創始者凡括十四大目四十餘小目而成書裕孚私嘗推溯方志源流若禹貢職方山海經漢書地理志後漢書續郡國志晉書及歷朝正史之地理志又李吉甫元和郡縣圖志樂史太平寰宇記王存元豐九域志歐陽忞輿地廣記王象之輿地紀勝明清之一統志皆同一統系相襲相因爲方志之權輿漢

以後諸州記爲私家著述詳於地理山川物產故蹟而不復措意人物傳記獨張澍所輯段龜龍之涼州記幷紀呂光呂纂事狀諸州記今俱佚唐陸廣微之吳地記今尚存蓋沿用諸州記之體者至如圖經之名始見隋書經籍志蓋地理以圖爲主圖之注卽經也唐代圖經著爲功令奏進年限甚密故各地有之後來如李宗諤之祥符圖經朱長文之吳郡圖經續記及淳祐嚴州圖經皆傑出者郡縣志之最早者爲北宋宋敏求之長安志南宋范成大之吳郡志高似孫之剡錄諸書聚類同條備有衆材視諸州記及圖經略於人物傳記者其疏密大相逕庭蓋方志之書合地理傳記而爲一徵諸古籍若越絕書之共分六體（內經內傳外傳記考序）華陽國志之具有志表傳贊實爲星宿之源此方志沿革之大略也竊謂方志之學宋元而外以明清兩

代爲極盛概括言之可分爲兩時期自明初訖清康熙爲一時期可名之曰舊派自雍正訖同光爲一時期可名之曰新派舊派原於功令明代修志凡例頒自官家（見景泰荆州郡志序）在明以景泰寰宇通志明一統志及朝邑武功耀州華州等關中十志爲代表在清以頒行之河南陝西兩通志及靈壽志爲代表新派原於學術而學術以史部爲不祧之祖乾隆一統志官書之熱河盛京西域三志雍正陝西乾隆浙江兩志及章實齋（學誠）謝蘊山（啓昆）諸家之書幷爲此時之代表而浙陝兩志實啟新派之端當其時清廷垂意修志開新變故一洗前頒河陝志之陋雍正八年特旨頒布四要語曰考據詳明采擇精當既無闕略亦無冒濫本此以定疆吏之考成復裕之以經費寬之以時日一時各行省皆延攬名流主修書事是以浙陝兩志獨著精

能厥後更歷六七十年孫星衍洪亮吉李兆洛董祐誠陸繼輅江藩諸家孳孳講求新機日闢其間如周永年書昌阮芸臺元高雨農澍然陳左海壽祺鄧湘皋顯鶴汪梅村士鐸吳摯甫汝綸陸存齋心源諸氏代有作者而不外譔著纂輯兩體新舊兩派各有依據求其體質通方終歸新派要而論之詞章家之志簡而文明代作者橅經仿史務趨雅贍清代則以方望溪苞姚姬傳鼐魯通甫一同王壬秋闓運吳昆田魯仲實蕡諸人爲代表義理家之志簡而質明代作者如章楓山懋耿天台定向蔡松莊元偉呂涇野柟唐一菴樞諸人之書俱辭尙體要清代則以陸稼書隴其孫酉峯景烈諸人爲代表又考據家之志盛於清代其用簡而能斷則劉衞園淇戴東原震段懋堂玉裁劉楚楨寶楠徐松龕繼畬吳摯甫楊秋湄篤諸人爲代表其歸

宿亦原於學術宋元以來方志標目約有四類一以兩字標目不加志字如宋范成大吳郡志是一標目下加志字如宋潛說友臨安志是一分錄圖表志傳如宋周應合景定建康志是一畫一名稱如宋梁氏三山志統稱曰類羅氏四明志統稱曰叙元袁氏四明志統稱曰考是之四類者明清兩代大都沿襲前兩類舊派用之後兩類新派用之迨章實齋出定爲紀圖表考略傳復翼之以掌故文徵胡雒君虔主其說修廣西通志後阮文達陶文毅孫文靖亦俱仿效之而志之體例始純至分目之多且僻者莫如明代之閩書如方外則稱空空玄玄武官則稱韎韐清洪稚存之登封縣志汪梅村之同治上江兩志分目亦多新名若夫研求修志取材之法清代則有阮芸臺說見道光儀徵縣志序方彥聞履籛有採訪條例見道光武陟縣志管緘若世銘其說見韞山堂集陳蘭甫

澧有肇慶府修志章程十四則見粟香四筆汪梅村有商例見同治上江兩志吳摯甫有採訪志書條例十六則見吳氏日記孫仲容詒讓有瑞安縣志局總例六條見籀膏遺文之說可資檢討尤莫如章氏實齋倡州縣宜別立志科之議儲材於平日體大思精信乎前人所未發也裕孚殫心方志竊蓄深念今爲歸綏縣志序不期旁軼橫出輒恣論方志源流派別如此自維受性顓愚識限方域勉千慮之一得附尺壤於崇邱當世鴻秀偉彥之倫叩其兩端匡厥疏謬企而望之

桂林鄭裕孚

歸綏縣志序

方志之書宣漢民風羽翼惇史稽文責實探數治之原彰往開來著嬗進之迹光民秉筆誼例各殊莫不綜括源流權輿得失究一方之典垂千載之鑒絜矩同貫其揆一也歸綏地當朔方夙為雄鎮曩在勝朝臨以鎮守將軍統轄右衛更置副都統暨分巡兵備道治理旗蒙事務本固圉之規隆邊陲之寄設險守國道則然已降逮民主由特區而建行省歸綏遂為附郭首縣區域增拓生齒日繁溯厥遷流非復舊貫重以異族潛窺蒙疆多故維

玆一隅所繫於國防者不啻倍蓰於百年前而縣志迄今未創遺文前獻徵信無從斯非臨民者之責乎建國二十一年春植昌自武川移宰是邦甫下車詢知方志闕如即欲集議興修綏遠通志館館長郭君併卿編輯榮君耀宸通方博贍君子也亦謂縣志宜先於通志適 家大人奉簡命典試莅綏知有斯舉詔以體幹督勉有加爰即謀諸紳彥斷然創始徵訪譔輯分科立條歸綏嚮無志乘又甚鮮私家紀述舉凡文物升降民生榮悴淪湮已久搜證彌囏而限期迫促經費拘牽

勉循狹隘之途以馭紛綸之局提挈綱領抑尤難馬迨廼三月粗具規模諸士紳以　家大人前者蒞綏固嘗樂贊厥成屬植昌以志稿求定　家大人殫心方志有年以質實有用為主嘗謂人羣翕闢遭會攸殊黼其至賾絜其至渙庶幾造端宏遠與世界史地學相衡單辭隻見獨揭精能敍錄具存梗臬可覩茲刪定是書大抵亦循方志舊例而不為墨守凡立目若干各以其類系屬因創損益務推其原傳會支離悉從刊落惟備稿頗速將以供綏遠通志采錄藉塞縣人之望若遂謂垂一方

之典章與良史爲驂靳則不特植昌弗敢以左券自期即　家大人亦所遜讓未遑者也諸士紳預於斯役者或任采訪或助校輯咸能同聲壹志相與以有成梓名簡端庶彰勤瘁刊行有日輒述要略世之君子以覽觀焉

中華民國二十四年一月歸綏縣縣長鄭植昌序

歸綏縣志目錄

歸綏修志局題名

總纂

簡派綏遠省普通文官考試典試委員　桂林鄭裕孚

主修

歸綏縣縣長　桂林鄭植昌

局長

縣黨部執行委員兼常務委員　邑人徐德

總務股

股長現任建設局局長　邑人趙國襄

副股長現任縣政府第二科科長　邑人亢錦榮

股員現任縣政府第二科科員　邑人李子芸

股員現任財務局局長　邑人　劉丕巢

股員現任縣公安局局長　安北　李瑞廷

調查股

股長現任教育局局長　邑人　趙允仁

副股長現任縣黨部執行委員　邑人　吳致中

副股長現任縣政府第一科科長　陽信　趙錫麟

股員現任教育廳科長　邑人　趙國鼎

股員現任縣黨部執行委員　邑人　王澤民

股員　邑人　解守業

股員前任縣議會議員　邑人　周尚禮

股員前任縣議會議員　邑人　李懷謙

股員現任通志館採訪員　邑人韓　桂

校輯股

股長現任縣政府祕書　太谷趙羨漁

股員現任縣政府祕書　河間劉錫恩

股員兼繪圖現任縣政府科員　垣曲崔希賢

股員現任縣黨部幹事　邑人陳毓華

股　　　員　邑人高德榮

股　　　員　北平甯守謙

股員現任農會文牘　邑人郝大中

繪　圖　員　介休鄭任亦鸞

凡例

一本志分目凡十有四曰輿地志曰建置志曰民族志曰經政志曰學校志曰神教志曰黨務志曰產業志曰職官志曰選舉志曰人物志曰列女志曰藝文志曰金石志

一方志分目或曰略或曰考或曰錄或曰紀定名至不齊一本書總名曰志分目亦以志爲別從華陽國志例也

一昔人以縑帛爲卷蓋取卷藏之意近則楮墨簡便纂載彌繁仍襲卷稱似無所取故本志各門皆自爲起訖不復分卷

一本志援引各書概於各條下標舉原書名稱旣以明所自來並示不敢掠美

一方志之學首重輿圖誠以疆界阨塞代有變遷非賴輿圖不足以

正傳說之誤昔清王源考天下形勢嘗著輿圖指掌所爲圖有縱横徑丈者當時歎爲絶學本志歷代輿地沿革圖橅自楊守敬本其綏遠省全圖暨歸綏疆域圖歸綏城郊圖皆根據最近實測凡稍涉舛錯者悉爲釐正

一山川城堡園亭塋墓確在縣境有關古蹟者本志悉爲敘錄至濫構八景徒供吟料識者無取概從刪削

一廨宇斷自縣政府及其所屬機關縣以上各官署及其他局所學校別爲一覽表列之廢署另列學校已見學校志者不再見

一各志向鮮志民族者歸綏五族雜居生聚日庶溯其移殖之始考其同化之由實爲治國聞者所必具故本志志之至方言一門因種族區分遂譯溝通尤關切要唯訪稿未詳暫付闕如倣陳氏定

海縣志例存其目以待來者

一賦役要政關繫民瘼各志往往從略損益難知歸綏於明嘉靖時諳達始內附故志賦役斷自明始邑鄰沙漠地本磽薄清季以逮民國因事興徭困於供億茲倣陸氏靈壽志吳氏深州風土記例

一一志之鲂頳其尾民勞待憩臚記往迹以儆方來

一歸綏墾務爲地方要政腴畝錯互美利浩穰民食國賦胥資於是設局領地創自張文襄之洞撫晉時光緒季年特簡墾務大臣辦理墾地規模始巨本志綜括全省墾務情形撮要記載不以歸綏一縣爲限俾覽者得窺其全非漫無界限也

一各志文廟多列入祀典清李元度譔湖南通志列文廟於學校獨具卓識誠以孔子爲儒家之祖學宮爲作育人才之地春秋丁祀

以時講肄非瞻拜偶象可比玆從其例

一各志寺廟一門有列祀典者有列古蹟者陸氏靈壽志凡寺廟不在祀典者不列民國祀典尚未頒布若將寺廟列諸古蹟則凡新建者又無所附麗他如基督教堂回教清真寺亦不能不列故倣劉氏平陽縣志列神教一門凡宗教寺廟均列此志

一董氏長安縣志職官斷自知縣縣以上官不列姚氏江寧府志亦以知府爲止玆從其例同知以上官不列訪稿對職官記載未備參考縉紳錄復旁加搜采頗有增載亦殊不全籍貫出身及服官年月尤未完備其一人而歷官多次者表內亦數見從周氏乾道臨安志例也

一凡曾任前清及民國官吏者不論正途雜職均列入仕籍其曾任

職官而姓名已見科貢秩考卒業各門者援楊氏西寧縣新志例
概不重列

一人物二字列目濫觴於江敞陳留人物志陽休之幽州古今人物
志自是志人物者十九沿襲無以更易至順鎮江志曰人才萬氏淳化志曰士女戴氏昆明志曰黎獻雖嘉定王氏斥爲不辭而由來已久殆成通例本志仍之從
其朔也

一歸綏本土默特地土默特之人物已收土默特志邇者五族共和
泯除畛域土默特人物苟有可紀本志悉予采錄惟以居歸綏者
爲限又滿洲屬籍駐防綏遠者有綏遠旗志可考本志原可從略
第以旗志鮮傳亦難賡續而綏遠通志又未告成深慮日久無徵
故與土默特人物一體纂錄藉存遺獻非僅援五族一家之義也

一各志載藝文多以詩文充數會稽章氏極言其失本志不載詩文除列縣人所譔書目外倣楊氏蔚州志例凡地方長官及宦游諸人所著所刊之書均附列於後焦氏揚州足徵錄兼收外鄉人著作劉氏師培頗同其旨本志竊有取焉

一各志多以金石附庸藝文之末實則金石介乎藝文物產之間段氏益都志周氏永清志俱以金石立專志武氏偃師金石志嚴氏江寧金石志搜討豐富義例尤嚴本志從之惟以歸綏碑碣無多故并民國列入凡碑額碑陰及碑側題記亦均詳錄並錄尺寸

一本志草創於民國二十三年故備稿斷自二十三年止凡事實在是年以後者概不載錄

綏遠省各縣疆域沿革表一

地名	全省	歸綏	薩拉齊	包頭
三代	伊克昭盟一部殷爲土方呂方周爲厥允玁狁	夏商時在冀州徼外屬葷粥周時在并州徼外屬厥允		
秦	雲中九原兩郡全部雁門郡一部	雲中郡之中部	雲中郡西部	并州塞外
漢	定襄雲中五原朔方四郡全部及雁門郡之沃陽彊陰兩縣西河郡之虎猛增山富昌大成美稷平定六縣上郡之白土奢延高望龜茲膚施楨林六縣代郡之且如一縣以及塞外匈奴牧地一部	雲中郡之中部	雲中郡西部及五原郡之曼柏南輿武都三縣屬之	雲中郡之犢和縣及五原郡之稒陽臨沃九原等縣
後漢	并州所領郡之在綏遠省者與前漢同名	并州地	并州地郡縣同前漢但南輿縣省	并州地郡縣同前漢但犢和稒陽兩縣省
三國	初屬曹魏後荒廢入鮮卑	初屬曹魏後入鮮卑	鮮卑	鮮卑
晉	石趙曾據朔方置朔州苻秦曾據五原仍爲五原郡赫連氏曾據統萬稱夏慕容燕曾據雲中以備代要皆一部非全部也	西晉屬拓拔氏東晉屬劉庫仁	今縣西部在雲中	五原郡雲中郡極西部
北魏	朔州雲州東夏州及夏州突厥柔然	雲州雲中郡之延民縣北部盛樂郡之歸順還安二縣北部	朔州廣寧郡中川縣	朔州廣寧郡之石門縣地
隋	前爲四州卽夏州豐州勝州雲州後改四郡卽朔方郡五原郡楡林郡定襄郡又馬邑郡之一部亦在內	楡林郡金河縣東北部定襄郡大利縣北部	楡林郡金河縣西部楡林縣西南部	楡林郡金河楡林兩縣西端五原郡安化縣東北部

豐鎮		并州雁門郡	雁門郡彊陰縣定襄郡武要縣東部	并州地郡縣同前漢惟武要縣省	鮮卑			初爲馬邑郡地
武川		雲中郡外塞北之地	雲中郡外塞北之地僅今縣東南角爲雲中郡北輿縣西境一小部	并州地	鮮卑	僅今縣東南角在雲中	雲州	榆林郡北邊外地
五原		九原郡	漢初匈奴武帝時始收復爲朔方郡東部及五原郡西北角地	并州地	鮮卑	石趙據朔方爲朔州今縣東部在焉苻秦據五原今縣西北部在焉	朔州附化郡息澤廣牧兩縣地	五原郡永豐縣西部
集寧		雲中雁門兩郡地	定襄郡東部雁門郡西北部	并州地郡縣同前漢	鮮卑		約爲雲州	馬邑郡北邊外地
興和	戰國趙地	代及雁門兩郡地	雁門郡東北邊代郡西北邊僅代郡之且如縣西南境在焉	并州地郡縣同前漢惟且如縣省	鮮卑		約爲雲州	馬邑郡東邊外地
固陽		九原及雲中兩郡北界塞外地	九原及雲中兩郡北界塞外地惟九原郡改五原郡耳	并州地	鮮卑		朔州大安郡之狄那縣地	五原郡東北界外榆林郡西北界外
臨河		并州北界塞外地	朔方郡之臨河縣及郡之東北部地	并州地郡縣同前漢惟臨河縣省	鮮卑	石趙據朔方爲朔州今縣中北部在焉	朔州附化郡五原縣地	五原郡九原縣地

和林格爾		并州地在長城外	定襄郡中部偏南地及雁門郡之沃陽縣北部	并州地郡縣同前漢	鮮卑		雲州盛樂郡之歸順還安兩縣南部	定襄郡大利縣中南部
托克托		并州地	定襄郡武進成樂二縣全境及桐過縣北部雲中郡雲中沙陵及沙南三縣	并州地郡縣同前漢惟成樂武進兩縣改隸雲中	鮮卑	慕容燕北守雲中以備代今縣西南部在焉	雲州雲中郡雲陽縣及延民縣南部	榆林郡金河縣南部榆林縣東北部富昌縣全部
清水河		并州地	定襄郡桐過縣南部武城縣北部雲中郡楨陵縣	并州地郡縣同前漢	鮮卑	慕容燕北守雲中以備代今縣東南角在焉	朔州神武郡尖山殊頹兩縣地	馬邑郡神武縣
東勝			上郡白土縣	末期為匈奴所據	鮮卑	歷為前後趙前後秦及赫連夏所據	東夏州東境	榆林郡之西南末期為梁師都所有
涼城		并州雁門郡	雁門郡西南部定襄郡武要縣西部定襄縣全部及雲中郡北輿縣南部	并州地郡縣同前漢惟武要縣省	鮮卑	慕容燕北守雲中以備代今縣東南小部在焉	約為雲州	定襄郡東部馬邑郡中北部
陶林	戰國趙地	雲中郡一部	定襄郡武皋縣雲中郡武泉原陽兩縣及北輿縣北部	并州地郡縣同前漢惟武皋縣省	鮮卑	慕容燕北守雲中以備代今縣東角在焉	約為雲州	定襄郡之東北邊外馬邑郡之北邊外

綏遠省各縣疆域沿革表二

地名	唐	遼	金	元	明	清	民國
全省	關內道之一部東突厥契丹	西京道地分置四州即雲內州豐州東勝州寧邊州以外有一部屬西夏	西京路地除四州仍如遼時外別立淨州為豐州支郡以外仍有一部為西夏佔領	中書省大同路分置三州即豐州雲內州東勝州以外為淨州路即淨州改置者也	蒙古烏蘭察布盟伊克昭盟及西土默特	烏蘭察布盟伊克昭盟西土默特及歸綏道各廳	初為特別區後改省
歸綏	榆林郡金河縣地	隸豐州天德軍振武縣	豐州富民縣之中部	大同路之豐州	初為豐州後為西土默特	初設歸化廳屬山西朔平府後改屬歸綏道	歸綏縣
薩拉齊	榆林郡金河縣西部	豐州天德軍振武縣西部東勝州武興軍榆林縣北端	豐州富民縣西南部東勝州東勝縣北端	大同路之豐州西南部東勝州一部	蒙古	薩拉齊廳屬歸綏道	薩拉齊縣
包頭	豐州九原郡通濟縣東部	今縣北境為雲內州開遼軍南部南境為東勝州武興軍榆林縣西部	今縣北境為雲南內州開遼軍南部境為東勝州東勝縣西境	大同路雲內州南部及東勝州西境	蒙古	薩拉齊廳之一部即達拉特旗烏拉特三公旗之一部及土默特一小部	十二年改包頭設治局十五年設縣
豐鎮		西京道之邊地	西京路	中書省	大同陽和衛邊外地	豐鎮廳隸歸綏道	豐鎮縣
武川	振武軍北邊外地	豐州天德軍北邊外地南部入西京道	淨州天山縣南部	淨州路天山縣	蒙古	烏盟之茂明安喀爾喀右翼及四子部落地光緒中設武川廳	武川縣

五原	豐州九原郡永豐縣西部	西夏東境	西夏東境	中書省	蒙古	烏盟烏拉特三公旗地右翼後旗地及左翼後旗之西境光緒中爲五原廳	五原縣
集寧		西京道之邊地	西京路	中書省集寧路集寧縣西部	蒙古	豐鎮寧遠兩廳轄地各一部	十年立設治局十一年改縣
興和		西京道之邊地	西京路	中書省興和路高原縣	蒙古	豐鎮廳屬二道河光緒中爲興和廳	興和縣
固陽	鎮北大都護府所在	雲內州開遠軍及豐州天德軍北境	雲內州開遠軍及豐州天德軍北境	大同路雲內州及豐州北境	蒙古	烏盟之茂明安及烏拉特東公旗地	初爲設治局後改縣
臨河	豐州九原郡九原縣地	西夏東境	西夏東境	中書省	蒙古	烏盟烏拉特西公旗及達拉特旗各一部	初爲五原縣一部十四年立設治局十八年改縣
和林格爾	榆林郡金河縣東南部	豐州天德軍振武縣東南部及富民縣東北部	豐州富民縣南部	大同路豐州南部	初爲玉林雲川二衛地後爲西土默特地	和林格爾廳隸歸綏道	和林格爾縣
托克托	榆林郡榆林縣	東勝州武興軍榆林縣	東勝州東勝縣東部	大同路東勝州東部	初爲東勝衛後改左衛後又爲西土默特地	托克托廳隸歸綏道	托克托縣

清水河	榆林郡河濱縣東境	西京道寧邊州	西京道寧邊州	大同路東勝州東南部	初爲東勝衛千戶所後廢	清水河廳隸歸綏道	清水河縣
東勝	榆林郡西南	東勝州武興軍河濱縣西境	東勝州東勝縣西南境	大同路東勝州西南境	蒙古	鄂爾多斯左翼中旗及右翼前旗末旗光緒中爲東勝廳	東勝縣
涼城		豐州天德軍富民縣東端	豐州天德軍富民縣東端	中書省	大同邊外地	寧遠廳隸歸綏道	涼城縣
陶林		西京道之邊地	西京路淨州東邊地	中書省	蒙古	寧遠廳屬科布爾光緒中爲陶林廳	陶林縣

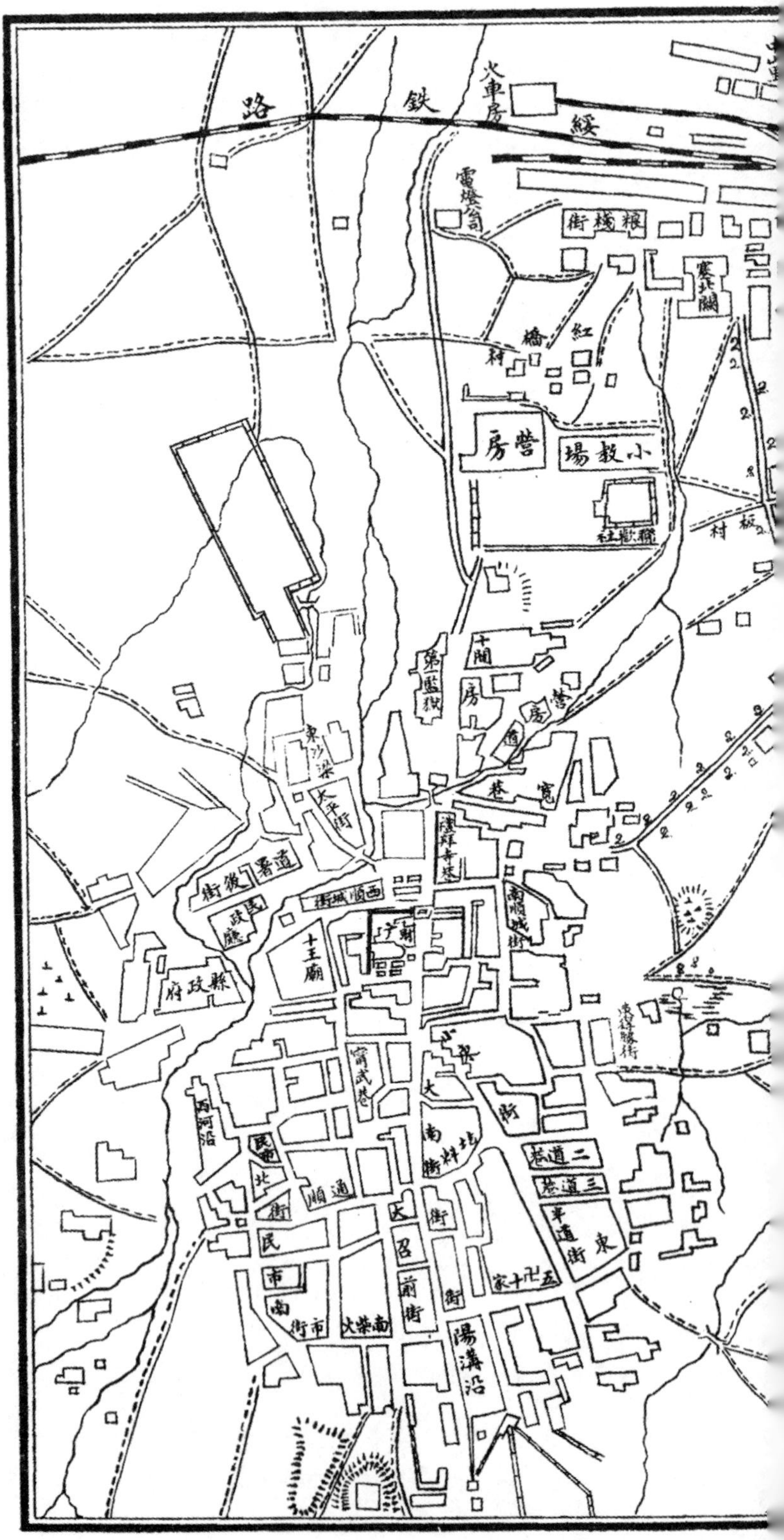

綏鉄路
火車房
電燈公司
糧棧街
塞北關
紅橋村
營房
小教場
十間房
營房
寬巷
東沙梁
太平街
道署後街
西順城街
財政廳
十王廟
縣政府
南順城街
宣武巷
大南街
二道巷
三道巷
通順街
大召前街
西河沿
南柴火市街
陽溝沿

歸綏城郊形勢圖

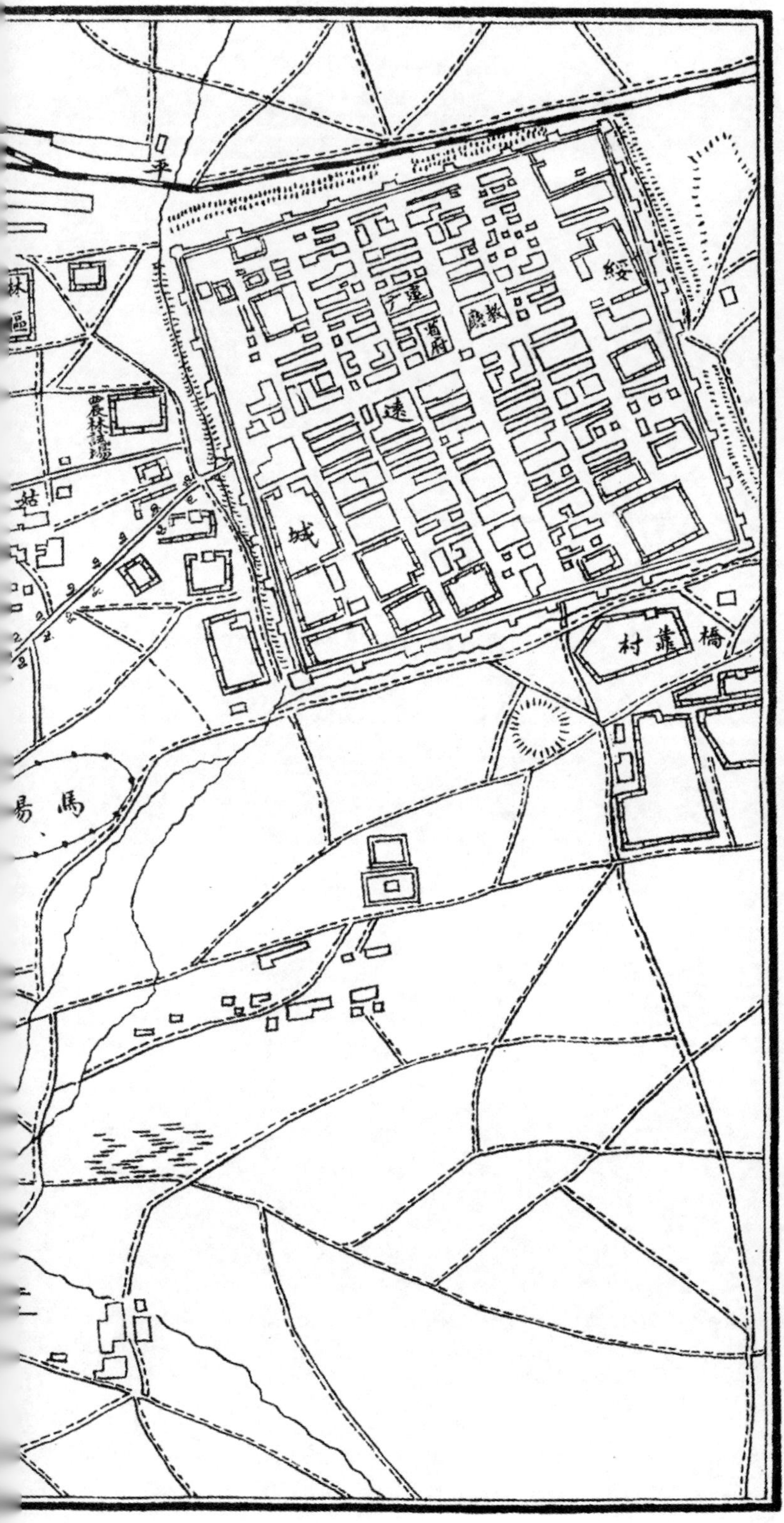

域圖

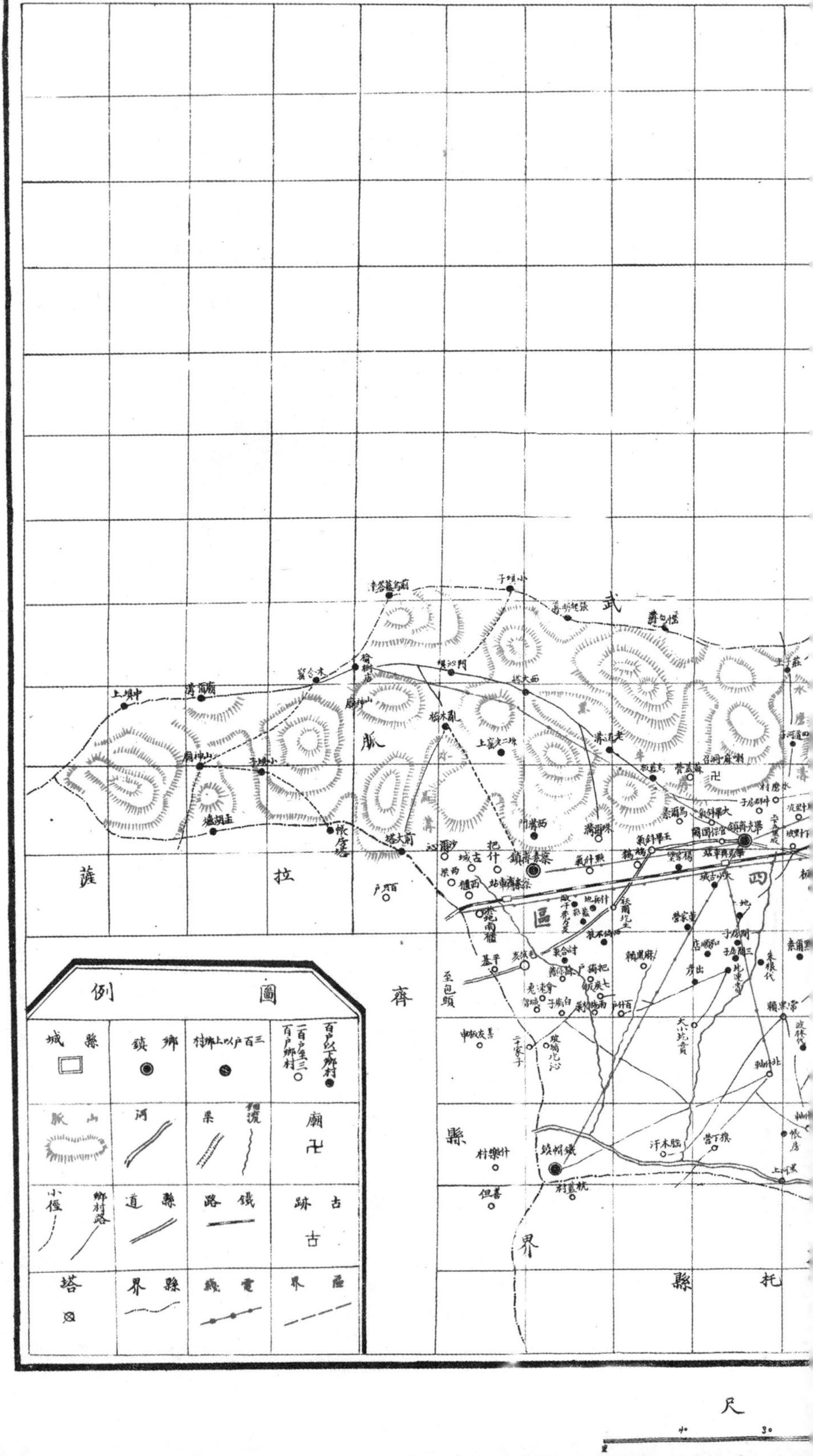
圖例
縣城
鄉鎮
三百户以上鄉村
百户以下鄉村
一百户至三百户鄉村
山脈
河
渠
廟
縣道
鐵路
古跡
塔
縣界
電線
區界
薩
拉
齊
縣
界
托
縣
武
四
區
至包頭
鐵帽鎮
察素齊鎮
尺

歸綏縣圖

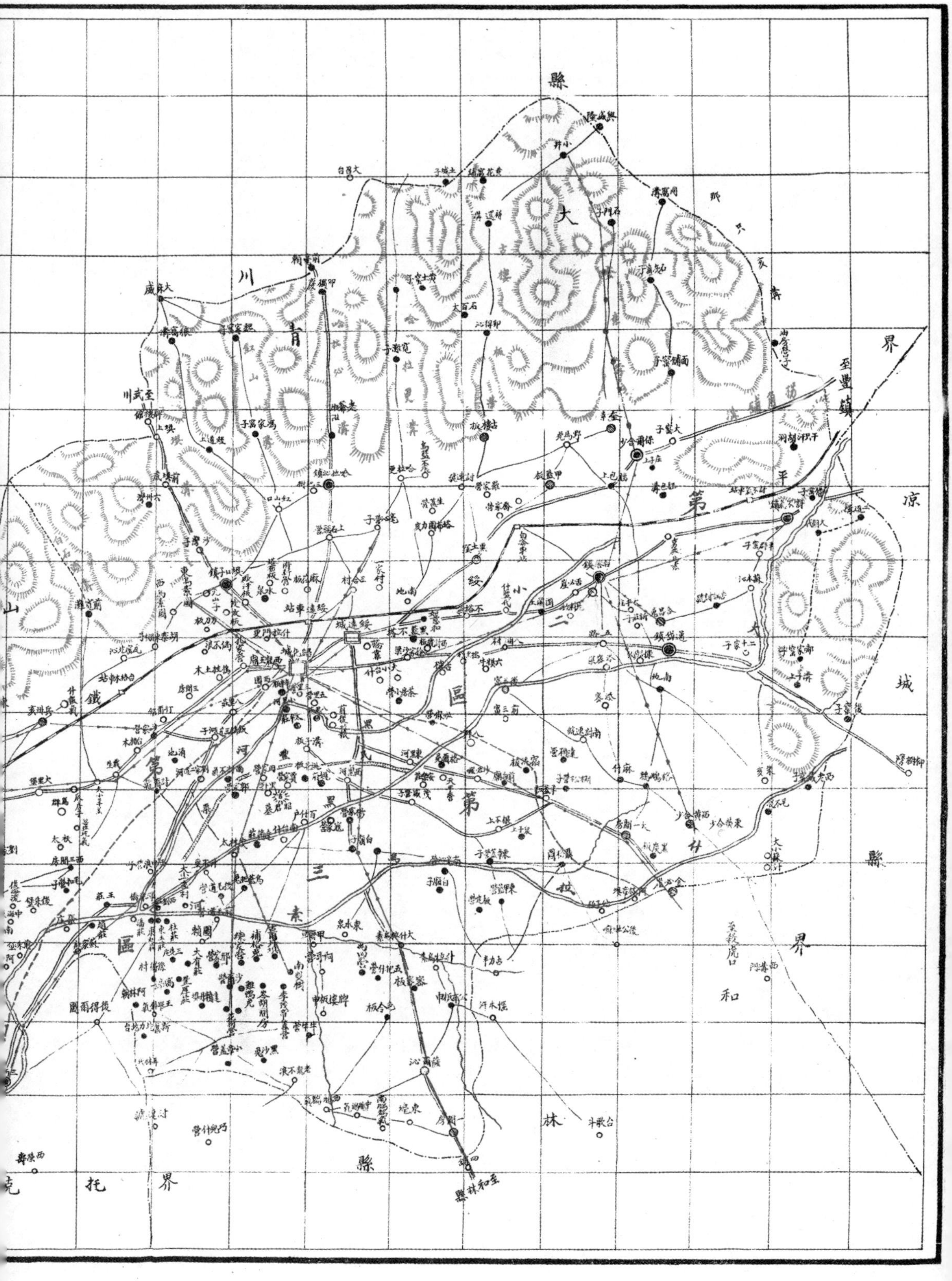

歷代輿地沿革圖

橅楊守敬本

鄭裕孚

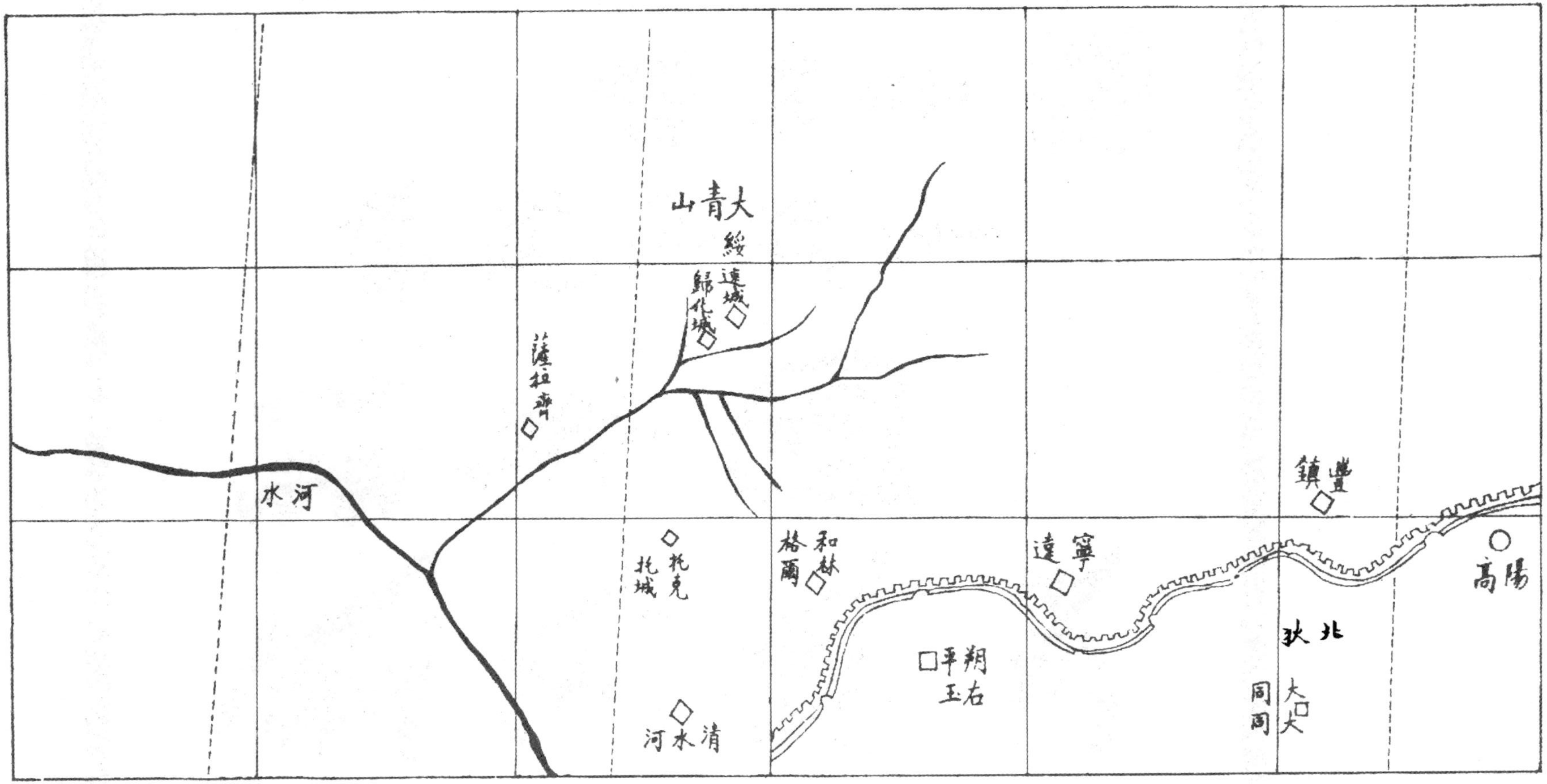

春秋

戰國

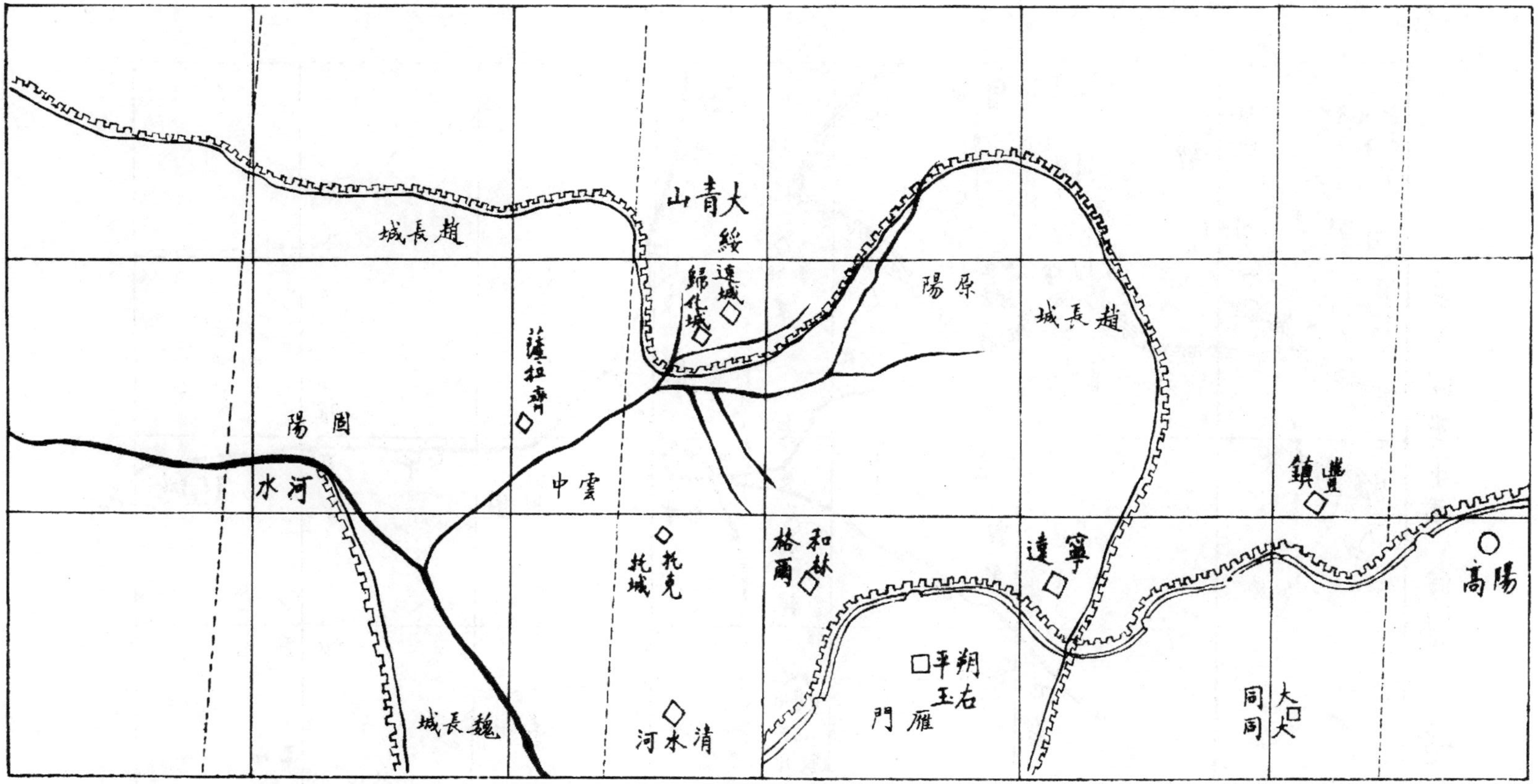

趙長城
大青山
綏遠城
歸化城
原陽
趙長城
薩拉齊
固陽
河水
雲中
托克托城
和林格爾
寧遠
豐鎮
高陽
朔平
右玉
雁門
大同
大同
魏長城
清水河

秦代郡雲中雁門九原

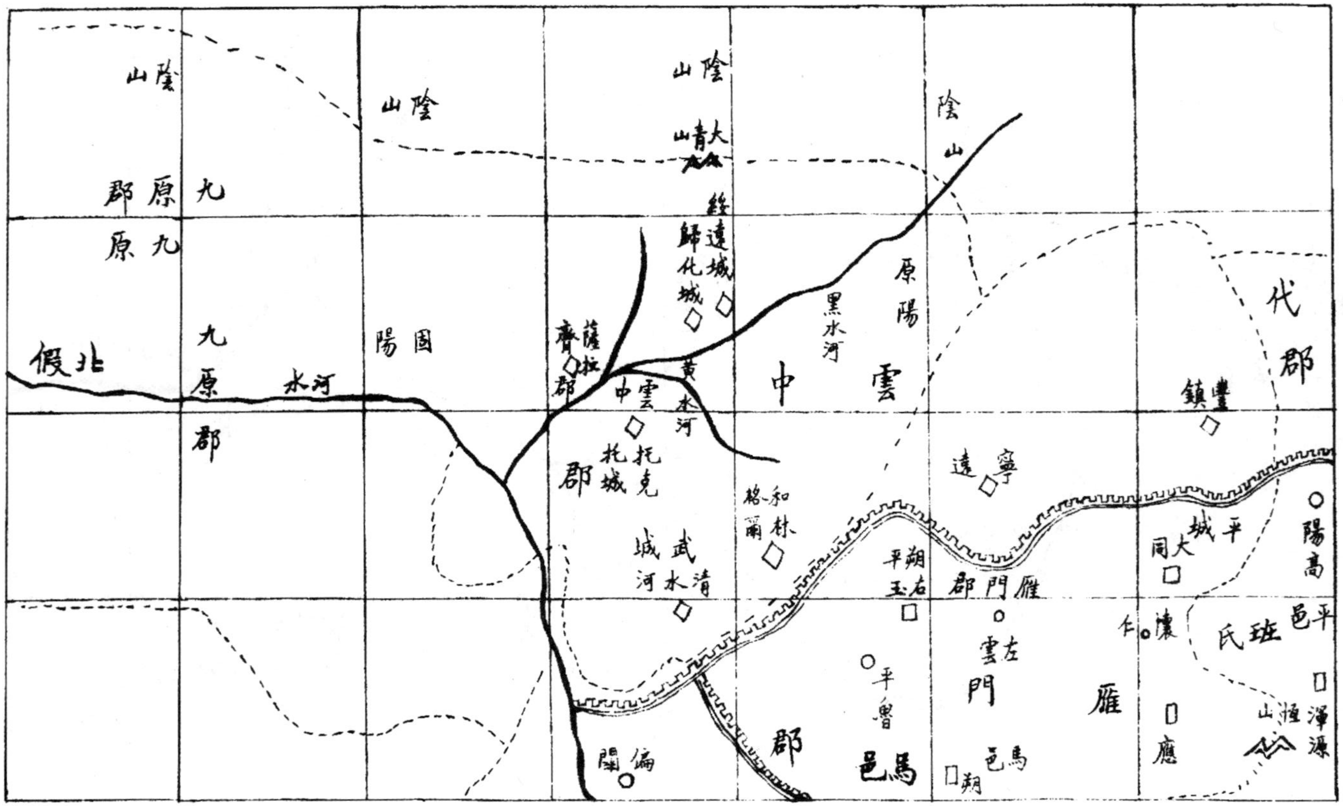

陰山
九原郡
九原
北假
河水
陽周
大青山
綏遠城
歸化城
薩拉齊郡
雲中
黃水河
黑水河
陽原
雲中郡
托克托城
和林格爾
武城
清水河
寧遠
豐鎮
代郡
平城
大同
雁門郡
右玉
平魯
左雲
雁門郡
馬邑
朔
懷仁
應
高陽
平邑
班氏
渾源
恒山
偏關

前漢

代郡雁門定襄雲中

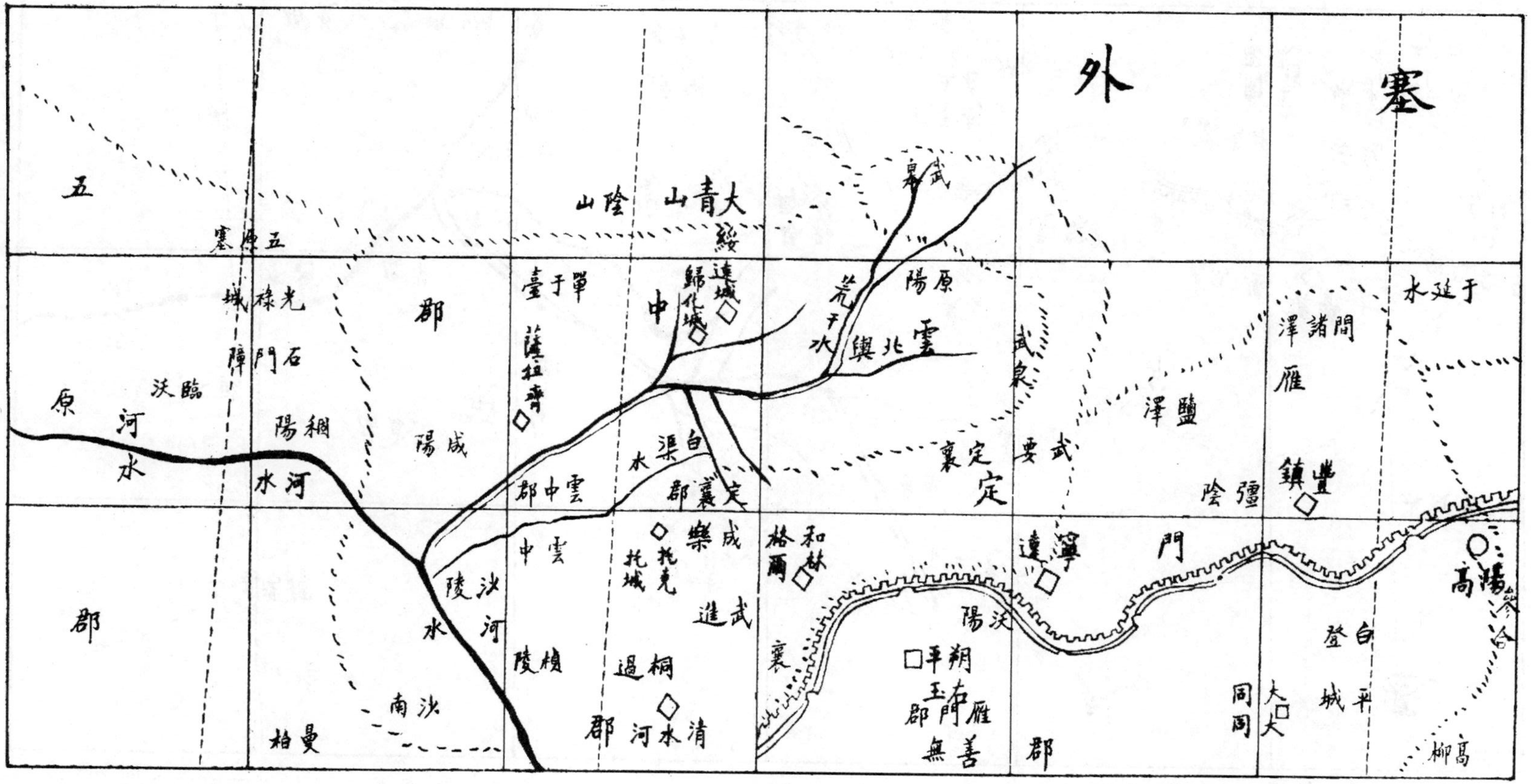

定襄郡所領有都武襄陰駱安陶復陸五縣無考

雲中郡所領有陶林犢和陽壽三縣無考

雁門郡所領有埒縣無考

後漢并州

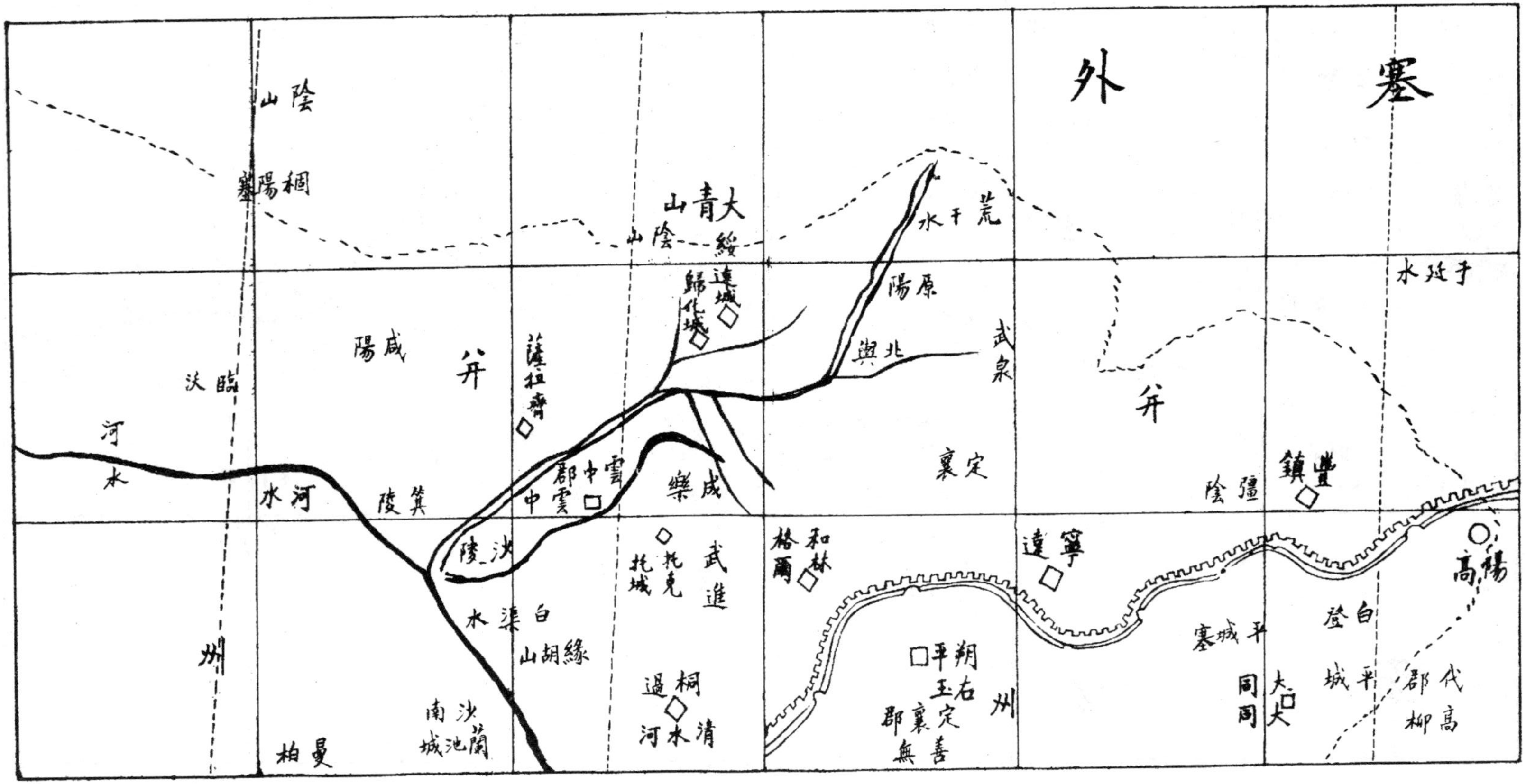

塞外
陰山
稒陽
臨沃
河水
咸陽
并
箕陵
沙陵
雲中
雲中郡
薩拉齊
大青山
陰山
綏遠城
歸化城
成樂
武進
托克托城
白渠水
緣胡山
桐過
清水河
沙南
蘭池城
曼柏
州
荒干水
原陽
北輿
武泉
定襄
和林格爾
寧遠
朔平
右玉
定襄郡
善無
州
并
于延水
豐鎮
彊陰
平城塞
白登
平城
大同
大同
陽高
代郡
高柳

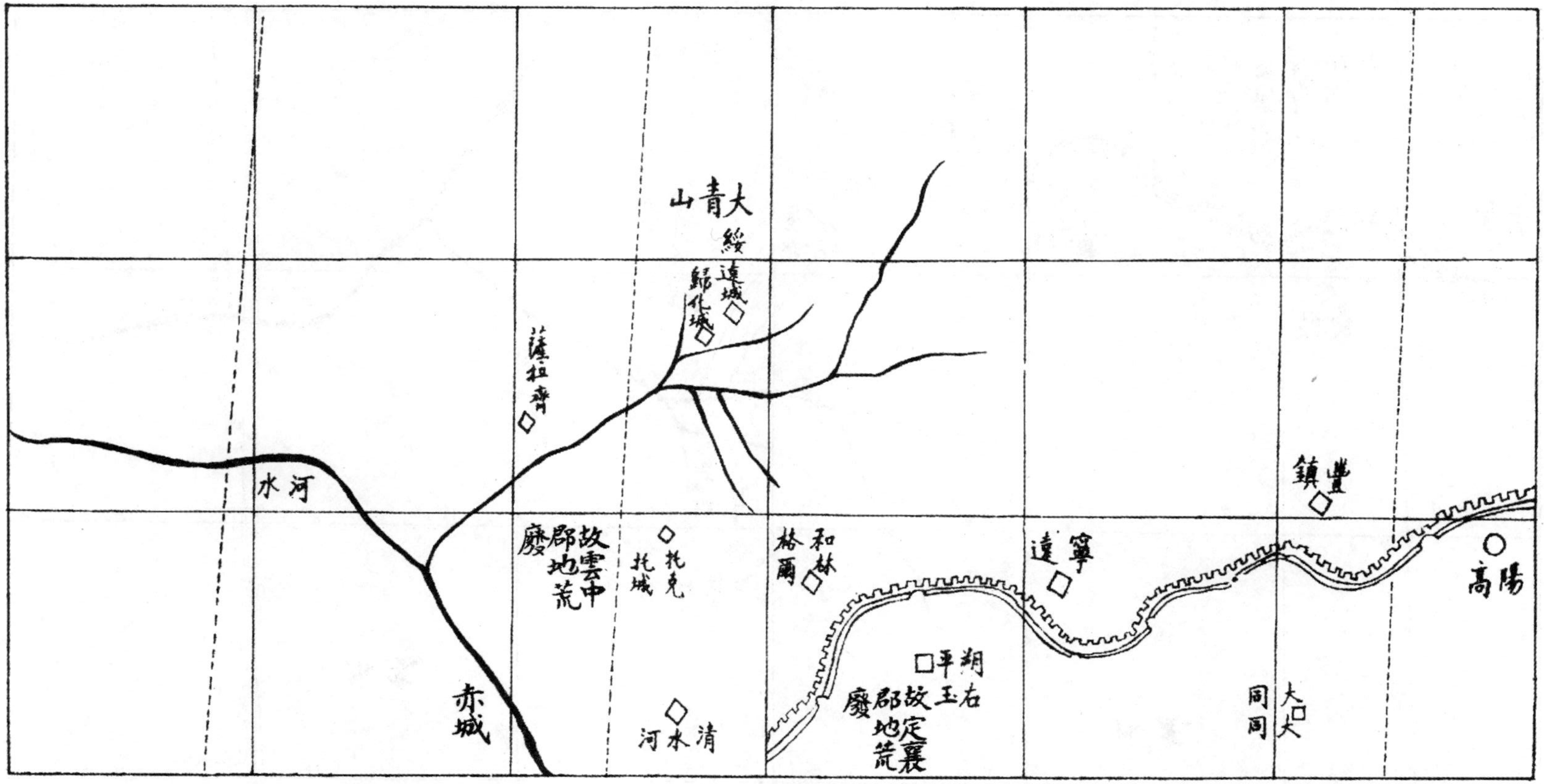
大青山
綏遠城
歸化城
薩拉齊
河水
赤城
故雲中郡廢地荒
托克托城
清水河
和林格爾
朔平
右玉
故定襄郡廢地荒
寧遠
豐鎮
大同
大同
陽高

圖三

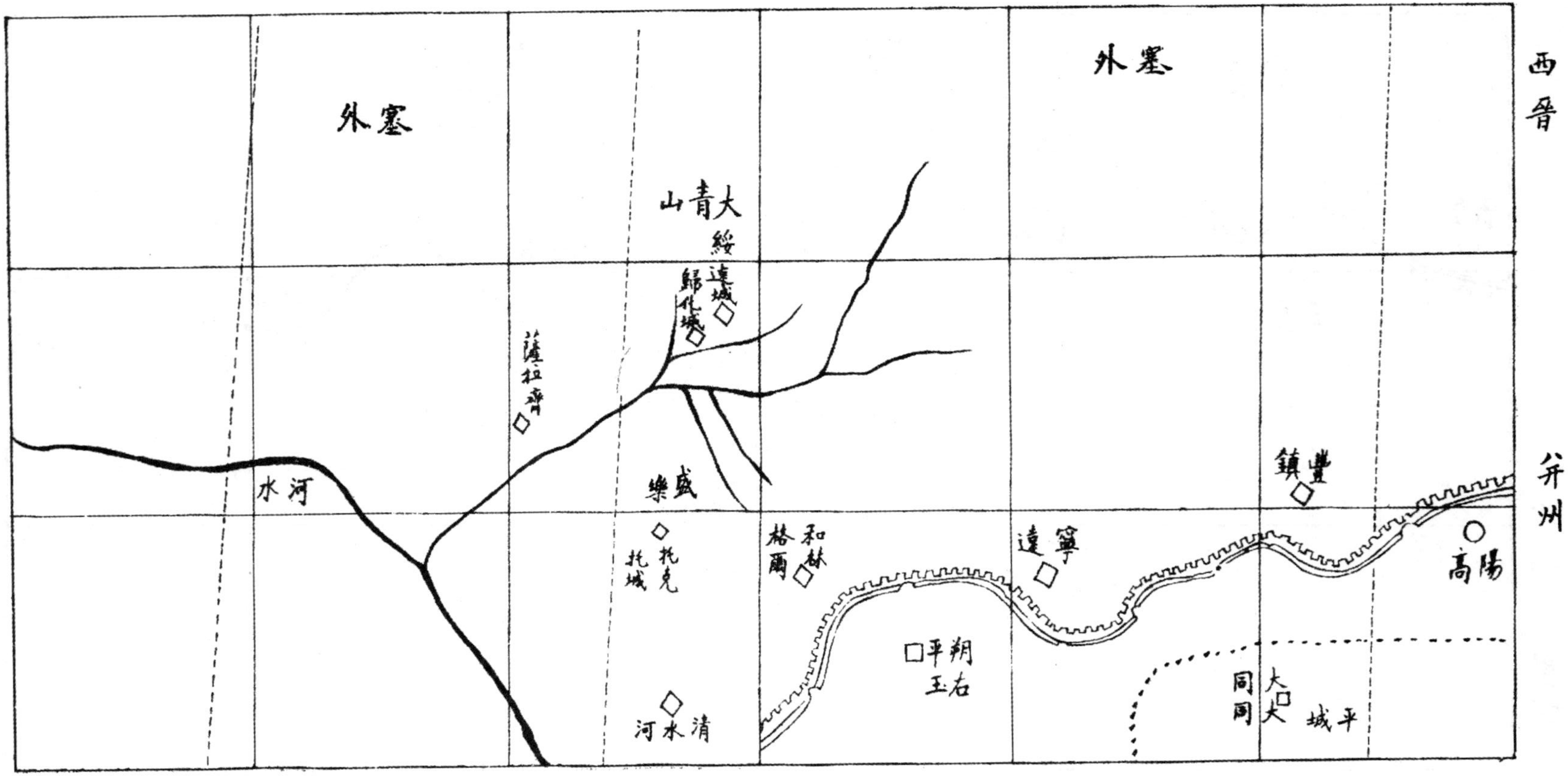
外塞
外塞
西晉
大青山
綏遠城
歸化城
薩拉齊
河水
盛樂
托克托城
和林格爾
清水河
寧遠
朔平
右玉
豐鎮
大同
平城
陽高
并州

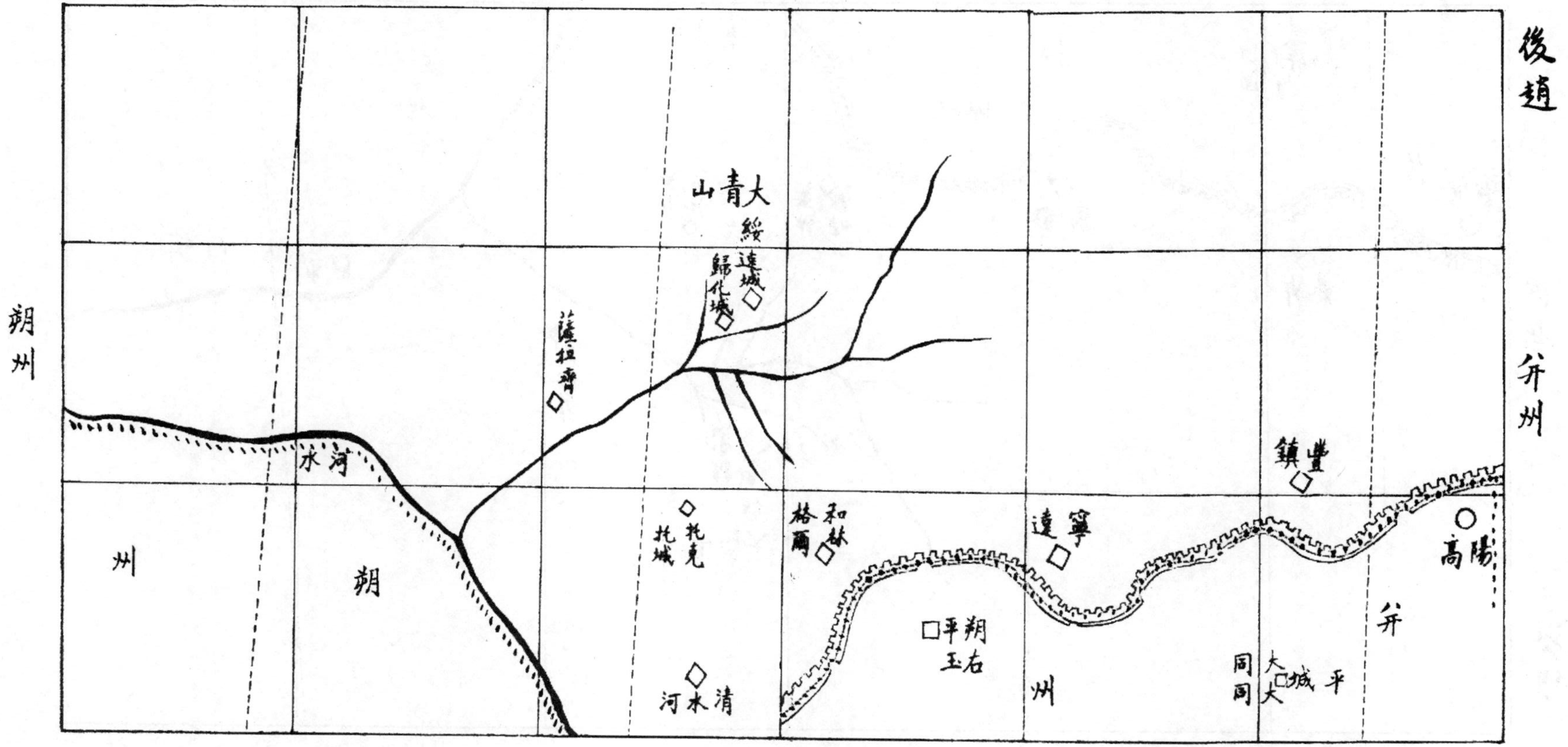

後趙
朔州
并州
大青山
綏遠城
歸化城
薩拉齊
河水
朔
州
托克托城
和林格爾
清水河
寧遠
豐鎮
朔平
右玉
州
陽高
平城
大同
并

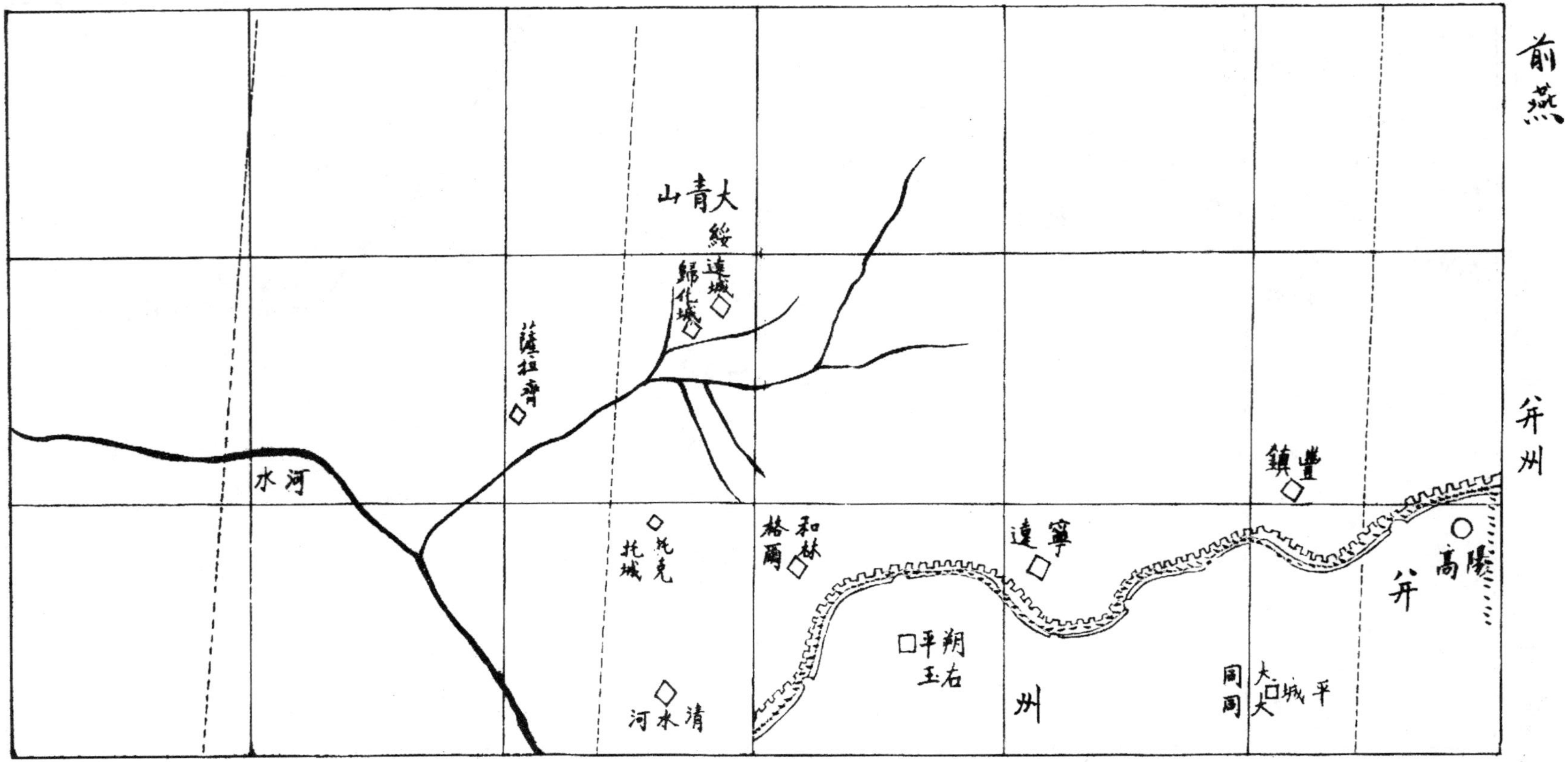
前燕
并州
大青山
綏遠城
歸化城
薩拉齊
河水
托克托城
清水河
和林格爾
朔平
右玉
寧遠
州
豐鎮
大同
大同
平城
陽高
并

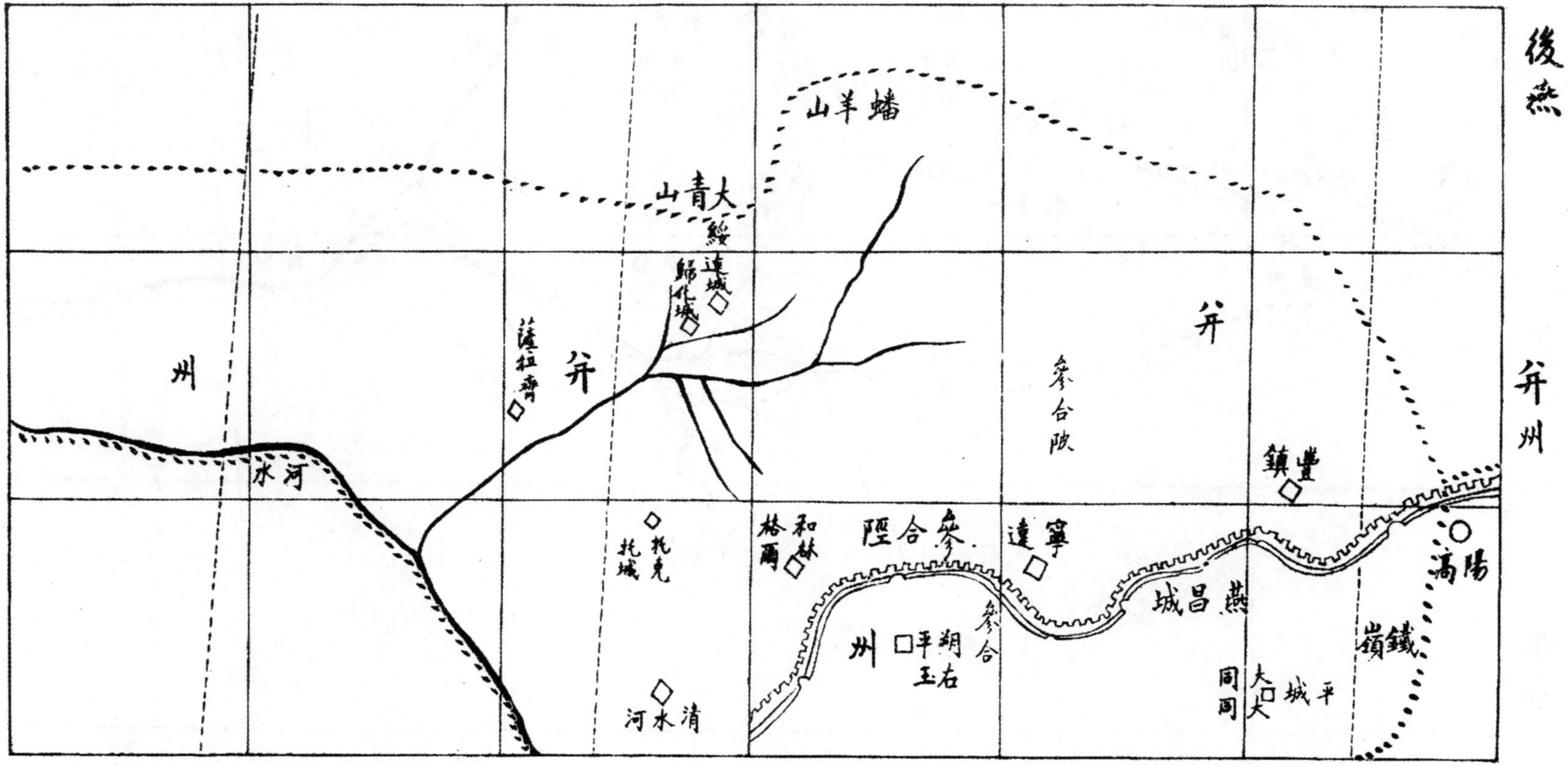

後燕
并州
州
河水
并
薩拉齊
大青山
綏遠城
歸化城
蟠羊山
托克托城
清水河
和林格爾
參合陘
州
朔平
右玉
參合
寧遠
參合陂
并
燕昌城
豐鎮
大同
平城
鐵嶺
陽高

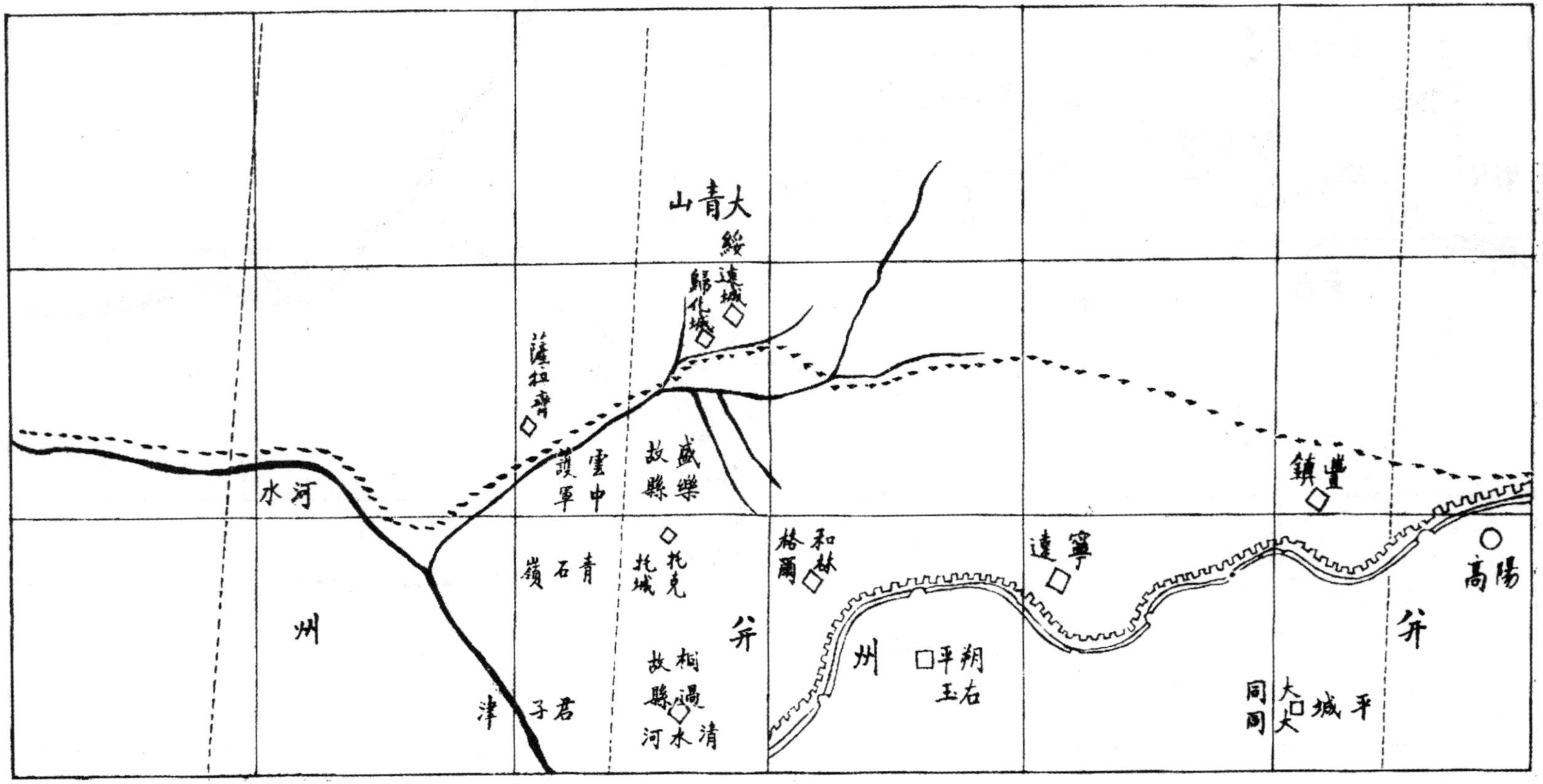
大青山
綏遠城
歸化城
薩拉齊
雲中護軍
盛樂故縣
河水
州
青石嶺
托克托城
和林格爾
并
桐過故縣
清水河
君子津
州
朔平右玉
寧遠
豐鎮
陽高
并
平城
大同
大同

前秦

并州

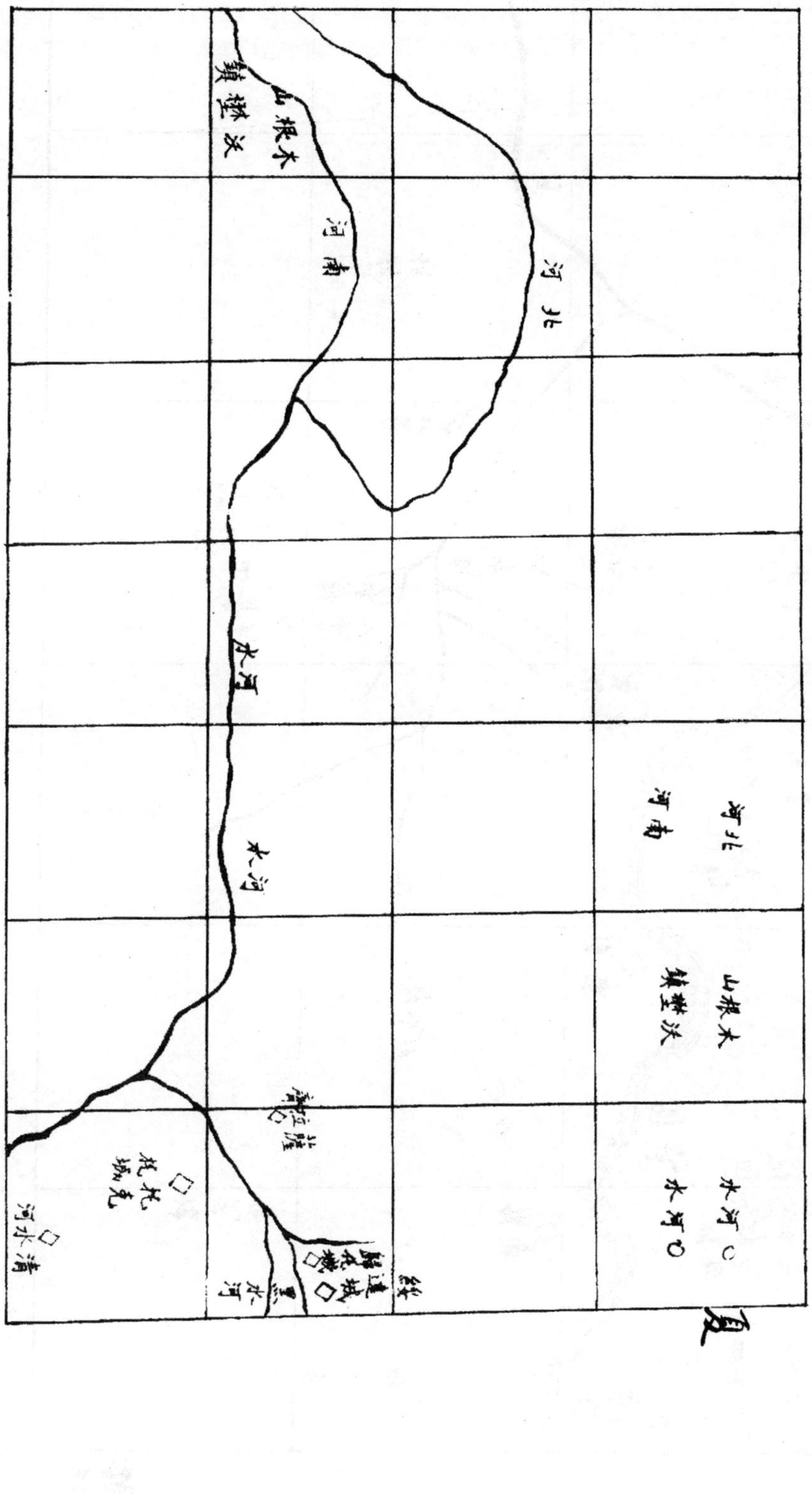
夏
北河
南河
木根山
沃壄鎮
河水
河水
北河
南河
木根山
沃壄鎮
河水
河水
綏遠城
歸化城
薩拉齊
黑水河
托克托城
清水河

北魏

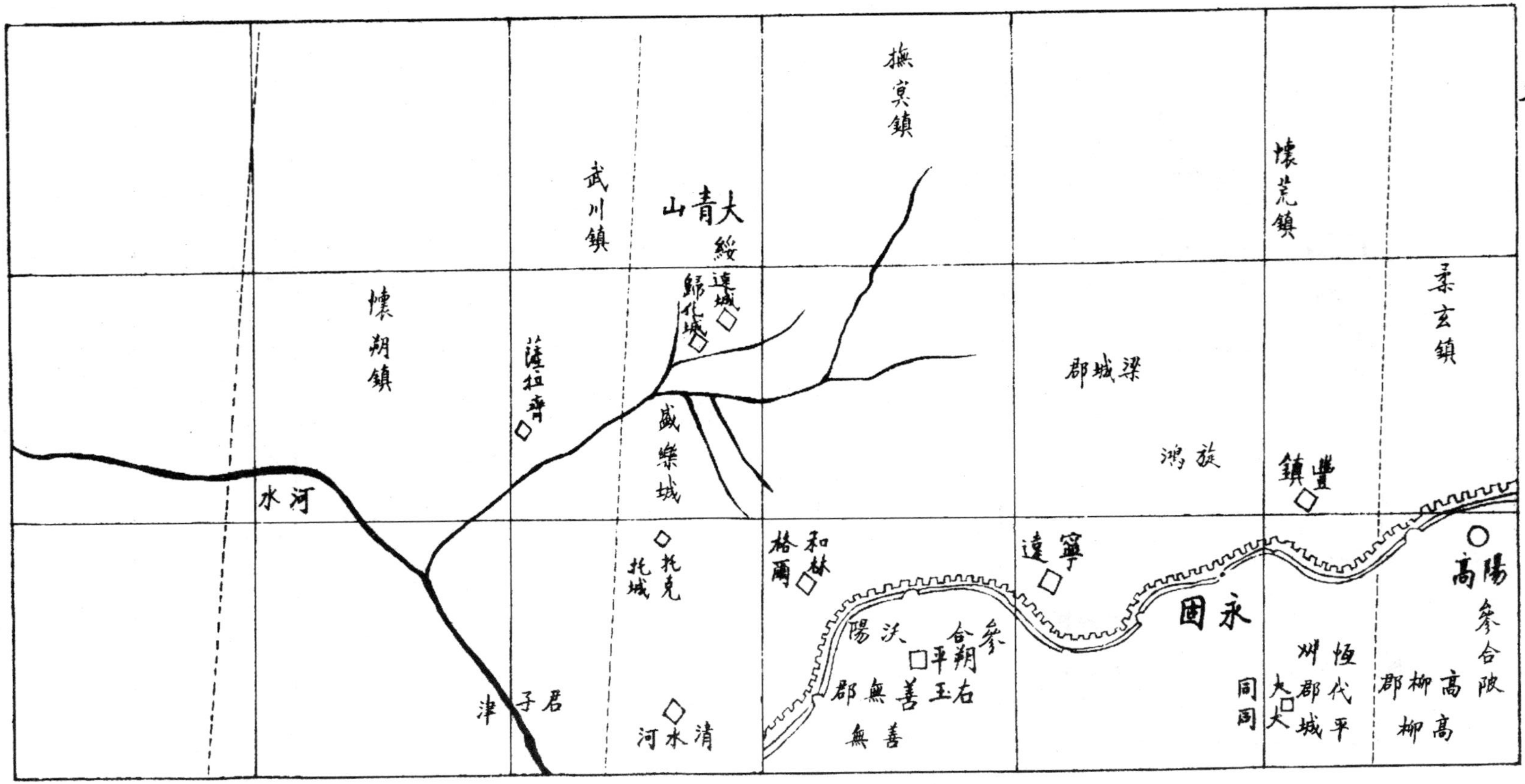

撫冥鎮
懷荒鎮
武川鎮
大青山
綏遠城
歸化城
柔玄鎮
懷朔鎮
薩拉齊
梁城郡
盛樂城
旋鴻
豐鎮
河水
托克托城
和林格爾
寧遠
高陽
永固
君子津
清水河

北周

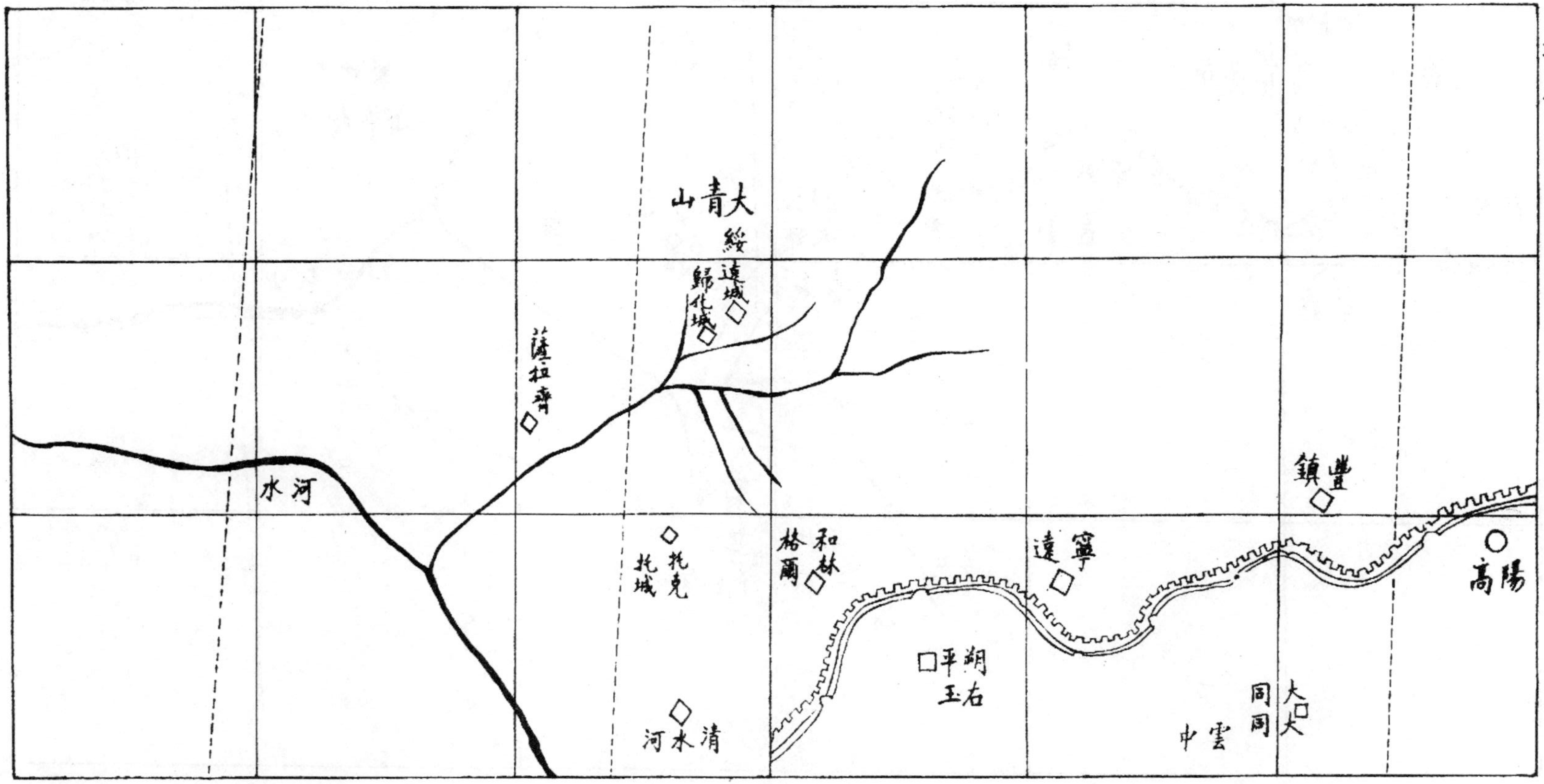

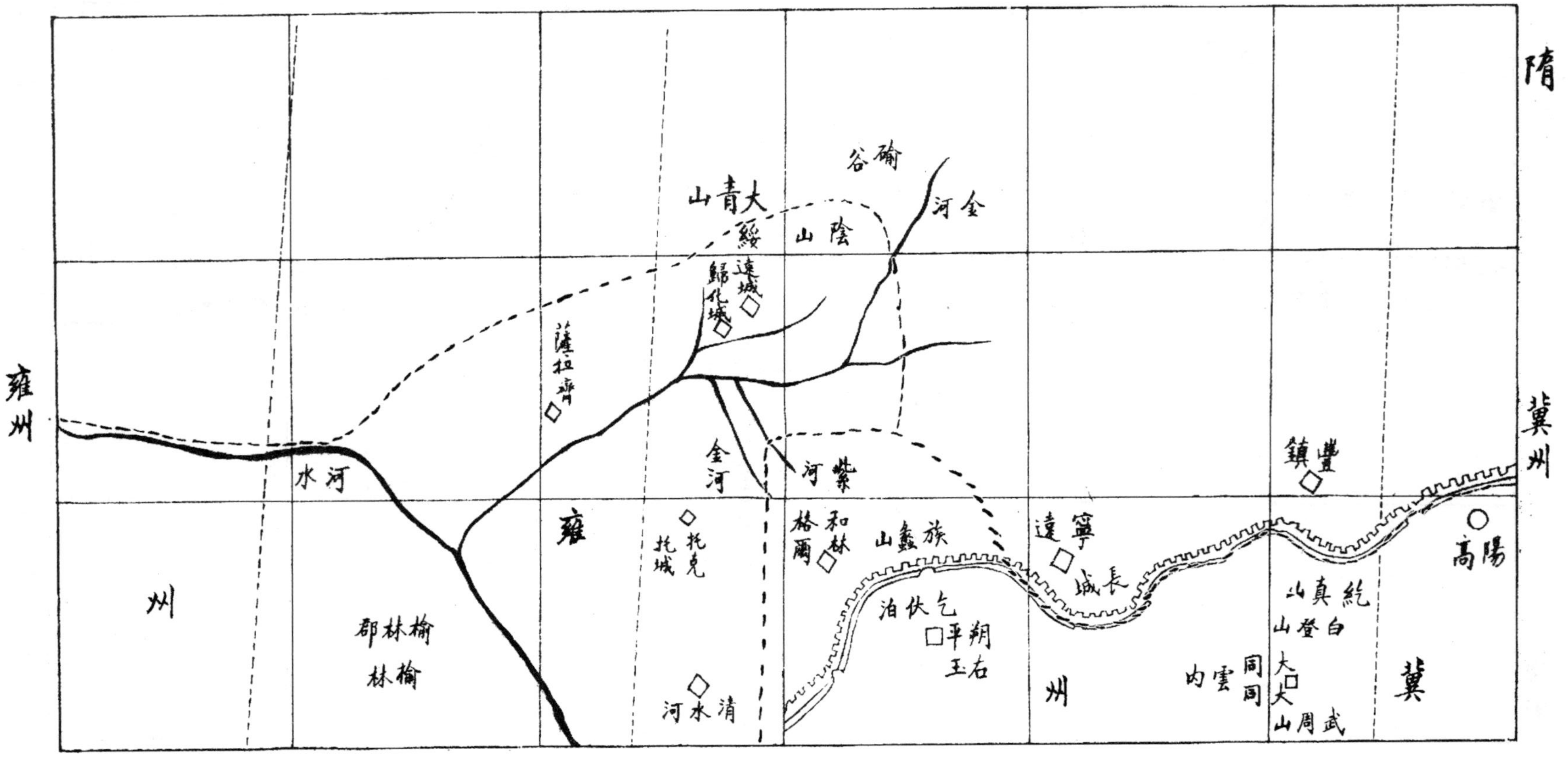
隋
雍州
冀州
大青山
綏遠城
歸化城
陰山
榆谷
金河
薩拉齊
河水
金河
紫河
雍
托克托城
清水河
和林格爾
蠡族山
乞伏泊
朔平
右玉
州
榆林郡
榆林
寧遠
長城
豐鎮
高陽
紇真山
白登山
雲內
武周山
州
冀

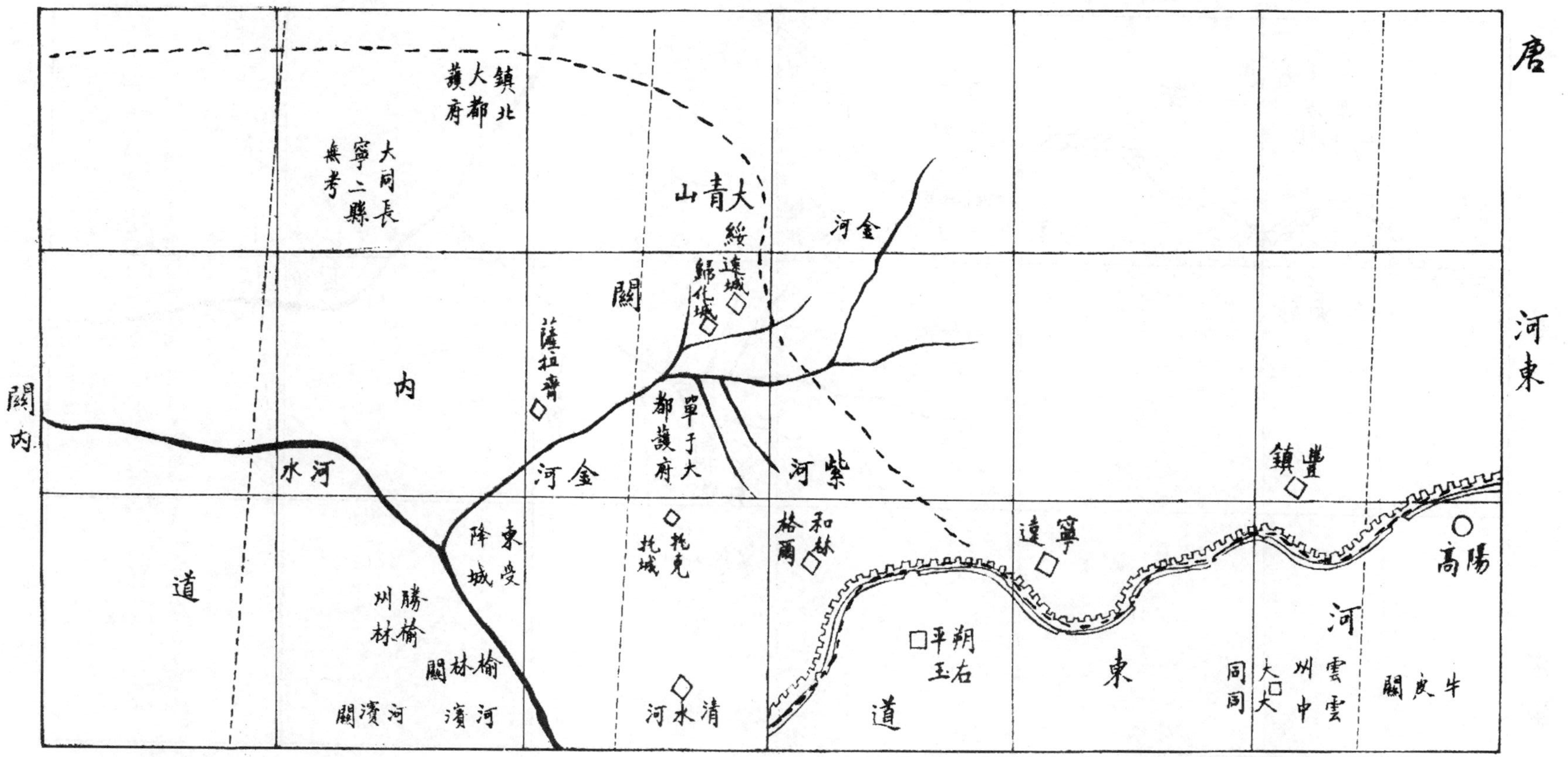
唐
河東
關內
鎮北大都護府
大同長寧二縣無考
大青山
綏遠城
歸化城
金河
關
內
道
薩拉齊
單于大都護府
紫河
河水
金河
東受降城
勝州榆林
榆林關
河濱
河濱關
托克托城
清水河
和林格爾
寧遠
豐鎮
朔平右玉
道
東
河
雲州
雲中
大同
大同
牛皮關
陽高

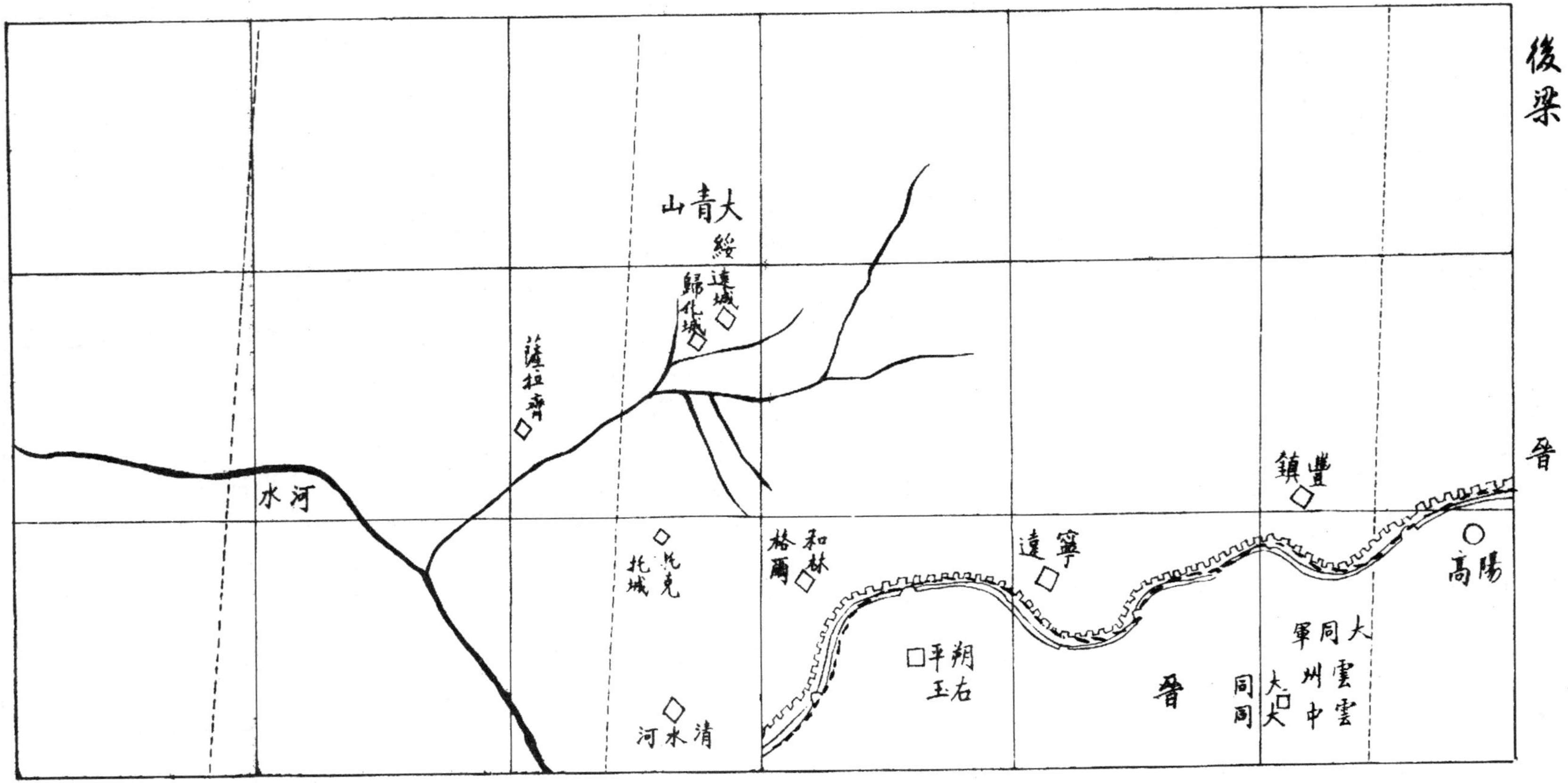
後梁
晉
大青山
綏遠城
歸化城
薩拉齊
河水
托克托城
清水河
和林格爾
寧遠
豐鎮
朔平
右玉
陽高
大同軍
雲州
雲中
大同
大同
晉

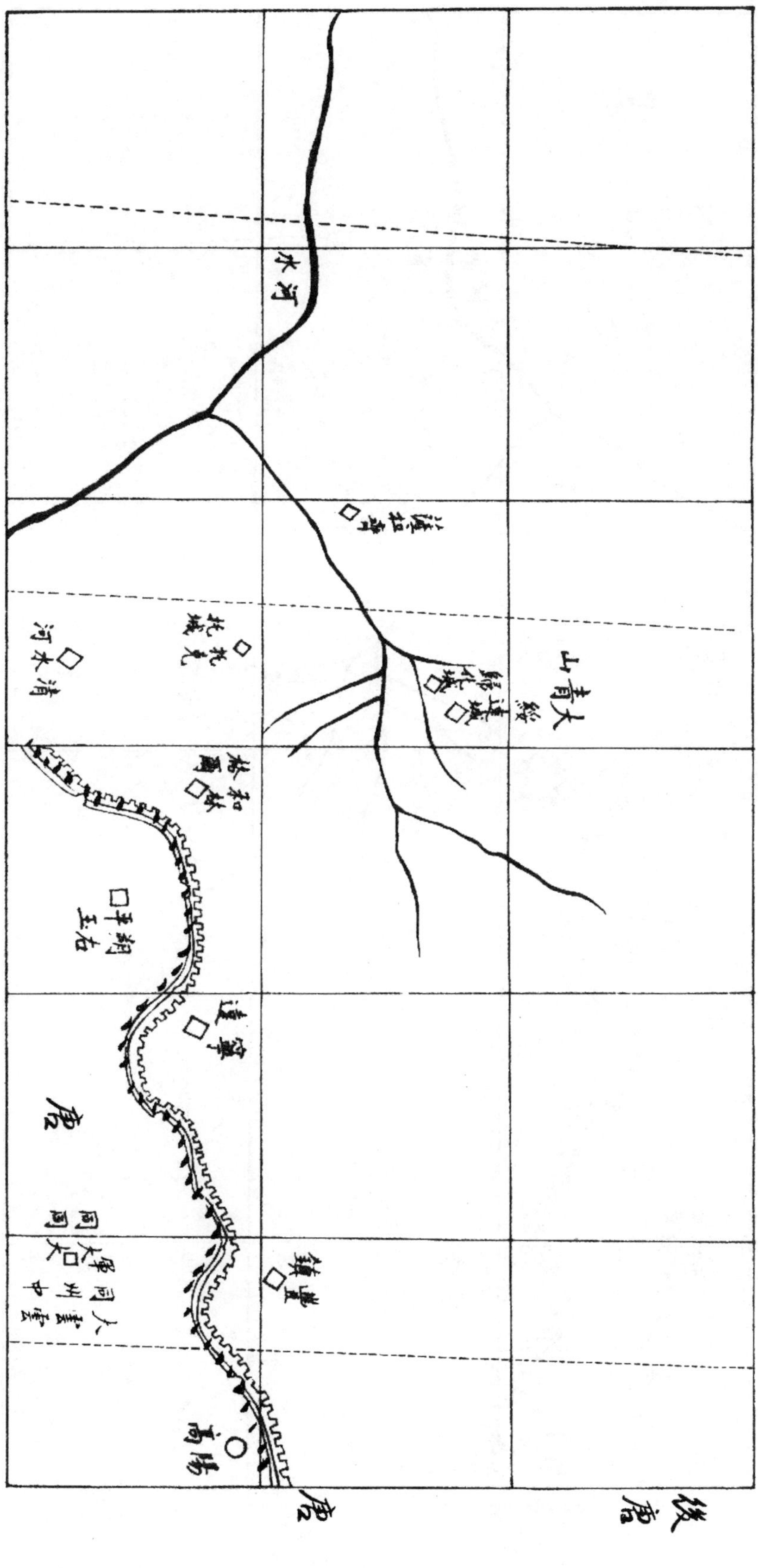
後唐
唐
唐
大青山
綏遠城
歸化城
薩拉齊
河水
托克托城
清水河
和林格爾
朔平
右玉
寧遠
豐鎮
大同
雲州
雲中
大同軍
高陽

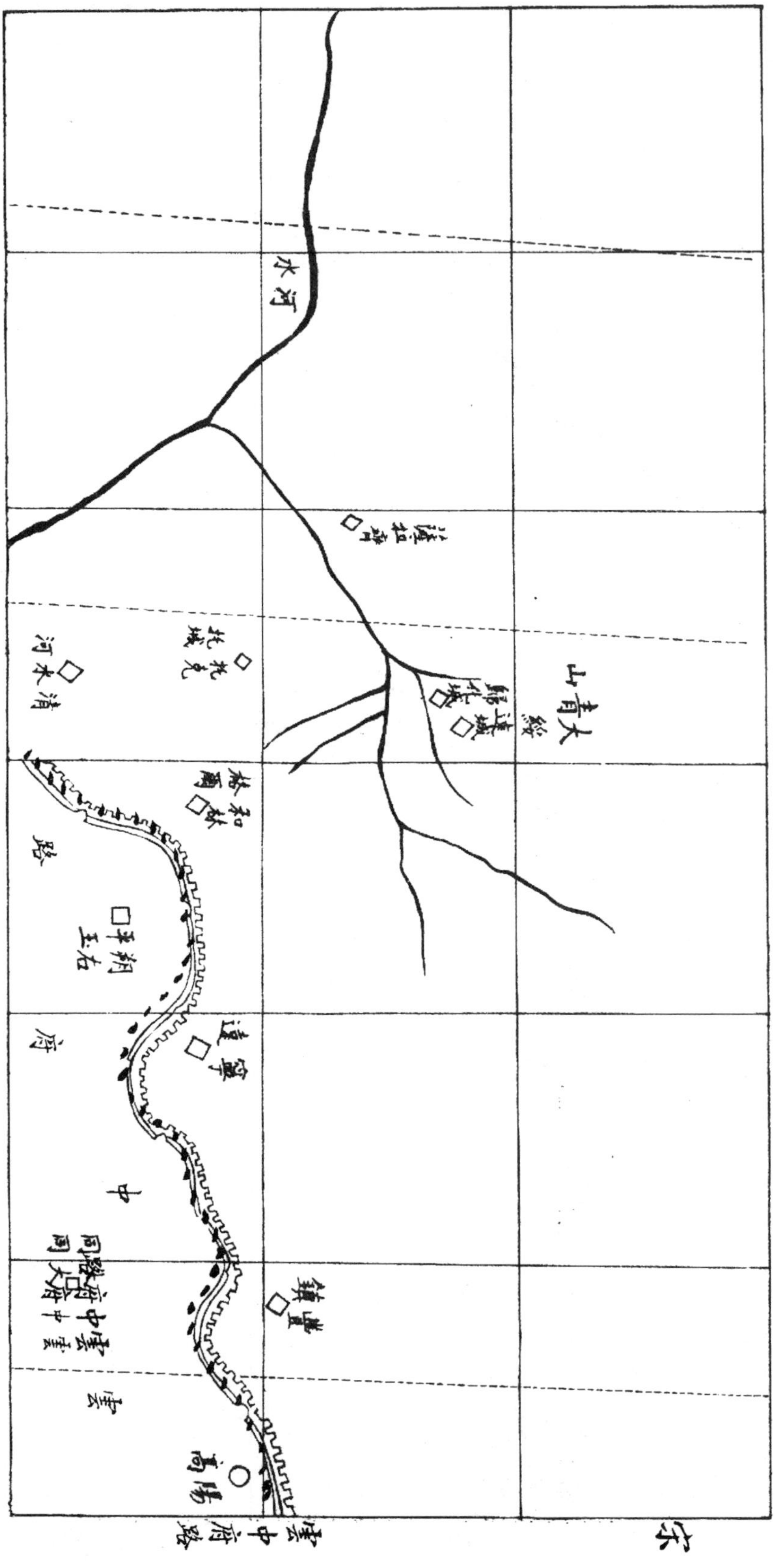
河水
大青山
歸化城
綏遠城
托克托城
清水河
和林格爾
寧遠
雲中府路
宋

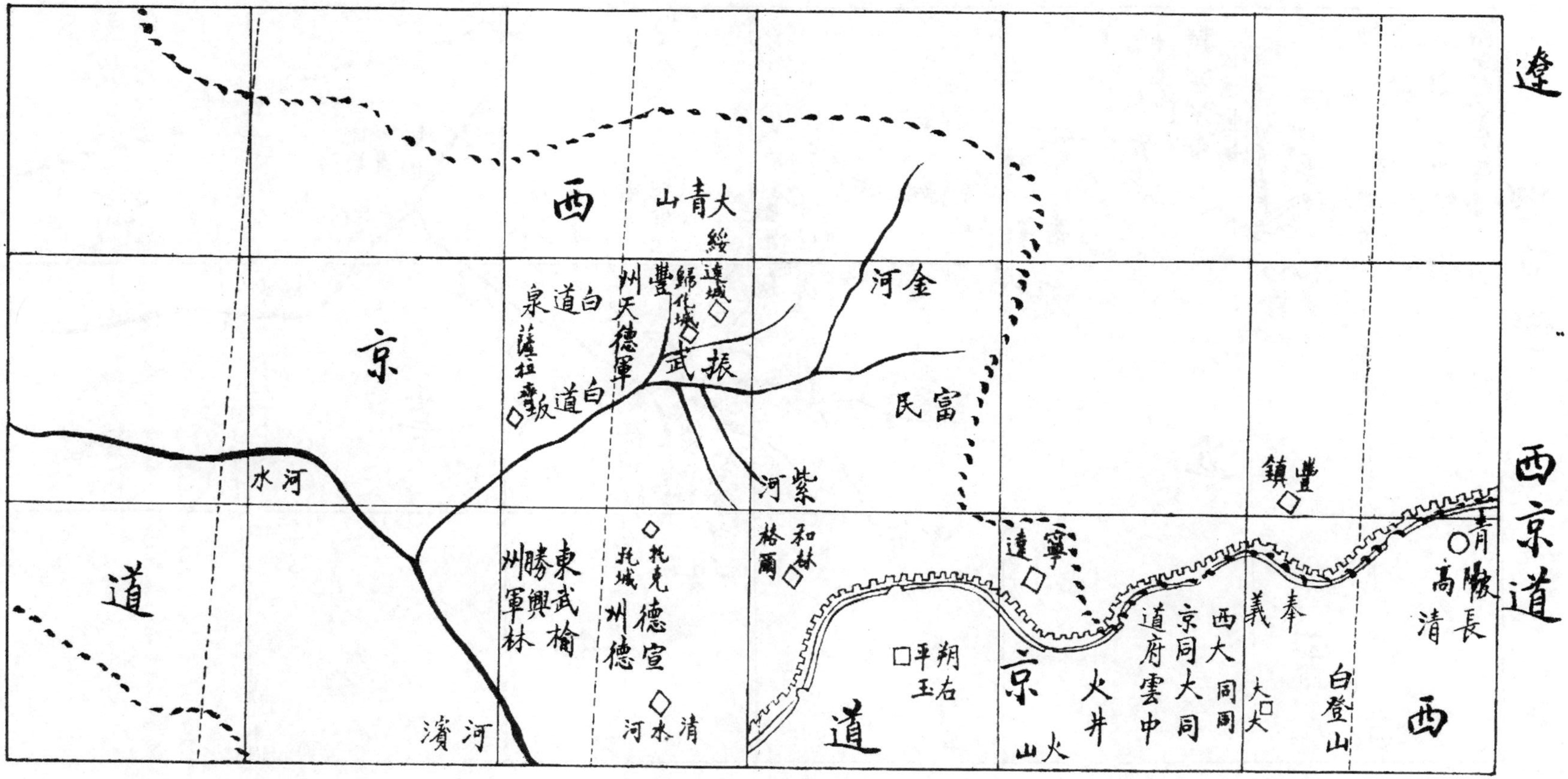
遼
西京道
西京道
大青山
綏遠城
歸化城
豐州天德軍
振武
白道泉
白道
薩拉齊
金河
富民
河水
紫河
和林格爾
東勝州
武興軍
榆林
托克托城
宣德州
清水河
河濱
寧遠
朔平
右玉
豐鎮
高柳
長清
奉義
大同
西京大同府
大同
雲中
火井
火山
白登山
西京道

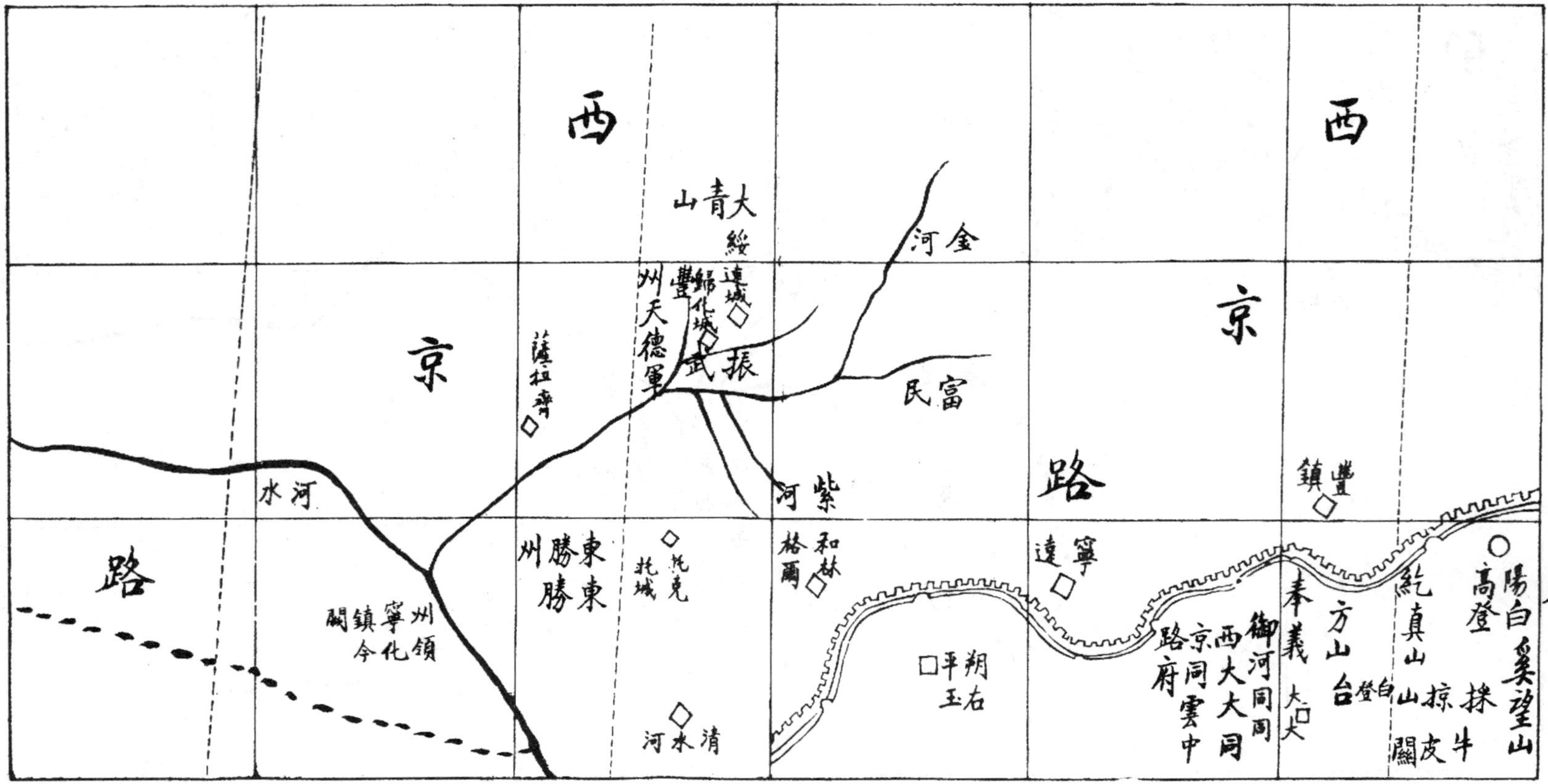

金 西京路

元

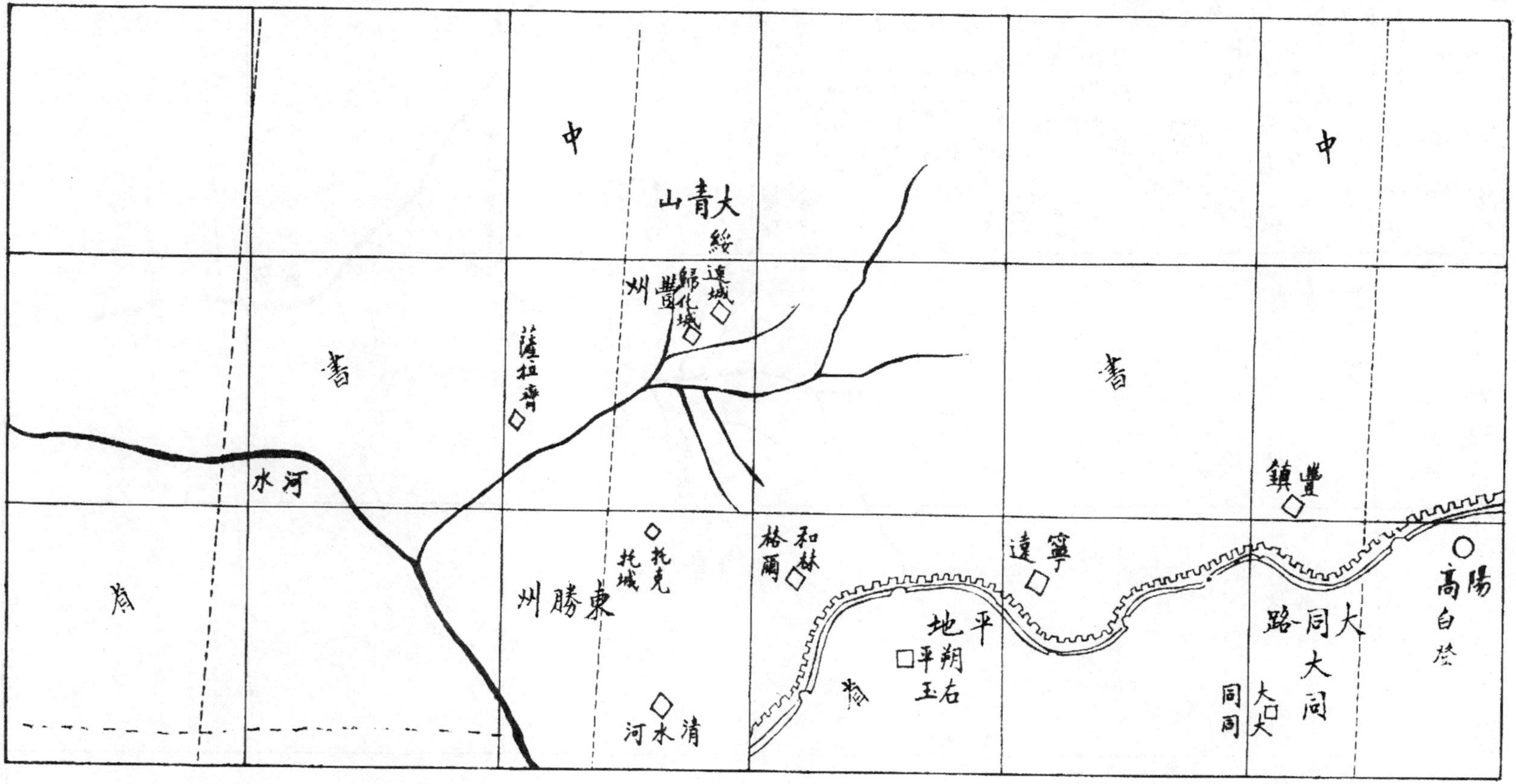
中
書
中
書
大青山
綏遠城
歸化城
豐州
薩拉齊
河水
東勝州
托克托城
清水河
和林格爾
寧遠
平地
朔平
右玉
豐鎮
大同路
大同
大同
陽高
白登

中書省

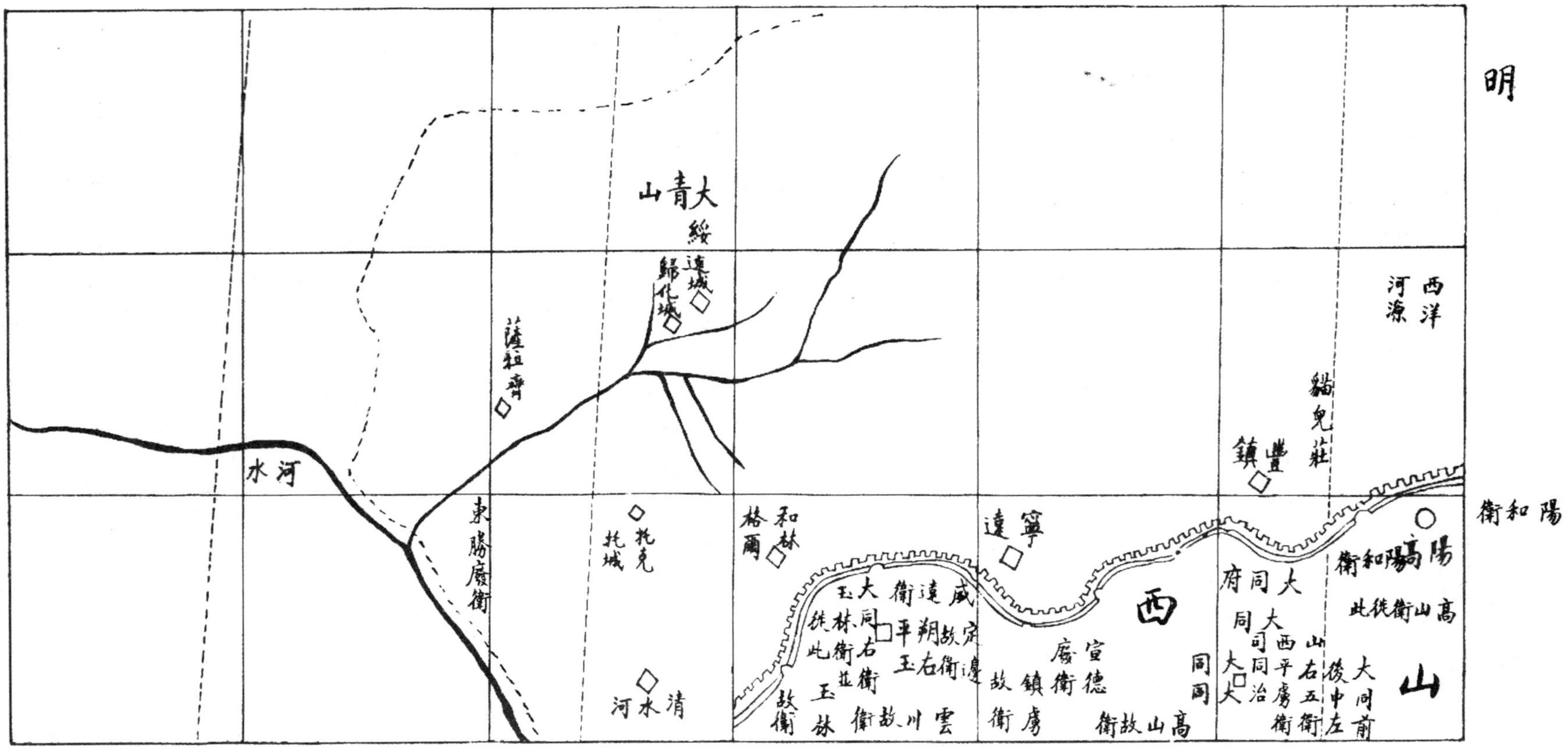

明
大青山
綏遠城
歸化城
薩拉齊
河水
東勝廢衛
托克托城
清水河
和林格爾
寧遠
豐鎮
貓兒莊
西洋河源
陽和衛
西
山
大同府

歸綏縣志

簡派綏遠省普通文官考試典試委員鄭裕孚纂

輿地志

沿革

舜置并州凡恒山及石嶺關以北皆屬之今歸綏縣地在并州徼外爲葷粥所居

右虞

禹貢九州圖今縣址在冀州徼外屬葷粥

右夏商

并州徼外地厥允居之

右周

葷粥　史記作薰育亦作熏粥孟子作獯鬻

厥允　虢季子白盤兮甲一作兮田盤不𡢁敦作厥允亦作厥𤞤又作

𡪞允詩作玁狁釋文玁或作獫

史記集解匈奴傳曰唐虞以上有山戎獫狁葷粥居于北蠻索隱葷粥匈奴別名也唐虞已上曰山戎夏曰淳維殷曰鬼方周曰玁狁漢曰匈奴

趙武靈王破林胡樓煩築長城自代並陰山下至高闕爲塞置雲中雁門代郡今縣址在雲中徼外一說在徼內自道嶺有趙長城故址

史記正義高闕山名在五原北兩山相對若闕甚高故言高闕

右戰國

始皇十三年趙雲中郡入於秦二十六年分天下以爲三十六郡北

據河爲塞幷陰山至遼東築長城爲北界三十三年西北斥逐匈奴自榆中幷河以東屬之陰山以爲三十四縣今縣址在雲中郡治之東北

右秦

雲中郡楚漢之際屬趙尋分屬代高帝三年屬漢四年復以屬趙六年屬代王喜十一年以邊郡收屬幷州刺史領縣十一雲中武泉原陽北輿楨陵沙陵陶林犢和陽壽咸陽沙南今縣址在雲中郡治王莽時易名受降及咸陽之東北單于臺之東南北輿之西

右前漢

案水經注又西南與武泉水合水南流又西屈逕北輿縣故城南寰宇記云北輿城在雲中北五十里似今縣卽北輿故址

王莽末盧芳與三水屬國羌胡起兵據邊郡光武興建武六年省四百餘縣十八年芳亡入匈奴二十二年匈奴北徙幕南地空二十四年冬十月匈奴薁鞬日自立爲南單于於是分爲南北匈奴二十六年南單于遣子入侍雲中等八郡民歸本土雲中郡凡十一縣雲中咸陽箕陵沙陵沙南北輿武泉原陽定襄成樂武進隸幷州後爲南匈奴所據靈帝末羌胡大擾雲中等五郡流徙分散建安十八年幷州省入冀州

右後漢

魏黃初元年復置幷州陘嶺以北地皆棄鮮卑居之鮮卑神元皇帝拓拔力微三十九年徙居定襄之盛樂今縣址在盛樂北

黃帝子昌意少子受封北土國有大鮮卑山因以爲號黃帝以土

德王兆俗謂土爲拓謂后爲拔故以爲氏後鮮卑大人軻比盡收

匈奴故地自雲中五原以東抵遼水皆爲鮮卑庭

右三國

拓拔分國爲三部穆皇帝猗盧統一部居盛樂故城今和林格爾北

土城子蓋是三年晉懷帝進猗盧爲大單于封代公有勾注陘北之

地八年晉愍帝復進猗盧爲代王烈皇帝翳槐城新樂城在故城東南十里

晉咸康四年拓拔昭成皇帝什翼犍年十九稱建國元年三年春移

都於雲中之盛樂宮四年秋築盛樂城於故城南八里今縣址在盛

樂之北平城之西北

右晉

什翼犍建國三十九年與苻堅戰不利崩苻堅以劉庫仁爲陵江將

軍與劉衛辰分國部眾而統之自河套東屬庫仁今之歸綏隸焉河以西屬衛辰登國元年正月魏主珪即代王位四月稱魏王天興元年七月遷都平城十二月稱帝國號魏嗣滅衛辰晉末義熙三年衛辰子赫連勃勃自稱大夏天王定都統萬在前套南

右東晉

南宋元嘉三年北魏太武帝燾始光四年六月克統萬神䴥四年夏亡魏置雲州領盛樂雲中等郡復置六鎮東至濡源西暨五原陰山日禦夷柔玄懷荒撫冥皆在今歸綏東日武川懷朔在今歸綏西盛樂郡領縣二歸順還安雲中郡領縣二延民雲陽今縣在延民及盛樂郡之歸順還安二縣北部

右南北朝

隋初置豐州雲州煬帝大業三年四月改州爲郡豐州爲五原郡雲州爲定襄郡七月築長城西距榆林東至紫河定襄郡領縣一大利帶郡有長城有陰山有紫河今縣在定襄郡之西北金河之北

右隋

唐初仍沿隋代州制以轄漢民後平突厥乃別置羈縻州以轄蕃戶漢則以州統郡蕃則以府統州龍朔三年置雲中都護府麟德元年更名單于大都護府縣一金河隸關內道

右唐

後梁後唐及石晉俱徼外地隸契丹梁末帝貞明二年八月契丹按巴堅拔朔州擒振武節度使勒石紀功於奇家南乘勝而東自代北至河曲踰陰山盡有其地十二月按巴堅改元神册是爲太祖五年

十月契丹攻天德拔其城徙民於陰山南更其軍曰應天後唐莊宗同光二年七月按巴堅殂太宗德光立晉高祖天福二年德光改元會同國號曰遼

右五代

太宗雍熙三年春正月以潘美爲雲應朔等州都部署楊業副之出雁門伐契丹天德軍都指揮王承美父子以豐州來降後復陷于遼

右宋

以大同爲西京置西京道設豐州天德軍節度使州有大鹽濼九十九泉没越濼古磧口青冢卽王昭君墓兵事屬西南面招討司統縣二富民振武今縣隸振武

右遼

西京路府二領節鎮七刺郡八縣四十鎮九皇統九年升豐州下天德軍節度使爲天德總管府置西北路招討司以天德尹兼領之大定元年降爲天德軍節度使兼豐州管內觀察使縣一富民鎮一振武今縣隸富民至河套一帶宋遼金三代俱爲西夏所有

右金

世祖置中書省統山東西河北之地謂之腹裡又置行中書省凡路府州縣皆直隸焉豐州舊有錄事司并富民縣至元四年省入州今縣在東勝州之東北即大同路豐州之故址

右元

洪武中豐州廢宣宗宣德元年復置并在殺虎口西北三十五里築玉林城在今縣西南築雲川城設衛戍守英宗正統十四年兩衛與

豐州俱內徙嗣俺答（一作諳達）住牧築城於豐州灘採木架屋以居謂之板升亦曰拜甡漢言屋也是爲西土默特世宗嘉靖三十九年劉渙襲俺答於豐州破之穆宗隆慶四年俺答乞封五年封順義王神宗萬曆十五年名其城曰歸化至河套內及青山北之伊克昭盟烏蘭察布盟終明之世未內屬

右明

太宗天聰八年親征察哈爾至歸化城（俗稱舊城）土默特部眾悉降後編爲二旗領以左右翼都統及四副都統其後青山北之喀爾喀右翼四子部落茂明安烏拉特六旗相繼來附錫號曰烏蘭察布盟黃河南之鄂爾多斯左右翼七旗錫號曰伊克昭盟是爲西二盟世宗雍正元年設歸化城理事同知隸山西朔平府高宗乾隆元年於城東

北五里建綏遠城新城俗呼四年移右衛建威將軍駐之並轄土默特及西二盟又設綏遠城理事同知增設協理通判六年設歸綏道爲山西各道之一以兩城同知及歸化城和林格爾托克托薩拉齊清水河善岱昆都崙七協理通判隸之二十五年改協理通判爲理事通判幷裁善岱昆都崙兩缺二十七年裁歸化城通判及左右翼都統副都統僅留副都統一人駐歸化穆宗同治四年以歸薩托和清稱口外五廳德宗光緒十年增設豐鎮寧遠兩廳稱口外七廳設撫民同知或通判俱兼理事銜惟綏遠城仍設理事同知二十九年增廳四曰武川興和五原陶林三十年復益以東勝一廳是爲口外十二廳以歸化爲歸綏道之首邑

右清

民國元年設歸綏道觀察使改廳爲縣同知通判改稱知事二年裁觀察使副都統置軍政民政兩廳以將軍爲行政長官與山西分治日特別行政區域復以綏遠城同知省入歸化日歸綏縣並改寧遠日涼城三年將軍改都統設道尹及土默特總管以豐鎮興和陶林涼城四縣隸察哈爾四年以歸綏北之可可以力更劃入武川作爲武川縣治十一年增設集寧縣十四年五月置大佘太設治局十五年一月增設包頭縣十七年改特別行政區爲綏遠臨時區政府十八年一月改行省設省政府暨民政建設財政教育四廳縣設縣政府改知事曰縣長豐鎮興和陶林涼城四縣仍劃隸綏遠十月增置臨河縣十九年增設沃野設治局二十年七月改大佘太設治局曰安北設治局全省凡縣十六日歸綏薩拉齊包頭豐鎮武川五原興

和集寧托克托和林格爾清水河東勝涼城陶林固陽臨河凡設治局二曰安北曰沃野歸綏爲附郭首邑

土默特旗卽歸薩托清和五縣轄境及包頭縣轄境之東部東至察哈爾藍旗南至邊牆西至烏拉特東公旗北至邊爾汗貝勒旗東南至殺虎口西南至鄂爾多斯準格爾達拉特兩旗西北至茂明安並沙爾沁河岸東北至四子部落旗土地隸於各縣旗務以總管掌之總管薦任職

右民國

西漢雲中郡雲中縣東漢雲中郡雲中縣俱在今歸綏西黃河東岸魏晉雲中縣隸幷州新興郡今崞縣西南七十里北魏雲中郡隸雲州今祁縣東唐羈縻關內道雲中府亦在綏遠境又唐雲中

縣宋雲中府遼金雲中縣俱今之大同

西漢定襄郡今歸綏南東漢定襄郡今右玉南隋定襄郡今平魯

西北唐羈縻關内道定襄府當在榆林縣境兩漢定襄縣俱在今

歸綏東其魏晉北魏唐宋金元明之定襄縣俱今山西定襄

隋唐西夏之豐州俱在河套西遼豐州隷西京道元豐州隷中書

省大同路俱卽今之歸綏縣址遼史地理志謂卽隋唐之豐州元

史因之皆誤

疆域

經緯　北緯四十度四十八分東經一百一十一度三十八分

面積　二萬六千六百五十方里東西廣二百一十里南北袤一百

四十里

四至八到　東至涼城縣界七十里西至薩拉齊縣界九十餘里南至和林格爾縣界七十里北至武川縣界四十餘里東南至涼城縣界六十里東北至武川縣界八十里西南至托克托縣界七十里西北至武川縣界一百里東南距涼城縣治一百四十里南距和林格爾縣治一百二十里西距薩拉齊縣治二百四十里西南距托克托縣治一百六十里北距武川縣治九十里

形勢　陰山爲屏黑河爲帶東控北平西連甘肅南爲山西之門戶北扼蒙古之咽喉居民商賈雲集四衝要域也

地質　大部分屬於黃河冲積層西歷一千八百六十八年美國地質學家本拍里氏謂黃河自河套而東遽取南北方向必爲近代所成其以前故道當自河套取道黑水經過岱哈以流入於今之

洋河復因陰山地層隆起始急轉直下而南故今之陰山以南土壤大部分含有黄河上游帶來之黄土及砂壤河流迂緩之處又得淤積之黏土故肥沃溪川自陰山而下大都匯入黄河其冲積之砂礫往往成一厚層故亦有表土較薄之地但深耕之後表土與黏壤之心土便可混合仍不失爲沃壤各區土地以第二區爲最腴三區有砂城四區多砂石賴有河渠之灌溉故穫量尙豐

山川

大青山　在城北三十里一曰大斤山或曰秦山曰青山其實卽陰山也自賀蘭山起横亘五原包薩歸綏之北武川之南蜿蜒而東北經内蒙古察哈爾熱河延袤至三四千里

明史嘉靖三十五年俺答老弱避暑大青山外

隋書史萬歲傳突厥達頭可汗犯塞萬歲自馬邑道出塞至大斤山

隋書趙仲卿傳從高熲指白道突厥悉衆而至會高熲大兵至合擊之虜乃敗走追度白道踰秦山七百餘里

方輿紀要大同府西北塞外有青山明嘉靖時中國叛人逃出邊者升板築墻蓋屋以居呼爲板升

史記匈奴傳趙武靈王築長城自代並陰山下至高闕爲塞

史記蒙恬築長城臨洮延袤萬餘里度河據陽山

後漢書郡國志注徐廣曰陰山在河南陽山在河北山西通志謂河南卽今河套無此高大之山綏乘謂大青山分爲二歧一歧向西北是爲狼山一名烏拉後山以其在河北故古人謂之陽山一

岐向西南是爲烏拉山土人對後山而言因謂之烏拉前山古黃河本由此山之北東注行至石門障由山之斷峽處南流合於南河遂將烏拉前山包於河南故古人謂陰山在河南古所謂陰山陽山者指山之分岐處言非指大青山之全部

水經注山在中國之極北故名陰山水北曰陽山在河水之北故亦謂之陽山

括地志陰山北戎在朔州北塞外

九邊攷自陰山而北皆大磧

一統志陰山俗名大青山

穆天子傳戊寅天子西征鶩行至於陽紆之山又癸丑天子大朝於燕然之山河水之阿

山海經鍾山之神名曰燭龍淮南子謂燭龍在雁門北穆天子傳作舂山云天子北升此山以望四野

裕孚案陽紆山有謂卽陰山燕然爲陰山之一段又謂舂山爲鍾山同韻之轉俱卽陰山待考

白道嶺　在城北三十里一名瓮衮壩轉爲蜈蚣省作吳公其西爲白道中溪一名克魯庫谷

水經注芒干水又西南逕白道谷口有城在右縈帶長城背山面澤謂之白道城自城北出有高阪謂之白道嶺

北史魏正光五年六鎭叛李叔仁與破六韓拔陵戰于白道敗績

北齊書天保六年自晉陽親擊柔然自白道留輜重帥輕騎五千追柔然及之于懷朔鎭大破之至沃野鎭獲其酋長

隋書開皇三年命楊爽等出朔州道討突厥遇之於白道擊敗之五年突厥沙鉢略爲西突厥及契丹所敗因請度漠南寄居白道川許之

唐書貞觀四年李世勣出雲中擊突厥大敗之于白道旣復追及之踰白道川又李靖自定襄引兵會世勣于白道至陰山破突厥部落十五年薛延陀度漠南屯白道川

括地志魏武川鎭北（案當作南）有白道谷谷口有白道城

通典武川鎭在白道中溪水上

奉使日記自歸化城入山有土城廢址十五里踰嶺方言昆都倫大壩五里下坡石溝崎嶇車馬難行六十里駐昆都勒必納峽行橐駝自此始（自注山路險遠抵中國百六十里）二十三日折而東向踰平嶺四十

里駐席喃莫洛

裕孚案昆都倫大壩卽吳公壩平嶺卽翁袞鄂博岡

方輿紀要後魏雲中鎭有白道嶺白道川

朔平府志神山在歸化城北四十里（一名瓮袞山）

山西通志輯要翁袞山在城北三十五里上有元時所建甸城廢址（案山卽白道嶺也）

綏遠分縣調查概要神山吳公壩白道嶺實一山而異名

蟠龍山　在舊城東北三十里之生蓋營北虎頭山迤西十餘里大青山支脈也山腰石級蜿蜒似龍蟠故名山有古塔相傳漢光武帝建塔側有洞五六對面爲六郎洞有箭一頫巨土人謂六郎射大青山者說殊謬復有飛瀑流泉諸勝

何田貴山　在白道嶺北上有阿計頭殿遺址寰宇記作都田貴山郡國志後魏行宮在此俗曰何頭殿

虎頭山　在縣治東北奎素溝内一名虎崖亦名虎峯嵯峨如虎昂首水直下懸流數百尺

臥牛山　在畢克齊鎮如牛臥狀尾北頭南又似一角挺出狀俗曰牛角旋峯

石獅子山　在古城把什板申兩鄉間形似獅子故名

馬頭山　在筆架山南里許孤峯聳峙插漢干霄望之似馬頭故名

金鑾殿山　在城西北相傳清聖祖曾駐蹕於此

玉帶山　在包爾合少北白石數十丈横亙山腰遥望如玉帶

硯台山　在筆架山前五嶺蟠結登山遠眺樓台烟火歷歷可數

西筆架山　在城西北二十里烏素圖村三峯並峙出諸山上

雕窠山　在哈拉沁溝山形聳峭石牙森列極爲險峻

稱錘山　在哈拉沁溝口以形似得名

紅山　在城東北二十五里蒙語謂紅爲烏蘭故又名烏蘭察布山

歸綏識略紅螺谷在城東北二十五里蒙古名烏蘭察布卽四子部落會盟所也

裕孚案烏蘭察布會盟所在大青山後卽烏胡克圖在可可以力更赴烏蘭花大道之東紅螺谷之曰烏蘭察布蓋異地而同名耳識略誤

黑山　在城東北蒙語謂黑爲哈喇故又名哈喇克沁山小黑河源於此

金史地理志豐州富民縣有神山黑山

綏乘黑山爲魏帝數軍實處哈喇沁山則小黑河之源也

裕孚案黑山卽哈喇克沁山

石綠山

山西通志輯要石綠山在城西七十里蒙古名哈爾金和邵出石綠

牛心山

山西通志輯要牛心山在城西北一百一十里蒙古名顏朱爾克山

元寶山 在城西微北

嶋鵴山 在城西北

烏素圖谷　在舊城西北東烏素圖村谷延四十里紅杏數千株列山麓沿谷溪流若盤腸然東西烏素圖以谷爲界

黑勒庫谷　在城西北七十里土名黑牛溝

榆溝　在城東北俗名石人灣一名烏里雅蘇台

歸綏識略榆溝在城東北九十里

喇嘛洞　在畢齊克齊北廣化寺外山坡高處升石級百有二十始至洞洞外建樓三層供佛像甚夥

銀洞　與喇嘛洞毗連相傳有老僧入洞阻溪水後遂無再至者

大黑河　在城南二十里即水經注之荒干水一作芒干有二源一出武川東南速力兔甲拉兔二村之西山一出武川上高速太之北山自東北而西南至下拐角鋪合流繞縣南復納眾水至北園子經

托克托縣入黃河

漢書地理志定襄武進縣注白渠水出塞外西至沙陵入河武皋縣注荒干水出塞外西至沙陵入河

元史海都列營帳於黑河上跨河爲梁以便往來

水道提綱黑河卽古白渠荒干水亦曰金河源出殺虎口外鑲藍旗察哈爾東北七十里海拉蘇台坡名喀喇烏蘇西北流有納札海河安達河朱喇馬台河皆自東北山來會又西流受北來之德布色黑河水又西南流合東來之哲爾德河始名伊克土爾根河折正西流至歸化城南

一統志黑河在古豐州境源出官山西流入雲內州界至東勝州入黃河

朔平府志官山在歸化城東百餘里九十九泉經城南二十里爲大黑河至脫脫城西南伏流入黄河

綏乘官山在茂明安旗西南七十里見蒙古游牧記志說待考又一統志官山在大同府城北五百餘里山上有九十九泉流爲黑河九十九泉今無考

歸綏識略黑河在城南二十里蒙古名伊克土爾根河源出鑲藍旗察哈爾東北七十里海拉蘇台坡名喀喇烏素

綏遠概況大黑河一名伊克圖爾根河古之芒干水也亦名金河舊說發源於歸綏東北之官山實則大黑河之源殊不止此其最初會合數水雖各有專名然均爲黑河之源迨既納哲爾德河水之後始名伊克圖爾根河古籍于最初數水未能悉舉其名故統

稱之曰芝干水自羣流會合由歸綏東北之下拐角鋪繞出縣南沿流復納衆水至北園子村入托克托縣境而注于黃河自發源至入黃河所納南北諸水不下十餘茲擇其較著者分紀如下納扎海河安達河朱喇馬台河皆發源于歸綏東境山谷中爲大黑河諸源之一會于喀喇烏蘇是爲芝干水北德布色克河哲爾德河一源于德布色克山一源于涼城縣北境均會于芝干水自此以下始名大黑河

小黑河　在城南十里卽紫河一名巴哈圖爾根河又名哲爾河古武泉水也源出歸綏東北哈喇克沁山流經城南十里又西南至紅津注於大黑河

水經注有巴哈土爾根河卽小黑河也自東北山西南流經城西

南會札達海河來會

歸綏識略小黑河在城南十里蒙古名小土爾根河西流四十里至渾津入大黑河朔平府志謂源出左右山谷以今考之則自城東北討速號溝發源疑小黑河爲白渠之俗名大黑河爲荒干之俗名也

裕孚案白渠水在荒干南今名黄水河識略似誤

綏遠旗志小黑河在城南十里發源東北哈喇克沁山卽水經注之武泉水也隋書謂之紫河下流至阿力拜村

哈拉沁河　發源東北山麓流經綏遠城下爲護城河

札達海河　源出紅沙子口數泉合流數百步外入地至公主府復出民鑿渠分之爲二一繞城隍廟左引漑東北一帶園圃一由廟

後西南繞民政廳及縣政府前西南行至波林代入小黑河

水道提綱自東北山西南流經城西南會札達海河來會

營房前水　發源東北山麓流經城隍廟前西入札達海河

吳公壩口水　發源城北吳公壩南流至民政廳前合於札達海河

烏素圖河　發源烏素圖谷南流至二道河入札達海河

西拉烏蘇河　經西溝門河東北流合涼城境之茶坊溝水折而西

南下至阿力拜入大黑河

水道提綱黑河又西流有西拉烏蘇河呼圖克圖河二水源自殺

虎口北山西北流合而來會

山西通志河即水經注之白渠水也寰宇記謂之濛水今名黃水

河出和林格爾廳東

綏乘西拉烏蘇河一名什拉烏蘇呼圖克圖河古白渠水也源出殺虎口北山合流經和林格爾東迤北經歸綏南境西行會於大黑河

綏乘山西通志白渠水爲今黃水齊氏所叙殊略據今圖水出寧遠廳北百八十里之五吐魯南左合一水曲行山澗中七十許里與東來之一水會折西流逕西溝門又一水南來注之溝古參合陘也又西出溝徑和林格爾廳北之上土城北水經注所謂西北逕成樂北者又西有水自廳西北來注之入托克托廳界西徑黑城北在縣東六十里有泉出城西北來會又西北流三十里與黑水河合

哈爾几河黑勒庫河　在畢齊克齊北哈爾几河一名水磨溝河西爲黑勒庫河一名黑牛溝河卽水經注之白道中溪也自可可以力更來兩水合流北山諸小水注之田圃多資灌漑流經波林代

入大黑河

多羅圖河

綏乘哈爾几河黑勒庫河多羅圖河三水河流古白道中溪也源出武川之翁衮鄂博岡經歸綏之畢齊克齊北南行會於大黑河

綏遠概況哈爾几河源出武川之翁衮鄂博崗經歸綏縣西七十里之水磨溝卽古白道中之溪水也復由畢克齊南流數十里入大黑河黑勒庫河與哈爾几河同源出黑勒庫谷經畢克齊察素齊之間南流合哈爾几河入大黑河

綏遠分縣調查概要哈爾几河黑勒庫河卽黑牛溝河多羅圖河三水合流卽水經注之白道中溪在城西七十里源出武川之翁衮鄂博崗經縣境之畢克齊鎮北南行會於大黑河土人謂黑勒庫河

一名小東河哈爾几河一名大東河
察蘇齊河　在黑勒庫西三十里一名萬家溝與察素齊鎮西北榆
樹溝河合卽水經注之塞水也下流合榆樹溝一作朱爾溝水至鐵帽
爾歸於大黑河
水道提綱黑河又西流有哈爾几河黑勒庫河多羅圖河察蘇七
河諸水俱自北來注之
綏乘察蘇齊河一名察蘇七河古塞水也源出萬家溝據綏遠旗志東西二泉
經察蘇齊鎮歷薩拉齊東境至托克托境入大黑河
綏遠分縣調查概要萬家溝河一名察素齊河卽水經注塞水也
源出萬家溝東西二泉流經察素齊鎮歷薩拉齊東境至托克托
境入大黑河

裕孚案萬家溝水灌溉沙爾沁西梁古城把什板申察素齊五村幷薩拉齊雲社堡之地夏秋山水漲發時西櫃南櫃老大櫃缸房五里坡毛惱亥平基七村及薩拉齊參將等村之地亦賴淤灌

石人灣水　自涼城界入境至豪賴溝入大黑河

二十家子河　在城西南自和林界西北入境至北園子歸大黑河

老龍潭　在舊城東數百武地名臥龍岡側有泉水甘洌

虎頭山龍潭　在虎頭山南二里許水由山巔小澗而下一瀉數十丈如白練千條落水處曰龍潭冬夏不枯竭

萬家溝龍潭　在學畫窰子山迤東數里潭周三十餘步

神泉　在萬家溝內土名水神廟東西二泉澄清澈底

儻不浪村靈泉　在龍王廟前水紫色有蘋藻

城南温泉　在城南土堡外菜圃中水性温蔬圃資灌溉

烏素圖温泉　在龍王廟左冬不凍草仍碧

黑水泉　在畢齊克齊南六里

十八眼泉　在牌樓板升外平地出泉縱横凡十八眼泉清而甘土人名九龍十八眼

玉泉井　在大召前清聖祖駐蹕過此馬踏地有泉出泉味清甘四時不竭居民建祠其上水側流數步北滙爲池上覆巨石鑿孔入

海竄　在舊城東南泉高於地四周石甃水量冬夏如一旁有隙水出焉左右園圃利之

瓦房院湖　在瓦房院北周二畒餘産鯉土人謂之小海子

區村

第一區　公所設舊城轄二百九十九街面積七十七方里東至第二區橋靠鄉西至第四區西龍王廟鄉南至第三區星星板鄉北至車站北

梁山街　大東街　小東街
大南街　小南街　棋盤街
馬路街　牛道街　圪料街
大西街　小西街　膩旦街
橋頭街　長勝街　通順街
牛橋街　草橋街　草市街
太平街　小北街　寬巷
井兒巷　王家巷　寧武巷
剪子巷　興隆巷　定襄巷
頭道巷　二道巷　三道巷
一人巷　石頭巷　隆茂巷
史家巷　文廟巷　官店巷
南樓巷　依仁巷　壽陽巷
家廟巷　牛頭巷　大廳巷

大南巷　大北巷　小北巷
大東巷　大西巷　樓兒巷
監墻巷　口袋巷　馬號巷
周家巷　學道巷　四和巷
司馬巷　馬道巷　太管巷
楊家巷　水渠巷　馮源巷
東寺巷　頭道巷　二道巷
寬巷子　馬蓮灘　吉興里
東菜園　南菜園　小花園
南茶坊　北茶坊　西茶坊
東沙梁　西沙梁　北沙梁
民東沿　民西沿　西河沿
縣府前　縣府後　九龍灣
縣府東　縣府西　老李坟
民廳後　水磨後　西口外
孤魂灘　後沙灘　園子外
大十字　新城道　海窟街
東順城街　西順城街　南順城街
大召前街　小召後街　新召前街
湯溝沿街　通順西街　民市南街
民市北街　三官廟街　羊崗子街
東得勝街　西得勝街　上柵子街

東馬道街　北門内街　西馬道街　北門外街　營房道街　官園子街
東門内街　呂祖廟街　東門外街　公義店街　十間房街　民樂社街
新城道街　丁茶館巷　永光店巷　三星成巷　晉陽樓巷　龍門店巷
三賢廟巷　蕎麥皮巷　會仙樓巷　取盛店巷　奎星樓巷　東鞋襪巷
喇嘛廟巷　會元坊巷　財神廟巷　小二道巷　平康里巷　美人里巷
義豐店巷　楊樹園巷　穿行院巷　水車園巷　大東園巷　便宜齋巷
大御史巷　白公雞巷　小御史巷　川行店巷　太和居巷　西鞋襪巷
西成店巷　榮升元巷　薰皮房巷　翠花宮巷　萬順店巷　大興泰巷
大范家巷　小范家巷　長和廊巷　周紙房巷　長安店巷　觀音廟巷
奎隆永巷　議事廳巷　興隆永巷　老府店巷　剃頭樓巷　二公館巷
恆昌店巷　天裕翔巷　四眼井巷　地畝局巷　萬盛合巷　福義隆巷

天元號巷　禮拜寺巷　城隍廟巷
伊哈達巷　十王廟巷　龍王廟巷
太平召前　公安局前　東召黑泿
大召東蒼　大召西蒼　東苛家灘
西苛家灘　小召東夾道　巧爾齊召巷
美人橋南街　美人橋北街　東五十家街
西五十家街　東五道廟街　西五道廟街
大召東夾道　大召西夾道　南柴火市街
牛橋東河沿　牛橋西河沿　牛橋南河沿
光龍馬店巷　乃莫齊召西夾道

右舊城街巷

東街　西街　南街
北街　總局街　蘇虎街
法院街　書院街　城防街
家廟街　棋杆巷　仁普巷
糖房巷　東廳巷　馬稅廳街
財神廟街　建設廳街　糧餉府街
西落鳳街　東落鳳街　關岳廟街
書院西街　日盛茂街　聚隆長街
老缸房街　隆世豐街　元貞永街
山神廟街　五區後巷　西夾道巷
二營小巷　慶恆泰巷　傅茶館巷

碾子房巷　陽泉前巷　陽泉後巷
王德小巷　工藝局巷　二眼井巷
廂蒙前巷　廂蒙後巷　老缸房巷
慶豐泰巷　旗杆前巷　公義泉巷
轆轤把巷　法院後巷　書院前巷
銀匠鋪巷　福順公巷　天啟恆巷
元貞永巷　五道廟巷　大興當巷
蒙古場巷　乾泰泉南街　乾泰泉北街
正白二甲街　北馬神廟街　南馬神廟街
乾泰泉後巷　乾泰泉小巷　馬稅廳小巷
江南館前巷　江南館後巷　山神廟後巷
日盛茂前巷　日盛茂後巷　大興當後巷
南牛肉鋪巷　北牛肉鋪巷　柴火鋪前巷
柴火鋪後巷　義成泉前巷　義成泉後巷

右新城街巷

張家巷　小東巷　小西巷
東馬路街　西馬路街　南馬路街
北馬路街　東華棧街　新安里街
洪橋村街　甲山里街　糧棧大街
塞北關街　官房子街　三盛棧巷
郵政局巷　華安棧巷　四合店巷
崔家北院　崔家南院　電燈公司街

右車站附近街巷

第二區　公所設城東白塔鎮轄七鎮九十四鄉五十村面積一萬八百方里東至東干只胡洞界武川縣西至新城南至三十俱窰鄉界涼城縣北至那只害村界武川縣

白塔

哈拉沁 三把樹村

買岱爾

討不氣 大西溝村小謝岱村大成窰村

壕沁營 鄭家沙梁子村

壩口子

保爾合少 碌油溝村

右鎮

水磨

奎樹

集賢

南店

朱海 朱海窰村朱海惱包村

惱包上

三應窰

大窰子 將台村板旦石溝村

郭家營

安甯

古路

麻什 公盖太村

五路

羊群窰

合昌圖

新莊子

蘇木沁

什蘭岱

郜獨利
喬家營陳家營村
橋靠爾
搗黑楞

寶全莊
小台什
後窰子畔溝子村東畔溝子村
大台什樊家營村

圪老板舍北崖村
後三富
前三富
雙樹爾周富村

邢家營
莊子上前後水泉村
太平莊
不搭氣

野馬圖
卯獨沁
府新營
大蘇計小蘇計村

滕家營壩堰村
黑土宂
老贊窰
北水泉西紅橋村

一家村
添密爾添密灣村
生蓋營楡樹溝村
三合村

如意和
哈拉更
焦贊墳壩底村小東溝村
六倶牛

十字溝
西河社面舖窰村郭蘭窰村楊氏窰村
小井溝
毫順溝頭二三道溝村

沙灣子半山子村大小毛忽洞村板定營村大小段家營村
潮岱楡林
東把柵爾

三十壩窰
廠汗圐圙
西討號板
頭二道河

徐家沙粱
寶樹圐圙
格爾嶋鶓
南討速號
北討速號
烏蘭不浪
古樓板申
甲蘭板申
黑炭板申
廠汗板申
塔布板申
姑子板申
麻花板申
羊蓋板申 達賴營村明松營村
紅沙口子
代州營子
東黃合少 圐圙地村西梁上村
西黃合少
二十家子 石門子村惱包溝村新地溝村
古力半烏素
東干只胡洞
西干只胡洞 喇嘛窰村韓家營村
溝口喇嘛營 郝家營村
東五十家子 石人灣村
西五十家子
紅忽吉討號 東梁村南園村
南一間房子 小一間房子村
北一間房子
前後羅家營
上石頭新營 曹家營村破廟子村崔家坡村
下石頭新營
塔布禿力亥
前後乃莫板申

右鄉

第三區　公所設城南茂林太鄉轄二鎮一百二十六鄉面積八千方里東至第二區羊蓋板申鄉西至第四區前朱堡鄉南至大路

一間房子界和林北至第一區南茶坊

三兩莊　右鎮　沙爾沁

西地　姚府　八拜
根堡　甲爾旦　南雙樹
什不更　達賴莊　南台什
耳林岱　前朱堡　渾津橋
阿林潮　新營子　磚格兎
茂林太　沙爾營　小黑河
潮忽鬧　五里營　東壩上
本塔爾　西莊爾　六犋牛
孫得利　吉牙兎　補圪兎
七圪太　阿力拜　店爾上
格爾兎　大圖賴　泉子上
百什戶　東水泉　舍必崖
拐喇嘛　西瓦窰　黑沙圖
高廟子　沙粱子　茂盛營
喇嘛營　牛牛營　忻州營
賈家營　三里營　寇家營
劉家營　姜家營　興旺莊
宋家莊　大有莊　張家莊

杜家莊 西王莊 八里莊
太平莊 大劉莊 潘家莊
趙家莊 蘇家莊 天平營
前巧爾報 後巧爾報 姑子板申
桃花板申 姑姑板申 色金板申
星星板申 宿泥板申 窰窰板申
色肯板申 溝子板申 牌樓板申
達賴丹壩 古力丹壩 西嶋鵖氣
南嶋鵖氣 中嶋鵖氣 王畢斜氣
南討不氣 什不哈氣 阿林章壩
西甲藍營 西班定營 南毫沁營
前毛道營 後毛道營 東甲藍營
東班定營 東大黑河 西大黑河
前白廟子 後白廟子 阿哥營子
連家營子 邢家營子 練家營子
田家營子 郭家營子 范家營子
花狗營子 馮四營子 豐厚莊子
烏蘭把兔 三仙莊子 老龍不浪
東王家莊 西劉家莊 小劉家莊
西廠克爾 東什拉烏素 西什拉烏素
東章蓋營子 南章蓋營子 大小一家村
新圪力圪太 舊圪力圪太 劉家二道河

李茂章蓋營　大路一間房子　岑胡一間房子
蘇光州白廟子　天豐永白廟子　討爾號一間房子
右鄉

第四區　公所設城西畢克齊鎮轄二鎮一百三鄉二十二村面積七千七百七十方里東至縣城西土圍墻西至西淤地界薩縣南至黑河上界托縣北至大青山陽元龍五合社界武川

察素齊
畢齊克齊北園子村小古城村𡇔包子村南園子村牛羣房子村官保圐圙村
右鎮

平基　藍鞊　栽生
嶋䳺　南什軸沙梁村西南什軸村　北什軸
討爾號耿家營村　打爾架　台格木
什報氣　和順店　水磨上
濱州海　常黑賴　圪速蹝
北園子　麻黑賴　黑河上
大里保　什兵地　一前晌
集合社　把什戶　白只戶
珠爾溝　葛家溝　黑牛溝烏蘭板申村

東紅岱　西紅岱　後紅岱
主根岱　波林岱　後朱堡
南海流　中海流　北海流
董家營出堰村　劉家營　牛牛營
耿家營　孔家營　蘇蓋營
毛扣營　古城爾　把什爾小把什爾村
鎖號爾　羊羔爾小羊羔爾村　鐵帽爾沙梁子村小鐵帽爾村
忽賽爾東柵子村　成留爾　帳房爾雞蛋板申村
襖太爾馬圈村　烏爾素　點爾素
那速圖　西梁上　四合社
門沁壩　紅崖甲　點什氣
柳樹灣　毛撓亥　蘇保蓋
硝池子　瓜房子白塔爾村　溝口子
新營子　惱木汗　西淤地
八里莊　店爾上　攸攸板申
刀刀板申　七炭板申　什拉門更
東倘不浪　西倘不浪　西龍王廟
大畢斜氣　王畢斜氣　兩施格氣小兩施格氣村
東烏素圖　西烏素圖　下十里坡小里保村
東討合氣　西討合氣　西溝七村
下十里坡　襖爾圪滲　二道河子
玻璃圪沁　西沙爾沁　瓦窰圪沁小瓦窰圪沁村

忽拉格氣　楊家堡子　大小圪賁
東三間房　西三間房　元龍五合社
上下五里坡　西一間房子　西溝子板申
廠汗禿力亥
右鄉

古蹟

趙長城　在白道嶺上

史記匈奴傳趙武靈王北破林胡樓煩築長城自代并陰山下至高闕爲塞

水經注白道嶺上有垣若頹基沿溪互嶺東西無極疑趙武靈王之所築也

清一統志在歸化城北陰山

北魏白道城

水經注芒干水西南逕白道南谷口有城在右縈帶長城背山面
澤謂之白道城自城北出有高阪謂之白道嶺
北魏阿計頭殿宮城 在白道嶺北阜上
水經注魏帝行宮在白道嶺土阜上其城圓角而不方四門列觀
城内惟殿臺而已
遼豐州富民縣故城 在城東三十里之白塔鎮塔南北各有故城
一俗呼華嚴城其詳無考
巴爾哈孫舊城
綏遠志在渾津村南十里外距城四十四里
裕孚案歸綏識略綏遠志綏乘所述故城在歸綏境者凡十餘
處詳考載籍俱未確故從闕

豐州灘

山西通志輯要在廳西一百二十里蒙古名伊克蘇爾哲源出蘇爾哲谷東南流入黑河

綏乘俺答駐牧豐州灘築城架屋以居謂之拜甡後封順義王名其城曰歸化卽今歸綏輯要謂灘在城西待考

清公主府　清康熙中公主下嫁額駙策倫敦篤建府於舊城北五里有清聖祖御書靜宜堂及四字句詩扁額各一今作省立第一師範學校校址墓在買岱村

瑞芝堂詩鈔古豐北郭有公主府父老相傳當前清康熙朝欲以羈縻政策使外蒙永奉正朔乃以某公主下嫁於土謝圖汗某王世子爲和親計不意公主行抵歸化城不願北去遂築邸於此而

留居焉

丹府　在舊城北門內路西土默特左翼都統丹津舊第有清世宗

御書遠上寒山石徑斜詩扁額

漢王昭君墓　在舊城南二十里高二十丈闊五十畝有土道可拾

級而登墓前石碑六

宋史太平興國八年豐州刺史王承美敗遼師追北至青冢北百

餘里

遼史神冊元年八月太祖拔朔州勒石紀功於奇冢南

西京志豐州有青冢

元史太祖十四年駐軍青冢絲東勝渡河收西夏

一統志昭君墓在豐州西三十里地多白草此冢獨青故名青冢

奉使日記城南負郭有黑河青冢古蹟遠望如山策馬往觀高二十丈闊數十畝頂有土屋一間四壁累砌藏有瓦瓮下有古柳一株眠地中空如船而枝幹上伸蒼茂如虬冢前有石虎雙列白石獅子僅存其一光瑩精工綠琉璃瓦礫狼籍似享殿遺址惜無片碣可考石礅有蒙古字

山西通志筠郎隨筆嘉禾曹秋岳溶嘗至昭君墓墓無草木遠而望之冥濛作黛色古云青冢良然墓前石案刻□閼氏之墓爲蒙古書秋岳考譯最詳曾搨數紙歸

裕孚案石礅獅虎土屋今俱無存所餘僅破碎之碧瓦墳巔有窟土人云可以乞藥昔並能借碗箸器皿今不驗說殊荒謬又

包頭西南六十里有鄂博遊牧交界之所無山河爲識者一堆疊石爲誌曰鄂博見清會典

亦曰昭君墓誤

唐振武軍節度使墓

山西通志奉使日記距青冢十里有振武城廢址河水齧沙出碑曰唐振武軍節度使墓誌亦漢字棄置河干欲索其碑察其控馭扼要之處而僧以坐關不得出餘無識者矣

宋焦贊墓 在焦贊墳鄉附近有殘碑剝蝕殆盡碑陰有詞曰洞號洪洋臨驛路莫使銀牙誤楊業孤墳無定所那更有焦贊墓宋裨將傳三尺土待我來懷古子夜祀神敲社鼓靖朔漠偏思汝

明總兵萬公墓 在萬家溝內學畫窰子山凡石崖三層第一第三層高丈許第二層高三丈民國初墓前尚有石桌後没於水

清世襲都統精奇尼哈番墓

朔平府志在口外黑河南岸卽土默特台吉朝庫兒有御製碑
公主墳　在買岱村東距城七十里
歸化城都統丹津墓　在牌樓板升鄉有御製碑文
欽命總理西海彝番等處地方散秩大臣兼副都統丹鼐墓子丹津
在牌樓板升鄉丹津墓右
歸化城都統班達爾賓墓　在西大黑河村有御製碑文
烈女墳　在舊城南東嶽廟側有石坊嘉慶初爲烈女尙氏建
遼華嚴經塔　在白塔鎭西北距舊城五十里亦曰白塔七級高二
十丈週三十六步蓮花臺座凡八面嵌萬部華嚴經塔橫扁一方
篆書塔巔有金世宗時閱經人完顏□□等姓名相傳塔爲遼聖
宗時建在富民縣治西北隅寺內今城寺俱圮惟塔獨存民國十

九年李培基重修距塔數武有泉甘洌

白塔爲歸綏名勝之一曰白塔聳光與青家擁黛昭君墓虎頭瀑布虎頭山牛角旋峰臥牛山柳城蔭綠綏遠城環堤楊柳杏塢翻紅東烏素圖杏花沙溪春漲民政廳門前流水石橋繞月慶凱橋爲舊說之八景

蟠龍山古塔　在縣東北三十里生蓋營山溝高四丈周三丈許三級八面雕築與華嚴塔埒建造年月未詳民國二十年後三富鄉民王吉太之子拆毀塔頂圖售經省政府查禁修補並囑距塔里許之頭道壩鄉民趙金亮就近保護之

萬公寨　相傳明亡後萬總兵圖恢復清軍焚其大小營寨因名其地曰大小火燒今萬隆萬豐兩煤窰卽其廢址

萬公教場　在學畫窰子山對面之南山迤東數里焦城坡又有石

寵閣丈許曰萬公寵

懌園　在今民政廳內有碑曰懌園

懿覽亭　在懌園內清慈禧太后之父官歸綏分巡道時后隨宦在署迨爲后有司爲建亭曰懿覽

翟家花園　在舊城外北沙梁廣四五頃植果樹以千計

留園　在新城東北昔稱榮家花園今爲屠義源隱居之所

普家花園　在新城東南

氣候

歸綏地屬高原距海面三千二百尺三十年前氣候尚嚴寒近年漸和煖國曆四月解凍夏季早晚仍涼衣一日數易故有早穿皮襖午穿紗之諺

歸綏民國四年至十九年雨量比較表

年別 ／ 雨量 ／ 月別	一月	二月	三月	四月	五月	六月
四年	0.0	0.0	0.0	0.90	2.75	4.75
五年	2.55	1.28	0.0	0.52	1.80	4.66
六年	0.0	1.62	0.0	0.56	3.56	4.69
七年	0.0	0.51	1.03	1.16	2.37	6.59
八年	—	—	0.84	0.0	2.91	7.71
九年	0.0	2.74	0.0	0.90	3.18	9.53
十年	2.05	—	1.80	0.0	8.66	16.03
十一年	—	4.81	0.0	1.23	1.15	4.21
十二年	0.72	1.91	1.67	2.28	—	0.21
十三年	—	0.0	—	—	0.33	16.05
十四年	0.0	0.0	1.28	0.0	.50	10.00
十五年	0.0	1.62	0.0	0.0	2.21	4.54
十六年	0.0	0.0	0.0	0.31	—	0.23
十七年	—	—	2.00	0.0	0.0	0.15
十八年	2.30	0.0	1.91	0.20	0.51	4.80
十九年	0.20	4.40	1.30	2.80	7.30	1.80
至年平均	0.49	1.12	0.74	0.68	2.36	600

七月	八月	九月	十月	十一月	十二月	全年總量（公分）
16.41	5.71	5.71	3.09	0.0	0.0	45.38
4.37	7.48	7.48	2.55	2.31	0.0	33.26
10.52	4.71	4.71	1.42	—	0.0	28.18
4.00	2.31	2.31	6.79	175	0.0	34.69
11.58	7.64	7.64	1.85	—	0.0	51.80
6.45	53.61	53.61	0.71	—	5.08	88.00
15.14	13.6	1.36	7.75	—	0.0	57.14
4.21	3.78	3.78	0.0	0.0	0.0	38.53
4.21	3.80	3.80	0.0	—	—	24.50
7.41	1.00	1.00	1.19	0.0	0.0	24.69
24.50	2.70	2.70	0.70	1.80	0.0	47.78
16.03	10.41	10.41	2.13	0.0	0.64	51.73
0.0	2.15	2.15	0.47	—	0.0	3.51
0.0	0.24	0.24	0.45	0.0	2.20	5.04
21.30	700	700	0.20	0.0	2.20	69.53
10.00	620	6.20	1.50	0.40	0.20	37.90
9.76	7.51	7.57	1.55	0.39	0.65	40.12

歸綏每月平均氣溫溼度風速總雨量比較表

民國十八年至二十一年

類別	年份	一月	二月	三月	四月	五月
氣溫	十八年	-13.2	-9.1	3.0	10.2	18.2
	十九年	-20.9	-7.4	-1.8	9.1	15.2
	二十年	-17.1	-12.1	-1.3	5.2	12.9
	廿一年	-12.4	-11.5	5.6	7.83	14.00
溼度	十八年	-15.6	45.4	52.4	43.2	3.4
	十九年	-91.0	86.6	78.3	73.0	52.0
	二十年	-69.0	64.0	71.0	55.0	43.7
	廿一年	-64.0	49.0	42.0	43.0	46.0
風速	十八年	2.5	3.2	2.5	3.1	2.6
	十九年	1.7	1.7	2.4	2.4	3.2
	二十年	3.0	3.0	2.7	2.7	2.0
	廿一年	1.8	2.2	2.7	1.9	1.4
總雨量	十八年	0.2-	—	1.9	0.2	0.5
	十九年	0.2	4.4	1.3	2.8	7.3
	二十年	0.0	0.7	1.5	3.0	3.0
	廿一年	2.6	2.3	9.0	1.0	8.13

說明：氣溫以百度計溼度係相對的溼度風速每秒以每公尺計雨量以百分計

六月	七月	八月	九月	十月	十一月	十二月
21.9	22.5	20.8	16.4	9.5	-3.5	-13.2
18.5	23.4	22.0	18.8	8.1	-6.0	-11.6
19.5	21.6	2.09	14.0	6.7	-5.2	-11.4
20.10						
38.9	71	67	60	73	59.6	74.4
62.0	78.0	63.0	71.0	71.0	71.0	74.0
55.0	63.2	67.1	60.0	49.0	61.0	63.0
49.0						
2.6	0.7	1.1	1.9	1.9	2.4	1.5
2.1	1.4	1.9	1.9	1.5	3.0	1.8
1.3	0.9	0.7	1.2	1.7	1.3	2.0
0.7						
4.8	21.3	31.2	7.0	0.2	—	2.2
1.8	10.0	1.8	6.2	1.5	0.4	0.2
7.9	10.3	8.7	8.9	1.0	2.6	0.0
0.92						

新農試驗場氣象記錄表 民國二十三年十二月分

日期	時間	温度(華氏)最高	最低	風向	風速每分鐘呎數	氣壓(英寸)	溼度(百分比)	結晶形	天氣	雨量公釐	結露點	蒸發量公釐
一	早8	31	12	東南	0	2587	80	羽棉	晴		9	
日	晚5	33	15	東	310	2577	55	棉花	晴		10	
二	早8	31	17	東北	150	2573	76	棉花	晴		10	
日	晚5	39	18	東北	150	2568	50	棉花	少陰		12	
三	早8	35	17	西	290	2580	77	羽棉	少陰		10	
日	晚5	39	19	北	90	2576	54	棉狀	晴		13	
四	早8	36	20	東	170	2581	72	棉花	少陰		10	
日	晚5	43	21	東北	380	2566	44	羽棉	少陰		15	
五	早8	38	23	西南	48	2584	69	棉狀	少陰		12	
日	晚5	46	23	東南	300	2569	63	羽棉	晴		21	
六	早8	34	17	東南	250	2598	79	棉狀	晴		10	
日	晚5	39	18	東北	420	2588	58	棉花	晴		19	
七	早8	34	21	東	370	2588	74	棉花	晴		5	
日	晚5	37	23	東	190	2591	70	羽花	陰		22	
八	早8	33	26	西	490	2581	76	棉花	晴		18	
日	晚5	37	26	西北	410	2582	45	棉花	晴		12	
九	早8	33	11	東	162	2597	77	棉花	晴		5	
日	晚5	29	14	西	380	2593	56	棉花	晴		9	
十	早8	27	11	西北	190	2594	77	棉花	晴		5	
日	晚5	28	12	西	360	2571	51	棉花	晴		8	
十	早8	25	6	東	290	2592	76	棉花	晴		4	
一	晚5	36	9	東北	350	2577	56	棉花	晴		6	
十	早8	39	11	西	0	2582	75	棉花	晴		1	
二	晚5	31	11	東	90	2584	55	棉花	晴		12	
十	早8	28	9	東	110	2592	75	棉花	少陰		7	
三	晚5	35	17	東北	250	2588	45	棉花	晴		10	
十	早8	31	11	北	120	2588	74	棉花	少陰		3	
四	晚5	33	13	西	160	2591	48	棉花	晴		11	
十	早8	29	13	東北	82	2583	74	棉花	晴		4	
五	晚5	32	12	西北	360	2586	46	棉花	晴		10	
十	早8	30	9	南	0	2589	63	棉花	少陰		5	
六	晚5	26	11	東南	130	2588	47	棉花	少陰		平	

日期	時間	温度(華氏) 最高	最低	風向	風速 每分鐘呎數	氣壓(英寸)	溼度(百分比)	結晶形	天氣	雨量 公釐	結露點	蒸發量 公釐
十七	早8	21	5	東	0	2587	65	棉花	晴		4	
	晚5	31	8	西	720	2585	46	棉花	晴		5	
十八	早8	29	12	西	190	2591	61	棉花	少陰		2	
	晚5	26	22	西南	50	2461	67	草狀	陰		6	
十九	早8	19	7	東	380	2472	73	草棉	霧		1	
	晚5	25	10	西北	760	2472	43	棉花	晴		4	
廿日	早8	20	5	西南	140	2473	67	棉花	晴		8	
	晚5	22	9	東	177	2470	46	棉花	晴		1	
廿一	早8	20	3	東	160	2468	67	棉花	晴		8	
	晚5	31	6	西	850	2450	37	棉花	晴		0	
廿二	早8	26	5	東北	140	2450	69	棉花	晴		8	
	晚5	29	6	西	655	2439	37	棉花	晴		1	
廿三	早8	25	3	東	220	2443	65	棉花	晴		10	
	晚5	25	3	東	240	2432	43	棉花	晴		2	
廿四	早8	21	9	東	456	2418	60	棉花	晴		5	
	晚5	26	8	東南	120	2421	44	棉花	晴		2	
廿五	早8	31	6	東南	390	2420	61	棉花	晴		9	
	晚5	29	5	西	110	2420	50	棉花	晴		2	
廿六	早8	31	11	東北	530	2424	57	棉花	陰		5	
	晚5	35	21	東北	360	2420	52	棉花	少陰		10	
廿七	早8	29	18	東北	270	2416	68	棉花	陰		14	
	晚5	31	25	西	560	2406	70	棉花	少陰		17	
廿八	早8	28	11	東南	345	2414	75	草棉	陰霧		11	
	晚5	30	17	東北	240	2406	66	草棉	陰		16	
廿九	早8	28	15	東	434	2419	68	棉花	半陰		5	
	晚5	25	17	西	740	2419	53	棉花	少陰		1	
卅日	早5	21	4	東	240	2420	67	棉花	晴		10	
	晚5	17	5	西北	750	2420	36	棉花	晴		16	
卅一	早8	13	2	西	950	2426	57	草棉	晴		15	
	晚5	18	10	西南	390	2430	39	草棉	晴		17	
	總共	1839	780		19173	156176	3744					
	平均	29	12		308	2519	604					

日	氣壓 (M. M.) 600+			溫度 攝氏 (C°.)			地溫 攝氏 (C°.)	
	平均	最高	最低	平均	最高	最低	M. (1.0)	M. (0.3)
1	77.3	79.5	75.5	-3.5	2	-6.5	6.5	3.5
2	76.4	78	74	-3.8	2	-8	6	3
3	75.3	78	74	-1.1	45	-4	6	3
4	75.5	77	74	-0.8	5	-5	4	-1
5	78.8	81	76	-0.8	4	-2	2.5	-1
6	80.6	82.5	79.5	-0.1	5	-3	3	-1.5
7	79.8	80	77	-1.3	3	-6	4	-1
8	74.6	76	75	0.3	3	-1.5	2.5	-2
9	78.5	80	77.5	0.3	4	-3	3	-2
10	78.6	79.5	78	2.8	3.5	-7.5	2.5	-1.5
11	77.5	79	76	-4.1	0	-7	-3	-2
12	76.1	78	75	-3.9	0	-8	2.5	-1.5
13	78.7	80	78	-4.6	0	-7	2	-1.5
14	78.3	79	77	-4.3	-1	-8	2.5	-2
15	76.7	78	75	-4.3	0	-8	1.0	-2
16	73.1	75	70	-6.9	-3	-11	2	-2.5
17	72	75	70	-91	-3	-13.5	2.5	-1.5
18	79	81	78	-86	-4	-12.5	1.5	-1.5
19	79.1	81	77	-93	-7	-11	2.5	-1
20	76.1	78	74	-11.1	-8	-12	3	-2
21	76	78	74	-11	-7	-14	2.5	-2
22	76.4	78	74	-11.4	-5	-14	1.5	-2.5
23	76.1	80	74.5	-10.5	-4	-16	1	-3
24	78.3	79	77.5	-9.7	-4	-15	4	-3
25	75	76	73	-10.3	-5	-14	1.5	-2.5
26	76.8	78	76	-8.7	-2	-12.5	0	-4
27	78.1	79	76	-7.8	-6	-10	0	-4.5
28	80	81	79	-5.1	-3	-8	1.5	-3
29	80.4	81	80	-6.1	-5	-8	2	-3
30	77.6	78	77	-7.9	-3.5	-12	2	-3
31	79.3	83	76	-11.1	-10	-13	3	-2
平均	77.0	78.9	75.6	-5.8	-1.4	-9	2.5	-16
總計								

綏遠農林試驗場民國二十二年十二月份測候所觀測簡報

度	蒸發量	雲量	日照時數	最多風向	平均風速	降水量	天氣狀況
( )	(M.M.)	(0…10)			(秒公尺)	M.M.	
9				E	0.1		MA○PE○
9				N	0.1		MAPE○
5				N	0.2		MAPE○
2		1.1		ENE	0.4		MA◎PE○
3		2.5		NW	0.5		MA◑PE◑
6				NW	0.2		MAPE○
9		3.5		N	0.3	00	MAPE◎✳
2		6.5		N	1.0	00	MA✳PE◑
0				N	0.5		MAPE○
8				N	0.6		MAPE○
6				SE	0.5		MAPE○
7				SE	0.4	00	MAP✳E◎
9		8		SE	0.3		MAPE○
7		2.1		ESE	0.3		MAPE○
6				NNW	4.3		MAPE○
6				NE	0.7		MAPE○
9				NE	1.9		MAPE○
7				N	1.9		MA◑PE✳
3		8.3		NE	2.8		MA◎PE○
6				NE	0.5		MAPE○
5				NE	0.3		MAPE○
1				ENE	0.3		MAPE○
8				NE	0.3		MAPE○
8				NE	0.5		MAPE○
9				NE	0.6		MAPE○
6		5.6		ESE	0.4	00	MA✳P◎E○
6		2.3		NE	0.6	00	MA◎P✳E◎
4		4.0		NE	0.4		MAPE○
5				NW	0.7		MAPE○
7				NW	0.4		MAPE○
6				NE	0.7		MAPE○
3		1.4		NE	0.6		
						00	

符號	說明
M	子正卯正之間
A	卯正午正之間
P	午正酉正之間
E	酉正子正之間
◑	曇
○	晴
◎	陰
●	雨
✳	雪
◠	露
⊔	霜
▲	雹
☰	霧
⊠	地面積雪
↙	
个	大風雪
⊕	日暈
⦶	日光環
⊖	月輝暈
☽	月光環
↶	閃電
┏	雷
T	遠雷
⤷	雷雨
◜	虹
⊘	地震

昭君墓

焦贊墳

白塔

五塔寺召

烏素圖召

喇嘛洞

歸綏縣志

簡派綏遠省普通文官考試典試委員鄭裕孚纂

建置志

城市

歸化城　諳達建明萬曆間賜名周二里砌以甎高三丈南北門各一清康熙三十三年土默特左右兩翼及六召喇嘛台吉等增土郭築東西南三門合舊有之北門爲四東曰承恩西曰柔遠南曰歸化北曰建威舊南門改鼓樓顏曰固威乾隆道光同治時相繼重修光緒間土郭多圮民國八年城郭及鼓樓俱拆去今存者北門門樓祀菩薩像座刻九豬

土默特志歸化城在殺虎口北二百里明代所築蒙古名庫庫河

屯周圍二里高三丈南北門各一外郭東西南三面三門諳達歸順改稱今名

綏遠城　在歸化城東北五里清雍正十三年興建乾隆二年工竣同治七年將軍定安修北城門樓濬濠種樹光緒三十年將軍貽穀補植樹株築城西南洩水閘二民國十八年六月修西南角樓及東城城垣

綏遠旗志綏遠城週圍九里十三步高二丈九尺五寸頂闊二丈五尺底闊四丈四門樓門二重東門曰迎旭南門曰承薰西門曰阜安北門曰鎮寧周圍角樓四座城上四面堆撥八處每處建蓋房三間城內適中處鐘樓一座上有玉皇彌羅閣

通智勅建綏遠城碑記略曰砲台四十有四高五尺有七寸女墻

三尺五寸門之樓四樓各五楹箭樓四樓各三楹角樓四樓各七
楹兵之隊房八皆列城上門外之橋各一瀉水河一石橋二
綏遠旗志城濠發源自哈拉沁來分期資民灌溉兼養園城楊柳
勒有碑誌無何上游淤塞樹枯池涸經將軍貽穀派員疏濬後園
圃咸資膏沃歲租若干歸之旗庫又見綏遠城漸傾圮醵資修葺
餘款六千金發交薩廳商肆生息以備歲修之費
龍泉公園　民國二十年建詳見金石志
綏遠商場　在大召前民國二十三年建市房二百餘間
省立農林試驗場　在新城東北隅中多鳥獸草木
產馬比賽場　在大馬路龍泉公園東附設公共體育運動場面積
共四百廿四畝講演台一座辦公室五間場四隅各建看台三座

每座五層凡十二座民國二十二年建

飛機場　在新城東門外民國二十三年設面積四頃十畝八分

紀念堂　在大馬路北民國二十三年建容三千衆

聯歡社　在小校場內民國十四年建原名青年會又曰中山堂

綏遠會館　在舊城恆昌店巷民國十年建十一十二兩年重修房八十餘間

涼城會館　在舊城剪子巷

河北會館　在舊城三官廟街

大觀劇園　在舊城小東街

同和園　在舊城大西街

茂盛茶園　在舊城財神廟巷

公醫院　在新城西門外
平民醫院　在舊城小北街十王廟内
協和醫院　在舊城舍力圖召前
首善醫院　在舊城小東街
寶九醫院　在舊城小東街
民生醫院　在舊城牘旦街
塞北醫院　在舊城大南街
共和醫院　在舊城大召前

廨宇

縣政府　在舊城西北撫民廳同知舊署也清雍正初創建同知署建最早餘署多乾隆時建光緒四年同知常桂重修照壁一東轅門一顔曰蒙民

表率西轅門一顏曰朔漠干城今亡大門三楹門內土地祠西向公安局東向大堂五楹二堂三楹堂左室三間右室四間俱南向東三間西爲辦公室三堂五楹左右耳房各三間東西室各三間後大仙樓三楹光緒十六年同知方龍光建左右耳房各二馬廄一馬王廟一民國二十二年縣長鄭植昌重修大堂顏曰忠恕

公安局　在縣府內

保衛團總部　在縣府內

度量衡檢定分所　在縣府內

長途電話局　在縣府內

觀稼園　在縣府前農產陳列室五間茅亭一民國二十三年縣長鄭植昌設

農林試驗場　在縣府西民國十九年縣長鄭植昌設
公車局　在舊城圪料街
教育會　在舊城楊家巷
農會　在舊城乃莫齊召
財政監察委員會　在舊城乃莫齊召
文獻委員會　在舊城楊家巷
難民救濟會　在縣西街
駝業辦事處　在舊城太平街
通俗日報社　在舊城太平街
國術館　在舊城五十家子街
附廢署

管獄巡檢署　在舊城道署後街今爲省會公安局

畢齊克齊巡檢署　在畢克齊鎮今改兵營

倉四所一在縣政府廒三間一在白塔鎮一在茂林太鄉一在畢克齊鎮俱廒五間民國二十二年縣長鄭植昌建

附廢倉

清代倉儲之制有三曰常平倉曰社倉社倉無倉穀附常平曰義倉

常平倉　在舊城城隍廟街清乾隆二十八年建計蓋藏滿積聚豐六廒光緒十三年修滿字廒次年修豐字廒十六年同知方龍光修倉神廟十七年同知平勝修蓋字廒二十年同知方復修聚積藏三廒存穀二萬三千五百九十七倉石八斗二升三合一抄二撮

義倉　在舊城三賢廟儲穀一千一百一十二石八斗

豐裕倉　在新城倉大使署東南計豐裕民安樂時和百室寧困

廩慶陳因十五廒

盈寧庫　在新城糧餉同知署東西爲駐防官兵俸餉銀米及各

廳錢糧監督稅課總出納地額儲銀二十萬五千餘兩米一萬

四千一百三十二石一斗二合五勺折銀二萬二千六百一十

一兩三錢六分四釐由同知照額收銀買米給放

土默特軍需倉　在城内駝橋街久安盈恆充裕六廒額儲穀五

萬一千二百六十石係供支綏遠城官兵口糧之需歸綏識略

土默特倉　在歸化城内駝橋街内設隆字一廒儲穀二千石係

支放副都統衙門俸米並托里布拉克召喇嘛口糧及養濟院

月米歸綏識略

土默特庫　在舊都統署大堂東偏內收存房地租銀煤炭稅銀以備春秋祭祀將軍副都統廉俸官學膏火及修補軍器操演公費繕書鋪司台站差使工食併一切賞卹之用歸綏識略

綏遠省各機關名稱及所在地一覽表

名稱	所在地
綏遠省政府	新城西街清綏遠城將軍舊署
民政廳	舊城西河沿清歸綏道舊署
建設廳	新城建設廳巷清八旗協領舊署
財政廳	舊城北門內清歸化城副都統舊署
教育廳	新城大東街清萬壽宮舊址
綏遠省黨部	城外大馬路

歸綏市黨部	舊城東順城街
歸綏縣黨部	舊城三賢廟巷清義倉舊址
綏遠高等法院	新城法院街清綏遠城理事同知舊署
歸綏地方法院	新城法院街清八旗佐領舊署
塞北關監督公署	火車站
土默特總管公署	舊城議事廳巷土默特議事廳舊址
第一監獄公署	舊城城隍廟街清常平倉舊址
省會平民醫院	舊城十王廟巷
省會婦女救濟院	舊城十王廟巷
省會卹老院	舊城縣府後街
省會公安局	舊城道署後街清初爲筆帖式署嗣改管獄巡檢署
綏遠墾務總局	新城大東街
歸化電報局	舊城恆昌店巷

歸化郵政局	舊城小東街
殺虎口台站管理局	舊城議事廳巷
軍用電信局	新城省府內
歸綏徵收局	舊城北門內
建設廳路工局	新城西南菩薩廟內
平市官錢局	舊城三賢廟巷
山西省銀行	舊城二道巷
統稅查驗所	舊城棋盤街
度量衡檢定所	新城建設廳內
鄉村工作人員訓練所	新城大西街
蒙族黨務委員會	省黨部內
省教育會	城外大馬路
省農會	舊城大橋北

綏遠總商會	舊城二道巷
歸綏市商會	舊城圪料街清商賈公所舊址
縣政研究委員會	省政府內
稅捐監理委員會	省黨部內
省會婦女協進會	舊城東順城街
中國紅卍字會綏遠分會	舊城太官巷
綏遠通志館	舊城西得勝街
綏遠圖書館	城外大馬路
省立國術館	舊城太平街
國貨陳列館	新城大西街
民眾教育館	城外大馬路
禁煙稽查處	舊城二道巷
營業稅稽徵處	舊城北門內

綏遠旗務處	新城西落鳳街
班禪駐綏辦公處	新城大西街
蒙古地方自治政務委員會駐綏辦公處	舊城東順城街
烏伊兩盟聯合辦事處	新城大西街
歸綏市屠宰檢驗廠	舊城小召頭道巷
省立育嬰堂	舊城民政廳西牛痘局舊址
省立第一中學校	舊城草市街古豐書院舊址
省立第一師範學校	舊城北公主府舊址
省立第一女子師範學校	舊城剪子巷
土默特中學	舊城文廟街
中山學院	新城南街清啟秀書院舊址
農科職業學校	新城南街清八旗佐領署舊址
正風中學	舊城西順城街

省立第一小學校	舊城官店巷濟生院舊址
省立第二小學校	新城東落鳳街
省立第三小學校	火車站
省立第四小學校	舊城上柵子街
省立第五小學校	舊城南柴火市街
綏遠日報社	新城大西街
民國日報社	舊城文廟街
社會日報社	大馬路民衆教育館内
朝報社	大馬路省教育會
農村週刊社	新城建設廳巷
陸軍三十五軍司令部	城外小教場
陸軍七十三師司令部	城外小教場
陸軍二百十八旅司令部	舊城西得勝街

陸軍二百一十旅司令部	舊城牛橋太平街
陸軍二百二十旅司令部	新城西街財神廟
陸軍四百廿二團團本部	與所屬第一第二第三營各部俱住小教場
陸軍四百卅五團團本部	與所屬第一第二第三營各部俱住小教場
陸軍砲兵廿一團團本部	與所屬第一第二第三營各部俱住舊城西茶坊通順召一帶
陸軍騎兵第四旅司令部	東沙㮾
憲兵司令部	舊城恒昌店巷

工商各業同業公會一覽表

業別	所在地
錢業	舊城大南街
首飾業	舊城西五十家街
當業	舊城西五十家街
藥行業	舊城小召前

業別	所在地
新城雜貨業	新城北街
糧業	舊城南柴火市
新疆業	舊城九龍灣
客店業	舊城大南街

舊城已廢各機關一覽表

細皮衣業	舊城三官廟
生皮業	舊城寧武巷
威鎮粗皮業	舊城小東街
皮毛牲畜業	舊城東沙梁
客貨業	舊城西五十家街
染業	舊城禮拜寺巷
鞋帽綢布雜貨業	舊城大南街
醇厚綢布雜貨業	舊城大南街
毡業	舊城大南街
成衣業	舊城財神廟
皮房業	舊城財神廟
駝業	舊城乃莫齊召
席鐵業	舊城大召前
油酒米業	舊城南柴火市
茶點業	舊城南柴火市
麵業	舊城小北街
酒飯業	舊城大南街
飯點業	舊城大南街
雜營業	舊城圪料街
煤炭業	舊城小召後
紙坊業	舊城財神廟
毛織業	舊城財神廟
轎車業	舊城乃莫齊召

名稱	故址	備註
左翼都統署		清崇德元年設乾隆二十六年二十八年先後裁缺
右翼都統署		
左翼副都統署		康熙三十三年設乾隆二十八年裁缺改設歸化城副都統一人變賣都統副都統各廢署改建衙門
右翼副都統署		
戶司署	北門內路東	雍正十三年建房四十二間戶兵兩司隸歸化城副都統乾隆廿七年裁缺
兵司署	北門內路東	
歸化城理事通判署		
筆帖式署		
參領兼佐領署		參領兼佐領十二人衙署十二所
佐領署		佐領四十八人衙署四十八所
驍騎校署		驍騎校六十人衙署六十所
都司署	城東北隅	乾隆三十年建房六十餘間

名稱	故址	備注
把總署	都司署西	乾隆三十年建共房三百八十四間
稽察廳		
操演營		
牛痘局	民政廳西	
濟生院	官店巷	

新城已廢各機關一覽表

名稱	故址	備注
綏遠城副都統署		乾隆二年設二十六年二十八年先後裁缺
綏遠城副都統署		
左司署	將軍署東	左右兩司各房十七間隸綏遠城將軍
右司署	將軍署西	
協領署		協領五人衙署五所各房三十八間

佐領署		初佐領二十人人各一署繼改十八署復以三署撥給世職官計留十五署佐領十五人每署房二十四間
防禦署		原二十五所撥給雲騎尉五所計留二十所每所房十九間共防禦二十人
驍騎校署		原二十二所撥給恩騎尉二所計留二十所每所房十四間驍騎校二十人
輕車都尉署	南門內路東	輕車都尉二人
騎都尉署	在將軍署西北一在將軍署東南	騎都尉一人騎都尉兼襲雲騎尉一人
雲騎尉署	城西北隅	
恩騎尉署		恩騎尉八人衙署二所
筆帖式署		筆帖式三人衙署三所各房十四間
綏遠城協理通判署		
倉大使署	理事同知署東南	乾隆初建

火器營	東門內路南	
馬稅廳	將軍署西	
巡警局		
官錢局		光緒三十年設
工藝局		光緒三十年設
恤緯堂		光緒三十年設

溝洫

邑鄰沙漠時苦旱民國十六迄十八三年爲尤甚於是稍稍重水利據十八年之統計新鑿土井五百一十三渠五十七迨二十三年土井時有增益渠則增至一百三十溉田凡五千五百餘頃中以民豐渠爲較著黑河之水灌溉歸薩托三縣故多爭二十年夏建設廳爲定章則若干條資遵守焉

渠道概況表二十二年分

渠名	渠長	渠寬	渠深	渠口	水源	經過地點	溉田畝數
長興隆渠	十里餘	五尺	四尺	哈拉沁溝	山溝水	毫沁營東拒沙梁新地等村	五十餘頃
天義渠	一里餘	七尺	一尺	老贊窰西畔亂溝水	山溝水	毛不亙村	六頃餘
永豐社渠	十六里	一丈餘	三尺餘	二十家子村黑水河	山溝水	買達村黑沙兔新莊子太平莊	一百餘頃
合順渠	三里餘	六尺	四尺	蘇木沁東	山溝水	蘇木沁村	三十餘頃
農義社渠	七里餘	一丈	二尺	後三富村東	山溝水	後三富村	三十餘頃
永濟渠	十餘里	七尺	三尺	把柵村東	山溝水	把柵村	初創辦
湧順渠	三里餘	五尺餘	六尺餘	潮岱榆林村東	山溝水	潮岱榆林村	三十餘頃
湧勝渠	三里餘	六尺	五尺	潮岱榆林村東	山溝水	潮岱榆林村	三十餘頃
公和渠	二里餘	二尺	一尺	村東泉水	黑河源	石人灣村	五頃餘
合義渠	一里餘	二尺	二尺	本村東	黑河	溝口子村	三頃餘
德義渠	四里餘	三尺	三尺	本村南	黑河	二十家子村	十五餘頃

義和渠	一里餘	三尺餘	三尺餘	六具牛村南	黑河	六具牛村	十五餘頃
公義渠	一里餘	二尺	五尺	頭道河村東	黑河	頭道河村	二頃餘
義和渠	三里餘	二尺	二尺餘	水磨村東	黑河	水磨村	五頃餘
同盛渠	二里餘	五尺	二尺	忽吉討號村北	黑河	忽吉討號村	八頃餘
公義渠	一里餘	二尺	三尺	二道河村東	黑河	二道河村	七頃餘
公議渠	二里餘	三尺餘	二尺餘	討不氣村東	黑河	討不氣村	十頃餘
永和渠	一里餘	三尺餘	二尺餘	討不氣村東北	黑河	討不氣村西	十頃餘
積順渠	半里餘	七尺	二尺餘	保爾合少東北	溝水	保爾合少	無定額
無名渠	一里餘	五尺	二尺	奎素村北山水	溝水	奎素村	無定額
無名渠	一里餘	三尺	二尺	野馬兎村東北	泉水	野馬兎村	無定額
無名渠	二里餘	二尺	一尺	甲藍板村東北	泉水	甲藍板村	無定額
通順大渠	五里	二丈五尺	五尺	西廠克村東靠河	大黑河	西廠克村	六十頃餘
通順渠	三十餘里	一丈五尺	五尺	三兩莊東靠河	大黑河	三兩莊及東廠克	九十餘頃

通順渠	六里餘	二丈五尺	四尺	忻州營村東北	大黑河	忻州營村	五十餘頃
通順渠	七里餘	二丈五尺	五尺	哈力拜村東靠河	大黑河	哈力拜村	六十餘頃
通順渠	五里餘	二丈五尺	五尺	店爾上村與前朱堡接合開渠	大黑河	店爾上及前朱堡村	五十頃餘
通順渠	七里餘	三丈	五尺	前朱堡村東北	大黑河	前朱堡村	八十餘頃
通順渠	五里餘	二丈	四尺	蘇家莊東北	大黑河	蘇家莊	六十餘頃
公和渠	六里餘	三丈	三尺	茂林太村東北	大黑河	茂林太村	八十餘頃
雙和渠	七里餘	三丈	三尺	什不更村東北	大黑河	什不更村	九十餘頃
公和渠	五里餘	三丈	三尺	寇家營村西北	大黑河	寇家營村	二十餘頃
三和渠	三里餘	八尺	三尺	達賴莊村西	大黑河	達賴莊	十五頃餘
永順渠	一里餘	一丈	三尺	白什戶村南	大黑河	白什戶村	六頃餘
共和渠	七里餘	一丈五尺	三尺	姚府村	小黑河	姚府村	百頃餘
義和渠	一里餘	五尺	一尺五寸	東大黑河村東	大黑河	東大黑河村	一頃餘
安樂渠	三里餘	二丈	七尺	安樂莊	大黑河	安樂莊	五六頃

興勝渠	八里有餘	一丈五尺	四尺	喇嘛營村東北	大黑河	喇嘛營村	二十餘頃
公和渠	七里	一丈	五尺	東板定營村東	什拉烏素河	東板定營村	十餘頃
公和渠	九里	一丈五尺	五尺	古子板村南	什拉烏素河	古子板村	十五頃
三合渠	十五里	二丈	五尺	后甲爾旦村東南	什拉烏素河	后甲爾旦村	五十餘頃
義和渠	六里餘	一丈二尺	五尺	杜莊村東	大黑河	杜莊	十三頃
祥順渠	八里餘	一丈二尺	五尺	劉家營村南	大黑河	劉家營村	三十餘頃
永合渠	六里餘	一丈二尺	五尺	天豐永白廟村東南	大黑河	天豐永白廟村	三十餘頃
水磨溝之畢克齊河	五里餘	一丈	五尺	水磨溝出口即畢克齊河	水磨溝河	水磨溝及畢克齊和順店董家營出堰西倘不浪等村	一百一十餘頃
水磨溝水之小東河	三十餘里	一丈二尺	六尺	水磨溝水出口即小東河	水磨溝水	上下五里坡上下十里坡溝子板南什軸紅岱新營子等村	二百八十餘頃
萬家溝河之古城把什渠	十六里	一丈三尺	五尺	萬家溝水出口即古城把什渠	萬家溝河	古城把什察鎮西淤地中和美	一百九十餘頃
黑水河	自本渠後朱堡起至鐵帽村止長約四十餘里	一丈五尺	六尺	河即渠並無渠口	黑河	後朱堡口爾北園子兩施格氣鐵帽爾省黑	三百五十餘頃
水磨村渠	三里	四尺	二尺	斗金山東南	大黑河	水磨黑	七頃

二道河子渠	三里	五尺	二尺	斗金山村西	大黑河	二道河子	八頃
頭道河子渠	三里	四尺	二尺	二道河子村西	大黑河	頭道河子村	二頃
三十具窰子渠	五里	五尺	二尺	頭道河子村南	大黑河	三十具窰子村	四頃
討不氣渠	六里	六尺	二尺	三十具窰子村西	大黑河	討不氣村	四十頃
朝岱榆林子渠	十里	七里	三尺	討不氣村西	大黑河	朝岱榆林子村	八十頃
蘇木沁渠	四里	五尺	二尺	蘇木沁村東	大黑河	蘇木沁渠	二十頃
紅忽吉討號渠	八里	四尺	二尺	蘇木沁村西南	大黑河	紅忽吉討號渠	十三頃
二十家渠	三里	五尺	二尺	二十家村東南	大黑河	二十家渠	十五頃
四村渠	三十里	八尺	三尺	買岱村東	大黑河	買岱黑河兔新莊子太平莊保素圐圙部獨立范家圐圙等村	二百餘頃
中順渠	二十二里	一尺	三尺	買岱村西	大黑河	新莊子集賢村太平莊保素圐圙白塔五路部獨利村等	三百餘頃
三和渠	二十里	一尺	三尺	買岱村西	大黑河	集賢村添蜜村五路等村	一百八十頃
添集渠	五里	五尺	三尺	集賢村東	大黑河	集賢村添蜜等村	十三頃
永泉渠	八里	五尺	二尺	集賢村南	大黑河	添蜜村	十六頃

永順渠	八里	五尺	二尺	添蜜村東	大黑河	永順村	十三頃
長勝渠	七里	七尺	三尺	三富村北	大黑河	長勝村	二十餘頃
得勝渠	六里	七尺	二尺	三富村北	大黑河	得勝村	二十餘頃
六具牛渠	四里	六尺	三尺	六具牛東	大黑河	六具牛	十頃
鼓樓渠	八里	八尺	三尺	六具牛南	大黑河	前後鼓樓樊家營子	四十頃
八拜渠	八里	七尺	三尺	三空村西	大黑河	八拜	三十頃
復興渠	二十五里	二丈	三尺	八拜西	大黑河	格爾兔後白廟子	
喇嘛營子渠	九里	七尺	三尺	喇嘛營子東	大黑河	喇嘛營子	三十頃
東大黑河渠	五里	六尺	二尺	東大黑河	大黑河	東大黑河	三十頃
新營子渠	六里	七尺	三尺	新營子	大黑河	新營子	三十頃
西大黑河渠	五里	八尺	二尺	西大黑河東	大黑河	西大黑河	二十頃
民豐渠	四十里	四丈七尺五寸	三尺	東大黑河西南	大黑河	桃花板討不氣沙梁子姜家營子本灘甲藍營子等村	八百頃
楊家營子渠	三里	八尺	二尺	楊家營子北	大黑河	楊家營子	三頃

寇家營子渠	二里	五尺	二尺	寇家營子北	大黑河	楊家營子	十頃
西圈渠	十里	二丈	二尺	西莊村東	大黑河	賈家營黑八營西店郭家營等村	二十頃
百什戶渠	二里	五尺	一尺五寸	百什戶東	大黑河	百什戶	三頃
南台什渠	五里	六丈	二尺	南台什北	大黑河	南台什	三十頃
達賴莊渠	三里	一丈	二尺	達賴莊東	大黑河	達賴莊	十五頃
茂林太渠	五里	一丈	二尺	茂林太東北	大黑河	茂林太	五十頃
什不更渠	三里	一丈	二尺	什不更東	大黑河	什不更	四十頃
新營子渠	三里	八尺	二尺	新營子東北	大黑河	什不更	二十頃
渾津橋渠	七里半	二丈	一尺	渾津橋東	小黑河	渾津橋	十頃
潘家莊渠	七里半	三丈	一尺	潘家莊東	小黑河	潘家莊	五頃
西王莊渠	八里	三丈五尺	四尺	西王莊東	小黑河	鞍鞊營子草房子	十五頃
趙莊渠	八里	三丈五尺	四尺	趙莊東	小黑河	白皮營子小帳營子	十三頃
張莊渠	八里	三丈五尺	四尺	張莊東	小黑河	蘇家莊	十四頃

蘇家莊渠	十五里	三丈	二尺	王家村東	小黑河王莊趙莊	八頃
前朱堡渠	十五里	三丈	二尺	王莊東	小黑河王莊趙莊張莊	十六頃
店爾上渠	二十里	八尺	一尺	王莊東	小黑河王莊趙莊張莊	六頃
阿力拜渠	三里	八尺	一尺五寸	店爾上渠接用	小黑河阿力拜	十二頃
三兩莊渠	八里	一丈	一尺五寸	阿力拜渠接用	小黑河三兩莊	二十六頃
東西廠克爾渠	二里	一丈	一尺五寸	三兩莊渠接用	小黑河東西廠克爾	十一頃
忻州營渠	五里	一丈	一尺五寸	三兩莊渠接用	小黑河忻州營	十頃
北園子渠	二里	六尺	二尺	薩克幹渠北端	小黑河北園子	二頃
南什軸渠	二里	一丈五尺	三尺	沙梁子村東	小黑河沙梁子村	十八頃
黑河村渠	二里	二丈	三尺	黑河村東北	小黑河黑河村	六十頃
雞蛋板帳房村渠	三里	一丈	三尺	雞蛋板東北	小黑河雞蛋板	二十五頃
甬施格氣渠	二里	七尺	二尺	甬施格氣東南	小黑河甬施格氣	二十頃
惱木汗渠	三里	一丈	三尺	惱木汗東北	小黑河惱木汗	三十頃

鐵帽爾渠	二里	一丈	三尺	鐵帽爾東北	小黑河	鐵帽爾	三十頃
哈拉沁渠	二里	五尺	二尺	哈拉沁東北	哈拉沁溝河	哈拉沁	十八頃
壕沁營渠	四里	七尺	二尺	壕沁營東北	哈拉沁溝河	壕沁營	二十頃
南店渠	五里	八尺	二尺	南店西北	哈拉沁溝河	南店	十五頃
哈拉更渠	一里	四尺	一尺	哈拉更東北	山中泉水	哈拉更	十一頃
烏蘭不浪渠	二里	五尺	二尺	烏蘭不浪東北	山中泉水	烏蘭不浪	十頃
保爾合少渠	三里	六尺	二尺	保爾合少	山中洪水	保爾合少	十二頃
西永豐志威渠	十里	一丈	三尺	什拉烏素東北	什拉烏素前河	東西什拉烏素七圪台等村	一百頃
練家營子渠	十五里	一丈	三尺	補圪兔北	城溝子小河	練家營子松獨力哈林朝等村	一百頃
永順渠	十里	一丈	二尺	前巧爾報南	小黑河	桃花板	二十頃
甲爾旦渠	十里	一丈	三尺	什拉烏素西	什拉烏素前河	甲爾旦	三十頃
潮忽鬧渠	八里	九尺	二尺	潮忽鬧北	什拉烏素前河	潮忽鬧	二十頃
東烏素圖渠	二里	三尺	一尺	東烏素圖北	山中泉水	東烏素圖	十餘頃

西烏素圖渠	二里半	三尺	一尺	西烏素圖北	山中泉水	西烏素圖	十餘頃
什報氣渠	三里	三尺	一尺	什報氣北	山中泉水	什報氣	十五頃
十里坡渠	五里	七尺	二尺	十里坡西北	大東河	十里坡	三十頃
五里坡渠	四里	六尺	二尺	五里坡北	小東河	五里坡	二十頃
水磨溝渠	二里	六尺	二尺	水磨溝東北	水磨溝河	水磨溝	二十五頃
畢克齊渠	十里	一丈	三尺	畢克齊東北	水磨溝河	畢克齊	一百頃
朱爾溝渠	三里	五尺	一尺	朱爾溝西北	朱爾溝河	朱爾溝	九頃
察素齊渠	十五里	八尺	二尺	萬家溝口	萬家溝河	古城把什戶等村	五十頃
把什戶渠	八里	七尺	二尺	萬家溝口	萬家溝河	古城村	四十頃
古城村渠	三里	六尺	二尺	萬家溝口	萬家溝河	古城村	二十五頃
賈家西櫃渠	三里	五尺	三尺	萬家溝口	萬家溝河	賈家西櫃	四十頃
西梁渠	二里	五尺	二尺	萬家溝口	萬家溝河	西梁村	三十頃
賈家南櫃渠	十里	七尺	三尺	萬家溝口	萬家溝河	賈家南櫃	三十頃

西倘不浪渠	八里	七尺	二尺	襖爾圪滲南	襖爾圪滲河	西倘不浪	三十頃
常黑賴渠	三里	一丈	二尺	常黑賴東南	大東河	常黑賴	五十頃
紅岱渠	五里	八尺	二尺	紅岱北	大東河	紅岱	三十頃

合計　一百三十渠澆地五千五百八十餘頃

廢渠

渠名	幹渠里數	渠口通河處	渠之經過地	渠水之來源	溉田畝數	溉田時期	湮廢年分	湮廢原因
籐家營渠	二十餘里	大青山奎樹溝	保爾合少惱包羅家營奎素等村	大青山溝水	五十餘頃	夏秋山水暴發時	清光緒十四年	因上游陸續開渠致水量減少溉田無望
黃合少渠	三十餘里	滿漢山山口	本村界內	滿漢山溝水	六十餘頃	夏秋山水暴發時	清光緒十八年	因上游陸續開渠致水量減少溉田無望
討速號渠	十五餘里	大青山古路板溝	賬房古路板等村	大青山溝水	四十餘頃	夏秋山水暴發時	清光緒十四年	因上游陸續開渠致水量減少溉田無望
白塔爾渠	二十餘里	面鋪窰村	保爾合少	大青山溝水	八十餘頃	夏秋山水暴發時	清光緒十四年	因上游陸續開渠致水量減少溉田無望
保爾合少渠	二十五餘里	大窰子溝	于只胡洞面鋪窰子等村	大青山溝水	一百餘頃	夏秋山水暴發時	清光緒十四年	因上游陸續開渠致水量減少溉田無望
蘇家莊渠	五里	本村東	本村界內	大黑河	十五頃	二八兩月	民國八年	因山水暴發被沙淤塞
潘家莊渠	四里	本村南	本村界內	大黑河	二十四頃	二八兩月	民國六年	因山水暴發被沙淤塞

潮忽鬧渠	二十餘里	本村東	本村界內	什拉烏素後河	六十二頃	二八兩月	民國十二年	因山水暴發被沙淤塞
牌樓板村	七里	本村北	本村界內	什拉烏素前河	三十二頃	二八兩月	清光緒三十三年	因山水暴發被沙淤塞
忻州營等村	六里餘	西廠克西發成等村	西廠克爾等村	大黑河	五十餘頃	洪水夏季	清光緒二十二年	因渠道淤塞經費難籌停辦
白廟村渠	七里餘	東壩等村	東壩等村	大黑河	四十餘頃	洪水夏季	清光緒二十年	因渠路淤塞經費困難停辦

改訂歸薩托三縣四十四鄉引用黑河澆水章程暨管理章程之緣起

查大黑河流域由武川縣發源自大灘速力圖旗下營蜿蜒經西南入歸綏縣討不氣循四村水地轉西至東西黑河達賴莊茂林太東壩白廟子至西甲浪營小黑河之水亦復滙入經渾津橋循西南薩托兩縣境內以入黃河綿長在二百餘里曩昔草萊初闢地畝耕種無多水有餘裕及至清末荒地開闢日多渠道時有增修在東黑河各村以上一帶地畝有清水山洪之時流水量甚足又係平口用水素無問題東黑河以下有小黑河哈拉沁蜈蚣壩東西烏素圖各水繞流附近各地亦無缺水之處所以歷年以來尙無爭水糾紛之風惟清季光緒三十三年冬下游發現爭水風潮經歸綏道整理水分判定以薩縣善里九旗四村每年自九月初一日起鐵帽爾村使水五天初六日起善里九旗四村使水三十九天澆畢鐵帽爾村使水八天餘水再歸上游分使立碑爲記

民國以還大黑河流域經公家清理墾務以後水利日興田隴加多渠道日增在東黑河上下各地水尚敷用羣皆相安在歸綏縣西甲浿營討爾號以下暨薩托兩縣沿岸各村以經過上游平口用水之後到達下游多不敷用遂有爭執械鬭築壩截水之事十六年間民政實業兩廳訂定使水辦法十七年成立水利公會十九年河水泛濫渠道橫流以致形勢變遷或受奇旱影響素來又無澆水章程有所遵從每屆春秋汛內歸綏縣朱堡爾村打壩截水械鬭聚訟較前尤烈建設民政兩廳以大黑河情形今非昔比若不另訂妥善辦法誠恐水利不能振興而糾紛日見其甚在西甲浿營討爾號以上向無問題自應仍依舊日習慣辦理其有關係者亟須召集規定卽於二十年四月間召集有關係歸綏縣上下游暨薩托兩縣三十五鄉代表閻寬胡沂劉守耀邢得民等二十一人開會討論以西甲浿營討爾號以上用水辦法仍依其舊不再更張其西甲浿營討爾號以下規定用水之支配管理澆水之辦法研究兩次結果一致按照決議卽將前設水利公會取銷前定管理大黑河沿岸各村使水辦法五條作爲無效另訂引用黑河澆水章程管理澆水章程以資遵守旋據歸綏縣第三區西北兩圈九鄉永順渠公民代表丁開山等請求准照舊案用水當經查明以圈地用水按照碑記所載均係平口用水不得攔河築壩本不應分給水分因永順渠向來引入小黑河之水流入大黑河再於大黑河築壩過水轉入永順渠支渠以資澆地此次規定水分未便使其向隅卽事實上亦當另行救濟飭令歸綏縣於三

十五鄉已定熱水期間勻給十天以示公允嗣後無論何鄉均不得再事請求庶水利有所規循藉達一勞永逸之計並經呈奉省政府令飭應准照辦分別令行歸薩托三縣轉飭所屬沿河各鄉一體遵照辦理茲將關於此項圖說章程附刊於後分發各鄉以資遵守爰以爲記

歸薩托三縣四十四鄉引用黑河澆水章程

第一條　本章程分水及用水日期由二十年四月十五日經建設廳民政廳會同召集引用黑河三十五鄉代表會議議決自此規定之後均應共同遵守不得違背（查原議係三十五鄉嗣後西北圈永順渠九鄉呈請又復加入爲四十四鄉）

第二條　分水輪次暨用水日期訂定於下

（甲）　分水輪次

一每年分春熱秋冬四水春水自驚蟄日起熱水自芒種前二日起秋水自秋分前三日起冬水自冬至日起至驚蟄前一日止

（乙）　用水日期

一每年春水規定九十二天熱水規定一百零七天秋水規定九十五天冬水規定七十四天

一每年春水先由歸綏縣上游起點討討爾號鄉七天西甲浪營鄉三天渾津橋鄉一天西王莊鄉三天趙家莊鄉三天張家莊鄉三天蘇家莊鄉二天前朱堡鄉四天阿力拜店上鄉三天阿力拜鄉三天三兩莊東西廠克鄉七天忻州營鄉一

天下游南什軸鄉五天雞蛋板申鄉五天黑河鄉七天塔布子鄉七天兩施格氣鄉六天惱木汗鄉九天鐵帽爾鄉十三天共計九十二天

一每年熱水先由歸綏縣西北圈永順渠興旺莊賈家營田家營西地郭家營姚府西莊大黑河桃花板九鄉引用十天（查該九鄉係混圈種地由永順渠引水不能按各村分配日期再此十日水期係由歸綏上下游勻給九天托縣乃莫板申暨口肯板申勻給一天合併聲明）依次討號爾鄉五天西甲浿營鄉二天渾津橋鄉一天西王莊鄉二天趙家莊鄉二天張家莊鄉三天蘇家莊鄉一天前朱堡鄉五天阿力拜店上鄉二天阿力拜鄉二天三兩莊東西廠克鄉六天忻州營鄉一天北園子鄉一天托縣白塔爾鄉一天南園子鄉二天東灣鄉一天什力鄧鄉四天一間房鄉二天黑蘭圪力更鄉二天乃莫板申鄉二天口肯板申鄉二天薩縣寒蓋鄉四天安民鄉二天里素鄉六天召上鄉三天善岱鄉五天歸綏縣下游南什軸鄉二天雞蛋板申鄉二天黑河鄉三天塔布子鄉五天兩施格氣鄉三天惱木汗鄉四天鐵帽爾六天共計一百零七天（查熱水薩托兩縣在歸綏縣北園子鄉築壩在應分四十天熱水期內應少澆三日讓北園子鄉引用以上共計一百零七天）

一每年秋水先由歸綏縣上游起點計討爾號鄉三天西甲浿營鄉一天渾津橋鄉一天西王莊鄉二天趙家莊鄉二天張家莊鄉二天蘇家莊鄉一天前朱堡鄉二天阿力拜店上鄉一天阿力拜鄉一天三兩莊東西廠克鄉五天忻州營鄉一

天北園子鄉三天托縣白塔爾鄉二天南園子鄉四天東灣鄉三天什力鄧鄉八天一間房鄉四天黑蘭圪力更鄉三天乃莫板申鄉五天口肯板申鄉五天薩縣寒蓋鄉七天安民鄉三天里素鄉十一天召上鄉四天善岱鄉十天另餘一天以薩托大壩相距九旗地六十里之遠舊有河漕太深用水須將河漕灌滿方能澆地故留此一天爲流灌河漕之期共計九十五天

一冬水爲歸薩托三縣四十四鄉公用之水由冬至起至驚蟄前一日止平口任水入河但在消冰時各鄉各用本段渠內消冰之水以免爭執

第三條　河內應築之壩歸綏縣上游計討爾號鄉一道西甲浪營渾津橋鄉在西甲浪營築壩一道王莊趙家莊在西王莊築壩一道張家莊蘇家莊前朱堡鄉阿力拜店上鄉阿力拜鄉東廠克在張莊築壩一道三兩莊西廠克鄉忻州營鄉在三兩莊築壩一道歸綏縣下游南什軸鄉雞蛋板申鄉黑河鄉塔布子鄉兩施格氣鄉惱木汗鄉鐵帽爾鄉每鄉築壩一道薩托兩縣十三鄉仍在北園子鄉築壩一道自此規定之後不得隨意築壩如有不遵即行送交該管縣政府從嚴懲辦

第四條　各鄉應築之壩用水時必須事先半個月築竣

第五條　監察員按照澆水章程所定每段每次澆完後應會同接水監察員放壩接水

第六條　監察員澆水時期應常川在渠按照澆水章程監察

第七條　每次放壩接水應由雙方監察員督飭將壩底柴木取淨以免淤澄如有違背應由接水者負責賠修

第八條　歸薩托三縣四十四鄉引用黑河應以原有渠道澆用不得再開新渠

第九條　各鄉澆水應受監察員之指導如有違背暨械鬭情事即以破壞水利論應由該管縣政府傳拘送交地方法院按以刑事犯嚴行懲辦

第十條　每年推舉監察員應報由各該縣政府呈請建設廳民政廳備案

第十一條　監察員不能監察時得另推舉之

第十二條　監察員任期一年但得連舉聯任

第十三條　監察員日需旅費應由本段內各鄉公攤但每日至多不得過五角以免糜費

第十四條　監察員在渠辦事如有徇隱受賄暨不按澆水章程辦理得嚴懲之

第十五條　原有水利公會撤銷

第十六條　本章程自公佈日施行

管理歸薩托三縣四十四鄉引用黑河澆水章程

第一條　本章程依照歸薩托三縣四十四鄉引用黑河澆水章程爲管理之規定鄉民均須遵守

第二條　管理之法應由四十四鄉每鄉推舉管理員一人管理

本鄉境內澆水事宜

第三條　澆水分爲五段第一段爲歸綏縣西北兩圈九鄉第二段由歸綏縣上游討爾號鄉起至北園子鄉第三段由托縣白塔爾鄉起至口肯板申鄉第四段由薩縣寒蓋鄉起至善岱鄉第五段由歸綏縣下游南什軸鄉起至鐵帽爾鄉

第四條　第一段九鄉管理員九人中推選監察員二人監察該段應分熱水十天時期澆水第二段十五鄉管理員十五人中推舉監察員二人監察該段應分春水四十天熱水三十三天秋水二十五天時期澆水第三段八鄉管理員八人中推舉監察員二人監察該段應分熱水十六天秋水三十四天時期澆水第四段五鄉管理員五人中推舉監察員一人監察該段應分熱水二十天秋水三十六天時期澆水第五段七鄉管理員七人中推舉監察員二人監察該段應分春水五十二天熱水二十五天時期澆水

春水應築之壩必須於上年地土將凍之時築成其築成之壩應另修退水渠以資宣洩

第五條　各鄉澆用春熱秋三水如第一壩按照規定日期澆完即由第二壩接用所有第一壩灌域境內各支渠即須堵閉第三壩接水按照第二壩辦法依次類推

第六條　如遇夏令山洪暴發時所有黑河上下游歸綏縣各鄉之壩暨北園子鄉之壩均應及時拆毀使水下流入於黃河以免潰決淹沒之虞

第七條　本章程自公佈之日實行

橋梁

慶凱橋　在舊城牛橋街

利行橋　在舊城西茶坊長六丈高丈餘爲薩包兩縣入境之孔道

民國十九年建

普濟橋　在舊城正南里許爲和林涼城兩縣入境之孔道清光緒

二十二年建

大通橋　在舊城禮拜寺巷清康熙時建光緒初年民國十五年重

修原名御公橋又曰和合橋

甲子橋　在民政廳東轅門外原爲土橋民國十三年道尹李景泉

改建磚橋長三丈寬丈許以歲值甲子故名後爲水沖沒十九年

重建
公安橋　在省會公安局前民國十九年建俗稱草橋
縣府前橋　初爲板橋民國三年知事周慶慈取縣府歷任官吏德政碑改建旋毀於水十四年改木橋二十三年夏復毀
天福河橋　在舊城通順街西口外
得勝橋　在舊城東茶坊
美人橋　在平康里街東口
石羊橋　在舊城東南隅橋左有石羊故名
霸王橋　在第一監獄前
軍民橋　在公主府大仙廟前故又曰大仙廟橋民國八年建二十年夏重修

西茶坊小橋　在舊城西茶坊附近長八尺闊一丈二尺民國十九年建

綏遠橋　在新城西門外

來薰橋　在新城南門外民國二十年建

洪津橋

東大黑河橋

西大黑河橋

小黑河橋

茶坊河橋　在茶坊河村西南

右俱木橋春拆秋設由歸綏市商會撥款辦理

營堡

營房一覽表

所在地	營房間數	建築時期	營基畝數
小教場	九百六十二間	民國七年	三十畝
舊城馬路北	五十八間	清光緒二十九年	八畝
畢克齊鎮	三十五間	民國七年	六畝
察素齊鎮	三十五間	民國七年	五畝五分
古路板申鄉	二十五間	民國八年	三畝五分
哈拉沁鎮	十五間	民國八年	一畝五分
珠爾溝口	十間	民國七年	一畝二分
水磨溝口	十間	民國七年	一畝五分
古城村	十間	民國七年	一畝二分

合　計	一千一百六十間	五十八畝四分

新築圍堡一覽表一

區別	圍堡所在地			
第二區	壕沁營鎮			
第三區	茂林太鄉	什不更鄉	前朱堡鄉	耳林岱鄉
	阿林潮鄉	孫得利鄉	甲爾旦鄉	南雙樹鄉
	沙爾營鄉	花狗營鄉	牛牛營鄉	劉家營鄉
	王畢斜氣鄉	西鸑鷟氣鄉	南鸑鷟氣鄉	達賴丹壩鄉
	天豐永白廟子鄉	岑胡一間房鄉	舊圪力圪太鄉	
第四區	帳房爾鄉	鐵帽爾鄉	鸑鷟鄉	惱木汗鄉
	南什軸鄉	北什軸鄉	濱洲海鄉	玻璃圪沁鄉

區	兩施格氣鄉			

附記　右堡壕沁營係石圍餘俱土圍厚一丈或七八尺不等民國二十一年縣長鄭植昌督築

新築圍堡一覽表二

區別	圍堡所在地			
第二區	白塔鎮			
第三區	豐厚莊鄉	蘇家莊鄉	阿力拜鄉	忻州營鄉
	城房鄉	黑沙兔鄉	潮忽鬧鄉	三兩莊鎮
	烏蘭把兔鄉	李茂章蓋鄉	大路一間房鄉	梁二龍院鄉
	老龍不浪鄉	沙爾沁鎮	大達賴丹壩鄉	小達賴丹壩鄉
	老龍不浪黃威威院	沙爾沁郭六十三院		
第四區	後朱堡鄉	大里堡鄉	帳房爾鄉	黑河鄉

自廟子鄉	蘇保蓋鄉	襖爾圪滲鄉

附記　右堡俱土圍高厚不一民國二十二年縣長鄭植昌督築

歸綏縣志

簡派綏遠省普通文官考試典試委員鄭裕孚纂

民族志

種族

世界人類其初同出於巴比倫厥後一移西北入歐洲爲阿利安族一移東南爲中華本部之民是爲漢族漢族西自葱嶺而來歷崑崙山漸及於黃河沿岸後黃帝逐苗族而漢族遂徧布於神州之大陸秦漢之東胡漢以後之鮮卑三國時鮮卑部酋慕護跋居遼西稱慕容氏拓拔宇文宅於東禿髮乞伏處於西至晉初負隅自固隋唐之靺鞨唐末之契丹宋之女真等皆通古斯族滿族者金人之餘裔亦屬於通古斯族見天都山臣建州女真考諸書清太宗天聰八年四月平察哈爾次年以貝勒岳脫駐守歸化城是邑有入旗駐防之

始蒙族一曰蒙兀惕（見元秘史）亦曰蒙古斯（見契丹國志）初居肯特山附近南宋以還多處大漠南北迨成吉思汗滅金併宋始奄有中原明諳達內附後蒙漢雜居迄至今日邑之蒙人已與漢族同化矣回族屬於土耳其族土耳其族厥允諸族之裔也周室東遷分爲赤狄白狄復有義渠諸戎及長狄之稱秦漢之匈奴南北朝之柔然亦此族突厥挾援唐之功侵唐之西北時土耳其族有鐵勒部者散居塞北以薛延陀回紇爲最强唐太宗初年藉薛延陀之援滅東突厥復聯回紇之衆取薛延陀剪除北族鐵勒部來降遂置單于都護於雲中以統漠南置安北都護於鬱督軍山以轄漠北五代沙陀內附漸有全晉亦爲突厥之別種西夏趙元昊取回紇於河西奠都興慶（今寧夏）元代西方回國（如大食于闐花喇子模是）悉入封圻故回教之民多薦居宇內（如阿合馬贍思）

丁其最著者答失蠻派回回別派亦分布中邦如元史中統三年括木速蠻答失蠻等戶口爲兵大德十一年

命答失蠻依舊制納租稅是也皆指回民言明瓦剌爲土耳其別部朔方備乘以爲與蒙古同族非居貝

加爾湖附近見元秘史統一漠北永樂十二年明合蒙古軍敗之酋長馬

哈木降迨至乜先國勢復强清高宗平準噶爾凱旋駐蹕於歸化回

民隨軍至者一二千人初居八拜村乾隆五十四年遷舊城藏族卽

唐古特族一作土伯特西戎氐羌之於殷周月氏之於秦漢姚秦苻

秦之於晉黨項吐蕃之於唐西夏之於南宋皆藏族之入中國者近

年班禪駐白靈廟新城設辦事處邑始有藏人然皆暫住者今略述

民族之沿革著於篇幷爲譜

歸綏歷代民族沿革表

三代	土耳其族
秦	漢族
漢	漢族
魏晉六朝	通古斯族
	通古斯族
隋唐	漢族
五代	通古斯族
宋	通古斯族
元	蒙古族
明	漢族 蒙族
清	漢族 滿族 蒙族 回族
民國	漢族 滿族 蒙族 回族 藏族

戶口

清光緒三十三年冊籍舊城八十一街各設街長一人三百三十一牌牌設牌長一人民戶計三千一十七戶男一萬六千五百二十三人女八千二百七十九人四鄉共三百有七村村長一百二十人七百七十八牌牌設牌長一人共七千六百七十八戶男四萬八千五

百八十六人女二萬七千九百八十九人民國戶口數以二十一年調查爲較確除漢人外滿族凡一千四百五十戶男女五千八百九十人蒙族二千八百二十戶男女一萬六千八百六十人回族二千四百三十七戶男女九千七百四十八人滿族多居新城回族多居舊城茲自民國元年迄二十二年就調查所得列之爲表

各區戶口一覽表 二十一年度

區別	戶數	男數	女數	共數
第一區	一三·九六三	五三·六〇一	二三·八八一	七七·四八二
第二區	一〇·三五六	三四·五九四	三一·四九五	六六·〇八九
第三區	七·六一三	二八·四九二	一三·五三二	四二·〇二四
第四區	一二·二八〇	四二·二八九	二五·三一一	六七·六〇〇
合計	四四·二一二	一五八·九七六	九四·二一九	二五三·一九五

歸綏縣歷年戸口一覽表

年別	戸數	口數			備注
		男	女	合計	
民國元年	四五.八三二	一五〇.九一七	九一.九八九	二四二.九〇六	
民國二年	四五.八九九	一五一.〇九一	九二.一二二	二四三.二一三	
民國三年	四五.九一七	一五一.二七一	九二.三七八	二四三.六四九	
民國四年	四五.九三一	一五一.四九二	九二.八一二	二四四.三〇四	
民國五年	四五.九七〇	一五一.九九一	九二.九九一	二四四 九八二	
民國六年	四六.〇一九	一五二.九一〇	九三.七八二	二四六.六九二	
民國七年	四六.〇五二	一五三.二四一	九三.八七八	二四七.一一九	
民國八年	四六.〇八一	一五三.二五七	九三.八九九	二四七.一五六	
民國九年	四六.〇九九	一五三.二六〇	九三.九七八	二四七.二三八	
民國十年	四六.一二七	一五三.九七一	九四.九七三	二四八.九四四	
民國十一年	四七.一六三	一五四.五九〇	九五.七六一	二五〇.三五一	
民國十二年	四七.一八六	一五四.六八八	九五.九八二	二五〇.六七〇	
民國十三年	四七.一九九	一五四,七九二	九六.七九九	二五一.五九一	
民國十四年	四七.二二九	一五四.九二七	九六.八九八	二五一.八二五	
民國十五年	四七.二九一	一五四.九二七	九六.九八二	二五一.九〇九	
民國十六年	四六.八九七	一五二.七四一	九二.八二一	二四五.五六二	
民國十七年	四六.〇九九	一五一.九二〇	九二.二六四	二四四.一八四	
民國十八年	四六.一二六	一五二,〇三二	九二.三二五	二四四.三五七	
民國十九年	四七.三三八	一五五.一三九	九七.八三四	二五二.九七三	
民國二十年	四四.一九八	一四四.八四一	九二.七一〇	二三七.五五一	
民國二十一年	四四.二一二	一五八.九七六	九四.二一九	二五三,一九五	
民國二十二年	四四.二三八	一五九.八九九	九四.三二五	二五四.二二四	

禮俗

邑民其先多晉產故亦多晉俗唐風之遺首尚勤儉邇來居城市者亦稍稍奢靡矣茲就綏遠概況之所載者加以損益分述如左

冠義　古代男子三十而娶二十而冠後世尚早婚故冠禮亦早禮雖非古其義實與冠同邑俗男子生錫乳名就傅始命名成丁乃字十二歲圓鎖女子十三蓄髮十五而笄殆亦冠禮之遺意也

子生一週寄蘭若爲寄僧即日薙髮加鎖於項或以紅線繫制錢五七枚以爲鎖是日帶之滿十二歲父母攜供品箕帚香楮布施富者牽牛驢貧者持雞一贈寺僧取香楮並所繫紅線焚之寺僧擊木魚說偈畢兒持帚掃殿陛僧取帚擊兒頂曰速歸汝家此處不要爾矣導者引兒歸謂之圓鎖一曰完願亦曰還俗女子則家人導至寺焚香楮登梯越墻出謂之跳墻是日親友送麪圈麪絲首飾襦袴之屬主人備酒肴延客即素不帶鎖者亦曰圓鎖圓鎖之俗漢滿二族俱行之回俗子生之日報禮拜寺阿衡爲誦經起聖名彌月百日或週歲家人具酒食延戚友爲湯餅會戚友備茶食衣料若女嬰則兼備首飾爲賀儀男女九歲沐浴禮拜男子并

行割禮

土默特志蒙人生子有盡剪髮者留顱門髮一撮者名曰馬髮十二歲到奶奶廟以驢還願或雜以草後留髮辮曰十二和尚　男十五以上比丁之年父兄爲加官帽以桿五尺量其身是謂成丁乃編入戶籍充當旗差女十五以上戴笄卽滿洲大簪也

婚嫁　婚嫁胥受命于父母同姓外皆通婚童養及指腹爲婚者間亦有之婚禮大別有三一換帖訂婚多在十二歲至十八歲間先由媒妁通意男家曰求婚女家曰允婚允婚後擇吉換帖男家以食盒盛白米二合紅棗四兩酒一壺羊一隻銀鐲戒指耳環各一雙簪一隻喜餅麪搭手各二十四兔二或四富者加銀鎖單夾棉衣各一襲忌送裙餅饊各三十二並附聘金自七十元至一百六十

元不等送之女家女家答以綺一端銀五兩或戒指一枚一下茶亦曰下會親娶之前一月婿家遣媒請期得女家允許擇日下茶是日除衣服不再給外致餘物如前別致制錢二千或銀二圓爲長命錢女家貧者下茶儀物得酌量折價亦有兼送肉二方饅首百枚者一迎娶先一夕取金鼓於洞房伐之謂之聒喜房至日婿家備燔肉煮肉各一方饅首米糕各五十至百枚致女家名離娘麪衣一襲曰催裝以鼓樂火把導新郎親迎禮堂設天地神祇位置斗貯五穀樹五矢粘五色紙矢上横弓下置鏡剪尺戥前列花燭新郎簪花披紅胸前繫銅鏡新婦至門面向喜神然爆竹嬪相誦吉語以五穀棗核桃制錢向新婦擲之謂之撒帳婿母或姊妹捧麪人冰糖脂粉以糖納婦口並爲之施脂粉謂之點粉擇婦女

二扶新婦出履紅毡至禮堂行禮禮畢入洞房新婦易笄而釵家人去窗紙謂之開風氣少坐偕拜祖先翁姑及親戚卽夕合巹床設喜神香燭夫婦相對坐謂之守喜神次日夫婦赴岳家謁拜夕偕歸三日又往復偕歸新婦入廚切麪岳家刀九日岳家宴婿及女並媒妁曰喚九滿月女復往母家住一月曰住對月續娶略同再醮者婿家於神位前備穀一斗中藏首飾婦至偕詣行禮令婦取斗中首飾出再醮多以夜事前多守祕密懼需索也以上皆舊禮近年新式結婚者設禮堂於飯店省儀從乘馬車或汽車不以轎行鞠躬禮讀證書夫婦蓋章換飾物宴客畢卽偕歸亦有不備酒筵但以茶點款客者滿俗下茶謂之過禮多於娶期前二日行之是日婿家備衣數襲耳環一雙猪羊雞鴨各一對致女家新郎

偕伴郎一人陪親男女各四人往女家款以酒食次日復往遍謁女家親友娶之前一日新郎赴女家謁拜謂之謝裝娶期率在午夜不親迎新婦至坐床上直至次夕謂之坐財是日夫婦始同居三日行廟見禮蒙俗婚嫁女家亦受財禮但多以馬爲主娶亦親迎婿腰弓矢手耳環從者捧銀而馬殿之至女家謁拜遞哈達以所捧銀供佛前女家出餑餑磚茶飲婿婿取耳環戴婦耳女家以藍布罩新婦乘車出送親者騎以從婿挾新婦馳馬歸女家絕塵追苟相及奪娶者帽須叩馬請始還之至門婿攬婦馬轡婦下馬入房梳洗出行交拜及拜竈禮訖拜翁姑亦遞哈達回俗須媒妁三人掌教一人方能議婚男女主婚人如同意握手爲信不立婚約不親迎無鼓樂新婦下轎由其兄弟行抱入洞房不見親友待

阿衡來爲之誦經贊聖及夕新郎詢新婦以入句原根能答始得成禮如中途離婚女子須待一百三十日始再嫁女子初欲離異悔而未果行者亦須獨宿一百三十日乃爲夫婦如初

土默特志蒙古相見向以哈達定婚用弊帛儀謂之哈達喜其初似絹尙繡佛像頗雅觀至今已太薄無所用

歸綏志略婚嫁帖套盛裝銀器

喪葬　一入殮棺內置炭灰草薦頭部置香一大束古錢數枚五穀少許含物不外珠玉錢幣之屬袖納小餅倍於亡者享年之數曰打狗餅飲食必薦晨昏必奠三日乃殮門外竪喪旛男左女右一接三是日誦經受奠入夜有設盥具然燈上供室中墻角掛紅紙者謂之起殃夜間以紙捲糠秕木屑然置道路旁燒木柴挑九蓮

燈及燈幡導以僧道鼓樂哭赴於城隍廟鄉村則赴五道廟謂之告廟亦曰叫夜又曰送行諷經無定日每七日奠祭曰過七一開弔葬期及開弔日既定先期訃親友發引前一日親友賻奠必供以麵製饅頭十二枚曰大供富者餽聯帳之屬姻戚則以猪羊喪家款客成主并以戚友所餽聯帳及紙紮僧道鼓樂導靈牌遊於市謂之迎經送帳夜人靜喪主扶棺起告以明日將下窆焉一出殯貧家停柩七日或九日富者經年甚至數年或十數年而後葬葬日至墓田祀后土成主焚冥器以飯一盂置壙内封墓畢止哭泣脱孝服而歸門前置盆水刀板投錢於水置餅於板食少許取錢出乃入門行返主安神禮葬三日喪主赴墓哭奠焚紙製炊具以食物埋土中喪主持具修墓使圓曰圓墳亦曰復三週年親友

多來祭次週亦如之三週來者尤衆滿蒙人之居邑久者禮略同回俗人將死及已死後俱由阿衡誦經幷以樟腦麝香紅花置水中浴尸浴畢取白布或白綾裹之以公用棺舁赴公墓無鼓樂冥器之屬葬不得過三日墓無昭穆以葬之先後爲序葬後阿衡復來誦經親友亦來奠死者衣物子孫忌服用上者送阿衡次則施貧乏亦有施財產於清真寺爲亡人祈冥福者喪主於日之出沒時必赴墓向日拜二年半乃止少者亦必七日

土默特志居喪過三週年招延戚鄙　疾病災祲多延喇嘛以修禳之出佈施錢以供香火盈千累萬不惜

宦海浮沈錄蒙古人死令喇嘛來審視或火葬或水葬或投之豺虎最上者火葬尸燒成灰用莜麪和之揑死者像供養招中蒙古呼寺

日羣喜爲升天次水葬投諸江河至下乃投諸豺虎一二日家人招審視如尸尚完好則舉家號泣以爲罪孽深重雖豺虎亦不食然或火或水或投豺虎悉聽喇嘛所言此薩拉齊所轄蒙古俗凶禮也叢睦汪氏韓門綴學續編天竺風俗條舊唐書天竺國死者或焚尸取灰以爲浮圖或委之中野以施禽獸或流之於河以飼魚鼈無喪紀之文常熟錢氏出塞紀略到大黑河見死尸此蓋康熙年間事今歸化土默特半與綏遠城連姻又與漢人雜居其婚喪强半學京旗或學漢人不盡蒙其國俗矣

生活　衣履皆以布皆短服人必有皮衣一件外不加面人各衣背心一件狀如淨角之襯靠女子多不繫裙束褲口夏令袒胸助男子收穫食以油麥圓山藥爲主糜米蕎麥次之旅行食炒米白麪

不常食也城市多茶館人民每晨往喝茶（以磚茶為主）兼食燒麥（燒麥羊肉餡間加蘑菇）歸來不復早飯矣肉食以羊為主蔬菜以白菜圓山藥為主城鄉房屋概從樸素多數皆土平房室內設土炕與火竈通故其炕暖窗多開以通空氣十數年前竈內多然牛羊矢昔年旅行皆以大車轎車駝轎騾駝之屬今則有火車汽車馬車人力車之類近且間有飛機矣邑民之之蒙地者途中無逆旅食飲須自齎遇蒙古包無論識與不識皆可投宿飲食亦俱不必定酬值也其赴蒙之營商者必畜騾駝慣例以一百五十駝為一帳房以五人組織之領房者曰掌櫃司到站招攬貨物騾駝放廠時守夜曰先生司拖水收拾貨箱接送騾駝放馬尋馬等事坐廠時守夜曰打頭司飲食及領路餘職同先生曰夥紀司拉駝放駝每日守夜曰

幫鍋亦各二頭司放馬燒火洗鍋下麪至年薪掌櫃約銀一百二十兩先生五十兩餘各三十兩有駝者曰財主多不隨往駱駝不能盡負重須有空駝以資替換冬令每百駝可載九十擔三月六十擔正二月八十擔每擔二百四十斤至二百八十斤有差

裕孚案炕詩瓠葉傳炕火曰炙正義曰炕舉也謂以物貫之而舉於火上以炙之爾雅釋木炕閞張義甘泉賦炕浮柱之飛榱兮李善注云炕舉也宋朱弁炕寢詩云禦冬貂裘𡚁一炕且跧伏汪水雲湖山類稿幽州會同館詩云收拾碎碑禪燰炕掘穿平地結寒爐元宇文懋昭金志云家無大小皆坐炕上薊邱雜抄燕地苦寒寢者不以牀以炕室無東西南北炕必近前貧家一廛衾枕之外即街巷婦女安坐炕上日知錄北人以土爲牀

而空其下以發火謂之炕古書不載又作坑魏書儒林陳奇傳游雅取陳奇所著論語孝經焚於坑内隋書河東隱士張文詡曰吾昨風眩花坑舊唐書東夷高麗傳冬月皆作長坑下然煴火以取煖一說當作阬爾雅訓阬爲虛說文阬閬也郝懿行作証俗文云按坑俗字說文作阬閬也

土默特志蒙古游牧爲生初多肉食近以漢民北耕亦甘食五穀然仍不習農業　飲食起居與内地民人無異

宦海浮沈錄蒙婦裝飾黄旗上合頭梳兩辮半圍於頭上耳環或金或銀皆以珊瑚瑪瑙飾之垂於下紅旗連垂頭亦梳兩辮分垂於胸兩旁裝兩桶内桶或金或銀由頭上各垂兩珊瑚或瑪瑙各種寶石至脚極重髮易脫又有各垂珊瑚於後每行從者手牽之

環珮玎璫殊無足取錢塘虞氏出塞紀略歸化蒙古男婦衣帽無別惟婦人則以珊瑚瑪瑙相纍作墜環懸耳銳其下長寸餘卷黑布如筒貫髮其中垂於兩肩亦有耳墜兩環者亦有項帶銀圈或數珠者亦有紅錦作帕或作人字分貼項後者最重按黑布如筒係窮蒙裝飾 口外苦寒蒙人亦以燒然爲大宗出項石炭爲富家所燒貧者燒牛馬糞蒙婦在家做乳食出卽拾糞灤京雜詠氈房納石茶添火有女褰裳拾糞歸蒙俗卽如此 蒙古羶肉酪漿然不能皆食肉也余在豐鎮辦押荒時有蒙古兵能漢語者詢之謂食肉惟總管各官及富室能之我等窮蒙但逢節殺一羊而已殺羊亦必數戶迭爲主封而分之以是爲一年食肉之候與趙甌北簷曝雜記所說相仿至尋常度日但恃牛乳每清晨男婦皆先取乳熬茶熟去其滓傾乳沸之人各啜二碗暮亦如此此蒙古人饘粥也至乳酪之最上曰決肯取牛奶之精華而成者曰乳皮

牛乳煨火上取其皮者曰松葫蘆曰奶點心次之曰奶荳腐則下品矣別有白油黃油皆取牛乳之油至乳酒則酸不可入口蒙人以爲妙品不可解餅餌多用乳酪摭言謂韋澳孫宏同在翰林上賜銀餅餡食之甚美皆乳酪膏腴所製則爾時已有此風　蒙古世家巨族所居宮室板升屋數間在後蒙古包在前旁有羊圈圖西有佛堂與板升屋齊有官職者必於院內西偏豎一高杆以別之至貧者但居一蒙古包而已其狀如傘悉以竹木編成插地外蔽層氈四圍鋪毯舉家席地以居西隅陳設小几供銅佛小像鑪火居中雜燒馬糞鍋碗皆是羊羶卽坐褥亦染穢氣不堪近唐書吐蕃傳稱其寢處汚穢絕不櫛沐者誠不誣也此皆指所居之室而言至行室有交木而支者曰帳房唐吐蕃傳貴人處大氈帳名

曰拂廬宋刁約使契丹詩餞行三匹製爻閭皆帳房之類拂廬爻閭名均雅又有人字帳房表裏用青藍細布小而密另撐涼棚可以乘涼可以會友蒙古帳房遇雨其上另以布棚遮之人字帳房遇風用繩束之而繫之於樁帳杆交頭俱包鐵帳內用折疊小牀行則折置簏內重不過二十斤住則照式安設鋪以鹿皮或虎皮海龍皮更佳褥與被俱以皮爲之或貂或狐羊從便塞外風惡侵體輒病宜暖不宜涼也張文端奉使日記言之詳矣　蒙古以西爲上客至讓於西遞哈達上烏叉客讓不敢受主人固讓而後受遞哈達者古人束帛相見之義所謂禮失而求諸野上烏叉者蒙古人敬客宰羊一略烹溉供客前客切一臠先敬腦包主客始對食其切羊皆有法不紊亂如客不知此禮主人代敬腦包腦包者

佛也全羊謂之烏叉此賓禮也行文亦以西至東所謂左行文字蒙人好佛云佛自西來也張文端奉使日記引北征錄云蒙古地勢遠見似高阜至卽又平矣今來塞外始知其言不謬余署豐鎮到察哈爾草地署歸化到大青山後草地益信其言非虛歸化蒙古有九梁十八凹之諺每過一梁前後凹中間高形容盡致蒙人詐馬乃其長技其法驅生駒之未羈靮者千百羣令善騎者持竿竿頭有繩作圈絡突入駒隊中駒方驚而持竿者已繩繫駒首舍己馬跨駒背以絡絡之駒弗肯受輒跳躍作人立驏騎者夾以兩足終不下須臾已絡首駒卽帖伏矣　蒙古草地一望無際距村市甚遠而蒙人日用所需全賴民人牛犋牛犋者圈牛之處緣民人租種蒙人地畝不以畝計以牛計大者數百頭小者百餘頭另搭板升屋而米鹽靡雜無

不由城販運而來以供蒙人所需年終或抵地租或以牲畜相抵

民人因之致富者甚夥

歲時　民國定舊曆正月一日爲春節清明前一日爲植樹節五月

五日爲夏節八月十五日爲秋節

舊曆正月元旦祀神及祖先曰接神爆竹之聲夜不絕元旦拜年

接財神初五黎明洒掃取塵穢納箕中上置紙人送門外焚之謂

之送窮初八日入仙節及夕然燈七盞向空跪拜名曰順心初十

俟夜靜於暗處然燈設祭謂之鼠娶婦元宵節自十四至十六日

籠旺火張燈彩以元宵祭祖元宵前一夕接燈官燈官由燈社推

舉必以語言滑稽引人發笑者爲之翎頂袍褂乘肩輿赴龍王廟

焚香叩拜畢呵殿而出執旗者背印者乘馬隨之龍燈前導亦遊

戲之一種也二十日曰小添倉二十五日曰老添倉置燈於水缸中俱祭倉官祭訖於米麪器中添置米麪升以灰畫窖形於院內而置雜糧於其中二月二日曰中和節晨汲新水置錢於水甕至室入水缸中曰引錢龍是日薙頭曰薙龍頭食水餃曰按龍眼清明前一日曰寒食蒸麪爲百鳥狀餽親屬家小兒曰送寒燕清明日上墳五月初五日端陽節折五色紙爲方勝繫五色線於腕間剪紙爲蛙蛇蜈蚣之狀貼門首謂之驅毒蟲懸蒲艾飲雄黃酒食角黍終日不出曰躲端午七月十五日中元節爲城隍出巡之期是日闍北樹竿懸斗斗置五色旗及麪人數百僧眾誦經婦女叢集閣上諸少年以瓜皮向斗擲之謂之瓜皮大會村人掛五色紙於田禾之上以示早熟之意入夜作盂蘭會祀孤魂放河燈八月

十五日中秋節貼紙畫畫分三段上繪關公讀春秋中廣寒仙子
下繪明月月中一桂桂下玉兔一人立搗藥月光上焚香訖飲酒
賞月謂之團圓十月初一是日上墳剪紙作衣衫形雜冥楮焚之
日送寒衣十二月初八日日臘八爲如來佛誕日食粥祭佛曰過
臘八十二月二十三日祭竈以糖餳彌神口焚之願其上天言好
事也除夕結燈綵貼春聯籠柴炭曰旺火攜錫箔門外焚之謂之
請亡旋行安神禮畢拜於尊長前曰辭歲
土默特志上元前後三日各家聚石炭於門首累作幢塔狀然之
通竟夜名曰旺火除夕至元旦庭院亦各爇炭取其明也
宦海浮沈錄察哈爾黃旗蒙古擇六月吉日於一營高空之地堆
石頭下埋符咒上包銅頂諸人約齊香供拜於前謂之祭腦包祭

畢各帶有力者跳布庫布庫者耑賭脚力勝敗以仆地爲定其人皆白布短衫窄袖而領及襟率用布七八層密縫之使堅韌不可碎初則兩兩作勢各欲伺隙取勝繼則互相扭結以足相掠稍一失卽拉然仆矣既仆則斂手退勝者賞以銀帛又跑馬爲樂先期善養馬者吊馬（蒙俗不喂草料謂之吊）至期選年十一二健武小兒驏騎所吊之馬竢於數十里外有執旂者招之數十馬并走如飛先至腦包所爲勝給頭二三四等牌次第受賞觀者如堵蓋祭腦包者祭土之義吉禮也布庫跑馬皆習武事亦軍禮也故予於察哈爾蒙古此事有取焉至歸化六月十三在吳公壩祭腦包例由副都統委參領代祭無布庫跑馬諸戲視爲具文故不詳載焉

自大同至塞外均有採青之風歸化自五月初起至八月初止演劇張樂

男女聚觀扇影衣香雲屯霧沛平原廣漠倣設穹廬各攜火鍋一具酒饌紛陳恣意飲啖卽大家閨秀亦許劉楨平視歸化戲館四處棃園子弟來自都門天津者居多富商酬客卽在戲館訂筵席六碗六碟名曰改菜席戲酒價均甚廉若郊外演劇則有歌妓數人登台唱曲謂之接台接台者蓋大戲唱畢於夕陽西下之時登台繼唱絲清竹脆玉潤珠圓宛轉歌喉梁塵欲動觀者興高采烈麕萃麟集浮梁子弟迷離若狂亦歌場中之別開生面者也

公儀　清制有拱手揖一揖三揖叩首之分一跪一叩首一跪三叩首二跪六叩首三跪九叩首季年多依滿俗相見屈右膝曰請安民國成立廢止跪拜行脫帽鞠躬禮以三爲度軍人室外行舉手禮室內行脫帽鞠躬禮

方言

歸綏縣志

簡派綏遠省普通文官考試典試委員鄭裕孚纂

經政志

賦役

田出賦丁出役古之制也嘉靖時諳達始內附故言賦役之制斷自明始明科徵之類有三曰正賦曰雜辦役也士紳納正賦不納雜辦曰優免民人賦役並納曰行差曰加銀夏稅秋糧後改稱上忙下忙小麥桑絲皆夏稅花絨粟米皆秋糧馬草以十五斤為一束於稅糧內折徵之馬價歲徵解孳生馬若干匹後解折色草料萬曆間裁革種馬每匹徵草料銀一兩站銀水馬兩驛驛站費六者正賦也雜辦則均徭里甲也均徭有銀差專供縣以上至于部寺差役雜項各費力差專供本府本縣各差役雜項聽差專供禮部坐派曆日及祭犢各項之分里甲有額支供本縣春牛桃符公宴歲修文廟各費待支供科舉花紅旗扁公車及朝覲等費雜支供過客下程油炭等費之別萬

曆二十年定條鞭法並正雜而一之至加銀則條鞭以後所增也天津水陸旅順兵餉馬價艸衣綿絨芝麻凡六項徵丁分三等九則自一錢至九錢其後衛丁仍分九等而民丁一以下下則折準丁徵一錢清順治十四年釐正田賦一準條鞭之法康熙五十二年詔後遇編審之期應以康熙五十年丁冊爲額續生人丁永不加賦雍正二年攤丁於地故稱地丁並地糧丁役爲名也是年復提耗羨歸公定丁閏地閏之制爾後二百餘年遵守無異民國三年始每銀一兩改徵銀洋二元三角較之往昔雖加徵六錢左右然耗羨及兩閏則悉予蠲除丁銀本力役之徵康熙後正雜加銀丁匠都爲正課是糧內所徵已再役三役矣而清季以迄民國因事興徭車馬丁夫糧秣猶需民間之供億近年來始罷稅捐及徭役之苛細者邑鄰沙漠土瘠鹵故賦役較輕稅捐收

入之狀況亦殊於內地今就財賦之可考述其涯略著於篇
一渾津黑河二里民地原墾二百八十一頃四十六畝四分四釐每畝徵米一升共米二百八十一石四斗六升四合四勺每畝徵草折銀九釐共銀二百五十三兩三錢一分七釐九毫六絲乾隆二十六年改章定爲每草折銀一分徵米八合二項共徵米四百八十四石一斗一升八合九勺光緒九年又改米一石折徵庫平銀一兩六錢共實徵銀七百七十四兩五錢九分二毫四絲
一大青山後牧地乾隆六十年開墾四千二百三十頃每畝徵銀二分一釐五毫共額徵銀九千九十四兩五錢嘉慶四年豁免民人棄地九百三十頃租銀一千九百九十九兩五錢後招民認墾五百三十頃應合銀一千一百三十九兩五錢十二年續墾地二千

七百二十五頃應徵銀五千八百五十八兩七錢五分道光六年
豁免水沖沙壓地八十七頃九十七畝四分九釐租銀一百八十
九兩一錢四分六釐除外額徵地六千四百六十七頃二畝五分
共徵銀一萬三千九百四兩一錢四釐光緒二十年同知方龍光
會同委員唐洪謨勘明災後荒地三千八十四頃七十七畝一分
應徵租銀六千六百三十二兩二錢五分七釐有奇呈准暫行停
徵共熟地三千三百八十二頃二十五畝四分實徵銀七千二百
七十一兩八錢四分六釐一毫
一大青山後四旗空閑牧地嘉慶七年撥補莊頭開墾七百六十六
頃五十二畝六分五釐每畝徵銀二分一釐五毫共合銀一千六
百四十八兩三分二釐光緒二十年同知方龍光委員唐洪謨勘

明災後荒地三百九頃二十畝八分合銀六百六十四兩七錢九
分七釐三毫呈准暫行停徵共熟地四百五十七頃三十一畝八
分四釐徵銀九百八十三兩二錢三分四釐八毫
一額外經徵十五溝地九十七頃一畝一分三毫每畝徵米二升九
合六勺共徵租米二百八十七石一斗五升二合六勺五抄光緒
九年改爲米一石折庫平銀一兩六錢共徵銀四百五十九兩四
錢四分四釐
一額外代徵土默特牧地一百七十五頃九十九畝五分每畝徵銀
一分七釐至二三四五分不等共額徵銀五百二十二兩六錢五
分咸豐六年因災豁免地十頃五十畝共銀三十一兩五錢共熟
地一百六十五頃四十九畝五分徵銀四百九十一兩一錢五分

一外徵入官房地租銀九百九十一兩六錢九分除存留發給蒙古地主銀一百三十四兩三錢二分外解交綏遠城糧餉廳

以上六項俱由歸化廳同知經徵解交綏遠城糧餉廳

一代徵大青山後沙拉穆楞等十八村地租道光二十九年升科認墾地五百九十二頃一十一畝四分每畝徵租銀三分一釐八絲

共額徵租銀一千八百四十兩二錢九分一釐

一代徵大青山後聚寶莊等二十七村地租道光三十年認墾地一千一百五十九頃一十一畝四分每畝租銀三分一釐八絲額徵

租銀三千六百二兩五錢七分六釐三毫咸豐九年除丈荒地外

實種地一千二頃七畝七分減輕租額每畝徵銀二分一釐五毫

共額徵租銀二千一百五十四兩四錢六分六釐

一代徵吳公壩地五十一頃三畝每畝徵銀一分共徵銀五十一兩三分
一代徵鰥寡孤獨地五十八頃九十二畝每畝徵銀二釐五毫至四五六分及一錢六分不等共徵銀七十四兩一分三釐
以上四項由歸化廳同知經徵解交副都統衙門
一代徵察哈爾鑲藍旗牧地五十四頃九十七畝三分九釐每畝徵銀一分七釐至三分不等共額徵銀九十兩七錢八釐
一代徵土謝圖漢旗塔布齊一作討不氣牧地一十五頃八十三畝每畝徵銀二錢及一分八釐至二三四分不等共額徵租銀二百一兩二錢三分
以上兩項由旗員自行領取

一渾津黑河十二戶莊頭地乾隆三年原奏准歸化城十三莊頭墾
地二千六百餘頃除一千九百餘頃交地方官募民耕種輸租戶
部外每莊頭各給地六十頃有零共地七百八十五頃二十四畝
七釐九毫八絲四忽嘉慶十四年題准十三莊頭應交本色米二
千六百十六石八斗七合八勺是年豁免鹻壞地一百八十五頃
九十九畝七分花班生鹻地一百三十三頃一十四畝沙淤河佔
地一百一十五頃一十三畝九分十六年題准復墾被水淤漫地
五十一頃三十八畝三分當年升科道光五年題准復墾被水淤
漫地一十五頃七十畝當年升科共地四百一十七頃九十二畝
七分七釐九毫八絲四忽每畝應徵米三升三合三勺三抄共額
徵米一千三百九十二石九斗五升三合三勺五抄二撮

以上綏遠城同知經徵留儲備餉

渾津莊頭王文魁劉金鐘宋得勝吳永茂杜萬山劉佩潘世福趙玉剛王成張承業等十戶共地六百頃八十畝四分三毫八絲四忽地分十圈東西相距十五里南北相距七里零後奉部豁免地三百三十九頃十三畝三分實種地三百六十一頃六十七畝一分三毫八絲四忽共徵米八百七十二石一斗四升九合五勺五抄二撮

黑河莊頭丁開山胡建基李自明等三戶共地一百八十四頃四十三畝六分七釐六毫地分三圈東至茂盛營西至達賴莊南至道北至渠奉部豁免地二十八頃一十八畝實種地一百五十六頃二十五畝六分七釐六毫共徵米五百二十石八斗三合八勺

右清代田賦

一額徵渾津黑河二里米折地二百八十一頃一十畝五分一釐每畝徵銀二分七釐五毫二絲以二元一角共合洋一千六百二十四元五角六分四釐

案此項米折地係於清初升科每畝徵米一升又徵草折銀九釐

乾隆二十六年改爲草折銀一分徵米八合光緒九年又改米一石折徵庫平銀一兩六錢民國每銀一兩改徵洋二元一角又每銀一兩附徵畝捐銀一錢五分以一元五角合洋自二十三年二月起米折畝捐歸併徵收並廢兩改元每畝徵洋六分三釐九毫八絲四忽共地二百八十一頃十畝五分一釐徵洋一千七百九十八元六角二分四釐

一額徵十五溝米折地九十六頃九十八畝一分二釐每畝徵銀四分七釐三毫二絲以二元一角共合洋九百六十三元七角二分二釐

案此項地畝在沿縣北邊山溝中清季升科每畝徵米二升九合六勺光緒九年改徵一石折庫平銀一兩六錢

一額徵渾津黑河十三圈米折地四百六十二頃二十一畝三分二釐每畝徵銀五分三釐三毫三絲以二元一角共合洋五千一百七十六元四角六分四釐

案此項地畝原係莊頭地清乾隆三年定爲每莊頭給地六十頃餘劃爲一圈東三圈西十圈共地七百五十八頃二十四畝餘嘉慶十四年以鹻壞沙淤河佔豁免三百餘頃其餘四百餘頃道光五年每畝徵米三升三合三勺三抄光緒間折徵銀每畝五分三釐三毫三絲迨民國八年旗務處呈准以此項地畝之半劃充旗民生計地安插旗丁爲體恤旗民故上地七十四頃三十四畝三釐每頃改徵洋五元中地九十七頃六十畝七分八釐每頃改徵四元下地六十九頃二十三畝六分二釐每頃改徵三元二十一

年升科

一額徵清河沁昌二汛地租地一十三頃四十四畝每畝徵銀二分五釐以二元一角共合洋七十元五角六分現每畝改徵洋五分二釐五毫

案清季沿河置汛營二處分給地畝墾種迨汛營裁撤地歸公有轉租民戶升科

一額徵清河沁昌二汛地租地五頃九十畝每畝徵銀三分以二元一角共合洋三十七元一角七分現每畝改徵洋六分三釐

一額徵清河沁昌二汛地租地二頃三十七畝每畝徵銀三分五釐以二元一角共合洋一十七元四角二分現每畝改徵洋七分三釐五毫

一額徵清河沁昌二汛地租地二頃五十九畝每畝徵銀七分以二元一角共合洋三十八元七分三釐現每畝改徵洋一角四分七釐

一額徵察哈爾地租水地四頃八十一畝每畝徵銀三分以一元五角共合洋二十一元六角四分五釐
一額徵察哈爾地租旱地五十頃一十七畝七分九釐每畝徵銀一分七釐以一元五角共合洋一百二十七元九角五分三釐
一額徵討不氣地租水地九頃二十六畝九分四釐七毫每畝徵銀二錢以一元五角共合洋二百七十八元八分三釐
一額徵討不氣地租旱地八頃五畝三分三釐每畝徵銀二分以一元五角共合洋二十四元一角六分
一額徵土默特地租地三十一畝三分三釐每畝徵銀一分一釐以一元五角共合洋五角一分八釐
一額徵土默特地租地三十頃四十畝七分四釐每畝徵銀一分五

釐以一元五角共合洋六十八元四角一分七釐

一額徵土默特地租地六十五頃四十六畝五分五釐每畝徵銀二分以一元五角共合洋一百九十六元三角九分七釐

一額徵土默特地租地三十八畝一分四釐每畝徵銀二分三釐以一元五角共合洋一元三角一分六釐

一額徵土默特地租地二十六頃三十九畝四分二釐每畝徵銀三分以一元五角共合洋一百一十八元七角七分五釐

一額徵土默特地租地四十六頃二十七畝八釐每畝徵銀五分以一元五角共合洋三百四十七元三分一釐

一劉明經入官房地租官土房一百六十三間共徵洋六百九十九元六角四分五釐

一劉明經自蓋瓦房一十九間共徵洋三十二元四角
一劉明經自蓋土房四十一間共徵洋六十五元五角二分
一劉明經空地基一十一塊共徵洋三百六十元七角一分三釐
前項房地係嘉慶十二年回民劉明經捐由廳署管業者原爲三百七十三間空地基十六塊今僅存如上數
一額徵土默特旗地官租上則地一百七十七頃九十五畝二分一釐五毫每畝徵洋三分共合洋五百三十三元八角五分六釐
一額徵土默特旗地官租中則地一千五百八頃六十九畝五分八釐每畝徵洋二分共合洋三千一十七元三角九分二釐
一額徵土默特旗地官租下則地一萬一千三百四頃六十九畝三分八釐每畝徵洋一分共合洋一萬一千三百四元六角九分四

釐
一額徵土默特旗地官租上則地二十五頃二十四畝八分七釐五毫每畝徵洋四分五釐共合洋一百一十三元六角一分九釐
一額徵土默特旗地官租中則地三十五頃四十一畝九分七釐每畝徵洋三分共合洋一百六元二角八分九釐
一額徵土默特旗地官租下則地四百四十二頃七十六畝一分三釐每畝徵洋一分五釐共合洋六百六十四元一角四分二釐
右列三則地原係蒙古官灘絕戶後經墾務局丈放
以上正款共額徵洋二萬六千一十元五角三分八釐
一額徵渾津黑河二里米折每徵正銀一兩隨徵畝捐銀一錢五分
以一元五角共合洋一百七十四元六分

一土默特地租火耗每徵正銀一兩隨徵火耗銀一錢以一元五角
共合洋七十三元二角四分五釐
一討不氣地租火耗每徵正銀一兩隨徵火耗銀一錢以一元五角
共合洋三十元二角二分四釐
一察哈爾地租火耗每徵正銀一兩隨徵火耗銀一錢以一元五角
共合洋一十四元九角六分
一土默特旗地官租附加一成徵解費洋一千五百七十三元九角
九分九釐
以上附加款共額徵洋一千八百六十六元四角八分八釐
二共額徵洋二萬七千八百七十七元二分六釐
右民國田賦

附錄 咸豐九年十月十七日
上諭前據綏遠城將軍成凱奏請酌減大青山後牧地租銀當交
戶部議奏茲據奏稱大青山後沙拉穆楞等處地畝磽薄原定租
額過重以致地戶逃棄租銀拖欠請照該將軍等所議將租額酌
減等語所有大青山後牧廠租銀著照議減爲每畝徵銀二分一
釐五毫以紓民力經此次議減之後務須年清年款其舊欠租銀
應如何分年帶徵之處著該將軍等體察情形報部核辦從前經
徵官員雖無侵挪情弊究屬催徵不力著查取職名交部議處此
後經徵各員倘敢仍前玩泄卽著照大同朔平二府徵收糧石例
議處欽此

光緒十九年
上諭御史褚成博奏山西口外七廳賑務已畢請飭辦積穀並嚴
禁收糧積弊一摺據稱該省賑事完竣尚多餘款請酌提銀兩作
爲收買積穀之用由官發給章程責成公正紳耆實心經理大青
山後一帶錢糧向歸糧差甲首徵收每多浮索情弊亟應實力禁
革等語着張煦按照所陳各節體察情形妥籌辦理原摺着鈔給
閱看將此諭令知之欽此

同知方龍光上歸綏道禀 光緒十二年
敬禀者現蒙憲臺案行奉准戶部咨本部會奏山西省豐鎮等廳
經徵各項地租拖欠頻仍漫無考成擬請改照地丁錢糧例辦理
一摺奉旨依議欽此計鈔原奏內開豐寧兩廳經徵各項地租歸
化廳經徵大青山兩項地租擬請光緒十一年分將經徵接徵督

催接催各員統照地丁錢糧例辦理考成旣嚴於該省地租當有裨益等因咨行到皐廳等蒙此仰見大部嚴定考成策勵催科之至意但口外各廳經徵租銀實有不能照地丁錢糧辦理者前經七廳會銜瀝陳情形兩次詳稟均蒙前升憲臺分別詳咨已在案茲奉前因合將各項租銀難照地丁實在情形再爲憲臺詳晰陳之緣口外天氣極寒開凍遲而隕霜早每年莊稼只收一季每畝豐收不過數斗故口裏徵收地丁例分上下兩忙而口外徵收租銀只能秋後開徵此就天時而論不能照地丁錢糧例辦理者也口外古稱沙漠地皆沙磧居多而且地廣人稀無從得糞以沙地而無糞培耕種久則地力乏之往往種而不生必須歇一二年後始種一年方能收穫此卽周禮所謂一易再易之地故種地者以多爲貴往往今年歇此而種彼明年又歇彼而種此地旣不能全種糧必責令全完亦恐貧民力有未逮此就地利而論不能照地丁錢糧例辦理者也口裏糧戶編定入籍民不能輕棄其地官亦易追比其糧而口外糧戶盡是客民未編戶籍有利則認糧而種地無利卽棄地而之他兄民人出口種地例皆春出秋歸皐廳等年年冊報有案設其人秋歸而春不復出則此一年中地卽成無主之地糧亦爲無着之糧卽抵死比催亦誰爲完納此就人事而論不能照地丁錢糧例辦理者也總三者言之天旣苦寒地多沙瘠民非土著最易逋逃從前定例處分從寬地方官尚得寓撫字於催科之中地或有歇年而不種者人或有秋歸而不出者其尾欠之糧尚可通融稍寬追比故糧戶尚敢復出種地不至棄地終逃

雖糧多拖欠未皆全完而今年或此完而彼欠明年又此欠而彼完每年互相勾牽多者能完九分以上少者亦徵七八分若一照地丁錢糧在大部以爲考成既嚴當於地租有益果能於國賦有益卽官罹降謫民困敲扑亦可不恤殊不知以輕於去就之糧戶種無足戀惜之糧地追呼一迫卽棄地而逃故處分愈重則催科愈嚴而逃亡之戶亦愈多缺額之糧尤愈甚徒使官民交受其害實於租賦非徒無益試就已然之事論之清廳原額徵銀二萬九千餘兩若處分稍寬卽每年僅徵七八分亦能徵銀二萬餘兩乃自改照地丁錢糧例辦理以致戶逃地荒無敢認墾現在只賸額徵米四千二百餘石在彼當年加重處分未嘗不以爲於事有益詎知欲益反損實爲前車之鑒卑廳等體察地方糧戶各情形深知經徵各項租銀斷難仿照地丁辦理惟豐寧二廳經徵各項租銀若竟漫無考成亦殊非愼重催科之道卑職等會同籌商除歸化廳經徵大青山兩項租銀向照江蘇米石例辦理者均請仍循舊例另案題銷免其更改外所有豐寧二廳向無考成之各項地租擬請自光緒十一年分起一律改照江蘇米石例另案題銷分別完欠數目經督各官初參復參辦理以嚴考核而重催徵至於奏銷限期口外氣候較遲開徵亦晚其向例次年年底題銷者亦請仍照舊例按限題銷所有卑職等查明各項租銀改照地丁諸多窒碍懇請改照江蘇米石例辦理緣由是否有當理合會銜稟請大人鑒核

同知方龍光委員唐洪謨會詳　光緒二十年

爲會詳查清糧地革除糧差事前奉憲檄行知以奉旨飭下嚴飭地方官將糧差弊端實力禁革凡民間應完錢糧皆令自封投櫃不准糧差包收等因行知到廳因歸化向無額設田房稅契民間買賣糧地多不過割糧名率皆頂名認糧承種往往地畝已更數主而糧簿仍只原名歷年既久轇轕不清非積年承催之糧差均不能確知底細即無從催徵錢糧將欲革除糧差之弊必先查糧地過撥的名使徵糧確有把握糧差纔能革除當經瀝陳情形禀蒙憲鑒於去年十一月間委令洪謨馳抵歸化會同龍光妥速遵辦禀請覆奏等因當經卑職等會查時已冰雪在地清丈難施請俟今年三月停徵以後八月開徵以前及時趕辦惟糧地村落較多戶各清查不易必須分設局所添派委員並籌給一切經費款項以期速蕆事而免擾民復經卑職等禀荷憲示允行本年四月初間卑職洪謨遵復由省馳抵歸化會同卑職龍光在大青山後兩項廠地內劃分村落分設六局遴委留城當差各員並捕盜營經制外委各帶書差弓手眼同各村甲會首核實查丈並移經山後駐紮練軍分派弁兵幫同彈壓所有各委員薪水車資並弁兵書差人等津貼飯食以及各局辛紅紙張一應雜費均經禀蒙憲恩逐一籌款給發卑職等會同諄囑在事員役並出示曉諭各村不准絲毫擾累民間洪謨督同分局各員親詣糧地各村逐加履畝查丈查該大青山後廠地及四旗空閑廠地兩項共原額地七千二百三十三頃五十五畝一分五釐每畝徵租銀二分一釐五毫統共額徵銀一萬五千五百五十二兩一錢三分五釐七毫二

絲五忽現在逐加查丈核其地糧各數尚與原額相符一面稽查地畝現係何人承種隨即核對糧簿是否糧名相符如有頂名承種情弊即眼同該管糧甲暨現種地戶三面考對明白逐一過撥的名更正糧簿俟過割清楚後將糧簿編造存案各該村亦各存留副本嗣後續有買賣地畝過割糧名均令互相考核惟現值大祲甫過更不免有逃亡之戶荒棄之地現經卑職等諄切曉諭各村糧甲會首等令即詳細稽查有主者趕緊招徠復業無主者即另招民認種務使地無曠土糧無缺額現已於七月初一日洪讓督同分局各員將兩項糧地逐一清丈完竣糧名亦皆過撥清楚當即撤局仍回歸化會同卑職龍光查此兩項糧地前因地糧戶各諸多混淆轇轕非糧差莫知底蘊不能徵糧致糧差窟穴把持錮弊甚深革除非易且山後距城窵遠該納戶等向祇認有糧差並不知有投櫃往往將應納之糧多交糧差之手致該糧差種種索擾誠有如褚侍御所云者今既將糧地逐一查清徵糧已有把握自應將舊日承票催糧之十二票糧差一律永遠裁革嗣後即有糧戶抗欠不完及糧頭經催不力不得不飭差傳比者亦由龍光隨時另僉妥差傳喚決不再用舊日糧差以清積蠹而除民害惟各村應納糧銀尚須有人催納卑職等現已出示曉諭各村令舉公正大戶充當該村糧頭經催該各本村之糧自光緒二十年八月開徵起務令各花戶將應納糧銀自封投櫃以杜包收等弊抑卑職等更有請者糧差積弊既經革除善後章程尤應妥議現經卑職等會議得徵糧章程遵照前撫憲剛定章每交正銀一兩

隨加平耗銀一錢二分自封投櫃其有因買銀不便通融折錢交納者亦着按照時估核算不准另外加價每年自八月初一日開徵後將逐日銀價時估牌示署前俾納戶週知以杜浮索等弊至嗣後買賣糧地必須隨時過割糧名但恐糧書一索使費必至小民視爲畏途仍將糧地私相授受糧名舛錯舊弊復生現經卑職等嚴定章程嗣後過割糧名只准酌給筆資不准濫行需索至各村遇有逃戶遺糧累及現戶代納亦殊累民應令嗣後如有新逃之戶無着之糧若逃在收秋以後規避完糧輒行逃匿應不准其報逃免糧外其逃在未收秋以前者准該糧頭隨時報明一面招民認種一面即予免徵以免逃糧貽累以上各條應令各村在於公所刊立石碑永遠遵守所有用過各局經費各數目應由龍光詳細開摺另文申報外理合將查清糧地革除糧差暨會議善後各緣由會銜詳請憲臺查核轉請覆奏施行

當帖課銀　乾隆初起徵城鄉當鋪五十有二每鋪當帖一歲納課銀六兩共銀三百十二兩解交副都統衙門光緒十四年預徵一次每鋪納二十年課銀一百二十兩二十三年每鋪加徵課銀五十兩

牙帖課銀　牙帖二十一張每張歲納課銀一兩二錢共銀二十五兩二錢解交山西布政使司衙門

缸油帖課銀　道光十二年起徵城內缸房九油房三每家領帖一每帖歲納課銀二兩五錢共銀三十兩解交歸化關監督署

藥商坐票課銀　票十二張每張歲納課銀二十四兩共銀二百八十八兩解交山西籌餉局

菸釐酒釐　俱光緒二十二年起徵水菸一斤徵制錢十文旱菸五文釀酒缸房七十八家每酒一斤徵制錢三文解交山西布政使司衙門

右清代雜稅歸化城同知徵解此外尚有額徵雜稅正銀一萬五千兩雜稅盈餘一千五百兩牲畜稅錢九千串又有洋藥稅

菸油酒雜貨稅鐵器稅落地稅各名目俱由歸化關設局經收

儘徵儘解

當稅　當鋪八家上則帖六張每張六十元中則帖二張每張四十元共洋四百四十元

牙稅　上則帖五張每張六十元中則帖十五張每張四十元下則帖二十三張每張二十元共帖四十三張共洋一千三百六十元

田房契稅　分買契典契兩種買契稅按百分之六抽收二十三年度收洋一萬一千八百六十五元省附加收百分之二縣附加百分之三（學捐二黨費一下同）典契稅抽收百分之三二十三年分收洋三十五元省附加收百分之二縣附加百分之三

清制買契稅每銀一兩徵稅三分加留縣耗銀三釐宣統二年改

徵九分銀元通行後每百元稅九元典契向不稅惟十年不贖准

典主稅爲己業光緒三十四年始定新舊典契均照買契減半投

稅宣統二年改徵六分入民國後買契每百元初稅六元中間稅

率迭有更改現復稅六元典契半之

營業稅　民國二十年起徵二十三年分徵洋二千四百二十元

鄉區屠宰稅　民國元年起徵由商人包收包額年四千五百五十

元省附加一成縣黨費一成又典禮費百分之零一五

屠宰檢驗費　起徵於民國二十年由商人包收包額年七百四十

五元

豬羊腸捐　起徵於民國二十年由商人包收包額年一百一十元

鋪捐　向新舊兩城抽收係縣地方款補助學費年徵三千五百九

十八元

右民國雜稅由縣政府經收除縣附加及地方稅外俱解交省政府財政廳民國三年四月設歸綏國稅廳籌備分處七月改歸綏財政分廳六年一月稱歸綏財政廳十四年十二月改綏遠財政廳十八年三月易今名

徭役　清以前莫詳民國六年縣農會成立兼供軍用之草料經費年支七千二百餘元復設公車局由道尹委派局長供給過境及駐軍之車馬經費年一千七百餘元車戸之入境營業者每輛收幫差費三分或五分支差不敷之款則攤之車店馬王兩社十五年秋過境軍至十萬農會會員苦于供億悉散去十七年農會改農民協會不復與支差事翌年別設軍草軍車代辦處支應長差年支經費二千四百餘元連同縣農會經費俱由鄉村分別攤任嗣公車局改隸於

縣專任僱車供應短差按日給値初農會與各軍約車草價目六閱月議一次照市價收其半或三之二然軍隊中仍有並此不給者其車及草料則按村之肥瘠使之負荷兵差最重爲民國七八十五十九等年支草最多年至八百萬斤料二千三百餘石車二萬輛二十一年軍草軍車代辦處改軍車代僱所不供草料經費仍舊數駱駝支差向由清眞集錦新疆復慶四社辦理次年七月設駝務辦事處合公車局邑之支差機關凡三處省政府主席傅公近擬將支差事宜歸併縣府辦理以輕民閒之擔負云

縣政府每月薪工雜費一覽表

職別	人數	薪工數	實支數	備注
縣長	一	二五〇元	一七五元	縣長俸薪七扣月納所得稅七元八分

祕書	一	五〇元	四〇元	祕書薪水八扣
科長	一	五〇元	四〇元	科長薪水八扣
主任	二	六〇元	六〇元	主任二員其一由科長兼任不支薪
科員	三	六〇元	六〇元	科員三員每員二十元合計如上數
一等雇員	二	二八元	二八元	一等雇員二員每員十四元合計如上數
二等雇員	一	一二元	一二元	
三等雇員	二	二〇元	二〇元	三等雇員二員每員十元合計如上數
夫役	五	四〇元	四〇元	夫役五名每名八元合計如上數
辦公雜費		一八〇元	一八〇元	
合計		七五〇元	六五五元	此表支出數係由省庫請領

縣政府第二科每月薪工雜費一覽表

職別	人數	薪工數	實支數	備注
科長	一	五〇元	五〇元	

主任	二	六〇元	六〇元	主任二員每員三十元合計如上數
督學	一	二五元	二五元	
技士	一	二五元	二五元	
科員	一	二〇元	二〇元	
書記	五	五〇元	五〇元	
夫役	五	四〇元	四〇元	
辦公雜費		一〇〇元	一〇〇元	
合計		三七〇元	三七〇元	此表支出數係由縣地方款項下開支

縣地方歲入預算書

民國二十三年度

數別	上年度預算數	本年度預算數	比較 增	比較 減	備注
第一款田賦附加	五·九九四元	五·九九四元			
第一項糧租二五附加款	三·三三〇	三·三三〇			此款民國二十年七月起附加充作公安局經費

第二項糧租二成附加款	二·六六四	二·六六四			此款民國二十一年起充作縣黨部經費
第二款各稅附加	七·七四八	七·三七八		三七〇	
第一項田房學捐	三·三〇〇	三·三〇〇			此款係隨契稅附加二分年約收三千三百元充作教育經費
第二項田房牙紀捐	五五五	一八五		三七〇	查田房牙紀捐係由房價抽收千分之五年約收五百五十五元充作教育經費自本年十月呈准廢除較上年減去八個月之收入故減如上數
第三項屠宰附加一成捐	一·一二八	一·一二八			此款充作縣黨部經費
第四項屠宰檢驗廠代徵典禮費	二六五	二六五			此款係城區所徵充作教育經費
第五項附加駝捐	八五〇	八五〇			查此項由歸綏及武川徵收局代徵武川撥歸綏七成統計以三分之一撥歸同部小學三分之二充作教育經費
第六項契稅附加一成捐	一·六五〇	一·六五〇			此款充作縣黨部經費
第三款各項雜捐	六·四七五	四·五〇五		一·九七〇	
第一項戲捐	一·二五〇	一·一五〇		一〇〇	城市戲捐由各戲園承包全年約洋五百五十元各鄉鎮戲捐內有鼓轎一項撥自本年十月起先將鼓轎捐呈准廢除故酌減包額洋一百元合計如上數
第二項磚瓦石灰窰捐	二〇〇	六七		一三三	此捐每年三月至九月按七個月徵收分甲乙兩等甲等每月三元乙等每月二元充作教育經費自本年十月分起呈准廢除故減去八個月收入如上數

第三項茶飯館捐	三·〇〇〇	一·五〇〇		一·五〇〇	此捐於去年七月起每年增爲三千元充作教育黨部各經費自二十四年一月起呈准廢除故本年度應減半數
第四項鼓轎捐	三五五	一一八		二三七	此捐係充教育經費自本年十月呈准廢除較上年減去八個月之收入如上數
第五項商助學款	一·〇八〇	一·〇八〇			此款每年由商會按季分撥充作教育經費
第六項商助巡餉	四五〇	四五〇			此款每年由商會按季分撥充作公安局經費
第七項劉明經房租附加捐	一四〇	一四〇			此款係充教育經費
第四款公款及生息	六·六三〇	六·六三〇			
第一項省庫撥助學款	三·七五〇	三·七五〇			此款向由財政廳撥發充作教育經費
第二項省會公安局代徵款	二·二五〇	二·二五〇			此款係特指附加充作縣國術館經費
第三項學款生息	四五〇	四五〇			此款每年由商會按季分撥充作教育經費
第四項巡餉生息	一八〇	一八〇			此款每年由商會按季分撥充作公安局經費
第五款雜收入	二·八一七	九一四		一·九〇三	

款別	上年度預算數	本年度預算數	比較增	比較減	備注
第一項婚帖售價款	八一六	二七二		五四四	此指於民國十八年呈准以八成充教育經費二成充作公安局經費自本年十月分呈准廢除較上年減去八個月之收支故減如上數
第二項苗圃經費	三〇〇	七五		二二五	此款呈解財政廳撥充苗圃經費自本年九月奉令廢除較上年應減去九個月之收入如上數
第三項村政經費	一·七〇一	五六七		一·一三四	此款於二十二年改充教育經費自本年十月廢除較上年減去八個月之收入如上數
第六項各鄉地畝撥款	六七·七七六	七〇·七五五	二·九七九		
第一項各鄉地畝撥款	六七·七七六	七〇·七五五	二·九七九		此款按地畝攤收充作財務局建設局及區公所保衛團區立各學校等經費所有財建兩局自本年九月底奉令裁併後移作二科經費合計如上數
合計	九七·四四〇	九六·一七六		一·二六四	

縣地方歲出預算書　民國二十三年度

款別／數別	上年度預算數	本年度預算數	比較增	比較減	備注
第一款內務費	三九·五五四元	四四·二〇四元	四·六五〇		
第一項第二科經費		四·〇五〇	四·〇五〇		本年奉令裁局併科第二科經費洋月支四百五十元列入預算本年度係自十月分起按九個月合算合計如上數
第二項公安局經費	五·三九四	五·九九四	六〇〇		查公安局上年度每月經費洋四百四十九元五角自本年度七月分起奉令每月恢復爲乾洋五十元全年增加如上數

第三項各區公所經費	五·一一三	五·一一三			本縣第二三四區區公所每區月支經費洋一百四十二元全年合計如上數
第四項全縣保衛團經費	二三·七四八	二三·七四八			查本縣保衛團每月經費洋一千九百七十九元全年合計如上數
第五項保衛團軍衣子彈費	二·三〇〇	二·三〇〇			查上年度經地方會議決定每年軍衣費二千元子彈費三百元合計如上數
第六項行政警察工食	三·〇〇〇	三·〇〇〇			查本年度行政警察經上年地方會議決定每月工食費洋二百五十元全年合計如上數
第二款財務費	三·九三六	一·〇七四		二·八六二	
第一項財務局經費	三·八一六	九五四		二·八六二	查上年三月分起因財政統收統支經地方會議決定每月增為三百一十八元截至本年九月底奉令裁局併科故本年預算數以三個月合計如上數
第二項印刷費	一二〇	一二〇			查此款歷年實報實銷上年經地方會議每月印刷收據費洋十元全年如上數
第三款教育費	二九·三八〇	二七·五三八		一·八四二	
第一項教育局經費	三·六〇〇	九〇〇		二·七〇〇	該局截至本年九月底奉令裁局併科故本年度預算數以三個月合計如上數
第二項縣立各學校經費	一三·六〇八	一三·六〇八			本年縣立第一校每月經費三百二十七元第二校二百七十四元第三校一百三十五元第四校一百一十七元第一女子小學校二百八十一元每月共洋一千一百三十四元全年合計如上數

第三項區立各學校經費	九·五五二	一〇五三〇	九七八		查二區區立一校每月二百五十九元三區區立第一校每月增爲一百五十八元五角第二校增爲一百八十九元四區區立一校每月一百七十三元第二校九十八元計三區各校共增洋九百七十八元全年如上數
第四項文獻委員會經費	一八〇	六〇		一二〇	該會經費擬自本年十一月分停止故本年度預算數以四個月合計如上數
第五項國術館經費	一·六八〇	一·六八〇			國術館每月經費洋一百四十元全年合計如上數
第六項教育會經費	三六〇	三六〇			查上年經地方會議決定每月補助經費洋三十元合計如上數
第七項各學校畢業費	二〇〇	二〇〇			查上年經地方會議決定每年預計各學校畢業費洋二百元合計如上數
第八項視學旅費	二〇〇	二〇〇			查上年經地方會議決定每年預計視學旅費洋二百元合計如上數
第四款建設費	六·二二〇	四·三七五		一·八四五	
第一項建設局經費	二·一六〇	四五〇		一·七一〇	該局截至本年九月底奉令裁併故本年度預算數以三個月合計如上數
第二項苗圃經費	三〇〇	七五		二二五	每月洋二十五元按月呈繳財政廳此款自九月底呈准廢除故減如上數
第三項縣農會經費	二·七六〇	二·七六〇			查上年度經地方會議決定每月經費洋二百三十元全年合計如上數

第四項建設費	一·〇〇〇	一·〇〇〇			查此款上年經地方會議決定每年預計建設費洋一千元如上數
第五款黨務費	一一·〇八〇	一一·〇八〇			
第一款縣黨部經費	九·〇〇〇	九·〇〇〇			縣黨部每月經費洋七百五十元全年度九千元
第二項通俗日報社經費	一·八〇〇	一·八〇〇			每月經費洋一百五十元合計如上數
第三項縣代表會經費	二八〇	二八〇			每年預備代表會經費洋二百八十元如上數
第六款預備費	七·二七〇	七·九〇五	六三五		
第一項各學校修理購置費	二·五〇〇	一·三〇〇		一·二〇〇	本年度財政困難減洋一千二百元如上數
第二項預備金	四·七七〇	六·一五〇	一·三八〇		本年度預備金係李蔚潭留學費一千二百元上年駝夫衣履費八百零六元三角四分各學生畢業參觀旅費洋一千六百一十元本年度量衡檢定所開辦費七十五元並至年經費四百八十元保衛團陣亡士兵楊崇生恤金三百元津貼中央校學生十一名共洋一百三十二元前財務局調查本年災情旅費六十元歸還女子學校借款五百元各小學講演競賽及運動會獎學金考試等費五百元其他零星開支預備費三百三十六元六角六分又查代繕費一百五十元上年列入內務費本年奉令列入預備金項下合計如上數
第三項財政監委會經費		四五五	四五五		查監委會奉令增設於本年十二月一日成立每月經費洋六十五元列入預算按七個月合計如上數

合計	九七·四四〇	九六·一七六		一·二六四

說明　查本年度地方歲出預算洋九萬六千一百七十六元比較上年度減洋一千二百六十四元再表內所列各機關經費均照原預算數填列並未減成扣支

金融

邑明代爲蒙人遊牧地諳達內附後始有晉人來營商業初僅百物互易後始代以貨幣貨幣銀爲主制錢輔之嗣錢商爲便利周行計始有譜銀及撥兌蓋以互相轉帳替代現金者也錢商每晨赴市定銀分滙水利率價格買空賣空者曰虎盤糧商亦發制錢帖子票號有平遙幫祁縣太谷幫之分專營滙兌此清代金融之崖略也民國以來銀元輸入現銀制錢漸減少於是銀元譜銀並用九年始周中國交通兩行紙幣平市官錢局豐業銀行亦發紙幣十四年又有西

北銀行票商會救濟兌換券善後流通券山西省銀行票四種十五年西北軍退陝甘西北銀行票成廢紙數至數百萬各商乃議定依照譜銀辦法同時并用譜洋且以譜銀價格爲標準十六年晉奉戰起奉軍一度入綏遠平市官錢局停兌現十七年邑大旱旱災救濟會以農民糶糧受撥兌折合之損失呈准廢除撥兌糧行帖子亦取締十九年晉察綏出師戰豫魯間平市官錢局山西省銀行豐業銀行紙幣及商會救濟券善後流通券俱不兌現且狂落次年山西省銀行票三十元僅易現洋一元蓋金融紊亂至此極矣二十二年二月平市官錢局紙幣經省政府主席傅公作義設法理董以四折兌現另發新票商會救濟券亦四折豐業票則六折或八折其善後流通券亦收回並遵國府令廢兩改元禁止濫發紙幣及虎盤鄉鎮間

並設農民信用合作社至是譜銀譜洋不復存在市面周行者紙幣銀洋銅元三種而已至金融季節一曰標期分四季收付款項一曰驃期清時邑之錢鋪結帳後以驃赴內地馱取現銀故曰驃期迄今相沿未改驃期凡八大都月之下旬舉行短期放款按驃期計算名曰滿加滿加利率平時每千元不過五六元滙兌地多在天津年約銀元兩千萬茲將通用之貨幣現有之銀行據其大要列之爲表

歸綏市銀行一覽表

名稱	性質	成立年月	備注
平市官錢局	官辦	民國九年	資本十萬元除普通業務外並代理省金庫及經理公債還本付息事項發行鈔票流通至省並大同等處新票約一百五十餘萬元舊票未收回者四十餘萬合現洋十餘萬元庫存現洋約百萬元包頭豐鎮五原薩縣興和臨河托縣清水河天津太原各設分局
豐業銀行	商辦	民國九年	初資本二十六萬元發行紙幣十四萬元民國十七十八兩年紙幣跌落停止兌換嗣按八六等折分期兌現紙幣收回者已達十三萬二十一年停業次年九月恢復添招資本十萬元續發鈔票十萬元

山西省銀行分行	官辦	民國十七年	民國二十年以前之鈔票三十元換現洋一元現已收回另發兌現新券無折扣
綏西墾業銀號分號	商辦	民國二十一年	總號設包頭分號設太原天津
中國銀行寄莊	官商合辦	民國三年	原爲支行後改寄莊歸天津分行直轄
交通銀行支行	官商合辦	民國六年	初爲分行繼改支行復改辦事處歸天津分行直轄
北洋保商銀行支行	商辦	民國九年	初日辦事處

案右列各銀行外尚有票號一家銀號錢莊二十八家不贅述

現行貨幣一覽表

名稱	備注
銀元	本市流通數量每年最多約三百萬元最少約一百萬元無輔幣
銀元票	本市發行之鈔票有平市官錢局票豐業銀行票商會救濟券三種外埠發行通行本市之鈔票計山西省銀行票綏西墾業銀號票中國交通保商各銀行票五種票分十元五元一元除平市官錢局舊票商會救濟券按四折兌現豐業銀行舊票按六折或八折兌現外餘俱十足兌現平市官錢局新舊角票每十角兌洋一元
銅元	流通數量甚少
銅元票	平市官錢局新銅元票每四百枚兌現洋一元舊銅元票每五百枚兌舊票一元換現洋四角

賙恤

災賑　邑案卷遺佚乾隆以前莫之詳嘉道咸同四朝亦似有漏略

茲錄其可攷者

清乾隆十年秋旱大同等八縣修城邑民往就食

三十七年災免賦十分之三

三十八年七月邑八十三村水災奏准借給倉穀二年後照還

四十五年災免賦十分之一

五十五年災免賦十分之三

道光二十六年災蠲緩田賦

光緒三年旱蠲緩田賦勘不成災地畝亦一律停徵其原緩民欠幷

分別蠲緩

四年二月上諭無論已否成災及歉收各村莊田賦一律緩至光緒五年秋後再行啓徵六月上諭光緒三年辦賑出借倉穀及三年以前民借倉穀錢款凡實欠在民者一律豁免

十七年凍歉收蠲緩田賦出借倉穀

歸化城商民捐馬六百匹蒙古蘇呢特郡王之母索隆果特氏捐牛一百隻烏珠穆沁右翼親王浩齊特左翼郡王捐馬五百匹

十八年春大旱秋隕霜凍禾蠲免田賦設局賑撫

五月山西巡撫派候補知府錫良設局撫恤極次貧民凡十二萬二千九百三十三口六七兩個月散放賑糧倉斗兩萬四千一百八石二升九合秋賑過銀一萬一百一十四兩二錢九分九釐糧一千四百六十七石七斗七升市錢六千二十三千六百八十四文知府錫良本廉能吏辦賑重審戶散放頗覈實故全活甚衆歸化廳同知張心泰分地辦賑賑隨查隨放復條陳三事一請省憲寬籌賑款廣勸捐輸照順直等處例請獎一光緒三四年間山西大旱邑及各廳歲尚稔米糧南運賑撫今邑旱鄰縣過糴應請通飭解禁一聚衆搶糧者得就地正法俱報可在事出力者候補通判程世榮知縣陳礽頤候補巡檢柳亦棻從九品葉恩沛管帶練軍

馬隊副將董履貞邑紳舉人席儒同知張心泰商民喬晉儀等及十五社共捐銀一萬一百四十九兩七錢四分四釐喬致庸捐銀三千三百兩

民國十二年都統署災

十六年旱

十七年旱秋大水冬地震

自十六年至十八年旱災二次死亡一百餘人水災二次死亡二十八人風雹兩次地震十七年冬二次畢齊克齊鎮圮毁民居百餘間死少婦及女嬰各一人傷數人十八年一月十日二月九日十二日十八日復震四次十六年冬客軍入綏頗騷擾十七年春東退遺棄鎗械無數土匪資之爲害閭閻又數年死於匪者八十五人

十八年二月邑設賑務分會幷蠲緩田賦

省賑務會賑糧一千餘石洋兩萬五千元食賑災民旱災凡三萬餘人水災三千餘人匪災二千餘人風雹四百餘人

十九年正月設春撫局辦理春賑秋免賦十分之五九月裁賑務分

會

十八十九兩年口外七廳之災以歸化豐鎮爲尤甚草根樹皮食俱盡青年婦女僅售制錢一二千文本省賑過銀十一萬九千九百五兩有奇糧三千六百二石九斗七升五合直隸協賑款派由候補知縣潘民表知州馮慶鏞解交駐邑放賑委員教諭褚成煒在大青山後設廠四處災民凡九萬一千一百一十二口兩次賑制錢五萬四千六十七千又放過流民制錢八百九十五千有奇又派候補道劉啓彤在山前設廠三處復賑過貧民七萬九千九百九口半計賑制錢三萬一千九百六十三千八百文流民五百八千其各廳賑撫情形不備述

光緒十九年正月二十九日上諭據內閣學士惲彥彬御史王做奏山西災情甚重請飭籌撫運糧協賑各摺片上年山西邊外七廳及大同等府被災較廣業由該省籌款賑撫現在青黃不接爲日正長小民困苦情形實堪軫念本日明降諭旨由戶部撥銀十萬兩交山西巡撫張煦核實散放至採運糧石全在商販流通所有兩省應收租糧釐稅着李鴻章張煦通飭各屬一律停收遇有糧運過境飭即妥爲護送以廣招徠李鴻章於萬全等縣被災地方已派員賑撫該處與山西境地毗連並着該督籌撥賑款飭令派出之員就近在山西邊境協賑俾蘇民困欽此

光緒十九年三月初九日上諭前因山西被災較重賞交部庫銀十萬兩賑濟旋據張煦覆奏冬春賑撫購糧情形該省已發銀二

十五萬米數萬石嗣後據徐桐等奏捐米二萬石李鴻章奏陸續籌捐銀二十餘萬兩總計各項銀米源源解往諒可稍資接濟惟聞該處災民衆多嗷嗷待哺爲日方長殊深軫念加恩著將湖南湖北本年應解正耗漕米六萬五千餘石迅速核實變價同水脚運費等款一併核扣經解天津交李鴻章發交辦賑各員確查災區妥速散放毋得稍有弊混欽此

各省協賑經山西布政使張君汝梅之倡始直隸長蘆鹽運使季邦禎津海關道盛宣懷向上海協賑公所紳士施善昌代募銀五萬兩又借撥銀七萬八千兩共十二萬八千兩四川布政使龔溎銀六萬兩湖北善後局一萬兩知府施則敬三萬四千兩紳士謝家福捐銀五千兩鴻臚寺卿劉恩溥蔭瑞堂各捐銀一千兩其餘各省協賑數目未詳

二十年七炭板等十一鄉旱六月七圪太窑窑板兩鄉蟲災七月討不氣等三鄉山水壞民田爲河分別蠲免有差

七炭板等十一鄉成災七分至九分災民三百五十四人七圪太等兩鄉成災九分災民九十人又被雹者一鄉成災五分災民四十人分別蠲緩如例討不氣等三鄉災民凡一百六十人以被沖地畝永遠不能耕種除其租賦

省賑務會辦春賑發豐業銀行票八千九百二十五元山西省銀行票五百七十五元

二十三年大水風雹䝉緩如例

善堂　曰養濟院清乾隆元年歸化城副都統丹津同知永恆奉旨創設經費由副都統撥發光緒六年重修入民國經費由土默特總管支給十九年停辦曰牛痘局育嬰堂濟生店創設年月俱未詳光緒三年歸綏道阿克達春以經費不足捐廉五百兩幷勸由寶豐社等捐集銀一萬一兩一錢五分歷年繼續籌款迄光緒八年共得銀二萬一千二十兩提出四千兩充啓秀書院膏火經費中間建修文廟義學及牛痘局育嬰堂濟生店用銀四千二百二十兩餘銀一萬二千八百兩加入所存息銀綜爲一萬四千兩交由歸化廳署發商生息作爲牛痘局育嬰堂濟生店經費九年又得息銀一千兩亦發商生息十九年春撫局裁撤餘銀三千五百

三十兩以之重修濟生店餘款作爲經費民國十年後牛痘局併
入育嬰堂今隸省會公安局經費由善舉生息項下撥給濟生店
停辦店址設省立小學此外察素齊有育嬰堂一天主教會設曰
恤老救孤院曰婦女救濟院俱民國設不隸縣曰難民救濟會民
國二十二年縣長鄭植昌設

義地　義地有三一在西龍王廟村西南凡四十八畝道光時歸綏
道惠徵捐置光緒十一年歸綏道阿克達春定規條勒石責成寺
僧幷村中甲會經理費用由三賢廟鄉耆支給一在舊城西南隅
長六十五丈寬五十五丈光緒十九年歸綏道文保在春撫局餘
款項下用銀一千七百三十兩購置一在新興板申村東南凡四
十畝光緒十一年天津商人顧文翰捐置曰漏澤園在大召南口

外凡四十畝乾隆四十五年復置三十餘畝日瘞骸所在漏澤園側凡磚洞三道光中十五社商民捐建

乾隆元年七月上諭各省郡縣州邑皆有養濟院以收養貧民此即古帝王哀矜煢獨之意朕聞歸化城地方接壤邊關人煙湊集其中多有疲癃殘疾之人無棲身之所日則乞食街衢夜則露宿荒野甚可憫恻查彼地舊有把總官房三十餘間可以改爲收養貧民之所每年於牛羊稅内撥銀二三百兩粟米百餘石爲饘粥寒衣之費着該處同知通判揀選誠實鄉耆經理其事仍不時稽查以杜侵蝕之弊倘地方有樂善好施者聽其捐助共成善舉但不得稍涉勉强着該都統會同該同知通判妥貼辦理務令窮民均沾實惠特諭欽此

警衛

警察　清光緒三十二年各省置巡警局設巡官宣統二年巡官改稱警務長民國元年邑置巡警局設警佐縣知事兼任局長二年改稱警察事務所三年頒縣警察所官制以縣知事兼所長警佐

輔之嗣省設警務處警佐由縣知事呈處派委十七年十一月改公安局設局長由民政廳委任同時縣府下幷設建設財務教育三局二十三年裁二十年省設公安管理處縣公安局隸之次年管理處裁撤因未設警務處事務併入民政廳辦理縣公安局計官佐三警士三十四鎗十三馬十五經費年支五千九百九十四元

保衛團　清同治五年詔民自衛於是鄉民習武以禦強暴名曰鄉勇亦日民團民國二年邑西鄉士紳張益等創辦民警劃全縣爲東西南三區各設民警局自籌經費五年改保衛團區設團總一人縣知事爲監督十四年改武裝警察隊區設分隊長一人隸警務處十六年冬東北軍入綏改保安大隊縣設大隊長一人由都統汲金純派員任之十七年春東北軍退晉軍至復稱保衛團十九

年區置區長兼轄保衛團下設鎮長鄉長閭長鄰長鎮鄉自定自治公約違反者得處罰二十年十一月保衛團改組二十二年一月省府主席傅公作義民政廳廳長袁公慶曾復會商改編設縣保衛團置總團長一以縣長兼任副總團長一以公安局長兼任副團長一以有軍事常識者任之教練員二團丁十名爲一班三班爲一分隊官佐凡十一員團丁一百八十九人馬一百五十八匹機關鎗六鎗一百四十八經費年支二萬六千四十八元近主席傅公擬設保安總處辦理保甲各縣公安局保衛團俱擬改組草保安制度大綱十五條定明歲二十四年施行故併錄之

保安制度大綱

第一條　綏遠省政府爲改善全省保安制度充實人民自衛能力特制定本大綱

第二條　爲統籌增加保安效率起見凡全省原有之警察保衛

團及其他攸關保安事項概由省政府直轄辦理
第三條　省政府設全省保安總處總理全省保安事宜各縣及設治局設保安處承保安總處之指揮監督辦理全縣保安事宜
第四條　全省保安總處設處長一人由主席兼任副處長一人由民政廳長兼任其組織另定之
第五條　各縣局保安處設處長一人由縣長兼任副處長一人由全省保安總處派充以下分設警察隊長巡官分隊長及事務員各若干人承處長及副處長之命分掌各該縣警察保安隊及自衛等項事宜其組織標準另定之
第六條　前條保安人員除副處長外其餘由處長依據各縣局保安委員任用辦法呈請全省保安總處任用各縣局保安人員任用辦法另定之
第七條　各縣局公安局保衛團及縣局管轄下之其他類似組織自本大綱公佈後均行政組但縣局情形特殊者另行規定
第八條　各縣局原有之警察政組後所有一切編制訓練及勤務另行規定
第九條　各縣局原有之保衛團政組後各隊及分隊暫照原編制辦理隨時由全省保安總處斟酌情形以命令規定逐漸推行
保甲制
第十條　保甲制以樹立人民真正自衛基礎爲目的併爲推進便利起見利用原有之自治組織暫行試辦其規程另定之
第十一條　試辦保甲時同時舉行壯丁訓練壯丁訓練辦法及

編組規程另定之
第十二條　各縣局保安處應就原有公安保衛經費力求縮減編制其標準另定之
第十三條　各縣局人民服務公役應儘先修築圍堡其辦法另定之
第十四條　本大綱如有未盡事宜得隨時以命令修正之
第十五條　本大綱自公佈之日施行

交通

郵政　清光緒二十七年試辦但奏摺文書仍由驛站遞達宣統三年裁驛站設郵局始一切歸郵辦理歸綏郵政局爲一等局設於舊城小東街隸交通部第一支局在新城西街第二支局火車站畢察兩鎮設郵寄代辦所

電政　歸化電報局係二等局隸交通部清宣統二年創設在舊城北門内無線電台民國十七年八月設隸省政府歸綏電話公司

初名電話局在舊城小東街民國二年十月設官商合辦九年六月遷北門内易今名城市之設電話者三百餘戶綏遠電信總局俗呼長途電話局在新城西街隸建設廳初名電信隊民國十八年十一月易今名武川等十六處設分局集寧等九處設分卡線路一千二百九十里收發官商電報兼通長途電話民國十五年交通部核准歸綏至薩包豐興等處長途電話得借用電報局電線拍發但不收商電邑各區著名之鄉鎮亦裝置電話民國二十三年六月縣長鄭植昌設

路政　邑四通八達民尚服賈遠至庫倫科布多無不屆現復有汽車以達新疆非往昔之僅有驛站台站比也爰以道里詳著於表爲索塗者之參考焉

歸綏陸上交通道里一覽表

路別	起訖	經過地	里數	備注
平綏鐵路	北平至包頭	自北平經察哈爾張家口山西之大同入境歸綏車站凡六日陶卜齊站距白塔站十五公里白塔距綏遠站十一公里綏遠距台閣牧站十八公里台閣牧距畢克齊站十六公里畢克齊距察素齊站十四公里	八百一十六公里	清光緒三十一年關內外鐵路督辦袁世凱築京張鐵路宣統元年八月完成民國三年六月增築至大同四年八月至豐鎮以歐戰停工八年九月續修十年五月至歸綏十二年一月至包頭
歸太路	歸綏至山西太原	經豐鎮大同至太原	綏遠城至大同鐵路二百八十五公里大同至太原汽路六百二十里	由歸綏經涼城或和林入殺虎口經岱岳及代忻等縣至太原約一千二百餘里係未通火車以前之大路
歸托汽車路	歸綏至托克托城	由歸綏西南行經一間房等村至托縣城六十里	六十里	
歸白汽車路	歸綏至白靈廟	由歸綏北行經吳公壩等地至武川九十里又西北分兩路抵白靈廟三百六十里	四百五十里	歸綏經壩口村二十里路平坦但有沙再二十里至壩底村沿山溝又行三十里逾吳公壩至後壩為前後山分界處地甚高皆石基後壩至武川二十里沿山行自武川分二道一經三義元等處達白靈廟一經廠汗合老等處達白靈廟計長三百六十里俱草地
歸興路	歸綏至興和	由歸綏東南行經涼城二百八十里豐鎮一百四十里再東北行經隆盛莊至興和一百二十里	五百四十里	歸綏境內經過大小黑河俱坦路涼城則險巇難行豐鎮至興和亦多夷坦

歸清路	歸綏至清水河城	由歸綏南行經和林一百二十里西南至清水河城一百四十里	二百六十里	歸綏至和林平坦和林至清水河則山路清水河水量素淺至夏季則泛濫恆有跋涉之苦
歸陶路	歸綏至陶林城	由歸綏東行出白塔村經武川境至陶林	二百四十里	雖多山尚可行
歸包路	歸綏至包頭	由歸綏西行經薩拉齊二百三十里至包頭九十里	三百二十里	歸綏經麥達橋至薩縣再經沙爾沁而抵包頭路俱平坦

歸綏至蒙古道里一覽表一

路別	起訖	經過地	里數	台站數	備注
歸烏路	歸綏至烏里雅蘇台	經牌樓館三義元等地	四千餘里	五十四台	自歸綏西北行經賽爾烏蘇台再東北行經庫倫抵烏里雅蘇台
歸科路	歸綏至科布多	經烏里雅蘇台阿達爾等地	五千二百餘里	六十八台	由歸綏至烏里雅蘇台再西行抵科布多凡十四台一千二百餘里
歸庫路	歸綏至庫倫	經賽爾烏蘇卯敦等地	六千餘里	五十一台	自歸綏西北行經賽爾烏蘇折而東北行經三十四台抵庫倫約二千餘里

歸綏至蒙古道里一覽表二

路別	起訖	經過地	里數	駝行日數	備注
歸烏路	歸綏至烏里雅蘇台	經武川白靈廟等地	四千餘里	六十日	
歸科路	歸綏至科布多	經武川烏里雅蘇台甲番河等地	五千餘里	七十日	

歸庫路	歸綏至庫倫	經武川田力木兔等地	二千餘里	三十六日	騎馬則十八日可達沿途水草豐富無河流之阻礙商賈向係冬春運貨赴庫秋末冬初返綏

歸綏至新疆道里一覽表

路別	起訖	里數	備注
北路	歸綏至古城	六千餘里	此路俗稱蒙古草地亦曰後山路分大小西路小西路經武川白靈廟等處大西路經武川瓦窰等處俱至哈喇牛敦兩路合而爲一再西北而抵古城沿途水草充足大西路路程短而站口大中段紅果嶺等處有流沙小西路路程長而站口小水草亦較豐又西路自瓦窰分支經保爾汗等地可達包頭此路經過外蒙自外蒙獨立後已不通行
中路	歸綏至迪化	六千餘里	自歸綏經武川至白靈廟分前後兩路前路至五尼五素分爲兩路俱至合勒孟台合爲一路抵明水即前後路會合處也後路經土坯等處亦達明水兩路至明水會合後又分前後路俱西行而至古城再經三十里堡等處抵迪化此路沿外蒙與寧夏甘肅邊界而行駝路汽車俱取道於此自歸綏起以駝運貨須七十日空駝約四十日汽車則十二三日可達
南路	歸綏至迪化	七千里	自歸綏經包頭寧夏蘭州涼州等地而達古城古城至迪化路程與中路同此路行經寧甘兩省里程稍遠且駝行沿途無草可食故僅車馬取道於此其綏遠至蘭州一段則商賈不絕於途

大清會典自北京皇華驛至綏遠城共一千一百四十五里三百七十里至宣化府宣化驛一百二十里至懷安縣驛六十里至天鎮縣站六十里至陽高縣站六十里至聚樂堡驛六十里至大同縣站六十里至左雲縣高山站六十里至左雲站六十里至右玉

縣站二十里至殺虎口站一百里至和林格爾站五十里至薩爾
沁站六十里至歸化城站五里至綏遠城
綏遠旗志自山西陽曲縣臨汾驛七十里至陽曲縣成晉驛七十
里至忻州九原驛八十里至崞縣原平驛一百里至代州雁門驛
五十里至代州廣武邊站六十里至山陰縣山陰驛六十里至應
州安銀子驛六十里至懷仁縣百安驛七十里至大同縣甕城驛
六十里至左雲縣高山軍站六十里至左雲縣左雲軍站六十里
至右玉縣右玉軍站八十里至寧遠廳站一百四十里至歸化廳
站五里至綏遠城共計程一千二十五里按日行六百里計限一
日八十四刻到
綏乘人因地勢設置以通其道是日台站以守其險是日卡倫台

站舊分蒙漢漢站由歸化城起北七十里至昆都倫站又西北九十里至烏蘭呼拉克站入武川界又西北九十里至克楚站（一名克壽一名克抽）又西七十里至察罕齊老圖站蒙站東路由八十家站起而二十家站而歸化城站而薩拉齊站以通烏拉特三旗西路由杜爾格站起而東素海站而吉格素特站而巴彥布拉克站而阿魯烏爾圖站而巴爾素海站而察漢陀羅海站以通鄂爾多斯其卡倫歸綏北路曰鞥滾距城二十里曰哈喇沁距城三十里東北路曰鄂奇特距城四十里西北路曰阿埒庫距城八十里東路曰烏里雅蘇台距城四十里東南路曰和林格爾距城八十里（案此和林格爾係卡倫名非縣名）

墾務

歸武薩托清五縣之八旗糧地清初由莊頭承種以收穫之半納諸官府充作旗兵餉項中葉後由民戶認糧承種（以地租納之國家者日大糧地蒙旗地由各廳代徵租款者日小糧地）往往不交地價且溢墾或私向蒙古王公領墾光緒八年山西巡撫張之洞在豐寧兩廳（今豐鎮興和陶林涼城集寧五縣地）設押荒局領地者須先納押款二十八年貽穀爲墾務大臣旋兼綏遠城將軍節制沿邊各道於是設清丈局並東路墾務公司丈放察哈爾左右翼之地畝（左翼四旗即張北獨石多倫三縣地右翼四旗即豐鎮涼城興和陶林四縣地）包頭設西盟墾務總局暨西路墾務公司丈放烏盟六旗伊盟七旗及王愛等召東西地之地畝設查地局丈放土默特旗之地畝又設台站地畝局丈放河東西十二台驛站地又設牧廠局清理歸化城八旗牧廠地三十四年貽穀以誤殺丹丕爾被議各局及公司俱停辦民國成立設督辦

墾務廳隸綏遠都統下設清理歸武和托薩清六縣地畝局烏拉特三公旗地畝局四年內務財政農商三部呈准設墾務總局六縣地畝局歧爲二曰歸武和地畝局曰薩托清地畝局又增設西盟墾務分局於五原十七年置分局五分設薩武包五固等縣十八年復於臨河增設分局自光緒二十八年迄民國二十年報墾地凡二十二萬五千七百七十七頃已放地一十九萬九千六百九十五頃未放地二萬六千八十二頃收荒價四百四十三萬二千六百八十八元七角七分四釐在歸綏及武和薩托清五縣境內者曰清理六縣地放墾一萬七千二十頃曰六縣官糧地放墾壹萬頃在歸綏及和托薩東四縣境內者曰河東西十二台驛站計放墾九千二百二十頃

金融

帶蛋　有新帶蛋舊帶蛋之分新帶蛋者假如持銀一千兩賣給錢鋪以每兩市錢三五零一合錢三千五百吊每千吊或蛋一成則需五五錢百千或蛋半成則需五五錢五十千是爲新帶蛋蛋多蛋少臨時尚可通融此法一行銀價必落緣此間錢底每百止有四二若須出現成五五錢百千或五十千則每千已賠錢一三之數不能不摻入銀價所以必落然此法行尚可制作存盤者爲其無此一成現錢卽不能買此千兩紋銀也舊帶蛋者係舊存於錢鋪之錢無論多少吊蛋一成或半成現錢是爲舊帶蛋此法一行錢鋪立須關閉緣此間錢鋪資本不多無不欠人錢者多至十數萬吊少亦數萬吊一朝要出一成或半成現錢實在無此許多現

錢勢非關閉不可

抽拔　光緒六年以前錢底六五抵百時行抽拔假如在錢鋪存錢一千吊每月向其抽拔現成六五錢一百千其勢無須多現錢則爲六五抽拔六三下賬付給滿錢二千文其餘作爲六三錢一百千仍記賬存於該鋪下月照此行之雖係抽拔一成實則每錢千吊每月得滿錢二千而已是爲抽拔亦不能月月照付不過有人出頭整錢時則爲之然有等狡執之人到時必欲得一成現錢不能下賬必致阻滯是以酌定四釐錢利永裁抽拔名目此加錢利之所由來也按每千吊每月得錢二千止夠三釐

卯錢　錢鋪買人銀兩到標期賣銀者必須將銀兌清買銀者亦須將錢清付只因錢缺是以文有名目假如某甲錢鋪買到某乙銀

一千兩合錢三千五百吊又買到某丙銀一千兩合錢三千五百吊又再買到某丁銀若干兩合錢若干吊每月止准一日每家止准一人到該錢鋪卯錢該錢鋪則指撥到某鋪取錢若干某店取錢若干大約一千吊錢總指二三十家字號而所指的字號又復外撥輾轉撥兑疲於奔馳實則盡一人一日之力不過收得錢二三百吊第二日則不准矣再要卯錢又須待至下月更有甚者假如錢鋪十家均係串通一氣到卯錢之日則甲家撥乙家丙家撥丁家撥來撥去則又復到甲家撥一家奔馳終日所得無幾此實錢鋪弊端不叫人□着錢底也若每月多加幾日每家多出幾人則錢鋪立形不支矣卯錢者手持賬簿先到買銀之鋪卯錢該鋪則云汝向某鋪去取及到所指之鋪則鋪掌即將該錢鋪存錢提

出若干記上卯錢者之賬若欲現錢則再行外撥卯錢者並無錢

鋪票據錢鋪亦無人跟隨

引兌　假如某甲錢鋪欠人錢文索欠者來則該鋪令一人引同索

欠者赴某乙家兌錢某乙答應則索欠者卽向某乙要錢與某甲

無干甲鋪之人亦卽自回倘某乙無錢淸付則又遣人引赴某丙

家兌錢爲止由是而丁而戊而己而庚而辛而壬而癸總要現錢

爲止倘已兌過八九家忽有一家不承應則索欠者仍找某甲錢

鋪逼索倘不能開銷則勢須關閉矣

銀利　錢鋪所放行賬每銀千兩每月可得八釐利銀或七釐半不

等以一年爲期至少亦須半年如今年十月標所放銀兩須明年

十月標方能還本若利銀須下月方付尙有折扣每利銀百兩止

付九十八兩更有難者借銀之鋪如有關閉風聲非到十月標錢
鋪不能向其索銀萬一關閉則此項銀兩准其候教候教者欠銀
千兩不過還一二百兩了事以錢鋪曾得利銀故也若存有別家
銀兩未行利者名曰浮使雖然關閉不准候教若錢鋪每月所放
行賬每銀千兩每月不過得利銀一兩餘是以逢著加錢利時則
將存銀易錢去作空盤所得錢利比之銀利多多矣然有必需借
銀營運者則大受其害緣無處借銀故也又長年銀利雖係八釐
二七釐半惟放行賬則從之若別人借用則多至分餘者有之若
別人寄存錢鋪銀兩欲得利銀亦不過五六釐之間

右見宦海浮沉錄

簡派綏遠省普通文官考試典試委員鄭裕孚纂

學校志

學廟

縣文廟　在舊城楊家巷清光緒三年歸綏道阿克達春就義學改建春秋仲月上丁由歸綏道率屬致祭並於八月二十七日孔子誕日齋戒不理刑名禁止屠宰初僅行三跪九叩禮二十二年歸綏道文保始如制行禮正獻以歸綏道主之同知教諭祭兩序巡檢齋長祭兩廡同知眡割牲省齋威教諭糾儀司祝司香司帛司爵司饌引贊通贊引班以學弟子員嫻禮儀者任之民國三年遵大總統教令由道尹致祭縣知事糾儀迨道尹裁缺由縣知事主

祭十七年二月大學院院長蔡元培以院令廢止祀典旋湖南清鄉督辦魯滌平等電請恢復經内政部大學院核議呈准以每年八月二十七日孔子誕日爲紀念日紀念時並演述孔子言行事蹟以誌景仰十八年一月教育内政財政三部公布保管孔廟財產辦法是年行政院並定陽曆八月二十七日爲孔子紀念日七月教育部内政部會擬取消大成殿改稱孔子廟一切辦法呈經國府通行全國復由内政部通令各省保護孔廟利用地址辦理圖書館運動場或民衆學校二十三年七月中央黨務執行委員會擬具紀念辦法五項函經國府明令通行又規定紀念辦法兩項一孔子遺像應置于總理遺像前之案桌上二孔子紀念歌在未經教育部製定頒發以前秩序單所列唱歌節目應暫缺復函

由國府通令遵照

大學院院長蔡元培廢止祀孔原令

查我國舊制每屆春秋上丁例有祀孔之舉孔子生於周代布衣講學其人格學問自爲後世所推崇惟因尊王忠君一點歷代專制帝王資爲師表祀以太牢用以牢籠士子實與現代思想自由原則及本黨主義大相悖謬若不亟行廢止何足以昭示國民爲此令仰該廳長轉飭所屬着將春秋祀孔舊典一律廢止勿違此令

孔廟財產保管辦法　教育内政財政部公布

一本辦法所稱孔廟財產係指孔廟之房屋田地及其他一切產款而言

二孔廟財產均應撥充各地方辦理教育文化事業之經費不得移作他用

三孔廟財產之保管依左列之規

甲省有者由大學區或教育廳保管之

乙舊府廳州所有者由大學區或教育廳保管之但其財產應口辦理舊府廳州範圍内之教育廳保管之

丙縣有者由各縣教育局保管之其未設教育局者由縣政府職掌教育行政者保管之

四孔廟房屋應由各該保管孔廟之教育行政機關以時修繕其原有之大成殿仍應供奉孔子遺像於孔子誕辰開會紀念

五孔廟地址應充分利用以辦理學校或圖書館民眾學校等

六地方紳士不得藉故佔用孔廟財產其原設有禮樂局等機關者應視其有無價值分別存廢其存者應由主管教育行政機關歸管轄之所有經費並應按照預算實報實銷

七在本辦法未頒佈以前已經指定辦理某種教育之孔廟產款應維持原議未經教育行政核定不得變更

八本辦法由教育部內政部財政部商訂公布施行

教育部內政部取消大成殿改稱孔子廟一切辦法原文

祀孔舊禮業經大學院蔡前院長以院令廢止雖魯滌平等電請明定祀典但春秋丁祀既經院令廢止似未便再予恢復爲表示崇敬先哲起見擬採用通行紀念儀式至孔廟舊有之大成殿三字稍涉專制思想擬改稱孔子廟置一直匾懸掛門額於廟之正中設一龕龕內設孔子位其他附祀之四配十哲及兩廡先賢先儒等一律移入孔子廟(即大成殿)內在孔子位龕兩旁分列二龕分層安奉並將崇聖祠附祀之孟皮顏无繇曾點孔鯉四位移入孔子位龕內兩旁安奉蔡元定言行昭著足資矜式宜附列先儒移入孔子廟內安奉餘如孔子先代周程朱張各先代暨孟孫氏等多無事蹟可紀既無專祀必要又未便移列孔子位龕之旁且考之各地孔廟尚有未設崇聖祠者似應將其各位取消以歸一致此外如各宦鄉賢兩祠向在兩廡之外兩廡既經取消兩祠亦無存在之理如果各地方先達偉人有制行特異功烈在民足資景仰者不妨另議紀念辦法不必附屬於孔廟至大成殿改爲

孔子廟所有廟外附屬之兩廡崇聖名宦鄉賢各祠仍依照前須利用孔廟保護孔廟之辦法辦理所有附列孔廟之四配十哲先賢先儒等擬于紀念孔子時一併紀念並須於孔子廟堂前留相當空地以爲舉行紀念時學生及民衆聽講演之地庶於因時制宜之中常留崇聖尊孔之意

內政部通令各省保護孔廟利用地址辦理圖書館運動場或民衆學校原文

近來各省地方因孔祀旣廢對于孔廟保護一層多涉疏忽以致毀壞廟宇侵佔廟產等事時有所聞須知孔祀之廢乃廢除迷信之祭祀與偶像之瞻拜並非推倒其人格學問及其在歷史文化上之位置則對於各地方之孔廟仍須妥爲保護並宜利用其地址辦理圖書館運動場或民衆學校藉以作育人材

中央黨務執行委員會規定紀念辦法五項原文

查先師孔子誕辰前經本會決議定爲國定紀念日函請政府明令公布並交宣傳委員會商內政教育兩部擬具先師孔子誕辰紀念辦法五項附紀念會秩序單十條提經本會常務會議修正通過除令頒各級黨部外特錄案併檢同紀念辦法及紀念會秩序單函達查照即希通飭遵照並令行教育部製定孔子紀念詞

先師孔子誕辰紀念辦法

二十三年七月五日第四屆中央執行委員會第一百二十八次常務會議通過

一紀念日期　八月二十七日

二紀念日名稱 先師孔子誕辰紀念

三孔子事略 先師孔子名丘字仲尼魯人幼年即志於學壯遊四方闡揚堯舜禹湯文武周公救世致治忠恕一貫之道晚年復删詩書定禮樂贊周易修春秋垂法後世爲儒家之祖歷代尊爲師表國父孫中山先生亦每推崇不置先師生於民國紀元前二四六二年（周靈王廿一年）卒於民國紀元前二三九零年（周敬王四十一年）年七十有三

四紀念儀式 是日休假一天全國各界一律懸旗誌慶各黨政軍警機關各學校各團體分別集會紀念並由各地高級行政機關召開各界紀念大會

五宣傳要點 講述孔子生平事略講述孔子學說講述國父孫中山先生革命思想與孔子之關係

先師孔子誕辰紀念會秩序單

一全體肅立

二奏樂

三唱黨歌

四向黨國旗 總理遺像及孔子像行三鞠躬禮

五主席恭讀 總理遺囑

六主席報告紀念孔子之意義

七演講

八唱孔子紀念歌

九奏樂

十禮成

土默特文廟　在舊城文廟街宋雍熙七年番漢都指揮王承美破契丹至青冢百餘里次年於豐州建孔子廟清雍正二年歸化城商民將擇地爲都統丹津建生祠丹津不許而材木已備因與尚書通智奏准以所備材木重修文廟自此每歲春秋上丁由將軍副都統致祭民國由都統致祭

名宦祠　山西通志載擬祀漢孟舒魏尚李廣辛慶忌廉范成嚴楊穆（俱雲中太守）韓安國班伯（俱定襄太守）後魏安原來大千司馬楚之司馬躍（俱雲中鎮將）費穆婁寶楊椿（俱朔州刺史）段進（白道守將）隋賀婁子幹杜彥（俱雲州總管）周法尚（雲州刺史）唐王忠嗣張仁愿（俱朔方總管）郭子儀（安北都護）李光弼（單于副都護）渾瑊范希朝李光進高霞寓張維清劉沔史

獻忠後唐周德威李嗣本俱振武軍節度使遼耶律鐸軫楊佶金郭企忠俱天德軍節度使劉徽柔開遠軍節度使趙秉文寧邊州刺史

鄉賢祠 擬祀漢裴遵據敦煌太守紀功碑當是裴岑北齊斛律金斛律光斛律羨竇泰北周雷紹王勒閻慶韓果賀蘭祥李虎杜彥侯莫陳崇閻毗獨孤信金陳良佐元王思廉馬祖常

八旗文廟 在新城中山學院

學校

儒學 無衙署公館在舊城牛橋街光緒十年山東道監察御史王賡榮奏請添設廳學奉旨交由山西巡撫學政綏遠城將軍議奏九月覆稱歸化廳應設總管七廳學校教諭一員即以臨縣復設教諭移改十一年正月奉旨依議計教諭俸薪銀四十兩齋夫門

斗各三名歲各給工食銀六兩

漢滿生童考試　光緒九年流寓歸化城之潞安府教授韓秉鈞以各廳士子俱寄居民人無籍可入稟由山西學政咨經巡撫張合奏請每廳設文武學額各四名廩生二名增生四名每屆歲科兩考悉照大同朔平兩府年分先由廳試取童生初次無廩生可保卽取具地鄰甘結俟學臣按臨大同府時彙送附棚考試歲科接續並考其廩生附生亦按歲科附棚考取以初次編審入籍者爲限以後入籍年限暫准以置產十年爲斷奉旨交部議奏十一年正月禮部等奏准每廳應試文武童生按實到人數二十名以上取進一名不必作爲定額仍至多不過二名如人數不敷卽分別停考缺額廩增名數不設十二年十月巡撫剛奏准文武童生考

試均於學臣按臨大同前預將題目封遞歸綏道扃試試卷呈送學臣照額取進填榜發道張貼其武試之馬步箭弓刀石等第亦由歸綏道考校填冊封送按照文試辦理二十一年七廳教諭段雨田據生員郭景汾等請增設廩生增生及拔貢名額詳經巡撫學政會奏二十三年經禮兵兩部覆准歸薩和托清五廳爲一學豐寧兩廳爲一學文生學額仍按實到人數二十名取進一名至多不得過七名廩增生每學額設二名五年一貢新補廩生仍俟食餼十年後出貢武童二十名取進一名零數過半亦准取進一名至多每學不得過四名至綏遠城駐防文童向隨右衛考試五六名內取進一名十一年部議改歸歸化廳考試一切仍如往例駐防繙譯童生考試　定例三年兩考歲試於八月內考試科試於

鄉試前一年預期考試由將軍副都統辦理無定額

蒙古漢學童生考試　光緒三十一年二月山西學政寶熙以土默特蒙民亦有通曉漢文之人咨准禮部援照四川浙江番民准應童試及各省回民與漢民一律考試例變通辦法准蒙民一律應考

蒙古繙譯童生考試　光緒九年九月山西巡撫張之洞以五廳所治皆係土默特地面土默特筆帖式向有准考繙譯鄉試之説旣已在土默特地面立學蒙古係屬土著自未便獨令向隅請於歸化廳一處設土默特繙譯學額二名由歸化城副都統於土默特官學生內考錄送學政一體隨棚考試將試卷封送禮部或通曉清漢蒙文衙門校閱取進後仍發交學政咨送副都統榜示十年

四月吏部等核議俟漢民學額議定後再辦九月山西巡撫奎彬
復申前請十一年正月禮部等核議覆奏准自下屆歲試始由歸
化城副都統查明考試毋庸咨送學政每五六名取進一名
啟秀書院　在新城東南隅同治十一年綏遠城將軍定安督勸八
旗官兵捐建名長白書院以餘款五千兩發商生息作爲經費并
延請山長按月扃試由八旗官員内選派協領等經理其事蒙漢
人等願應課者均准入考光緒三年將軍慶春又以餘款二千兩
發商生息五年將軍瑞聯復飭歸綏道阿克達春集商捐銀四千
兩充備公費更名啟秀書院
古豐書院　在舊城太平召東南光緒十一年創設以教諭兼任監
理聘崞縣申舉人際昌爲山長盂縣張舉人祖配繼之月課文童

六次官課堂課各三次住院童生額二十名月各給膏火銀六錢

嗣兼課生員十六年正月定爲每年二月初一日報名甄別閱二

年改爲每月官課堂課各二次官課生員取超等四名第一給銀

一兩五錢餘各給一兩特等六名各給七錢童生上取四名第一

給銀八錢餘各給六錢中取八名前四名各給四錢後四名各給

二錢堂課生童各取五名生第一名六錢餘四錢童第一名六錢

餘二錢

綏遠城官學　附設將軍署内雍正二年創辦爲八旗滿蒙子弟肄

業處凡興校庠序塾五學鑲黄正白二旗入興學正黄正紅二旗

入校學鑲白正藍二旗入庠學鑲藍鑲紅二旗入序學兩翼蒙古

入塾學每學二旗官學生四十名乾隆五十年將軍吉福奏准於

原設五學外添設滿漢繙譯學一所置繙譯教習二人各旗每佐領下挑選閒散幼丁年十五以上二十以下能習國書及漢書者各十名入學六學公費每年共銀二百六十二兩九錢二分

土默特官學　在城南二里許雍正十三年尚書通智等奏准由六十個佐領下各送英俊孩童二名每名日給飯錢十六文教習四員月各給飯錢一千二百文

古豐義學　在道署西北隅創始無考嘉慶八年重建延兩師授課脩脯月各十兩生徒三十人茶水月銀三兩考課奬賞每季銀八九兩歸綏道德綸定爲每歲由歸化廳捐銀五十兩綏和薩清托五廳各捐銀三十兩歸薩兩巡檢各捐銀十兩不敷者由道自助光緒十一年義學地址改建文廟仍附義學於偏院復添東西南

北四義學建築費外餘銀凡一萬四千兩發商生息爲各義學及

牛痘局育嬰堂濟生店經費

綏遠城中學堂　監督陳光遠學生四十名每月津貼銀各四錢領

班八名五錢課程爲經學國文算學英文格致圖畫歷史修身地

輿體操科學博物教員九人教務庶務提調各一人監學一人常

年經費銀三千六百兩

光緒三十年將軍貽穀領牧廠地三百四十四頃九畝五分自繳

押荒奏免升科八旗二十佐各佐認領二十頃共四百頃以所得

租金作爲中學堂經費

綏遠城高等小學堂　學生五十名課程爲經學國文算學格致圖

畫歷史修身地輿體操科學教習管理以中學堂人員兼任

綏遠城初等小學堂　學生四十名前十名每月津貼銀各一兩五錢三年畢業課程爲修身讀經講經中國文字算術歷史地理格致體操校長一人教習三人庶務二人司事三人常年經費銀一千三百二十兩

陸軍小學堂　在新城監督陳光遠學生六十名課程爲修身國文英文歷史地理算學格致圖畫訓誡操練兵學教習七人學長二人提調一人司事四人稽查六人書手一人樂兵三名常年經費銀五千五十三兩

左右翼五路蒙養學堂　承辦人哈布爾札布額爾德蒙額在左翼者曰東北路高等學額十八名曰東北路次等學額二十名曰中路高等學額二十名曰東南路次等學額二十一名曰東南路高

等學額十六名曰半日學堂學額六十名在右翼者曰西北路高等學額十二名曰西北路次等曰中路次等曰西南路次等學額俱十八名曰西南路高等學額十二名曰半日學堂學額六十名課程爲經學修身歷史地輿算學教習每翼五人司事二人常年經費共銀二千四百兩

滿蒙學堂　承辦人普祥哈布爾札布吉蘭分四齋第一齋學額三十七名餘各三十六名其學科爲四書滿文蒙文教習八人司事二人月經費銀三十七兩五錢

土默特小學堂　在舊城光緒三十年設監督一學生四十名每名月給津貼銀一兩二錢學科如制漢文教習一員滿蒙一員司事一員常年經費銀九百兩

土默特蒙養學堂　在舊城光緒三十一年設學生五十名經費由都統籌撥三十二年將軍貽穀復奏准以蒙旗歐脫地并達旗四成等地之收入作爲公費

武備學堂　在舊城將軍貽奏設由士兵內挑選精壯先練二百員分左右兩翼教練春秋二季由將軍校閱操法熟後更換二班以符常備續備之制津貼口分等款在六成地租項下籌撥

右清

縣立第一小學校　在舊城牛橋街初名歸化小學宣統三年設舊城水渠巷次年移二道巷改稱歸化高等小學堂民國二年易今名三年移牛橋街初經費年僅一千四百元李校長蔚洙任內增至兩千三百元學生凡五班二百七十八人教職員八人全年經

費洋三千九百二十四元

縣立第二小學校　在新城家廟寬街民國八年九月劉縣長蔭培設在元貞永寬街十四年移今址教職員七人學生四班凡百三十一人經費年三千二百四元

縣立第三小學校　在新城關帝廟街民國元年設初名西南區初級小學校四年改稱第四國民學校二十三年易今名教職員四人學生兩班九十五人經費年一千四百四元

縣立第四小學校　在舊城財神廟巷民國七年五月設初學生僅一班十六年第七小學併入增至二班二十三年易今名教職員三人學生兩班八十五人經費年一千四百四元

縣立第一女子小學校　在舊城恆昌店巷民國三年七月知事周

慶慈籌設以小東街蒙古社房爲校址范淑慎女士任校長四年遷小東街翌年移三賢廟巷七年增高級小學一班初經費年僅六百餘元李正樂任校長增至一千二百元自十二年始由籌餉局年復助洋六七百元教職員七人學生六班一百二十五人經費年三千二百八十八元

第二區區立第一小學校　在白塔鎮民國十三年九月設十五年以兵燹年荒停辦迨二十年始重設教職員六人學生四班凡一百三十六人經費年三千一百八元

第三區區立第一小學校　在茂林太鄉民國二十二年七月立教職員三人學生二班九十八人經費年一千九百二元

第三區區立第二小學校　在南雙樹鄉民國二十年三月立教職

員四人學生三班計六十人經費年二千十六元

第四區區立第一小學校　在畢克齊鎮民國十三年七月立十五年因兵燹停辦二十年三月恢復教職員六人學生三班內附鎮立小學一班一百三十三人經費年二千七十六元

第四區區立第二小學校　在察素齊鎮民國二十一年七月立教職員六人學生五班內附鎮立小學四班九十五人經費年二千七百一十二元

以上學校十處全年經費二萬六千九百六十四元教職員五十四人男生一千三十二人女生二百四人

歸綏回部小學校　在舊城東順城街清宣統二年設經費年四千八百元回民中業屠商者納四分之二駝商納四分之一三皮商

納四分之七教職員八人學生二百四十八人

私立名言小學校　在舊城南柴火市街民國二十一年設學生兩班六十人

鄉鎮小學　鄉之較大者各設小學凡一百五十八處學生六千六百四十人

私塾　凡六十處學生一千七百二十三人

右校屬縣立及縣署立案者此外新城有中山學院舊城有綏遠第一中學校農科職業學校第一師範學校第一女子師範學校俱省立又私立正風中學土默特第一中學附屬高級小學以及省立旗立各小學俱不隸於縣且已採入通志故從略

右民國

歸綏縣志

簡派綏遠省普通文官考試典試委員鄭裕孚纂

神教志

宗教

佛教　以印度人釋迦牟尼爲教祖故又稱釋教以成佛超凡爲旨漢明帝時自西域流入中國梁時菩提達摩爲東土初祖傳至慧能爲六祖此宗直指人心見性成佛不立文字號爲頓門又名心宗六祖後有潙仰法眼雲門曹洞臨濟爲禪門五宗潙仰石晉時已亡法眼流入高麗今存者雲門曹洞臨濟盛行於亞洲之東部以逮於歸綏

喇嘛教　喇嘛教亦佛教之一唐時自印度入西藏舊教衣紅稱紅

教末流漸失信仰明永樂間宗喀巴創新教衣黃曰黃教其二大弟子一曰達賴喇嘛隆慶萬曆間諳達迎奉達賴三世至歸化城始立佛廟一曰班禪額爾德尼其教大別爲四分住西藏庫倫青海等處演大法乘蒙人自王公迄民庶無不尊奉故各旗扎薩克所在地必有大廟一部之中復有小廟無數平民三人中輒有一二人爲喇嘛王公子弟亦有願爲之者

道教　奉元始天尊太上老君李耳爲教祖者曰道教始於後漢張道陵迨元魏寇謙之自言遇老子傳授丹法賜以天師之位世祖信之爲建道場自此其教彌盛李唐時復尊李耳爲太上玄元皇帝其徒曰道士道士分兩派獨身蓄髮傳教者曰清道有眷屬作道場時始易衣冠者曰濁道包頭之呂祖廟有道士百餘人歸綏

則無幾

基督教　以猶太人耶穌爲教祖基督卽基利斯督之略稱其義爲救世主傳入我國最初爲唐之景教繼爲明之耶穌會以博愛爲教旨以新舊約全書爲經典其教由猶太而歐洲漸及於世界西元十一世紀分爲天主教西臘教至十六世紀更由天主教而分新舊兩派新派卽耶穌教也耶穌教自清中葉傳入中國光緒十二年美國人華國祥始至綏遠設教堂於舊城水渠巷繼設施醫院於三星成巷十八年瑞典人鄂利松接辦教務成立大美國宣道會翌年歐洲教士來者又六十餘人始分設教堂於各廳二十六年庚子拳匪亂作傳教士多回國未及行者有愛禮順等男女婦孺九人遇害於鐵圪旦溝次年和議成口外七廳教民天主教居十之

九由山西巡撫賑濟銀六萬餘兩又賠銀五萬兩修墳勒石如約自此教會事務由瑞典國協同辦理無復宣道會之名稱繼麥牧師於通順街建教堂施醫藥房復設男女國民小學各一處男高小學一處

天主教　一日加特力教奉羅馬教皇爲宗主基督教之舊派也其教傳入中國六百四十有一年西曆一千八百六十五年比國聖母聖心會奉羅馬教皇之命始至蒙古傳教其大教區有七曰熱河曰寧夏曰察哈爾西灣子曰綏遠曰大同曰集寧曰赤峰歸綏教堂設舊城北門外爲歸薩包托武固和清東九縣之總堂設主教一神父三堂計六十二楹廣八十畝分禮拜堂祈禱室兩部附設初高兩級小學及育嬰堂孤兒院平民學校又新城西門外大

教場有公醫院亦設教堂及護士學校創始於西曆一千九百二十四年爲聖母聖心會會員所捐建院址約一百四十畝設醫士護士又有比國姑奶奶十二人分任護士助理暨教員之職常年經費爲華幣三萬二千元綏遠教區小修道院有二一在集寧一在二十四頃地總計綏遠全省教堂凡三十六教產房舍凡一千七百十一間土地五百八頃九十二畝牲畜六千四百頭教民三萬一千二百九十四人各教在綏之勢力殆無出其右者

回教　創自穆罕默德曰伊斯蘭教宋時回回諸國奉之故曰回教亦曰摩訶末教教典曰可蘭經盛行於亞非兩洲及土耳其等處唐有摩尼教創於波斯興於回紇憲宗朝從回紇之請置摩尼寺於各境故回人亦有信奉之者清高宗平定準部凱旋時回人隨

軍至綏者僅數千居城東南之八拜村乾隆五十四年始散居舊城人口日見蕃殖近年復組回教協會設立阿文學校四處漢文學校一處公葬地有四一在舊城城隍廟左右計地二十餘畝一在城北里許地四百畝曰北墳一在新城北門外地二十餘畝回民之不得善終者則葬於舊城城東之東墳計地五十畝

寺廟

無量寺　在舊城大召街蒙語曰依克召依克大也故亦名大召清初崇德五年都統古祿克楚琥爾奉旨監修派委左翼佐領補音圖驍騎喇巴太及德木齊温布喇嘛董其事賜名無量寺周約四里許中爲大雄寶殿康熙三十六年扎薩克達喇嘛內齊托音呼圖克圖奏易黃瓦昔有喇嘛數千人今僅百餘故禪房租商販寺

門懸九邊第一泉扁額泉在寺前百餘步名玉泉井

崇福寺　在舊城小召街蒙語曰把圪召把圪小也故又名小召清康熙三十六年內齊托音呼圖克圖建賜名崇福寺規模壯麗與大召埒殿前左右碑亭二碑高丈許刻康熙御製文鐫漢滿蒙藏四種文字康熙四十二年賜喇嘛巴胡禿禿大紅羽緞褂一領黄蟒緞袍二領涼冠二頂珊瑚數珠一盤後又賜藏經一部藥王經一部金字數珠一盤黄絲帶一條帶扣荷包飄帶水晶靶小刀火鐮俱全金錢一鑄壽比南山長命富貴銀錢一鑄吉祥如意四字又御書心經寶塔題康熙庚寅三月十八日沐手敬書

康熙三十五年十一月二十日帝西征厄魯特噶爾丹師次歸化城駐蹕崇福寺行宮十二月初七日回鑾時遺金線繡龍坐褥一

金繡靠背一金繡枕二寶弓一大小箭各五甲胄全套虎皮座一
豹皮座二每歲以六月十二日爲展覽之期

延壽寺　在舊城石頭巷北一名錫拉圖召又名舍力圖召創建年代無考清康熙三十五年帝西征駐蹕歸化城錫拉圖呼圖克圖奏請重修賜名延壽寺並御製碑文嘉慶二十三年經部具奏以錫拉圖呼圖克圖補授扎薩克達喇嘛掌印一切報部案件停止徑行咨報改爲呈由綏遠城將軍轉咨理藩院核辦咸豐九年重修增高殿基數尺又有藏經塔一壯麗爲諸寺冠光緒十三年燬於火旋修復寺門有額題陰山古刹寺頗闊故民眾集會多於此舉行康熙三十五年賜喇嘛唐古特經一部藥王經一部珊瑚數珠一盤紅珠寶石雍正四年復賜數珠一盤

慈燈寺　在舊城美人橋東南一日新召召內有塔圍十丈上岐爲五故蒙古稱塔布斯普爾罕召塔布五也斯普爾罕塔也故又名五塔召清雍正五年崇福寺僧陽察爾濟胡弼勒罕充副扎薩克達喇嘛年班赴都奏請捐建十年賜名慈燈寺乾隆年間重修塔雕佛像極工緻

崇壽寺　在舊城西茶坊河岸曰朋蘇召曰通順召曰西召曰博什克召曰庫庫和屯把甲召皆是清順治十八年嘛嘛錫拉布建康熙間扎薩克達喇嘛朋蘇克重修二十三年賜今名寺爲河水冲刷半圮民國二十三年寺之一部改建兵營相傳清聖祖謁寺參拜時呼圖克圖不爲禮費將軍怒殺之沙必納罕等復殺費聖祖得免事未見載籍

隆壽寺　在舊城民市街北一名乃莫齊召亦名額木齊召清康熙八年倬爾齊達賴創建三十四年葺而新之掌印喇嘛報由理藩院賜今名嘉慶十年燬光緒十一十二年間重建

弘慶寺　在舊城南柴火市街一名拉布齊召亦名弘慶召清康熙年寧寧呼圖克圖建賜今名

延禧寺　在舊城五十家街俗名巧爾氣召又名卓爾齊召康熙間達爾班卓爾齊一人募建嘉慶六年達爾漢巧爾濟呼圖克圖稟由掌印扎薩克達喇嘛詳理藩院奏賜今名

寧祺寺　在舊城太平街北一名太平召清康熙六十一年土默特兩翼官兵捐建乾隆元年部咨因多倫諾爾召內念經由土默特旗遣喇嘛四名常川駐扎遇有缺出由寧祺寺喇嘛內選補給盤

費銀一百九十二兩撥披甲四名護送十九年寺東北添建納木
扎勒極勝塔二十一年西北添建仁義極忠塔四十九年賜名
隆福寺　在舊城馬蓮灘一名迦藍召亦名肯嵐召康熙三十四年
故巧爾濟喇嘛達賴之徒恩克所建
廣福寺　在舊城小召前街土默特參領扎布之妻所建後施與章
嘉呼圖克圖清乾隆三十年賜名
右十一召俱在舊城乾隆八年奉旨賞給香燈地畝以爲養贍
諷經之資
廣壽寺　在舊城西北二十五里烏素圖山之陽一名烏素圖召清
康熙中親綽爾濟喇嘛阿旺丹丕勒所建咸豐九年重修
長壽寺　清康熙三十六年達賴長木素綽爾濟創建雍正二年乾

隆四年二十七年三十四年四十二年嘉慶四年七年先後重修有碑二漢蒙文

慶緣寺　清順治十二年寶圪都察漢喇嘛建寺成涅槃其徒察哈爾迪彥齊重修乾隆四十七年添修殿堂翌年理藩院奏賜今名

法禧寺

慶元寺　僧徒綽爾濟羅布桑旺扎勒建清乾隆五十年賜名

廣成寺

以上五寺俱在烏素圖村

永安寺　在舊城北以地近公主府故公主助銀萬兩移建烏素圖村東山察漢哈達故名哈達召

崇禧寺　在城東北六十里鄂奇特谷一名東喇嘛洞召清順治十

二年額爾德尼迪彥齊呼圖克圖建康熙五十二年賜名

慈壽寺　在城西五十里之什報齊村北大青山之陽清順治十二年察漢迪彥齊呼圖克圖建康熙時命名今廢

廣化寺　在畢鎮北二十里明中葉有寶圪都察漢喇嘛在山傳教清順治十二年涅槃其徒察漢迪彥齊察哈爾迪彥齊額爾德尼迪彥齊三人建寺持戒以其師高弟子虔斯哈卜迪彥齊爲師十五年在佛洞下建殿堂康熙五十八年重修雍正二年奏請賞給度牒乾隆四十八年賜名廣化寺寺廣數十畝前寺四重規模宏敞後寺建於山坡樓房二層每層七楹吹斯嗒巴活佛居之有石洞可拾級而登凡一百二十四級洞外亦建樓房三層內藏佛像甚夥常住黃衣僧數百終日禮佛諷經故名曰喇嘛洞寺外松栢

茂密後殿有海棠二株高三丈許果實繁盛數百年物也

福慧寺　在城西北霍寨山中舊爲姑子庵今廢

華嚴寺　在城東蘇木沁鄉東北土堡内明萬曆四年把都兒擺腰台吉建乾隆間蒙古佐領參領等重修

善緣寺　在城東南登爐素山建置年月無考

彰慶寺　在城西北霍寨招村

佛壽寺　在西討合氣鄉

廣福寺　在城西常黑賴鄉

全化寺　在城西珠爾溝鄉

公和寺　在把什板申鄉

以上五寺建置年月無考

喇嘛管轄系統表

活佛

賜封有土地廟產印信者曰呼圖克圖否則稱呼畢勒罕爲喇嘛中之最高者大廟中間有之普通寺廟則無

達喇嘛

爲一廟之最高行政首領綜理廟內一切事務如有活佛則秉承活佛意旨辦理之

格隆

係喇嘛中之受過戒者

得木齊

承大喇嘛之命管理廟內庶務會計等各事宜

格斯貴

承大喇嘛之命管理教務及約束喇嘛等執行規戒各事宜

普通喇嘛

關帝廟 六

一在新城南門內西街民國後改關岳廟春秋二戊由都統致祭

十七年後祀典廢

一在舊城東茶坊

一在舊城西茶坊

一在舊城南茶坊內儲大刀一乾隆年置

一在舊城北茶坊

一在舊城小東街

三賢廟　在舊城大南街東小巷亦名三義廟

文昌廟 二

一在舊城小東街清光緒八年土默特本旗官兵奉部文捐建

一在舊城海窟龍王廟前院

呂祖廟　在舊城大東街東南清光緒四年歸化城同知常桂諭由四鄉紳耆捐建

東嶽廟　在舊城南漏澤園側廟前有城隍行宮清制每歲清明七月望十月朔致祭旁有廟祀孤魂

城隍廟二

一在新城南門內東街清乾隆中建

一在舊城北門外常平倉東清雍正中建

龍王廟二

一在舊城海窟北曰南龍王廟

一在舊城西茶坊西北曰西龍王廟清雍正中建

三官廟　在舊城民市街北

十王廟　在舊城小北街西小巷

財神廟　在舊城大召前東小巷

格根汗廟　在舊城城北清天聰六年太宗親征察哈爾駐蹕歸化城懸敕廟中禁侵毁

玉皇閣　在舊城西南

旗纛廟　在新城今廢

馬神廟　在新城今廢

費公祠　在舊城大召前東小巷財神廟西清康熙中商民爲費襄壯公建生祠公歿像祀之東西龕祀都統丹津歸綏道齊布森道光十二年增祀欽差大學士松筠其後官吏之有政績者亦附祀

昭烈祠 在新城西南隅小教場舊址民國元年張將軍紹曾與外蒙戰於白靈廟死事諸人祀於此都統李鳴鐘立石誌其事見金石

教育廳廳長沙明遠書好榜樣三字扁額跋曰

曾滌翁嘗云人須有好師好友好榜樣鄙人三復斯言每謂好師友於學習中遇之惟好榜樣必由鐵血烈火鍛鍊而來孔曰成仁孟曰取義及乎仁至義盡則自然留下榜樣教後人看諸先烈見危授命洵無愧萬家生佛之頌謹書額以誌吾感並以告世之求仁義而無從矜式者綏遠教育廳廳長沙明遠敬立

基督教教堂九

一在舊城通順街日中國内地會光緒十二年建

一在舊城縣政府東街清光緒三十二年建

一在畢鎮頭道巷民國七年建

一在舊城陽溝沿民國十年建

一在新城西街民國十五年建

一在新城五區後巷民國十七年建
一在舊城牛道街曰救世軍民國九年建
一在新城五區後巷曰自立會民國十六年建
一在舊城北門外曰基督復臨安息日會民國二十一年建

天主教教堂二

一在舊城城隍廟街西清咸豐六年建光緒二十八年重修
一在新城西門外大教場民國十二年建

回教清真寺七

一在舊城北門外清乾隆五十四年建
一在舊城馬蓮灘曰東寺清嘉慶間建
一在新城外曰東北分寺

一在舊城十間房曰北寺
一在舊城小西街西口外曰南寺
一在舊城周家巷曰西寺
一在車站東馬路民國十三年建

寺廟

文昌祠　在新城東南隅

菩薩廟　在新城西南隅

財神廟　在新城西南隅

土地廟　在新城東北隅

山神廟　在新城東北隅

馬王廟　在新城內正西

家廟　在新城東北隅

南關帝廟　在新城南門外

龍王廟　在新城北門外

東娘娘廟　在新城東門外

西娘娘廟　在新城西門外

簡派綏遠省普通文官考試典試委員鄭裕孚纂

黨務志

縣黨部坏胎于民國十三年時有蒙籍黨員吉雅泰奉北京黨務執行部命令與蒙人趙綬恩在邑之什報氣鄉介紹入黨組區分部得黨員二十八人十四十五兩年黨員徐德宣傳訓練頗力十六年黨員增至三百餘人遂召開大會選舉執行委員監察委員旋以清黨糾紛停頓時省軍響應北伐出師東下六月臨時省黨部派紀昌雷振業劉丕巢周懷李作楫五人莅縣設臨時縣黨部內分常務組織訓練宣傳婦女各部其經費月由省黨部補助七十元十月省軍退奉天軍入綏遠黨務又歸停頓十七年奉軍退綏遠復爲省軍所有

省黨部指派委員徐德吳致中陳國珍田松山杜如棠五人成立縣黨務指導委員會下設秘書處常務委員二人組織宣傳訓練三部部各設部長一人有民眾訓練委員會至是全縣共有登記領證黨員二百八十九人畫分區黨部三區分部九外有直屬之區分部二其組織俱與縣黨部同十八年一月召開第一次全縣代表大會選出執行委員五人監察委員三人成黨務執行委員會及監察委員會其組織與指導委員會同又設黨義教師檢定委員會其他農民協會賑務分會俱由民眾訓練委員會指導成立中間因競選故十二月經省黨部改派整理委員張守儉徐德吳致中王有功張玉山五人組整理委員會明年北平有擴大會議撤華北各黨部但黨員仍祕密工作九月冀察平津黨務相繼復活二十年三月省黨部恢

復派王有功爲黨務審查委員徐德爲人民團體指導委員設黨務籌備委員會六月召開第二次全縣代表大會選執行監察委員成立執監兩委員會時有區教育會農會各四鄉農會十五紙房成衣毛織皮房職業工會各一俱由黨部促之成立舉行放足識字提倡國貨破除迷信各運動並清除共黨九月調查優秀黨員次年春换領黨證冬因改選紛爭又起二十二年一月召開第三次全縣代表大會選執行委員徐德吳致中張玉山李蔚溥賈連魁五人監察委員王有功張懿于嘉祚三人成第三次執監兩委員會嗣王有功辭以韓敬補並設通俗日報社明年黨部縣政府會設整理土地委員會及服用國貨防治蟲害合作事業等會黨部又設節約禁吸紙煙及學術研究各會代用小學教育改進會地方自治協會駝業轎車

業公會迄民國二十三年共得黨員七百一十七人籍隸本縣者六百八十三人其中婦女僅三人經費月七百五十元報銷細目薪支費三百九十四元辦公費五十六元活動費二百六十五元臨時費三十五元

歸綏縣志

簡派綏遠省普通文官考試典試委員鄭裕孚纂

產業志

農業

新舊兩城爲第一區多商戶二三四區多農田凡一萬五千六百四十餘頃大青山以南多砂土黑河附近多黑土鐵道以南黑河以北則黏土成分居多地每畝價洋二三元至十餘元上地有至四五十元者農民約十三萬八千四百有奇略分自耕農半自耕農佃農三種自耕農居多數田產多者不過十頃有田十頃而兼有水田二頃者全縣六戶而已租田習慣曰物租曰金租物租分糧上地地主得十之五中地得十之四下地得十之三金租有預納者有收穫後始

納者以契約及地之肥瘠爲率長工工資每人年約六十元短工每日一角農忙時需三五角農人副業爲養羊養雞釀酒榨油製粉條豆腐工藝作物爲製麻繩編筐籃農具施肥多舊法

食用作物　禾本科曰高粱蜀黍之一種曰穀子脫殼爲粟亦曰小米曰麥子小麥曰草麥大麥曰黍子禾屬之黏者去殼曰黃米曰糜子黍之不黏者亦曰穄或曰糜曰油麥植物名實圖以爲穬麥也維西聞見錄言之甚詳俗作莜麥誤莜音掉音挑音迢又音釣或云油麥即燕麥野麥亦誤曰玉茭子玉蜀黍縣向無稻近有試種之者蓼科曰蕎麥荳科曰豌豆曰豇豆曰綠豆曰黑豆曰黃豆曰藊豆

歸綏穀糧種收時期及產量一覽表

類別	布種時期	收穫時期	水地每畝產量	旱地每畝產量
高粱	穀雨前後	白露後	二石左右	一　石

穀子	穀雨前後	白露後	一石八斗	一石
麥子	清明前後	中伏	一石二斗	六斗
大麥	清明前後	初伏	二石左右	一石
黍子 糜子	穀雨前後	白露前後	二石左右	八斗
油麥	立夏	立秋	一石左右	六斗
玉茭子	穀雨前	末伏	二石左右	
蕎麥	初伏	白露	二石左右	八斗
菜籽子 胡麻	穀雨前後	白露	六斗左右	四斗左右
麻子	穀雨前後	處暑	二石左右	一石左右
豌豆 黑豆	小滿前後	白露前後	八斗左右	四斗左右
豇豆	小滿前後	白露前後	四斗左右	二斗

綠豆	小滿前後	白露前後	四斗左右	三斗
黃豆	小滿前後	白露前後	六斗左右	四斗
穭豆	小滿前後	白露前後	八斗左右	六斗左右

說明　歸綏田禾年僅一熟惟麥子收穫後尚可種蕎麥一次本表斗數係按現行之新量計算

工藝作物　纖維類曰大麻油料類曰胡麻嗜好料類曰煙草（高麗煙錦屏煙黃稜煙）

園藝作物　果樹類有桃杏李葡萄櫻桃海棠沙果檳子之屬蔬菜類有山藥（分圓長兩種）白菜回子白葱蒜韭辣椒菠菜芹芥蒝荽金針菜萻薘蔓菁茄萵苣黃瓜甜瓜菜瓜西瓜南瓜西葫蘆蘿蔔（分水蘿蔔胡蘿蔔白蘿蔔）之屬

家畜類　牛羊騾馬驢豬貓狗及雞鴨鵝鴿

林業

林木舉其多者爲楊柳榆槐松柏樺桑林地之在縣境西南者十之七在東南者十之三共約百頃每頃約植二萬四千株楊居多數林業實施方案有三一人民種樹限人各一株或戶各一株地之不宜樹者免種二渠岸種樹每丈一株三人民造林選樹種設苗圃

歸綏各區人民種樹一覽表二十三年分

區別	鄉鎮總數	人口總數	株數	附記
第一區	六	七七四八二	四一一二	楊柳榆
第二區	五九	四九三五二	八三〇八五	楊
第三區	四四	一五一八〇	一一二八九一	楊

第四區	二一	一二五五九〇	一二〇一四一	楊
合計	一三〇	一六七六〇四	一二一〇一三九	

歸綏各區渠岸種樹一覽表 二十三年份

區別	渠數	種類	每株距離	株數	備考
第二區	五	楊	五尺	一〇五四〇	
第三區	一七	楊柳	五尺	一七〇八五	
第四區	三	楊	五尺	一二九〇〇	
合計	二五			三〇五二五	

工商業

歸綏工商業凡六十八兩千一百三十四戶工業以毛織爲最民國二十三年省設毛織廠撥洋十一萬海京工廠附股四萬又借款十

餘萬股本將三十萬又爲毛織業之最著者商業以皮毛牲畜爲最通譯業（又名積金社亦作集錦社即外蒙公會）西莊業（即新疆社）尤發達民國十二年前由蒙古新甘輸入貨品如皮毛牲畜瓜杏葡萄蘑菇等値洋近四百三十萬十七年後輸入突減通譯西莊兩業漸衰落全市各業亦每況愈下其勢然也

歸綏工商業概况表

業別	家數	資本總額	資本最多數	資本最少數	營業總額	附記
電氣業	二	四五〇〇〇〇元	四〇〇〇〇〇元	五〇〇〇〇元	一一八〇〇〇元	綏遠電燈有限公司在車站每月收電費一萬元之譜工友七十人又附設製麪部每廿四小時出麪粉一千袋電話公司在舊城北門內工友廿七人
毛織品業	一九	五三五五	一三五〇	二〇	五三八〇〇	計製毯者六家製毛布者六家製毛衣者二家製毛氈者五家
線帶業	二一	五三六〇	八〇〇	一〇〇	二一〇〇〇〇	

皮貨業	七五	五五九〇〇	一一五四九	三〇	四四四〇〇〇	生熟皮羔皮狐裘粗細皮衣法蘭皮
成衣業	八一	五七〇〇	四〇〇	一〇	七五〇〇〇	
鞋襪帽業	四二	一六三〇〇	一五〇〇	三〇	四四九〇〇〇	皮帽毡帽毛鞋毛單毛口袋
軍衣服裝業	二	五一〇〇	五〇〇〇	一五〇	六二六九六	
蒙靴業	三	二一〇〇	一一〇〇	一〇〇	六〇〇〇	
洗染業	二三	四七〇〇	一一〇〇	一〇	三〇〇〇〇	
上鞋業	一四	三〇〇	五〇	一〇	三八〇〇	
麻繩業	八	二三〇〇	一三〇〇	三〇	六〇〇〇	
造紙香膠業	一七	八六〇〇	二六〇〇	三〇	三一〇〇〇	
鞍黏皮革業	四〇	一四三〇〇	一四〇〇	二〇	五一二〇〇	
木店石廠業	一四	二二九五〇	七二〇〇	五〇	四六三〇〇	

磚瓦石灰業	一〇	一三〇〇	二〇〇	五〇	九二〇〇	
油漆裱畫業	三二	一〇〇〇〇	二〇〇	五	六〇〇〇	
車輛業	八	二一〇〇	四〇〇	二〇〇	二六〇〇	
金銀珠寶業	二五	一九四〇〇	七〇〇〇	四〇	一一六〇〇〇	
修理業	二〇	一〇四〇	一〇〇	二〇	五六〇〇	以修理鐘表眼鏡爲主要業務
照相業	五	一二五〇	四〇〇	五〇	一七二〇〇	
造糖粉業	二七	三〇〇〇	五〇〇	五〇	四一〇〇〇	
車廠業	一四	一四九〇	二〇〇	五〇	七五〇〇	以修理及製售人力車爲業
自行車業	五	八〇〇	三〇〇	一〇〇	一一三〇〇	係修理或製造脚踏車之手工業
銀號錢莊業	九八	五八五四六〇	五〇〇〇〇	五〇	二九二七〇〇〇	銀號錢莊二十八家錢攤七十家錢攤多係個人營業資本最多百元少則十元
貸金業	八	九一〇〇〇	一八〇〇〇	八〇〇〇	二九二〇〇〇	本業皆係當舖

牲畜皮毛業	一九	三九八〇〇〇	一〇〇〇〇	六〇	八〇〇〇〇〇	以代客售賣抽收佣金爲主要業務
綢緞業	一九	八五〇〇〇〇	二七〇〇〇	二〇〇	一四〇〇〇〇〇	本業兼業洋貨布疋
洋廣雜貨業	一三〇	九七〇〇〇〇	一一二〇〇	一〇〇	一三四四八〇〇	內有布攤三十家
棉織品業	八二	未詳	八〇〇〇	一〇	四八〇〇〇〇	以售國產土布線毯及各種粗細花素布疋爲業
估衣業	一七	六五〇〇〇	一六〇〇	五〇	六一七〇〇	
顏料業	一	一四〇〇	一四〇〇		七〇〇〇	
雜貨業	一四九	一〇六〇〇	五〇〇	二〇	一四二九〇〇	以售賣煙茶糖果紙張爲業
糧食業	一一	一一〇〇〇〇	一八〇〇〇	一五〇〇	九八六〇〇	
米麵油酒業	一五二	一五四二〇〇	一〇〇〇〇	一〇〇	一二五〇〇〇	本業有專售米麵者有專售油酒者亦有兼營米麵油酒者
飯館業	四〇	一二八五〇	二〇〇〇	五〇	一七七〇〇〇	綏遠飯店之資本營業兩項總額未加入
茶點業	四三	二〇〇〇〇	三〇〇〇	二〇	一八四八〇〇	每日午前賣茶點不賣酒飯

醬園業	三四	二一五〇〇	四〇〇〇	二〇	一五二四〇〇	本業以出售醬醋油鹽乾菜糖酒等雜貨爲業
青菜業	二五	二五〇〇	四〇〇	二〇	五五〇〇〇	本業以售賣各種應時鮮菜及油鹽糖酒醬醋等爲業
餅饃業	四九	二〇〇〇	三〇〇	一〇	三六八〇〇	
屠宰業	七〇	三〇〇〇	三〇〇	二〇	八一〇〇〇	
茶業	七〇	未詳	四〇〇〇	五〇〇	三六七四〇〇	
蛋黃白業	一	六〇〇〇	六〇〇〇		未詳	
煤炭草料業	四〇	八一四〇	二〇〇〇	三〇	三三〇〇〇〇	
火柴業	一	五〇〇	五〇〇		三四〇〇〇	
雜營業	二三	九二〇〇	四〇〇〇	二〇	八四〇〇	利用廢物收買破舊一切服用器物加以修理改造出售爲業
旅館客棧業	二四	二七〇〇	五〇〇	四〇	一一〇〇〇	
車馬騾駝店業	五九	八〇〇〇	一八〇〇	五〇	七一三〇〇	以留宿或轉運貨物爲業

小客店業	五〇	一一七〇	八〇	五	四四〇〇	
銅鐵錫器業	七六	五六〇〇	一〇〇〇	一〇	七四三〇〇	
竹木器業	七六	八〇〇〇	八〇〇	二〇	六一七〇〇	
山貨席鐵業	三六	二一一〇〇	五〇〇〇	五〇	一六八三〇〇	專售農具及廚灶用品及麻繩等
皮箱業	五	二九〇	一〇〇	四〇	二九〇〇	
賃器業	一三	一三八〇	三〇〇	二〇	三六〇〇	
轉運業	七	未詳	二〇〇〇	五〇〇	一六三六〇〇	
通譯業	六	五六〇〇	一五〇〇	五〇	五〇〇〇〇	本業專與蒙古貿易
西莊業	一八	七二七〇〇	一〇〇〇〇	五〇〇	一一三八〇〇	赴西路甘新等省貿易
汽車業	三					克利等公司商辦利民公司華人辦又吉慶公司蒙人辦專往來歸綏武川百靈廟間今在擴充時期資本營業未詳

化粧古玩業	三	一五二〇	一〇〇〇	二〇	八〇〇〇	
香燭紙砲業	八	一五〇〇	三二〇	一〇	五九〇〇〇	
骨角鬃腸業	七	七二〇	四〇〇	二〇	三八〇〇	以收獸骨羊腸豬馬鬃及以牛角刻製用具爲業
娛樂業	一六	四五五〇	八〇〇	一〇	三六〇〇〇	
南紙印刷業	二四	一一一六〇	三〇〇〇	五〇	一三七〇〇〇	
理髮澡堂業	四九	五二〇〇	一〇〇〇	一〇	三八七〇〇	
藥材業	三三	四〇〇〇〇	一〇〇〇〇	五〇	一二五四〇〇	
西藥業	五	三七〇〇	一〇〇〇	二〇〇	二四〇〇〇	
獸醫業	二一	五五〇	一〇〇	三〇	五八〇〇	兼售藥材
客貨店業	二六	九〇〇〇	三〇〇〇	三〇〇	三七〇〇〇	以運貨售貨發貨爲業
麪粉業	一					見電氣業

合計	二一三四家	二二一〇三三五元	一二〇〇八四九六元

歸綏皮毛產量概況表

皮毛別	產量	每張斤價值	合計價值	附記
牛馬皮	三六〇〇張	六元〇角	二一六〇〇元〇角	
山老羊皮	二七四〇六八	一五	四一一一〇二〇	
黃羊皮	一一四六	七	八七二二	
羔子皮	七二四四	一五	一〇八六六〇	
羔腿皮	一三〇〇	六五	八四五〇〇	
狧子皮	二一七三〇	三	六五一九〇	
駝皮	六〇〇	四五	二七〇〇〇	
狗皮	五〇八三	六五	三三〇三九五	

貓皮	二一〇	五	一〇五〇
馬尾子	二〇二〇	一五	三〇三〇〇
羊羢	一三三二〇七斤	七	一六二一四四九
羊毛	七三五九三七	五	三六七九六八五
駝毛	五〇五五八一	一二	六〇六六九七二
合計	三二七一〇一張		四九八二八三七元角
	一二六四七二五斤		九九〇九一〇六

礦業

礦產有煤鹽石棉石墨各種分述如左

煤　大青山一帶煤田凡三處有無煙有煙之別俗呼四路炭

甲壩口子煤田　在舊城之西北約二十里面積三十二平方里

地層大致向東北傾斜有下侏羅露苗爲半煙煤煤層僅數寸至尺許含灰分尤多非佳產也

乙畢克齊北山煤田　東自水磨溝西至黑牛溝俱有煤層露頭屬下侏羅紀爲半煙煤煤田長約七千公尺興隆溝烏樹溝內煤層厚至二尺杏樹溝煤層有二大致向西北傾斜二十度至三十度發揮性分多土人曰肥煤

丙察素齊北山煤田

一朱爾溝　西自老窰上起東經柳樹灣東溝窰至朱爾溝窰長約六千餘公尺亦曰柳樹灣煤田爲無煙煤岩層錯亂煤層在朱爾溝窰上有一層在東溝窰上有二層俱厚一二尺在柳樹灣附近者爲下層厚達四尺均屬下侏羅紀現時年

產約九千噸

二大西溝煤田　北山腰有三寶公司所採之煤爲一層厚約三尺許年產二萬四千噸

三萬家溝煤田　最大爲萬隆窰煤質甚佳惟含礦較多煤層厚約四五尺

察素齊北山無煙煤田概況表

產區	每月產額	每噸價值	資本	工作人數	營業狀況
西溝	五〇噸	三元	一二〇〇元	一三	旺
西溝後櫃	七〇	三	一五〇〇	六	不旺
西溝福義窰	一二〇	三	四〇〇〇		旺
東溝四成窰	九〇	三	一五〇〇	八	不旺

東溝六成窰	八〇	三	二〇〇〇	七	仝上
大溝小火燒	一〇〇	三	一五〇〇	二〇	仝上
大溝萬隆窰	二〇〇	三	四〇〇〇	一五	仝上
珠爾溝	二〇	一	八〇〇	二〇	仝上
合計	七三〇		一七三〇〇	八九	

土鹽　第三區有鹽池八十每池產鹽自五十斤迄百餘斤年產約二萬八千七百七十餘斤第四區鹽鍋凡九全年煮鹽二萬三千餘斤

第三區土鹽產量表

區別	鄉別	鹽池數	產鹽數
第三區	劉家二道河	八	五六〇斤

范家營	三	二一〇
沙梁	五	四〇〇
姜家營	八	五六〇
討不氣	五	四〇〇
前後白廟	一〇	七〇〇
八拜	五	五〇〇
天平營	四	三二〇
茂盛營	二	一〇〇
喇嘛營	四	二〇〇
碾各兔	六	四二〇
根卜什	四	三二〇

	泉子上	二	一六〇
	濠沁營	六	四二〇
	旭嵐板	五	三五〇
	東章蓋營	三	一五〇
合計	一六	八〇	五七七〇

第四區土鹽產量表

區別	鄉別	鹽鍋數	責鹽數
第四區	南海流	四	一〇〇〇〇斤
	北海流	三	九〇〇〇
	中海流	二	四〇〇〇
合計	三	九	二三〇〇〇

石棉　大青山及白石頭溝一帶儲量尚富

石墨　新城東二十里產之

牧業

縣水草豐茂大青山北及黑河南北俱爲天然之畜牧場牛馬羊羣外牧駱駝者多在後山草地間

歸綏牧畜一覽表

種類	數目	種類	數目
馬	一八二〇〇	騾	四八五〇
牛	二二一〇〇	驢	七五二〇
羊	一一四〇三〇	豬	二八六八〇
駱駝	四二八〇〇		

野業

禽之屬有鴜鵞雕鷹鵮野雞石雞鴉鵲鳩鴿鴟鶚鶉（說文義證今人概呼鵪鶉非鵪是田鼠所化鶉是蝦蟇所化今人用以鬬者鶉也）獸之屬青山羊盤羊麞鹿麅貛兔狐狸鼬鼠俱舉其多者商人歲以各獸之皮售諸外埠獲利甚鉅今則寖寖衰矣爰以昔時之產量價值列表如左

歸綏各種皮張產量價值一覽表（民國十九年分）

皮別	產量	每張價值	合計價值
猞猁皮	二一七七	五七元〇角	一五七八九元〇角
狼皮	二三一九	二四七	五八二一四〇
狐皮	七〇九二	二七〇	一九一四八四〇
沙狐皮	一七八三	一一〇	一九六一三〇

獺皮	二四五二	八	一九六一六
狐腿子	五六〇	二五	一四〇〇〇
灰鼠皮	五四一〇	二〇	一〇八二〇
掃雪皮	三〇六	五六五	一七二八九〇
狸子皮	一六五八二	三〇	四九七四六〇
貂皮	六六	二〇〇	一三二〇〇〇
包庾皮	二〇〇一〇	四	八〇〇四〇
夜猴皮	五	七	三五
兔猻子	七	一五	一〇五
狧子皮	二一七三〇	三	六五一九〇
磐羊皮	三二一〇	二〇	六四〇〇

合計　七六八二一九　三三二一五六五六

藥用植物　有黃芪大黃罌粟野參赤芍防風肉蓯蓉甘草蒲公英之類每歲行銷於津埠各地豫魯商人亦有來購之者

裕孚案五穀爲農業之食用作物其中之粟粱黍稷種類區分諸家說互有奪誤桐城吳先摯甫纂深州風土記辨之較悉故附錄於此以俟博物君子考證焉

粟　粟者穀實之大名其專文則古者謂稷爲粟左傳疏引犍爲舍人說稷粟也鄭周官甸師注云穀者稷爲長倉人注云九穀以粟爲主是粟之爲稷乃漢人舊說自陶宏景集名醫別錄乃區粟稷爲二陶生南人於北方穀種未能目驗遂啟陸德明之疑而導蘇恭之誤陸說相承云稷粟也本草稷米在下品別

有粟米在中品又似二物陸所稱本草乃別錄也蘇恭本草注以穄爲稷是後並依蘇說

高粱　高粱於古無考始見廣雅謂之藋粱謂之木稷博物志謂之蜀黍云地節三年種蜀黍其後七年多蛇舊說謂種來自蜀故名蜀黍蜀雖秦世已通至漢武時乃有司馬相如之徒游學上國故宣帝時始有穀種流傳中土程氏訓蜀爲大引爾雅雞大者蜀蜀葵戎葵爲證爾雅漢人之書其文在蜀物流入之後其云蜀雞猶荆雞越雞之比以蜀爲西戎舊壤故謂蜀葵爲戎葵此本不必傅會戎大之訓以戎爲大猶可言也若蜀則古訓絕無大義卽使有之蜀黍乃漢魏之物亦不得名以三代古訓之字爾雅釋文云黑黍或曰今蜀黍陸作釋文時蜀黍尚加

今字其非古有是物甚明程謂叩之蜀人彼土不食高粱諸州物產今昔不同者多矣自白虎通許鄭諸儒均謂稷爲五穀之長若高粱則至今以爲麤賤下品豈得爲長古名農官爲稷粢盛主稷爲文何爲舍貴種而取下品說文於黍謂可爲酒高粱今人專用釀酒若果是稷許何以不稱其可釀程說無一足據世儒顧宗信之郝氏爾雅義疏頗心非之但旣以稷爲小米又謂稷兼高粱仍模棱之見

陸稼書靈壽志以粟中穗如狗尾草者爲粱恐無碻據粱稷要是一類凡呂覽淮南秦漢舊書言禾不言粱稷者以禾兼粱稷也言稷不言粱者以粱稷同物也言粟不言稷者以粟稷異名同實也程氏謂秦漢以來皆溷稷粱爲一余謂此當依秦漢諸

書以定粱稷之名不得謂穀名自秦漢時已誤程氏盡排舊書而獨宗許鄭余謂許鄭幷同舊說無劢解也氾勝之種殖書爲鄭君所重其云粱是秫粟決非不知而强言三倉云粱是好粟三倉合李斯倉頡揚雄訓纂諸書爲之亦必無妄說郝氏爾雅義疏謂稷之精者爲粱粱亦大名其說甚當愚謂粱有二等其一秫粟其一好粟說文粱米名也舉大名爲文而申其義於稷云秫稷之黏者此以秫爲粱也先鄭及氾勝之以秫列九穀後鄭改秫稱粱以粱卽秫也許鄭不言秫粱同異者以時人通知不煩解說也此氾書秫粟爲粱之說也孟子云膏粱蔡澤云持粱齧肥左氏傳稱粱則無矣麄則有之是皆以精好爲粱王逸說楚詞菰粱以粱爲菰米之美稱蓋緣粱本粟之美者而生此

訓此三倉好粟爲粱之說也內則飯黍稷稻粱白黍黃粱所謂粱即好粟也所謂黃粱即秫粟也粟之白者不黏此亦下走得之目驗者至內則云粱秫唯所欲則又以黏稻爲秫言各有當也秫粱既爲一物粱稷幷非兩類諸經粱稷幷列猶賈讓言故種禾黍更爲秔稻非稻外別有秔魏都賦言水樹秔稌非稌外別有粳禮經簠簋有粱有稷則黏與不黏二種幷設所以貴多品耳若韋昭國語注云稷粱也粱乃粢之誤字不得據傳寫誤本爲口實陶氏別錄於稷外別列黃粱白粱青粱之名而蘇恭又詳辨其穗粒長短太小圓扁收早晚之異似皆目驗可信又蘇恭謂青粱收薄味短人少種之蘇頌謂今種蒔皆白粱而青黃稀有因其損地力而收穫少也寇宗奭云黃粱白粱西洛農

家多種然其粒尖小於他穀收實少故能種者亦稀以三說考之是三粱民皆稀種安知非昔有粱之一種而後以稀種而失之乎然可決其無是者以漢人絕未言及而陶於粟外列稷蘇恭以稷爲穄蘇頌以不黏者爲黍彼等於諸穀實多未了其言固不足深據也

黍　蘇恭謂穄卽稷程氏謂穄卽黃黍內則直呼曰黍不得冒稷其說是矣至謂蘇强分黍爲二穀則尚未盡允以穄爲稷乃蘇恭創說前古無有故不足憑若漢人之說粱稷亦分一穀爲二其可信者則從古皆無異說彼固有所受之也穄一名穈周官土訓注云幽并地宜麻釋文麻一作麋程易疇九穀考云麋必穈字之誤是也

稷　今案舊志有粟復有稷饒陽志以爲穈子皆依蘇恭謂穄

爲稷蓋自陶宏景以後粱稷二穀始誤程氏至謂呂覽淮南已誤則是過論其信吳瑞以高粱爲稷尤爲無據今定粟卽稷上已有粟此稷宜從刊落漢書平當傳如淳注引律稻米一斗得酒一斗爲上尊稷米一斗得酒一斗爲中尊粟米一斗得酒一斗爲下尊似以粟稷爲二然顏籀以中尊之稷爲黍之誤其說至是內則明有稻醴黍醴粱醴可爲碻證黍之可爲酒說文旣明著之安得上中下三尊反無黍酒乎周制卣爲中尊洛誥秬鬯二卣文侯之命秬鬯一卣秬鬯黍酒也中尊用黍酒自周已然漢豈獨改中尊不用黍酒故知此稷決爲誤字也

簡派綏遠省普通文官考試典試委員鄭裕孚纂

職官志

清以前待考茲錄自設歸化城理事同知始列爲表

清代歸化城同知表

姓名	籍貫	到任年月
多爾濟	蒙古正白旗	雍正元年
法保	蒙古鑲紅旗	雍正八年
永敏	滿洲正白旗	雍正八年
永恆		雍正十三年
永恆		乾隆元年再任
勒保	滿洲鑲紅旗	乾隆三十四年
轍臣	滿洲鑲白旗	乾隆四十一年
常明	蒙古正紅旗	乾隆四十二年
智常	滿洲鑲藍旗	乾隆五十年八月
奎英	滿洲鑲白旗	嘉慶元年
文明	蒙古正藍旗	道光三年
魁英	滿洲鑲白旗	道光五年八月
齊理克諾爾布		道光十一年
文明		道光十二年二月再任
阿克敦布		道光十三年三月由綏遠城同知兼理

文明		道光十三年四月再任
覺羅清勳	滿洲鑲黃旗	道光二十二年八月
魁英		道光二十三年七月再任
雙奎	滿洲正黃旗	道光二十六年五月
覺羅清勳		道光二十六年十二月再任
雙奎		道光二十七年五月再任
覺羅清勳		道光二十七年七月再任
雙奎		道光二十七年八月再任
覺羅清勳		咸豐元年八月再任
文明		咸豐三年四月再任
覺羅清勳		咸豐三年六月再任
慶口		咸豐三年六月
覺羅清勳		咸豐五年五月再任七年正月卒於官
庚棫	蒙古鑲紅旗	咸豐十年正月
珠隆阿		咸豐十年三月
文山		咸豐十年十一月
昌口		咸豐十一年十二月
庚棫		同治二年二月十三年五月卒於官
清口		同治十三年
玉珊		同治十三年七月光緒元年六月卒於官
常桂	滿洲正黃旗	光緒元年八月
玉吉		光緒二年十月
常桂		光緒三年十月再任
德生	漢軍正藍旗	光緒五年十二月
謙吉	滿洲鑲黃旗	光緒七年二月
清口		光緒八年五月

謙吉		光緒八年八月再任
德生		光緒十年五月再任
鳳鼎		光緒十年十月
方龍光	安徽桐城	光緒十一年八月
德生		光緒十二年九月再任
松昌	滿洲正紅旗	光緒十三年八月
炳玉	滿洲鑲藍旗	光緒十四年九月
方龍光		光緒十五年九月再任
德生		光緒十六年九月再任
平勝	滿洲鑲白旗	光緒十七年三月由綏遠城同知調署
張心泰	江蘇江都	光緒十八年四月
程世榮	順天大興	光緒十九年八月代理
儒芳	滿洲鑲白旗	光緒十九年八月
方龍光		光緒二十年八月再任
姚啟瑞	安徽桐城	光緒二十一年八月
劉鴻逵	直隸昌黎	光緒二十三年六月
俞恆	順天宛平	光緒二十四年
徐樹璟	湖南長沙	
陳壽昌	直隸易州	
魏銓	直隸蔚州	
樊恩慶	河南密縣	
盛鍾褱	廣東	
李崇洸	陝西長安	光緒二十八年
樊恩慶		光緒三十年再任
林以紱	福建	
張嘉楨	順天武清	光緒三十二年八月

姓名	籍貫	到任年月	備考
林毓杜	四川南充	光緒三十三年六月	歸化城廳雍正元年設曰歸化城理事同知七年三月隸朔平府乾隆六年爲道治光緒八年改稱撫民同知加理事銜乾隆元年設清水河協理筆帖式雍正十二年設薩拉齊托克托城和林格爾筆帖式均隸歸化同知乾隆廿五年一律改設廳治山西通志漏未載協理歸化城筆帖式雍正八年設乾隆十五年裁雍正中阿世達任蒙古正白旗人
曾茂林	四川金棠	光緒三十四年四月	
樊恩慶		光緒三十四年六月再任	
劉晉榮	直隸	宣統元年	
福申		宣統三年九月	
程世榮		宣統三年十月再任	

清代綏遠城同知表

姓名	籍貫	到任年月
噶爾炳阿	滿洲正黃旗	乾隆三十五年
先福	滿洲正白旗	乾隆四十二年
口口	滿洲鑲藍旗	乾隆五十一年五月
巴克坦	滿洲鑲藍旗	嘉慶元年
覺羅寶昌	滿洲鑲黃旗	
恆祐		
阿克敦布	滿洲正黃旗	道光十二年
巴克坦布	滿洲鑲黃旗	道光二十七年八月
文山	滿洲鑲白旗	道光三十年七月
覺羅希昌	滿洲正藍旗	道光三十年十二月
都克精阿		咸豐四年十月

塔思哈		咸豐七年二月
常生		咸豐七年八月
耆齡		咸豐八年四月
庚棫	蒙古鑲白旗	咸豐八年六月調補歸化城同知
德永	蒙古正白旗	同治二年十月
裕厚	滿洲鑲紅旗	同治七年七月
覺羅清長	滿洲正黃旗	同治八年三月
善徵	漢軍鑲藍旗	光緒十年三月
平勝	滿洲鑲白旗	光緒十一年十一月
延祉		光緒十七年二月
全綸		光緒十七年五月
咸熙		光緒二十年八月
文麟	蒙古鑲藍旗	光緒二十一年二月
吉泰	滿洲正藍旗	光緒二十五年
恆健	滿洲正白旗	宣統二年
備注	乾隆四年設曰綏遠城理事同知兼理糧餉	

歸綏縣縣長表

姓名	籍貫	到任年月
楊瑞鵬	河北井陘	民國元年
續思文	山西崞縣	民國元年
唐寶鍔	廣東	民國二年
殷廷珍	河南	民國二年四月
周慶慈	山東	民國三年七月
薛維庠		民國四年一月
李炳櫺	直隸天津	民國五年四月

李文鼎	甘肅西寧	民國五年八月
周承志		民國六年二月
徐　肅	浙　江	民國六年六月
陳肅瑜		民國七年二月
劉蔭培	京兆大興	民國七年五月
何心澄	安　徽	民國九年四月
劉蔭培		民國十一年三月再任
馮延鑄	直隸涿鹿	民國十四年五月
朱靖培		民國十五年六月
馮延鑄		民國十五年九月再任
張錫餘	廣東南海	民國十六年七月
陳棣華	浙江紹興	民國十六年十二月
蔡鏡波	奉　天	民國十七年三月
張錫餘		民國十七年五月再任
鄭植昌	廣西桂林	民國二十一年二月
備注	民國十七年以前稱歸綏縣知事十七年後改稱縣長縣府案卷散佚故籍貫多未詳	

清代歸化綏遠兩廳佐治官吏表

朝代	總管七廳復設教諭	綏遠城盈寧庫大使	歸化城巡檢	畢齊克齊巡檢
乾隆朝		李德齡順天大興人四十八年六月任	伍玩孫江西安福人三十四年任馮泉浙江會稽人四十九年五月任	曾國選江西泰和人三十一年任費維梓浙江烏程人四十二年十二月任范德滋江蘇甘泉

	嘉慶朝	道光朝	咸豐朝	同治朝
		于文炤順天人二十五年三月任		麗慶蘭直隸曲陽人元年六月任馮孟浙江人十三年
	高煥文順天通州人八年任	張方維江蘇丹徒人二十九年十月任	劉承瑩山東濟寧人二年五月任艾錡江蘇上元人三年六月任董滋杏浙江山陰人四年閏七月任沈杞浙江慈谿人四年十月任唐元齡江蘇丹徒人八年六月代理王斌順天通州人八年十一月任	張樸順天大興人二年四月代理盧受生順天涿州人
人五十一年十月任	聶孔彥浙江山陰人七年任	朱金順天大興人二十九年七月任張燮浙江嘉善人三十年十月任	陸敏榕順天大興人三年十一月任陳逢恩廣西臨桂人八年五月任方興運順天大興人九年五月代理牛鎬順天大興人九年八月任	王汶順天大興人二年閏三月任七年九月卒於官李應讓順天大興

	光緒朝
	劉璜耀山西洪洞人十一年十一月任王功成山西永寧州人二十年九月任段雨田山西武鄉人二十
六月任	董滋杏元年正月任賀炳林順天人四年三月任鄭紹華浙江人五年九月任十六年正月卒於官姜旭徵直隸滄州人十二年八月任葉恩沛浙江人十六年正月代理沈淦浙江人
二年六月任劉祝三直隸樂亭人二年十一月任曹遇亨直隸樂亭人八年十月代理茅富順天通州人八年十二月任張曰序山東昌邑人九年十月任鄭淦順天大興人十年三月代理陳泳元浙江蕭山人十年四月任鳳鳴滿洲鑲藍旗人十年九月任張鑑堂順天宛平人十二年十月任	揭垂紳江西南豐人元年正月任孫繼宗浙江歸安人二年正月代理祝寶臣江蘇上元人二年三月任王樹棻順天大興人三年八月任繆紹書順天宛平人十五年八月任李世瀛
人七年十月任李鳴和直隸灤州人八年十二月任	于世榮順天大興人九年十一月任曾德重直隸灤州人十年三月任蔡淦湖南邵陽人十二年六月代理白曾勳直隸人十七年十月任徐世芳天津人十九年四月任張復志浙江山陰人二十年九月代理陳熙垚湖北漢陽人二十

	宣統朝	備注
一年三月任張書敬山西太原人二十四年任	孟清康山西太谷人二年任	光緒十一年臨縣復設教諭移攺俸薪銀年四十兩
十七年四月任張嘉楨浙江寧波人十八年十月任潘翊堃二十三年八月代理金慶榮順天人二十三年十月任周熙雍		盈寧庫大使訪稿內尚有吳家春李明德黃鐘三人籍貫任事年月未詳養廉銀年六十兩俸薪三十一兩五錢二分
湖南長沙人十六年九月任劉棨直隸蔚州人十七年七月任白均之河南人二十四年二月任徐明浙江山陰人二十四年任孫壽榆浙江人三十三年任	徐明元年再任孫壽榆二年再任韓寶琨直隸豐潤人	養廉俸薪同盈寧庫大使乾隆末繙紳內載縣丞管歸化城巡檢事馮泉浙江會稽人四十九年五月題
年十二月任何漢安徽和州人二十一年十一月任王益鏡安徽含山人二十二年十二月代理陸烒順天大興人二十三年九月任	何漢元年再任祝口口二年任李杕四川巴縣人三年任	乾隆三十三年包爾登巡檢缺移攺養廉俸薪同盈寧庫大使

縣政府佐治人員表 民國二十三年分

秘書	科長	建設局長	財務局長	教育局長	公安局長	區長

劉錫恩	趙錫麟	趙國襄	劉丕巢	趙允仁	李瑞庭	李瑞庭　馬馭　郭象豫　岳崇五
趙國襄						
備注	民國以來佐治員尚有警務長警佐警察所長承審員管獄員等職案卷散佚姓名無考故從略					

宦績

清方龍光安徽桐城人光緒中三爲歸化同知倉廒衙署以次繕葺大青山後牧地荒廢龍光請之大府停徵三千餘頃復革除徵糧積弊民不困賦故咸思之

張心泰字幼丹江蘇江都人光緒十四年四月選山西平陽府通判十六年十月調豐鎮廳同知十八年四月遷歸化能以儒術緣吏治賑災尤有法邑賴以無流亡次年八月爲奎都統奏劾褫職去民送之有泣下者著宦海浮沈錄行世

歸綏縣志

簡派綏遠省普通文官考試典試委員鄭裕孚纂

選舉志

科貢

進士遼邊貫道豐州人及第第一見山西通志 清鄭永貞光緒己丑科原籍大同河南孟縣知縣 旗籍

承先滿洲正黃旗人光緒癸未科貴州都勻縣知縣

舉人清席儒光緒丙子科原籍左雲 鄭永貞光緒乙酉科 旗籍二十三人清道光中

塔清阿乙酉科蒙古鑲黃旗人歸化城副都統 尚阿泰戊子科滿洲鑲白旗人官協領改名文山 忠善辛卯科滿洲鑲紅旗人官佐領改名忠順 慶祥壬辰科 同治中恆喜癸酉科滿洲鑲紅旗人官佐領 承先癸酉科 光緒中景秀乙亥科滿洲鑲藍旗人右衛城守尉 合色貴乙亥科 尼克貴丙子科 文緒丙子科滿洲正紅旗人 景廉己卯科滿洲正紅旗人改名善恆 孟克圖己卯科 穆騰武壬午科滿洲鑲

藍旗人候補直隸州知州文衡乙酉科滿州鑲藍旗人錫麟乙酉科新疆候補同知錫齡阿戊子科滿洲鑲紅旗人科布多兵部幫辦章京瑞廉戊子科滿洲正白旗人烏里雅蘇台戶部幫辦章京通泰己丑科蒙古鑲紅旗人倭什本己丑科滿洲正藍旗人官知縣全山光緒辛卯科蒙古正黃旗人音德納癸巳科滿洲鑲黃旗人揀選知縣瑪麟癸巳科滿洲正白旗人英順丁酉科蒙古鑲紅旗人

武科舉人劉鎰光緒甲午科原籍陽曲旗籍六十四人清嘉慶中色郎阿癸酉科滿洲鑲藍旗人斐仁丙子科蒙古正黃旗人固倫岱戊寅科滿洲正黃旗人泰敏戊寅科滿洲正黃旗人素魯克己卯科滿洲鑲紅旗人哈祿堪己卯科滿洲正白旗人道光中懷塔辛巳科滿洲鑲藍旗人富成辛巳科愛星阿壬午科滿洲鑲藍旗人蘇呼春壬午科滿洲正紅旗人泰佈乙酉科滿洲鑲黃旗人德通乙酉科滿洲鑲黃旗人巴圖爾山乙酉科滿洲正白旗人音登額乙酉科滿洲正紅旗人慶祥乙酉科滿洲鑲白旗人格琫額乙酉科滿洲鑲藍旗人賽尚阿戊子科滿洲鑲藍旗人玉升辛卯科滿洲鑲藍旗人花沙圖壬辰科滿洲鑲藍旗人蘇呼坤壬辰科滿洲正紅旗人全祿

己亥科滿洲正紅旗人　烏什哈己亥科滿洲鑲藍旗人　納瑪山庚子科滿洲鑲藍旗人　圖們泰庚子科滿洲正藍旗人　咸豐中　召羣辛亥恩科蒙古鑲黃旗人　達仁辛亥恩科滿洲鑲白旗人　遜彰阿壬子科滿洲正紅旗人　倭什渾壬子科滿洲鑲藍旗人　碩罕乙卯科滿洲鑲白旗人　多仁佈乙卯科滿洲鑲藍旗人　景春戊午科滿洲鑲黃旗人　春林戊午科蒙古鑲紅旗人　合色本己未科滿洲鑲白旗人　吉勝保己未科滿洲鑲白旗人　吉勒罕佈辛酉科滿洲鑲白旗人　同治中　扎拉芬壬戌科滿洲鑲紅旗人　佈音圖甲子科滿洲鑲紅旗人　懷塔丁卯科滿洲正藍旗人　懷塔哈庚午科蒙古正黃旗人　巴圖隆阿癸酉科滿洲鑲紅旗人　光緒中　榮春丙子科滿洲鑲黃旗人　佈音達什己丑科滿洲鑲白旗人　榮連辛卯科滿洲鑲白旗人　三音口辛卯科蒙古鑲黃旗人　文陞癸巳科滿洲鑲黃旗人　文佈甲午科滿洲鑲黃旗人　春凌甲午科滿洲正白旗人　恩特賀甲午科滿洲鑲藍旗人　烏爾圖那遜甲午科滿洲鑲藍旗人　特克什納甲午科　薩凌阿甲午科滿洲正黃旗人　定祿乙未科滿洲正黃旗人　達杭阿乙未科蒙古鑲黃旗人　賽凌阿丁酉科滿洲正紅旗人　額呼春丁酉科滿洲鑲

紅旗人佈林丁酉科滿洲正白旗人成凱丁酉科滿洲鑲紅旗人榮志丁酉科滿洲鑲藍旗人齊春癸卯科佛德癸卯科滿洲正紅旗人博勒忠武甲辰科滿洲鑲藍旗人薩拉山丙午科增林丙午科滿洲正藍旗人魁連丙午科滿洲正藍旗人

案旗志於道光光緒兩朝鄉試科分頗有舛誤如甲午甲辰乙未丙午丁酉己酉癸卯俱光緒年分誤入道光朝皆是茲爲改正如右

清制辰戌丑未年會試子午卯酉年鄉試恩科不拘此例

拔貢六人清韓秉鈞道光乙酉科潞安府教授原籍平魯韓振鈞原籍平魯裴清同治癸酉科原籍右玉李廣年光緒乙酉科原籍左雲李瀛光緒丁酉科原籍左雲廣年侄郭象伋宣統己酉科綏遠全區學務局局長教育廳廳長

清附生之可考者有張樹德康柏齡賀義郭景汾龔秉鈞余直張必達張沂李景泉姚向洲龔秉衡郭蔚春樊立綱郝永昌常允中程心之武惠李曲成鄭棟郭朝梁增生王國楨

秩考

拔貢考秩三人清韓秉鈞朝考二等以訓導用李廣年朝考一等以七品小京官用郭象伋朝考一等以知縣分發直隸省補用

舉人大挑二等五人清慶祥蒙古鑲紅旗人七品小京官合色貴光緒己丑蒙古鑲黃旗人光祿寺署丞尼克貴光緒己丑蒙古鑲黃旗人光祿寺署丞孟克圖光緒己丑滿洲正紅旗人七品小京官錫麟光緒戊戌滿洲正白旗人國子監助教

第一屆普通文官考試及格五人張聚星普通行政關瑞生財務行政馬士瑛教育行政馬雲警察行政賈洪恩監獄官

國民政府令二十二年四月十四日

派馮曦爲綏遠省普通考試典試委員長此令

派曾厚載爲綏遠省普通考試典試委員會秘書長此令

國民政府令二十二年五月四日

派伍非百余鍾秀李泰棻張秀升李鍾翹鄭裕孚紀守光袁慶曾潘秀仁蘇體仁虞振鏞爲綏遠省普通考試典試委員此令

國民政府令二十二年五月八日派王平政爲綏遠省普通考試監試委員此令
五月十五日在小教場軍民聯歡社舉行甄錄試十八十九兩日正試二十四日口試取陳肇虞等五十二人
襄試委員靳淳高等法院附設地方庭推事苗潤霖高等法院推事宋志剛中山學院訓育主任白映星中山學院院長劉漢省立第一師範學校校長武懿美建設廳第三科科員郭波晨省會公安局督察員劉泰年省會公安局警士教練所專任教官姬慕文歸綏地方法院庭長唐品廉高等法院附設地方庭檢察官李玉珍民政廳秘書王道興民政廳秘書竇季艮印花稅局秘書許雲慶財政廳秘書班浩財政廳秘書劉和義教育廳督學王鴻度教育廳秘書劉耀會農林試驗場場長杜尙禮省立職業學校農科教員李謇民政廳秘書高雲卿民政廳科長王衍瑞高等法院庭長王泉電燈公司庶務股主任

辟薦

遺逸一人元瞻思
孝廉方正二人清周紹文鄭化國宣統元年
薦舉縣長一人龔國華民國十八年

舉士一人郭象伋民國十九年

民選

諮議局議長李瀛清宣統元年

自治研究所所長路員義宣統元年

自治事務所所長方孝恭後改董事會又改城鎮自治事務所

自治聯合會會長方孝恭宣統三年

歸化廳臨時議會會長方孝恭民國元年

歸綏縣議會議長周尚禮程心之議員二十二人范震李懷謙邢膺周李溥賀德馨趙允仁趙國襄陳恆鳳王國樑李元慶李丕茂李正心劉漢卿賈連魁郭蔚春侯永謙李晉璣趙世昌張樹隆蘇魯岱馬文仕關鍾麟民國十二年

參議院議員二人龔秉鈞劉璵民國七年第二屆

衆議院議員三人鄭化國李景泉民國二年第一屆賀色畚土默特推選民國七年第二屆

省議會議員二人李正樂民國七年第二屆榮祥土默特推選第二屆

卒業

美國康乃爾大學一人庫耆雋國民政府參議

日本明治大學一人閻繼璈內政部科員早稻田大學一人龔國華五原縣縣長東京警監學校二人李景泉歸綏道道尹龔秉鈞托克托縣縣長高等工業學校一人賀雲章省立毛織工廠廠長

俄國東方大學四人榮照中央黨部民衆運動委員會幹事雲澤土默特中學教員朱實夫蒙古地方自治政務委員會保安隊隊長趙璧臣

國立北京大學一人任秉鈞蒙古地方自治政務委員會科長

國立北平大學法學院三人賀耆壽康濟民蒙古地方自治政務委員會參事解瑛省黨部幹事農學院三人潘秀仁綏遠教育廳廳長省黨部執行委員李藻農科職業學校訓育主任李榮蔭全省縣政研究會委員醫學院二人李蔚潭北平大學醫學院助教賈淑榮女子文理學院一人賈一子省立女子師範學校附屬小學主任

國立師範大學六人賈武省立第二中學校長苗時雨北平市立師範學校體育主任趙允諧陸軍三十二軍體育部主任綏遠公共體育場場長趙允迪青島市立第一中學體育主任卜效夏省立女子師範學校附屬小學主任雲秀桐省立女子師範學校訓育主任

國立交通大學一人何增惠

金陵大學一人武懿美建設廳科員

中國大學九人趙允義省黨部執行委員省立歸綏中學校長常斌魁歸綏地方法院推事李蔚洛綏遠圖書館館長劉丕巢縣財務局局長劉定巢高等法院書記官成維夏教育廳科員周

世懋省立公共體育場事務員張遐民省黨部推進蒙旗黨務委員李叢瀛省黨部主任

民國大學五人趙允仁縣教育局局長翟凌寅歸綏地方法院書記官李蔚淮包頭縣司法公署監督審判官孟純黃步義回部小學校長

華北大學一人章士祥北平蒙藏專門學校教務員

河北省立大學一人段德懋

北平法政專門學校一人榮祥土默特旗總管蒙古地方自治政務委員會委員

北京中央政法學校三人崇恆閻繼嘉馮彥

北平蒙藏專門學校二人昌森孟學孔土默特旗總管署科長

山西優級師範學堂一人成章

山西法政專門學校四人侯封魯高等法院首席檢察官李蔚洙省黨部總幹事李正心縣農會職員李正樂省黨部監察委員監察院監察委員

山西鐵路學校一人李蔚湘縣教育局局長
太原黨政學院二人李懷珠縣黨部祕書　李世魁省黨部幹事
黄浦軍官學校一人任殿邦省黨部推進蒙旗黨務委員
中央航空學校一人李興唐
山西軍官學校四人連恆德山西砲兵旅連長　李垂蔭張宏陸軍七十師連長　徐世明綏西護路司令部參謀主任
北平警官高等學校三人郝大中王楷市公安局督察員　鄭寶僑
北平大學附屬高級中學一人許德隆
北平滙文高級中學一人于嘉祉
省立歸綏中學一百五十三人賈連魁劉定基張庭劉存瑤王國樑
以上附設師範簡易科　李正樂李蔚洙李正心韓秉衡賈晉趙國鼎教育廳科長

李晉璿趙國弼侯永萃李晉咸郝大中陳楷市黨部幹事李臻蔭翟淩
坤武耀春孫尙德溫守中王廷槐省黨部幹事李蔚濂趙允仁李秀毓
趙允義武迎春潘秀仁王保賈武楊俊李元慶張日春郭志雲何
增惠李蔚洛劉丕巢李藻朱桂郭秀高李蔚潭李叢瀛周世懋崇
恆閻繼嘉郭灃劉定巢馮彥陳國富段德懋翟淩寅李蔚淮賈奠
基張啟盛成維夏林汝梅教育廳科員韓勇陶林縣小學校長費和省立第五小學教員
張瑞愘縣農場主任胡瑞蘭武川第六區區長周懷縣立第四小學校長張克議興和縣黨部委
員解瑛田華縣黨部委員王懋陝西涇陽縣縣長以上舊制中學四年卒業喬秉華康如珊
縣黨部助理李垂蔭杜宣德鄭寶賢張毓滿李文濬佟樹藩王憲章沈
福勝李榮蔭孟璧吳致和麻文彥省立第五小學教員張守儉陳光熙李作
楫任秉鈞王熾雲秀桐賈淑榮徐德劉丕業郝大睿程維城趙廣

智吳致中李春榮李法天田得滋縣地方財政監察員趙允諧陳建邦趙允
迪苗時雨王榮解守業王楫李作栩王如印省黨部幹事許德隆于嘉
祉馬瑾秀區立小學教員郭兆泰縣黨部幹事郭亮姚玉縣立第二小學教員王潤省立第五
小學事務員馬清和張瑞津縣地方財政監察員趙懷宣白美縣立第四小學校教員李作
樞元之剛陳靖邦張士英李世蔭雲耀柴昭雲霖段松齡葛凝雲
楊茂盛胡瑞琳李增蔭沈福貞梁克寬李馨圃余峻祥杜宣恩段
鏞川楊麗鑫温啟寰陳安邦袁振國范學山元之聰劉世琦趙萬
榮鄭迺儉劉守基梁兆祺杜學林温啟源白福以上三三制初級中學三年卒業
侯定遠李成關尚珍喬秉華省黨部委員杜宣德李榮蔭孟璧省黨部幹事
張守儉省黨部委員吳致和市黨部委員徐德縣黨部委員劉丕業省立第三小學校長郝
大睿程維城吳致中縣黨部委員郭亮李作栩薩縣女子學校教員李作樞陳靖

邦吳賡懿以上三三制高級中學三年卒業

案省立歸綏中學初名歸綏中學校民國十四年五月改稱綏遠區立第一中學校十八年一月改綏遠省立第一中學校二十三年三月易今名

省立包頭初級中學二人張萬鵬王學周以上三年卒業

省立歸綏師範學校六十二人費復恩李世傑縣財務局局員武增美綏遠第一監獄科長李懷珠彭鴻業張聯芊德善王有功和林縣黨部委員張錦賀登洲李茂德李蔚澧縣立女子小學教員韓維溫張國弼郭清泉孫先舉以上講習科一年卒業王尚智邢維極縣立女子小學校長柴生華私立名言小學校長李世魁趙吉忠李懷彬縣立第五小學教員烏錫濤省立第三小學教員張啟茂王維周縣立第二小學教員王雲卿省立第二小學教員馬俊趙崇福省立第二小學教員賈彥潘秀禮以上講習科二年卒業

王德政温培英郭岫省立第四小學教員李英省立第四小學校長盧高區立小學校長馬繼綱省立第三小學教員袁錦尚薛聚美張恆省立第三小學教員郭秀美區立小學校長紀統區立小學教員張孝友區立小學教員黃壽延省立第一小學教員楊秉恭區立小學教員李國樸區立小學教員黃壽南回部小學教員楊象漢縣立女子小學教員劉崇厚武川第一小學教員張起鵬省立第四小學教員周光華省立第三小學教員韓謙秦建雍李蔚汝郝秉彝省立第二小學教員以上四二制初級師範科四年卒業齊壽康安北設治局局長關恩澤烏伊兩盟實察員趙雲岫五原臨河實察員馬士瑛趙允升縣立第二小學校長以上五年卒業沙文艮省立第一小學教員李文箴王登魁省立第一小學教員以上六年卒業

省立歸綏職業學校農科十四人李鍾秀烏文艮財政廳事務員白志賢烏文通楊世基興和建設局局長闕尚珍白建章第二林區事務員何廷焜李景績褚恩畢鴻鼎烏學智段啟運吳秉堃商科十二人白國章黃英順

趙世杰豐鎮縣政府科長吳賡懿武川縣政府科長趙桂馨關耆璋關尚樸烏學謙周嵩凱張寶琛那松沂以上四年卒業

案商科現已停辦改爲畜牧科

省立歸綏女子師範學校十八人趙允華卜效夏邢淑玉賈淑英賈洪恩陳淑榮王蓮清趙允香張素梅經彩玉謝汝珍降淑清趙允貞賈鳳英李月軒趙鏡秋以上初中三年卒業劉儀範曹金玉以上初中四年卒業

綏遠中山學院五十二人張懿省立第二小學校長文史專修科關瑞陞陳耀庭白志廣王葆仁賈充恩庫秉衡關和璋省立第一小學教員馬多善省立第二小學教員李永昌楊植霖區立小學教員白普緒楊崇德臨河縣小學教員李存仁縣立小學校長費德明李逢春固陽縣第四區區長李春華趙允慶區立小學校長潘秀儉興和縣黨部執行委員張玉山縣黨部執行委員郭維垣區立小學教員喬明珍區立小學教員白維新中山

學院附屬小學教員關瑞亮省立第二小學教員李樹棠教育廳童子軍總教練宿國旭王增祿

烏文興金萬銘畢裕珍舒眞如白慧蘭兆綿續石玉崑楊象澧張

婫嫊縣立小學教員張彬吳金涵謝振宇岑學恭吳常剛舒婉如縣立女子小學

教員關秀英姜瑞蘭周懷德省立第五小學教員黃英啟孟治艮趙雲海兆綿

長縣立女子小學教員孟繩昌徐裕楠王秀清以上初級師範科三年卒業關瑞陞和興縣統

捐局文牘王葆仁市黨部幹事陳耀庭縣立小學教員庫秉衡賈洪恩歸綏地方法院書記官

趙允華縣黨部幹事費德明關瑞亮以上高級師範科三年卒業

正風初級中學校二人梁永表李瀚以上三年卒業

土默特初級中學六人謝寶樹韓鳳岐孟績鄭寶珍李文江李占隆

以上三年卒業

仕籍

文職清王錫綸原籍左雲徐溝縣教諭　王黼卿監生原籍左雲湖南昭通通判　成復興監生原籍左雲浙江烏程縣縣丞　皇甫建極原籍左雲試用訓導　平順蒙古正黃旗人光緒初刑部主事　民國武爾功土默特旗人東勝縣知事　塔斯哈土默特旗人十三年薩縣知事　書番土默特旗人十三年固陽縣知事

武職清馬元勳乾隆中任直隸涿州營參將陞提督　克仁額滿洲鑲藍旗人嘉慶中伯都訥副都統　鶴齡滿洲正白旗人咸豐中官四川川北鎮總兵　德善蒙古鑲紅旗人咸豐中浙江楓嶺營遊擊　倭哩克蒙古鑲紅旗人咸豐中密雲縣都司　烏勒賀滿洲鑲紅旗人咸豐中宏堡把總　佈可蒙古鑲紅旗人光緒初山西攔車鎮守備　文哲琿土默特旗人光緒三十一年歸化城副都統　烏爾圖納遜土默特旗人記名副都統　佛爾沁額土默特旗人官參領　民國趙樂亭民國三年陸軍部司長　李春秀綏遠警務處長歸綏城防司令　玉祿土默特旗人綏遠騎兵第三團團長兼剿匪司令　榮陞閣土默特旗人十年綏遠騎兵第五師團長　松彥法義俱土默特旗人綏遠騎兵第五師團長　吉亨土默特旗人十六年綏遠騎兵第五師旅長

簡派綏遠省普通文官考試典試委員鄭裕孚纂

人物志

越絕書華陽國志皆紀人物越絕書分內外傳或以人爲綱或以事爲綱華陽國志自公孫述迄李勢凡六志於前代諸列傳稱先賢當代則稱後賢而人物則以地區晝晉書稱陳壽有益都耆舊傳金樓子稱劉義慶有徐州先賢傳唐陸廣微吳地記古蹟下兼述故事人物俱開方志紀人物之先聲唐志載晉過江人士目一卷舊唐志有衛禹永嘉流士十三卷亦方志載游寓之椎輪也秦漢時邑境已入版圖人物自屬不乏成書倉卒不遑搜輯錄其所知者自宋王承美始山西通志拓拔魏時之代郡人懷朔六鎮之武川人俱收入歸化

城廳案魏書及元和姓纂所稱代人如八氏十姓三十六族九十二姓俱居京邑遷都後太和十九年詔代人南遷者悉爲河南洛陽人後周明帝二年詔三十六國九十九姓自魏氏南徙皆稱河南之民今周室既都關中宜改稱京兆由是言之則北史所云代人統以所居之都也考代郡在今大同縣東武川亦非今之縣境故不錄

表一　歷代名臣入之

朝代	姓名	爵里	事蹟
宋	王承美	豐州人官天德軍蕃漢都指揮	有傳
金	邊元勳	豐州人官翰林供奉	有傳
金	趙重福	豐州人官河東北路轉運使	有傳
金	完顏彝	豐州人官定遠大將軍	有傳
元	謝睦歡	豐州豐縣人官太原路金銀鐵冶達嚕噶齊	有傳

元	謝仲温	豐州人官淮東宣慰使	有傳
元	贍思	豐州人官祕書少監	有傳
清	丹津	土默特人駐防歸化城官左翼都統三等子	雍正元年疏請建文廟於歸化城九年議勳噶爾丹策凌丹津與副都統五十六辦理歸化城駐兵事宜十三年協理歸化城築城屯田事乾隆元年設馬廠於歸化城北詔丹津董牧務二年卒

表二　清代之有戰績者入之

姓名	籍貫	事蹟
古祿格	土默特旗	天聰六年內附崇德元年授左翼都統駐守歸化城三年春以喀爾喀札薩克圖汗擁眾逼歸化城馳疏以聞上統大軍征之圖汗遁夏入覲遣官迎宴授一等男順治二年晉爵三等子六年睿親王多爾袞征喀爾喀古祿格以兵相會喀爾喀遁乃歸康熙五年卒
託博克	土默特旗	崇德元年協守歸化城三年授一等輕車都尉五年晉一等參領順治三年隨豫親王多鐸擊喀爾喀土謝圖汗及車臣汗四年敘功授右翼都統六年復隨英親王阿齊格討姜瓖於大同數報捷康熙九年卒謚果壯

雅喇	滿州正白旗	清兵入關時遇流寇二十萬雅喇敗之授騎都尉後以擊馬賊功加一雲騎尉自此迭建勳勞超陞三等男爵世襲罔替
塔布囊希爾達	蒙古鑲黃旗	官騎都尉從征山東克復牆子嶺加一雲騎尉入關時遇流賊馬步二十萬同固山額真吳賴步戰敗之陞三等輕車都尉世襲罔替
古嚕	土默特旗	託博克子襲都統康熙十三年會勦陝西王輔臣十四年正月偕副都統席第等率土默特兵七百人援榆林五月圍花馬池朱龍糾眾來突圍大軍迎擊之朱遁花馬池平六月復磚井安邊諸砦七月進圍定邊克下馬關八月由西安援固原十五年正月以寧夏兵變防禦靈州定邊等處旋屯黃河岸扼寇衝三月敗賊於靈州六月關隴平予三等男二十年卒
阿喇納	土默特旗	古祿格第五子襲都統康熙二十七年偕副都統阿迪禦噶爾丹三十五年偕阿廸等隨大將軍費揚古擊噶爾丹於昭莫多師還運礮七十九尊置歸化城四十三年卒
根敦	土默特旗	阿弼達子康熙五十九年任參贊大臣隨振武將軍傅爾丹勦策妄阿喇布坦至格爾額爾擒宰桑貝坤等百餘人復焚其糧於烏蘭呼濟爾雍正元年襲都統職二年率滿洲兵赴巴里坤禦青海羅卜藏丹津尋駐守土嚕番九年三月勦噶爾丹策淩根敦援涼州七月會軍於巴里坤隨大將軍岳鍾琪襲擊烏魯木齊大敗之十年隨副將軍常賚援哈密十三年還軍歸化城是年與丹津協理屯田事乾隆七年卒
剌麻札布	土默特旗	達木巴子諳達後裔也隸左翼乾隆二十年大軍征伊犁之達瓦齊剌麻札布獻馬三百匹授一等台吉二十一年隨左副將

表三　清代死難諸人入之

		軍喀爾喀親王成袞扎布勦和託輝特郡王青衮咱卜復隨參贊大臣納穆扎爾等輕騎尾之抵抗哈將噶斯擒青衮咱卜捷聞詔增土默特一旗封剌麻扎布爲輔國公三十一年卒
烏爾貢扎布	土默特旗	咸豐三年在直隸山東及江南各省勦辦捻匪迭克各城以副都統記名並給頭品頂戴伊克斯巴圖魯勇號後以積勞卒於軍官至歸化城參領
烏爾圖納遜	土默特旗	咸豐五年補右翼驍騎校六年二月赴山東曹單一帶駐防破雉河集給五品頂戴七年二月克烏龍集進勦楊家集幷解固始縣城之圍八月克正陽關霍邱縣等處九月以佐領即補八年十一月補右翼公中佐領九年赴天津海口大梁子張家灣通州八里橋等處與英國兵戰勝之十月隨僧親王抵河間府駐防十二月戰於歸德府大捷以參領即補並賞圖爾格齊巴圖魯勇號同治元年七月勦魚台捻匪賞副都統銜二年二月因獲捻首加頭品頂戴補授左翼參領七年十二月回人竄出鄂爾多斯牧地犯河干渡河勦平之八年三月復平烏拉特旗合木爾和碩及阿拉善旗紅柳溝等處之亂以副都統記名簡放二十年因積勞成疾卒
備注		以上十人皆世居或駐防歸化城雅喇塔布囊希爾達見綏遠旗志烏爾貢扎布烏爾圖納遜見土默特志其餘古祿格等六人俱見欽定蒙古王公表傳

姓名	籍貫	事略
格紳	滿洲鑲白旗	從軍潼關擊流寇擒夜哨二人斬十一人給雲騎尉後攻廈門率水軍擊敗之進逼海岸力戰死特贈二等輕車都尉雲騎尉世襲罔替同死者滿洲正紅旗人噶賴予雲騎尉世職
烏素珠拉	土默特旗	驍騎校順治三年陣亡於札濟布拉克
什漢	滿洲鑲黃旗	湖州之役什漢首先登城賜巴圖魯勇號授三等輕車都尉後戰歿於陣子襲一等輕車都尉加一雲騎尉世襲罔替
王國柱	滿洲正紅旗	從征江西在石匣地方力戰死之贈雲騎尉恩騎尉世襲罔替
色爾濟	蒙古鑲紅旗	征噶爾丹時徒步赴前敵饑疲戰益力捷聞給雲騎尉因病以子石彥保承襲後在和通呼爾哈戰死之贈騎都尉以恩騎尉世襲罔替
兆柱	滿洲正紅旗	從征噶爾丹死之同死者滿洲正紅旗人福受滿洲鑲黃旗人德福受滿洲鑲紅旗人富勒黑滿洲正藍旗人巴克塔俱贈雲騎尉以恩騎尉世襲罔替
鄂慶	土默特旗	世管佐領乾隆五年在烏松珠拉陣歿
色登	土默特旗	驍騎校乾隆二十年死於伊犁
阿爾賓	土默特旗	官佐領乾隆廿一年戰歿於阿勒台同死者驍騎校阿爾哈達

索鼐	滿洲正藍旗	從征四川攻朝天關扼隘挑濠築城斷敵歸路敵撲戰死予雲騎尉恩騎尉世襲罔替
鄂勒哲依	蒙古鑲黃旗	從征江南禦敵捐軀贈雲騎尉世職
齊克慎	滿洲正黃旗	死江南軍事贈雲騎尉世職
伊勒哈春	滿洲鑲藍旗	在南路軍營戰死贈雲騎尉世職
岳松武	滿洲鑲藍旗	在佈倫托海奮勇禦敵死之贈雲騎尉
碩隆武	滿洲鑲紅旗	在景山等處戰死贈雲騎尉世職同死者滿洲鑲紅旗人明泰
富勒洪額	滿洲正白旗	咸豐三年豐儀鎮之役戰死同死者蒙古鑲紅旗人察隆阿
奇徹佈	蒙古正黃旗	咸豐三年蔡邑縣之戰歿於軍
福祥	滿洲鑲藍旗	咸豐三年在河南一帶戰死同死者滿洲鑲藍旗人安喜
烏雲額	滿洲正白旗	咸豐三年經托將軍協領鶴齡帶領在逢邑縣勦匪戰死同死者栢勒忠武
達哈	滿洲正黃旗	咸豐三年在南路軍營戰死同死者滿洲正黃旗人倭恆額福倫奎山
奇徹賀	蒙古鑲紅旗	咸豐三年在河南汜水縣戰死同死者發福爾蘇瑞慶
連陞	滿洲正藍旗	武生咸豐中泗水縣之役戰死

塔奇先	滿洲鑲黃旗	咸豐六年勦匪死
沙津滿勒達	土默特旗	世管佐領咸豐六年在山東臨清州冠縣一帶勦匪窮追遇敵死之
達敏	滿洲鑲紅旗	在安徽死難贈雲騎尉
遜彰阿	滿洲正紅旗	從征安徽定遠縣戰死贈雲騎尉世襲罔替
穆克德渾	滿洲鑲黃旗	咸豐八年在徐屬雎溪口戰死同死者滿洲鑲黃旗人哲淩額穆克德賀恩車賀瑞全蒙古鑲黃旗人吉祥訥莫音倭哩奢滿洲正白旗人玉慶那彥泰依蘇泰穆特恩雙明吉玉富蘭圖吉順淩祥滿洲鑲白旗人蘇哩巴哈泰倭什渾滿洲正藍旗人吉何蘇泰斐音喜福慶年富通赶祥巴圖嚕山富慶蒙古正黃旗人喜福滿洲正紅旗人榮亮根德蒙古鑲紅旗人胡東阿滿洲正黃旗人佛倫佈巴尼音泰吉爾噶春
玉林	滿洲正紅旗	咸豐八年宿州高家樓之戰死之同死者滿洲鑲白旗人西拉琫阿蒙古鑲黃旗人穆奇先蒙古鑲紅旗人常祥滿洲正白旗人琫增額
特佈磴額	滿洲正黃旗	咸豐九年出征戰死同死者滿洲正黃旗人祥祿豐紳佈
普瑞	滿洲正黃旗	咸豐十年在南路軍營戰死
瑪克但佈	滿洲鑲黃旗	咸豐十年運河南岸及萬年閘丁廟之役戰死同死者滿洲鑲黃旗人豐申佈玉祥巴克三圖喜明三音圖莫爾根音登額滿

洲正紅旗人榮慶鈕勒洪阿滿洲鑲白旗人廣平來祥穆克德恩吉杭阿滿洲正藍旗人呢瑪杭阿呢瑪昌阿瑞慶連喜滿洲鑲紅旗人常成富順滿洲鑲藍旗人愛仁蒙古鑲黃旗人諾們穆暹景祥蒙古鑲紅旗人該哈蘇德全普亮

六十七	土默特旗	參領管帶咸豐十年轉戰江皖豫魯等省後以傷歿
額林佈	土默特旗	公中佐領咸豐十年在山東魚台縣勦匪死之
森蓋	土默特旗	公中佐領咸豐十年在山東濟南府戰歿
阿克敦	土默特旗	官參領咸豐十年在安徽壽州力戰受創歿於軍
温讀遜	土默特旗	官佐領咸豐十年在山東曹州府力戰受創死
圖孟吉爾圪勒	土默特旗	前鋒校在河南方家集戰死
齊密特多爾濟	土默特旗	驍騎校在安徽亳州等處戰死
音登額	土默特旗	驍騎校在應州府六十里鋪赴敵死
福隆阿	土默特旗	官參領在湖北麻城縣力戰死
慶安	滿洲鑲黃旗	咸豐十一年戰死
魁明	滿洲鑲紅旗	同治十年在烏里雅蘇台力戰損頭骨歿於軍

阿克棟阿	滿洲鑲藍旗	在烏里雅蘇台戰死同死者滿洲正白旗人瑪潞坎滿洲鑲藍旗人貴忠俱贈雲騎尉
銘山	蒙古鑲黃旗	由蒙古正黃旗佐領薦擢章京適烏里雅蘇台被圍督兵固守援絕城陷公急赴軍署懷印坐堂皇曉以順逆敵欲降復斥之被縛鹿角柵矢集如雨詈不絕口死之同死者滿洲正藍旗人祥慶滿洲鑲藍旗人志永俱烏里雅蘇台筆帖式又候補防禦烏里雅蘇台戶部主事滿洲正白旗人薩喜亦死是役事聞詔以直隸州知州禮葬
備注		死難諸人俱見土默特志綏遠旗志

表四　清代孝行入之

姓名	籍貫	事略
桃爾戶	土默特旗	桃爾戶與子贊布皆且傭且樵以養父母雖家貧如洗而父母之衣食無缺桃爾戶之先人大習爾麻及巴圖吉爾格勤俱以拯難恤貧為事桃爾戶亦久施方藥活人最夥同治中卒年八十有五贊布復能繼之光緒時年七十八歲卒
張栢祥	世居歸化城原籍山西孝義	栢生父光泰客死山左母苦節撫孤時栢祥才三四齡年十五别母尋父骨久之無所得乃號於壇廟信步至曹州遇舉人白君告以葬所啟棺滴血果不誣于是負骨返母慟且慰光緒二十三年山西巡撫題請旌表
瑞景	滿洲鑲白旗	景字雪蕚性孝友母病癱景與妻高氏早夜侍奉三載無倦容待諸弟以友愛及弟欲析爨乃取祖父財物悉與之而弟家日

		用飲食仍爲之籌給事兄亦盡禮一味之甘未嘗自私二十餘年無或變也
舒明	滿洲正藍旗	貧未婚母病癱夙夜侍奉歷二十餘年不怠
方自富	綏遠城	藥商父早世事母至孝晝出鬻藥夜雖遠必歸妻奉侍稍怠輒恚讓之妻亦感之而孝弟自貴亦愧不若兄辭商歸同事母以終天年
周海山	三兩莊	父母病二十餘年不違左右
賈萬順	潮忽鬧	侍父母疾弗懈垂二十餘稔
備注	桃爾戶見士默特志瑞景舒明見綏遠旗志	

表五 清代義行入之

姓名	籍貫	事略
劉天元	居祝樂慶村原籍山西代州陽明堡	少苦貧以勤約稍稍致富賙人無德色村人賴以舉火者數十百家嘉慶中饑歲終天元將旋里先按貧戶予之粟村人走送數里外泣曰恐翁明歲重來我輩已填溝壑矣天元亟反盡出倉儲計口授粟或縮值以糶約來歲取償然後去居綏數年積貲累萬年八十卒子孫克紹其業村民被其惠者迄今尸祝之

朱錫昌	居歸化城原籍山西壽陽	祖周成嘉慶中賈於歸化遂家焉父玉堂爲蒙館師並慷慨喜施予錫昌嘗返原籍修墓見族中之塋墓無人祭掃者輒爲購祭田以供歲祀舉族感之欲勒石錫昌固辭始罷
泰寶	滿洲正藍旗人居綏遠城	道光間官協領家素封時旗庫被盜失金數千兩庫吏秘弗宣逾年將軍將莅驗衆皆惶恐懼罪泰寶出金潛置庫中衆賴以免
陳國俊	孫得利村	國俊質直好義同治中代里人完糧平日喜排解一鄉賴之
蕭盛	潮忽鬧村	家小康歲饑每出粟賙鄉里戚族告貸者與之無吝色光緒十二三年舉鄉飲耆賓
李萬年	烏素圖村原籍山西左雲	萬年以孝弟聞復傾囊設義學弟廣年子瀛俱拔貢
劉長成	井兒溝南窰子村	世業農家貧年三十猶未娶父逝時弟茂成尚幼長成善撫之後長成喪明茂成事若父扶之入城以所得傭資醫兄目久無效一日長成託詞市餅餌索茂成錢百餘文服毒求自盡冀減茂成之累逮茂成覺察已瀕危殆乃相抱痛哭淚盡而目明自此家道亦裕後各娶妻生子友于之情至老彌篤光緒季年事也
閻純錦	苦古爾討號村原籍山西壽陽	先世服賈遷歸綏後純錦捐資立義學村人及鄉村子弟始知讀書鄉人之貧而良善者雖不乞必與以賙恤浮薄少年則否故鄉人化之多重行檢

張智	歸化城	智字子圓佾生七歲讀孝經卽有不如此不足爲人子之志十齡喪母擗踊如成人事繼母如其母家貧爲鄉塾師所入雖微而甘旨不缺父有疾遠求方藥形神憔悴及對父母則愉愉也父疾篤醫束手智號泣籲天誓終身戒殺以延父壽病旣愈智遂殫研醫學全活無算
富拉敏泰	滿洲鑲藍旗	泰職前鋒性友愛與弟析產不較後復共爨
富通	滿洲正藍旗人居綏遠城	任前鋒喜賙恤同旗有因婚葬求貸者每力助度貧乏不能還則焚其劵晚年以是致困窘弗悔也
韓玉祥	三仙莊	性好善常施棺衾
竇珍	三仙莊	邃於醫術恆施診及藥餌
周立基	三仙莊	業醫值貧病者必善爲診視予之藥不索值人多稱之
備注	泰寶富拉敏泰富通見綏遠旗志	

表六　清代流寓入之

姓名	籍貫	事略

張曾	原籍山西崞縣	曾字小園道光丁酉舉人父守仁以選貢官孝義訓導究心理學成見聞困知一得諸錄曾性聰慧工詩古文辭尤長駢儷書法亦雄宕有奇氣幕遊十餘年所至爭迎禮爲上賓軍興從戎關隴間以功薦擢布政司理問卒著有歸綏識略行世
吳天章	原籍山西代州	見金石志吳曉峯先生懿行德教兩碑

案隋書經籍志凡流寓者逕稱流人後來方志家多作流寓黃子壽修畿輔志並收女流寓亦有作寓賢或游寓者

傳

王承美豐州人父某事契丹爲左千牛衛將軍開寶二年率衆來歸父卒授天德軍蕃漢都指揮豐州刺史太平興國七年與契丹戰斬獲萬衆擒其天德軍節度使韋太以獻明年契丹入寇擊敗其衆追至青冢百餘里斬獲甚衆尋請於州城置孔子廟許之山西通志

右宋

邊元勳豐州人父貫道遼時舉進士第一元勳與弟元恕元鼎胥有名號三邊登天會十年進士終河間路轉運使元恕十歲能詩天德三年第進士以事停銓世宗初太師張浩表薦供奉翰林出爲邢州幕官復坐誣累不復仕元鼎資稟疎俊詩文有高意時輩少及山西通志

趙重福字履祥豐州人通大小字試補誥院令史轉兵部譯使陝西提刑知法遷陝西東路都勾判官右藏庫副使同知陳州防禦事時宋諜人蘇泉入河南重福迹之至魚台見前一舟將渡河令從者大呼泉姓名中有倉皇失措者執之果泉也改滄州鹽副使歲饑民貣滷賣以給食往往被杖重福日寧使課殿不忍殺人歲滿當降右丞完顏匡三司按出虎特薄其罰降織染署令大安三年佐戸部尚書張煒調兵倉於古北口遷都水少監貞祐二年行西北路六部兼中

郎戶部員外郎治密雲縣守城有功遷同知河間府事行六部侍郎權清州防禦使攝河北東路兵馬都總管三年河間被圍密雲同事劉中勸降不聽時兵少又多羸疾勸父老率子弟强者戰弱者守圍乃解去遷河東北路轉運使致仕元光二年卒山西通志

完顏陳和尙名彝字良佐世以小字行豐州人系出蕭王諸孫父乞哥泰和南征以功授同知階州軍事及宋復階州乞哥戰歿於嘉陵江貞祐中陳和尙年二十餘爲北兵所掠大帥甚愛之置帳下時陳和尙母留豐州從兄安平都尉斜烈事之甚謹陳和尙在北歲餘託以省母乞還大帥以卒監之至豐乃與斜烈劫殺監卒奪馬奉其母南奔大兵覺合騎追之由他路得免旣而失馬母老不能行載以鹿角車兄弟共輓南渡河宣宗奇之斜烈以世官授都統陳和尙試補

護衛未幾轉奉御及斜烈行壽泗元帥府事奏陳和尚自隨詔以充宣差提控佩金符斜烈辟太原王渥爲經歷渥字仲澤文章論議與雷淵李獻能相上下故得師友之陳和尚天資高明雅好文史自居禁衛日人以秀才目之至是渥授以孝經小學論語春秋左氏傳略通其義軍中無事則窗下作牛毛細字如寒苦之士其視世味漠然正大二年斜烈落帥職例爲總領屯方城陳和尚隨以往凡兄軍中事皆預知之斜烈時在病軍中李太和者與方城鎮防軍葛宜翁相毆訴於陳和尚宜翁事不直卽量笞之宜翁素凶悍恥以理屈受杖竟鬱鬱以死留語其妻必報陳和尚妻訟陳和尚以私忿侵官故殺其夫訴於臺省於近侍積薪龍津橋南約不得報則自焚以謝其夫以故陳和尚繫獄議者疑陳和尚紐於禁近倚兵閫之重必横恣違

法當以大辟奏上久不能決陳和尚聚書獄中讀之凡十有八月明年斜烈病愈詔提兵而西入朝哀宗怪其瘦甚問卿寧以方城獄未決故耶卿但行吾今赦之矣以臺諫復有言不敢赦未幾斜烈卒上聞始馳赦陳和尚曰有司奏汝以私忿殺人汝兄死失吾一名將今以汝兄故曲法赦汝天下必有議我者他日汝奮發立功名國家得汝力始以我爲不妄赦矣陳和尚且泣且拜悲動左右不能出一言爲謝乃以白衣領紫微軍都統踰年轉忠孝軍提控五年北兵入大昌原平章合達問誰可爲前鋒者陳和尚出應命先已沐浴易衣若將就木㮇者擐甲上馬不反顧是日以四百騎破八千衆三軍之士踴躍思戰蓋自軍興二十年始有此捷奏功第一手詔褒諭授定遠大將軍平涼府判官世襲謀克一日名動天下忠孝一軍皆回紇乃

滿羌渾及中原被俘避罪來歸者鷙狠淩突號難制陳和尙御之有方坐作進退皆中程式所過州邑常料所給外秋毫無犯街曲間不復喧雜每戰則先登陷陣疾若風雨諸軍倚以爲重六年有衞州之勝八年有倒回谷之勝自刑徒不四五遷爲禦侮中郞將副樞移剌蒲阿無持重之略嘗一日夜馳二百里趨小利軍中莫敢諫止陳和尙私謂同列曰副樞以大將軍爲剽掠之事今日得生口三百明日得牛羊一二千士卒喘死者則不復計國家數年所積一旦必爲是人破除盡矣或以告蒲阿一日置酒會諸將飲酒行至陳和尙蒲阿曰汝曾短長我又謂國家兵力當由我盡壞誠有否陳和尙飲畢徐曰有蒲阿見其無懼容漫爲好語云有過當面論無後言也九年正月三峯山之敗走鈞州城破大兵入卽縱軍巷戰陳和尙趨避隱處

殺掠稍定乃出自言曰我金國大將欲見白事兵士以數騎夾之詣行帳前問其姓名曰我忠孝軍總領陳和尚也大昌原之勝者我也衛州之勝亦我也倒回谷之勝亦我也我死亂軍中人將謂我負國家今日明白死天下必有知我者時欲其降斫足脛折不爲屈割口吻至耳噀血而呼至死不絕大將義之酹以馬潼祝曰好男子他日再生當令我得之時年四十一是年六月詔贈鎮南軍節度使塑像褒忠廟勒石紀其忠烈金史

斜烈名鼎字國器畢哩海世襲猛安年二十以善戰知名自壽泗元帥轉安平都尉鎮商州威望甚重敬賢下士有古賢將之風初至商州一日搜伏於大竹林中得歐陽修子孫伺而知之併其族屬鄉里三千餘人皆縱遣之金史

右金

謝仲溫字君玉豐州豐縣人父睦歡以貲雄鄉曲閒大兵南下轉客兀剌城太祖攻西夏過其城睦歡與其帥迎降從攻西京睦歡力戰先登連中三矢仆城下太宗見而憐之命軍校拔其矢縛牛刳其腸裸而納諸牛腹中良久乃甦誓以死報每遇敵必身先之官至太原路金銀鐵冶達魯花赤仲溫豐頤廣顙聲音洪亮略涉書史壬子歲見世祖於野狐嶺命備宿衞凡所行幸必在左右丙辰城上都仲溫爲工部提領董其役帝曰汝但執梃雖百千人寧不懼汝耶己未大軍圍鄂令督諸將時守江軍士乏食仲溫教之罾魚以充其食帝喜謂侍臣曰朕思不及此飲以駝乳他日不忘汝也一夕帝聞敵軍譟命警備仲溫奉繩床帝憑其肩以行至旦不能寐中統元年擢平

陽太原兩路宣撫使二年改西京至元九年遷順德路總管時方用兵江淮有寡婦鬻子以償轉輸之直仲温出俸金贖還之十六年爲湖南宣慰使二十二年改淮東歲旱仲温導白水塘溉民田公私賴焉三十年春入見帝曰汝非謝仲温乎朕謂汝死矣從容語及攻鄂時事帝喜甚諭曰汝將復官乎朕當爲卿擇之對曰臣老矣無能爲也一子早亡惟有孫孛完幸陛下憐之卽日命備宿衛大德六年卒年八十子蘭江州達魯花赤先卒孫孛完承事郎冀寧等路管民提舉司達魯花赤元史

贍思字得之其先西域人後徙豐州祖魯坤太宗時以材授眞定濟南等路監榷課稅使又家於眞定贍思幼警敏弱冠以所業就正於翰林學士承旨王思廉思廉甚譽之泰定三年詔以遺逸徵至上都

見帝於龍虎臺時倒刺沙柄國西域人多附焉贍思獨不往見倒刺沙屢使人招之以養親辭歸天歷三年召爲應奉翰林文字賜對奎章閣文宗問卿有著述否明日進所著帝王心法文宗稱善詔預修經世大典以議論不合求去命奎章閣侍書學士虞集留之贍思堅以母老辭乃賜幣遣之後命集傳旨曰卿且暫還行召卿矣至順四年除國子博士丁內艱不赴後至元二年拜陝西行臺監察御史論奏十事曰法祖宗攬權綱敦宗室禮勳舊惜名器開言路復科舉罷衛軍一刑章寬禁網侍御史趙承慶見之歎曰御史言及此天下福也襄漢流民聚居宋紹熙府故地至數千戶私開鹽井自相部署贍思上言紹熙土饒利厚流戶日增若以其人散還本籍恐爲邊患宜設官府以撫定之詔卽其地置紹熙宣撫司三年除僉淛西肅政廉

訪司事按問都轉運鹽使海道都萬戸行宣政院等官贓罪浙右郡縣無敢爲貪墨者復以浙右猾民有所謂道人道民行童者皆託名以避徭役使民力日耗契勘嘉興一路爲數已二千七百請勒歸本籍俾供王賦庶以少寬民力朝廷韙之著爲令四年改僉浙東肅政廉訪司事以病免歸嘗與五府官決獄咸寧民婦宋娥與鄰人通鄰人謂娥曰我將殺而夫娥曰張子文行且殺之明日夫果死跡盜數日娥始以張子文告其姑五府官以爲非共殺且既經赦宥宜釋之贍思曰張子文以爲娥固許之矣且娥夫死終旬始言之是娥與張同謀度不能終隱故發之也豈可釋哉樞密判官曰平反活人陰德也御史勿執常法贍思曰是謂故出人罪非平反也且公欲種陰德於生者奈死者何乃獨上議刑部卒正娥罪至正四年除江東肅政

廉訪副使十年召爲秘書少監議治河事皆辭疾不赴十一年卒年七十四二十五年贈嘉議大夫禮部尚書上輕車都尉追封恆山郡侯諡文孝著有四書闕疑五經思問奇偶陰陽消息圖老莊精詣鎮陽風土記續東陽志重訂河防通議西國圖經西域異人傳金哀宗記正大諸臣列傳審聽要訣及文集三十卷元史

右元

山西通志鄉賢錄內列金代馬慶祥於歸化城廳綏乘列元代馬祖常於歸綏縣案馬慶祥馬祖常俱天山人天山非今縣境也故不錄

裕孚案志家列人物分立品目不立品目與題名三種舊派志書仿嘉定赤城志例多主分立品目至華陽國志所載士女則

人以年次傳不分名宋人志乘亦多統名人物不分品目又有以忠義及孝義作附錄者殊未當光緒湘潭縣志有咸豐以來殉難陣亡名爵年地表光緒湘陰圖志有人物表本志人物諸表卽從其例也

宋人修志撰人物傳纂輯之法有二一高似孫剡錄係根據一書或數書以成傳直用元文採一書者卽注明出某書採數書者則逐句逐段注之一潛說友臨安志係聯合各書或單本一書以成傳末尾注明書名明人修一統志仿太平寰宇記及寰宇通志所爲傳文僅寥寥數語且用小注後人墨守其例惟簡是鶩不知凡載史傳者皆有表見之人物史傳詳贍固可照錄史傳太略尚可兼採他書若徒取小傳之式以兩三行爲篇幅

必至多所漏略閻百詩謂一統志人物傳皆可廢去蓋譏之也
故本志依乾嘉諸志例凡史傳俱錄全文

簡派綏遠省普通文官考試典試委員鄭裕孚纂

列女志

史傳列女凡賢母淑媛皆載及今所知者惟節烈孝女貞女亦僅二人彙列爲表

清代列女表一

姓氏	類別	夫家	旌表年	事實
趙	孝女			防禦生員福祥之季女性至孝父病危女割股以進福祥果愈
鈕胡嚕	節婦	滿洲鑲藍旗海圖妻	嘉慶十五年	守節二十二年
瓜爾佳	節婦	阿拉琫阿妻	嘉慶二十一年	守節二十五年
烏札拉	節婦	滿洲鑲藍旗玉德妻	道光六年	守節二十六年
烏庫哩	節婦	滿洲正藍旗烏里山妻	道光十五年	嘉慶十八年守節
何西哩	節婦	滿洲鑲藍旗阿爾琫阿妻	道光中	乾隆五十六年夫歿氏年二十八歲矢志守節二十二年

劉張	節婦	滿洲正藍旗額爾色勒恩妻	道光十七年	守節二十八年
瓜勒佳	節婦	滿洲鑲白旗代玉繼妻	道光二十三年	道光元年守節
裕胡哩	節婦	鑲藍旗佛尼音泰妻	道光二十三年	守節二十四年
口口	節婦	參領德力克札瓦母	道光二十五年	道光中夫歿氏年十九歲父兄憐其少也欲嫁之不可强言之悲不自勝曰所以不從夫於地下者徒以有子耳幸勿復出此言不使他日無面目以入黃泉足矣由是一意撫孤令其子先讀漢文經籍後習滿蒙文字入司習公務游歷驍騎校公中佐領二十五年氏年七十餘由都統詳請旌表並給匾額於根保爾什村建坊
瓜勒佳	節婦	綽杭阿妻	道光二十七年	道光二年守節
索隆果特	節婦	蒙古鑲黃旗全喜妻	道光三十年	守節二十九年
布裕嚕	節婦	滿洲鑲藍旗色勒春妻	咸豐三年	守節二十三年
富察	節婦	滿洲鑲紅旗惠祥妻	咸豐十年	自二十六歲守節
官佳	節婦	滿洲正紅旗車拉莫哩妻	咸豐十一年	守節二十四年

額蘇勒	節婦	蒙古鑲白旗慶喜妻	咸豐十一年	守節二十七年
那關	節婦	滿洲正藍旗烏勒清阿妻	同治五年	守節二十四年
烏梁漢	節婦	右翼世管佐領索納穆多爾濟妻		道光十二年夫歿氏年二十六歲遺腹產男沙津滿達勒撫之成立襲職佐領氏爲求良師教之學以孝聞沙津滿達勒生二子曰塔齊佈曰倭世佈咸豐八年沙津滿達勒奉調出師充總管帶帶土默特馬步隊一千五百餘往山東臨清州一帶勦匪六年之久身經數十戰同治二年至冠縣勦捻匪已獲全勝後以孤軍尾賊賊突至圍數重歿於陣光緒九年氏故年八十一歲
李佳	節婦	滿洲鑲紅旗額爾哲依圖妻	同治六年	自二十一歲守節至同治六年五十歲
瓜爾佳	節婦	鑲藍旗克興額妻	同治七年	守節二十九年
趙佳	節婦	滿洲鑲藍旗吉雅圖妻	同治十年	守節二十八年
那拉	節婦	滿洲正藍旗貴陞妻	同治十二年	道光二十九年守節
畢劉	節婦	博勒忠武妻	同治十三年	夫從征陣亾氏年二十九歲自誓守節事姑教子備極艱苦歿年七十三歲
瓜拉佳	節婦	滿洲正藍旗連祥妻	光緒元年	咸豐三年夫陣亾氏艱苦守節

圖瑪	節婦	蒙古正黃旗科布通武妻	光緒元年	咸豐三年夫歿氏年二十八歲守節二十二年
瓜拉佳	節婦	蒙古鑲黃旗瑞慶妻	光緒初	守節二十四年
巴雅爾	節婦	瑞慶妻	光緒二年	
巴雅爾	節婦	達哈妻	光緒二年	
伊哩	節婦	蒙古鑲黃旗蘇呼肯妻	光緒三年	守節二十七年
唐	節婦	蒙古鑲黃旗達哈春妻	光緒三年	守節二十四年
王佳	節婦	富倫妻	光緒三年	
何什哩	節婦	滿洲鑲藍旗蘇楞額妻	光緒四年	咸豐六年夫歿氏年二十七歲守節三十三年
博爾帑特	節婦	蒙古正黃旗喜福妻	光緒四年	咸豐八年夫在雕溪口陣亡氏年二十九歲守節二十二年
伊劉	節婦	滿洲正藍旗西呼春妻	光緒五年	夫歿氏年二十七歲守節二十九年
奇塔	節婦	滿洲正藍旗巴圖魯山妻		咸豐八年夫從戎陣亡氏苦節自貞
帑勒斯	節婦	滿洲鑲白旗武舉人吉拉罕佈妻	光緒六年	夫歿氏年二十九歲撫孤守節

關李	節婦	滿洲正藍旗恩福妻	光緒六年	守節二十三年
于胡嚕	節婦	滿洲鑲黃旗察蘇泰妻	光緒七年	自二十七歲守節至五十二歲
圖色哩	節婦	滿洲正白旗英明妻	光緒七年	咸豐十年夫殁家貧氏守節無他志
吳佳	節婦	滿洲鑲黃旗松山妻	光緒七年	自二十六歲守節
富察	節婦	蒙古鑲黃旗善淩妻	光緒七年	守節二十八年
關佳	節婦	滿洲鑲藍旗訥勒賀妻	光緒七年	守節二十八年
那拉	節婦	滿洲正白旗順全妻	光緒八年	咸豐八年夫在天津軍營病故氏守節二十五年
李佳	節婦	滿洲鑲紅旗增祥妻		自二十二歲守節至光緒八年三十三歲故
依爾根覺羅	節婦	正黃旗二甲巴彥妻	光緒九年	咸豐二年夫殁
達佈湍	節婦	滿洲正白旗淩祥妻	光緒十二年	咸豐十年夫殁氏年二十三歲
馬佳	節婦	蒙古鑲白旗祥慶妻	光緒十三年	守節二十九年
富察	節婦	滿洲鑲黃旗玉林妻	光緒十四年	自二十八歲守節至五十三歲
汪佳	節婦	滿洲鑲黃旗蘇呼山妻	光緒十四年	自二十七歲守節至五十二歲

瓜爾佳	節婦	呢楚賀妻	光緒十四年	同治七年夫歿矢志守節二十二年
什勒德特	節婦	蒙古正黃旗玉恆妻	光緒十五年	同治五年夫歿氏年二十七歲守節二十三年
竇白	節婦	滿洲正白旗那彥泰妻	光緒中	咸豐八年夫從征陣亡氏年二十六歲撫孤成立守節二十五年以子貴封安人
富關	節婦	滿洲正藍旗連祥妻	光緒中	咸豐三年夫從征陣亡氏年二十八歲家貧無子守節二十四年
同喜	節婦	滿洲正藍旗巴圖山妻	光緒中	咸豐中夫陣亡氏年二十八歲守節二十餘年
唐和	節婦	滿洲正藍旗尼瑪昌阿妻	光緒中	咸豐中夫從征陣亡氏年二十八歲守節二十餘年唐和氏一作唐吳氏
伊特默	節婦	滿洲鑲紅旗常興妻	光緒中	夫歿氏二十六歲
畢魯	節婦	滿洲正白旗雙存妻	光緒中	自二十七歲守節
白佳	節婦	滿洲正黃旗六品前鋒雙成妻	光緒十八年	同治九年夫歿氏年二十九歲
唐佳	節婦	滿洲鑲白旗順祥妻	光緒十八年	同治十年夫歿
納佳	節婦	達們泰妻	光緒十八年	二十八歲守節
唐佳	節婦	滿洲鑲黃旗會淩妻	光緒二十年	自同治十年守節

格濟	節婦	滿洲正白旗達蘭泰妻	光緒二十年	自二十九歲守節
烏佳	節婦	滿洲正白旗盛德妻	光緒二十一年	守節二十六年
妞楚渾	節婦	蒙古鑲黃旗阿克敦布妻	光緒二十三年	守節二十九年
佟佳	節婦	滿洲鑲黃旗巴爾噶圖妻	光緒二十三年	自二十八歲守節至五十二歲
戴佳	節婦	滿洲正紅旗瑞恆妻	光緒二十五年	守節二十三年
瓜爾佳	節婦	滿洲正紅旗蓬崇阿妻	光緒二十五年	守節二十四年
瓜爾佳	節婦	善福妻	光緒二十五年	守節二十九年
莫爾德特	節婦	滿洲正白旗榮林妻	光緒二十五年	夫於光緒元年在烏里雅蘇台軍營積勞病故氏守節二十四年
孟	節婦	蒙古鑲紅旗阿敦妻		光緒三年夫歿於河南永城縣軍營氏年二十五歲守節二十八年
噶佳	節婦	蒙古鑲紅旗胡圖克泰妻	光緒三十年	光緒七年夫歿氏年二十七歲守節二十三年
蘇木魯	節婦	蒙古鑲黃旗阿克都堪妻	光緒三十年	守節二十三年
那拉	節婦	滿洲鑲白旗敦仁阿妻	光緒三十一年	光緒五年夫歿氏年二十五歲守節二十七年
白育特	節婦	滿洲正藍旗額勒克蘇妻	光緒三十一年	光緒九年夫歿氏年二十九歲

姓氏	類別	夫家	旌表年	事實
雲巴	節婦	營總管沙津滿達勒妻		同治二年夫沙津滿達勒從征陣亡氏年二十九歲仰事孀姑俯畜孤子後其子塔齊佈於同治間襲職光緒三十三年時氏年七十三歲
杭嘎合	烈婦	蒙古鑲紅旗浙江楓嶺營游擊德善保妻	光緒中	咸豐中夫南征敵破楓嶺營氏率家人徐萬寶並使女等罵賊不屈殉焉旋經浙撫李公題請旌表奉旨依議並入祀昭忠祠
趙	烈婦	滿洲鑲紅旗國仁妻		咸豐中隨宦烏里雅蘇台戶部主事任夫公出賊適至氏率子魁元以殉
肇	烈婦	滿洲鑲紅旗忠淩妻	光緒中	同治十一年六月旗人某欲犯之氏堅不從懼難自白忿恨飲藥死由將軍奏請旌表准建坊入祠
雲納	烈婦	右翼九品筆帖式噶爾孟妻		光緒十八年夫歿無子氏年三十二歲痛夫心切誓不獨生親故慰之默然九日不食死與其夫同日窆
備注	右見綏遠旗志及土默特志以旌表年代先後為序			

清代列女表二

姓氏	類別	夫家	旌表年	事實
尙	貞女			女已受某氏聘家貧父貪重資別字人鄰有潘媼者素善女女往候媼具告之

女泣下急歸佩受聘簪珥哭其母竟日是夜自縊死有司聞之懲其父刻石女墓以旌

富那	節婦	滿洲正藍旗魁陞妻	光緒時	夫歿氏年二十二歲守節三十餘年
趙那	節婦	滿洲正白旗某妻	光緒時	夫歿氏年二十九歲守節三十年
白富	節婦	蒙古鑲紅旗某妻		夫從征陣亡氏年三十歲族兄某勸以他適氏怒形辭色與之永絕守節四十年
唐趙	節婦	滿洲鑲白旗佐領德克吉克母		夫歿氏年二十餘守節四十餘年以子官封恭人
關白	節婦	滿洲正藍旗英祥妻		咸豐中夫從征陣亡氏年二十五歲
韓	節婦	謝旺智妻	光緒十六年	夫歿氏年十九歲遺子一家貧罄什物營葬如禮居恆寡言笑勤女紅貞靜自矢雖閭里婚喪演劇至死未一窺苦節逾三十年
沈	節婦	高存吉妻	光緒十六年	夫歿氏年二十四歲無子撫他氏子以延嗣教之成立守節二十餘年
趙	節婦	陳潤妻	光緒十六年	夫歿氏年二十四歲遺子二撫之絕苦雖飢寒甚不少恤守節三十餘年

胡	節婦	武兆瑞妻	光緒十六年	夫殁氏年二十七歲遺子一矢志守節事翁姑未嘗稍逆意里閈稱之
范	節婦	孔廣才妻	光緒十六年	夫殁氏年二十三歲遺子甫彌月孀姑衰邁饔飧大難氏晝樵夜績以給劬勞家政人多賢之
許	節婦	綏遠城書吏趙秉權妻	光緒十六年	夫殁氏年二十九歲苦節自勵敬事翁姑以姪爲嗣慈愛如己出歷四十餘年無少變
陳	節婦	吳誠妻	光緒十六年	氏不苟言笑生子二夫殁氏年二十八歲堅欲殉痛不飲食者累日勸之者曰死節固尚矣遺孤將誰累耶由是食飲乃少進後教子讀以迄成立守節二十餘年卒
張	節婦	歸化城龔秀峰妻	光緒十六年	夫殁氏年二十九歲遺子二俱在襁褓家固窶貧日祇得一食賴兄助得免死子秉鈞秉衡皆顯達守節三十餘年
盧	節婦	歸化城庠生史班妻	光緒十六年	夫殁氏年二十八歲遺子二女一或勸以他適氏厲色曰吾寧爲餓殍不爲再醮婦時以讀書勉長子子於光緒四年入泮氏守節三十餘年
翟	節婦	討合氣村郭通智妻	光緒十六年	智病瘋氏左右扶持無稍厭倦智殁氏年二十三歲遺子一守節撫孤備嘗艱

				苦
李	節婦	陳蘭渚妻	光緒十六年	夫歿氏年二十九歲遺子一教養兼盡矢志靡它
李	節婦	徐大受妻	光緒十六年	夫歿氏年二十七歲遺子一善教之姑老齒脫艱於食飲氏調羹以養家雖貧甘美必具十餘年不倦守節逾四十年
王	節婦	畢齊克齊鎮張佩立妻	光緒十六年	夫歿氏年二十八歲有子幼貧苦無依晝則力田夜勤鍼黹傭資所積以完婚嫁守節四十八年
趙	節婦	一間房村蕭潤妻	光緒十六年	夫歿氏年二十九歲遺女三皆潤前妻所生撫之一如己出苦節四十餘年事姑尤以孝聞
劉	節婦	蘇家莊處士郭萬坤妻庠生郭景汾祖母	光緒十六年	夫歿氏年二十九歲持家勤約事親以孝撫子女不恤艱苦守節四十七年
趙	節婦	郭朝楹之妻庠生郭景汾繼母	光緒十六年	事姑孝甚雖廁牏瀚滌必親撫朝楹前妻遺孤愛如己出夫歿氏年三十歲守節至二十餘年
盧	節婦	劉德福妻	光緒十六年	夫歿氏年二十六歲有女一姆訓綦嚴後撫他人子爲嗣守節二十餘年

張	節婦	蘇家莊郭景嘉妻	光緒十六年	夫歿氏年二十八歲遺女二無子時姑存多病依氏爲命姑歿營葬畢哀痛成疾旬日而卒守節二十七年
董	節婦	西龍王廟村岳立五妻	光緒十六年	氏貞靜寡言笑夫歿氏年二十八歲遺子一教之成立
張	節婦	任宏績妻	光緒十六年	夫歿氏年二十九歲勤撫子女善事孀姑守節四十餘年
章	節婦	十里坡村張斗妻		夫歿氏年二十五歲遺女二無子翁姑勸之嫁氏誓不負夫以兄子爲嗣氏素性誠樸不苟嚬笑鄉里賢之守節三十二年
高	節婦	三兩莊李德厚妻		夫歿氏年二十四歲遺二子氏經紀喪葬哀禮俱盡勤儉自持閫範綦嚴守節四十七年
鄭	節婦	三兩莊增生張汝翼妻		夫歿氏年二十九歲以薄田二十畝上奉翁姑下撫子女守節三十二年
馬	節婦	歸化城董時中妻		于歸時年僅十四祖翁嫗且七十餘翁鰥井臼縫紉惟氏是任夫歿氏年三十一歲遺子一守節三十餘年
蘇	節婦	歸化城龐璋妻		夫歿氏年二十八歲遺子二翁患痺廢姑復失明氏昕夕衣帶以養守節三十三年

賀	節婦	郭維德妻	夫歿氏年二十九歲遺子二女一氏敎子女成立守節三十三年
傅	節婦	烏素圖村李發妻	夫歿氏年三十歲翁姑皆年逾七十氏先意以養撫孤子萬年成立守節三十五年由原籍左雲縣學請旌
口	節婦	察哈爾庫倫蒙古參領滿讀護妻	夫歿氏年三十歲誓以皦日有勸之嫁者乃薙髮以明己志年九十五終于家守節六十五年
王	節婦	西白廟子村劉桓昌妻	夫歿氏年二十七歲守節四十九年
胡	節婦	王萬祿妻	夫歿氏年二十七歲守節三十三年
傅	節婦	孫得利村呂應洋妻	夫歿氏年二十歲守節五十年
閻		阿林朝村張德萬妻	夫歿氏年十九歲守節四十年
張	節婦	李治國妻	夫歿氏年二十九歲事親撫孤年八十六卒守節五十九年
陳	節婦	王畢斜氣村傅斌妻	夫歿氏年二十七歲守節四十五年
傅	節婦	潮忽鬧村郭文寶妻	夫歿氏年二十八歲奉翁姑最謹守節六十二年
李	節婦	張仲妻	夫歿遺子三人氏年二十九歲常掘菜根雜糠粃以食勤女紅以供衣服守節

				三十九年
李	節婦	三仙莊馬喜妻		夫歿氏年二十七歲
章	節婦	沙爾營子村張大林妻		夫歿氏年十九歲
高	節婦	沙爾營子村郭存金妻		夫歿氏年十九歲
寇	節婦	達賴丹壩村傅銀川妻		夫歿氏年二十二歲
賀	節婦	白廟子村劉澤妻		夫歿氏年二十四歲
蕭	節婦	圪力圪太村曹慶妻		夫歿氏年二十五歲
周	節婦	爾林岱村姚厚妻		夫歿氏年二十三歲
銀	節婦	討速號村劉潤生妻		夫歿氏年三十二歲
要	節婦	西黃合少村賈三元妻		夫歿氏年三十四歲守節二十餘年孝翁姑稱賢婦焉
劉	節婦	歸化城監生龔少卿妻		夫歿氏年二十一歲居京師孀姑夫弟居歸化氏假女工爲活艱苦不易志後夫弟秉鈞秉衡迎氏至歸化善養之
韓	節婦	畢齊克齊鎮郝成才妻		夫歿氏年十八歲

胡	節婦	鸞鳶村張鐵膽妻		夫歿氏年二十五歲
翟	節婦	討合氣村郭有宏妻		夫歿氏年二十歲
任	節婦	十里坡村張廷德妻		夫歿氏年二十七歲
解	節婦	畢齊克齊鎮趙福科妻		夫歿氏年十七歲
王	節婦	太學生趙成玉妻		氏幼以孝聞十七歲歸成玉孝翁姑翁病癱廢氏朝夕奉事無怠容性寬惠好施與有凍餒者輒賙恤之歲市藥濟人不惜鉅資年二十七夫臨終囑之曰吾業儒未成誠畢生之憾吾子能讀書吾目瞑矣氏涕泣受命急以守節教子自矢時子甫就傅每下學必課其勤惰子亦勤學後果遊庠食餼入山西令德堂肄業
張	節婦	歸化城楊逢春妻	光緒末旌	夫歿氏年三十八歲治家訓子守節凡四十年誦經認主終年靡間復翊贊宗教捐輸鉅金卒於民國十六年三月六日准予建坊
備注	右訪稿以旌表年代先後爲序			

歸綏縣志

簡派綏遠省普通文官考試典試委員鄭裕孚纂

藝文志

書目

四書闕疑　元豐州瞻思撰

五經思問　瞻思撰

陰陽消息圖　瞻思撰

老莊精詣　瞻思撰

鎮陽風土記　瞻思撰

續東陽志　瞻思撰

重訂河防通議　瞻思撰

西國圖經　瞻思撰

西域異人傳　瞻思撰

金哀宗記　瞻思撰

正大諸臣列傳　瞻思撰

審聽要訣　瞻思撰

文集三十卷　瞻思撰

瑞芝堂詩鈔　土默特旗總管蒙古榮祥撰

郭象伋序曰余與榮君耀宸昔同受業於雁門吳曉峰先生門下君齠齡時初學屬詞以子夏對亥唐大爲先生所激賞吾綏當清光宣之際曉峰先生雅負詩名羣相推重君晚出其門穎悟敏慧頗得心傳比長游學舊都所交皆知名士嘗共立詩社雅集唱和一時稱盛君年最少詩翁王片石尤愛重之與訂爲忘年交藝林引爲佳話既而從桐城姚叔節先生游致力於古文辭學業乃益大進詩境亦月異而歲不同余嘗見其古體中詠史諸作神韻逼近甌北而論斷精闢尤徵讀書得間其近體詩詠落葉云到眼方

鶩秋色老隔林忽見月明多詠柳絮云闊野無垠風蕩樣疎簾有影月依稀何其詩味之清雋酷似吾曉翁夫子耶知其得於觀炙者深矣夫以君生長邊蒙能不爲風氣所囿其才之敏而又用力之勤年來雖從政事參戎幕翰墨寄懷未嘗暫廢卒能卓然有以自見有志之士不當如是耶庚午春君於公餘理其詩文舊作得雜體詩二百四十首將手鈔而先以付印出以示余因竭一日之目力而卒讀焉君之長固不僅以詩然觀君之詩亦可以覘其學而識其才茲編所存多其少作顧其成就已能如是以君之才之勤繼進不休則將來造詣正未可量矧君性行純潔遇事明決爲國効用建樹定自不凡又豈僅爲今世之元遺山而已哉中華民國十九年孟春下弦幷卿郭象伋拜序

榮祥序曰蓋聞采風識俗九經惟四始之稱葩依律和聲六呂合五音而起韻義主温柔寓意不嫌於諷刺詞從敦厚抒情或雜以詼諧此固詩教之玄微亦極文章之變化已故兩漢六朝雅頌已無嗣響三唐五季詠歌惟尙別裁雖云風騷之遞嬗與世俱遷究屬旨趣之宏深前規莫繼慨自魏晉以還率逞才於弄月吟風之什齊粱而下皆摛藻於夕陽芳草之篇寄託既已非遙興觀豈能復古此崛起昌黎所以挽狂瀾於八代鑑微李諤方期砭文弊於一時也然而茫茫古調固憂拾墜之維艱郁郁新聲亦歎升堂之不易是以摩詰耽吟醬甕以苦思而誤入雲菘覓對浴盆因得句而摧殘或方成幾字撚斷數莖髭鬚或賦就一章費盡十年心血如斯之類不鮮其儔然則關雎二南之義縱令置而弗研大曆十

子之流敢言蹴而即躋乎夫以歷朝之才士習其見代之文詞猶且求雲路則萬衆未容取千貯各山則百家不必傳一劄余宗承奇渥系出和林生長陰山之下勅勒各川伏居盛樂之郊朔方表郡稽往事於青箱本戰士長征之域考遺踪於紫塞亦英雄用武之邦區殊華夏地以僻而非靈俗遜文明人因陋而尠傑一傳衆咻難附東家之驥獨修寡侶莫追南運之鵬咫聞尺見學緣錮蔽而未宏憑臆師心詞苦支離而弗達雖蒙族前修不乏鳳舉鴻通之士金元文苑尤多龍跳虎臥之才楚材以湛然各集政學兼優希憲以萬柳稱堂德言並茂石田歌行冠四家而毓秀遺山律絕跨兩代以貽芳書工八法繼蘭亭者首重夔夔史擅三長紀竹帛者爭傳脫脫薩天錫之倚聲羣誇第一貫酸齋之樂曲世號無雙凡此藝林之俊彥罄紙難稽孰非淳維之子孫乘潮迭起者哉惜乎風流漸遠文運駸衰兼以覺羅厲禁不容擅讀儒書致使拓拔愚忠但解尊崇竺典掘二百餘年之陷阱造八十萬劫之沈淪苛政猛於虎益信非虛各士多於鯽云胡可望値斯厄運異彼昌期雖有寰中之上智彩翼難舒永為吳下之阿蒙茅心盡塞境比天荒終歷前清之世才同燼熄絕無後起之賢余也何人敢希往哲徒以三生結習之深幼耽蟲篇不揣千載難精之業妄效蛩吟以斯人斯地而謬講斯文將不古不今而同譏不物蓋修詞似少女臨妝美惡原堪自見操觚如凡人飲水冷暖不假他知惟祝雙丁二陸之耆英七步八义之韻士覩茲蕪句諒厥樗材倘嘉孺子之可教錫以箴規勿訝夜郎之自矜擯諸齒頰是所願也能毋靳乎

綏遠省分縣調查概要　歸綏亢士奇調查集寧樊庫郭維藩等編

樊庫序曰沙漠之南紫塞之北跨黃河黑水而居者非蓋藏豐富之綏遠省乎是地也負山帶河沃野千里外控蒙疆內屏秦晉言地利則爲國防要區言物產則寶藏甲於東南洵爲西北一帶得天獨厚之區也惜國人未加注意不克盡量經營迄今仍草萊未闢貨棄於地者良可慨也自東北四省淪亡國人視綫始集注於西北而開發西北之聲浪乃高唱入雲顧西北二字範圍甚廣究應先從何處着手實爲當前難解決之一問題然新青甘寧等省爲遠西北綏遠爲近西北欲開發遠西北須先從近西北開端已爲一般人所公認者也且有黃河曲繞於西南平綏鐵路橫貫於東西灌溉運輸均稱便利開闢發展自較新青容易徒以文化晚開缺乏記載書籍蘊藏雖豐而知者甚尠故國人多以西北窮荒目之而綏遠人亦以西北窮荒自劃本館爲引起國人之注意及綏遠人之自强草創是編用備有志西北事業者之參考明知內容冗雜罣漏謬疵之處甚多而仍不避譾陋公於社會者良以此耳至精詳之調查嚴格之體例用語布局悉合科學法則者仍當藉重專家各流發揮而光大之是爲序中華民國二十三年四月樊庫序于綏遠省立民衆教育館

件石山房印存　歸綏韓漸逵

絳雪齋畫冊　歸綏韓葆純

右縣人所著書目

君臣政要編　金楊雲翼趙秉文同撰

龜鏡萬年錄　金楊雲翼趙秉文同撰

歸綏識略未刻　清崞縣張曾撰

歸化紀略叢語未刻　清韓鳳樓撰

綏遠志十卷　清綏遠城將軍吉林貽穀主修寧河高賡恩纂

貽穀序曰今天下各省以至府廳州縣凡其疆域山川與夫風土人物之類莫不各有方志以備載之所以存故實資考證也穀自壬寅歲督墾來邊癸卯復奉命留守綏遠公餘之暇取署中舊藏書籍均爲瀏覽而此邦志乘竟致闕如不勝悵歎溯自漢唐以迄有明蒙部之爲邊患幾如榻側臥虎防不勝防我列祖列宗智周慮遠不憚親履邊庭張皇六師用使倔强負固之雄咸歸稽首稱臣之列我國家二百餘年來晏然無西顧之憂何其盛也今世變極矣而談時務者競言江海修鄰好者馳逐亞歐獨此西北一隅

曩特爲藩籬之固者今竟域外置之夫亦良可慨已穀自承乏以來遠鑑列聖之所經營近念中原之多故爰擬創修綏志俾此邦文獻不致湮沒無徵乃於丁未仲春延致寧河高谿亭先生總司纂輯適歸化文副都護潤齋歸綏胡觀察公度均欲爲所屬作志而介穀爲之請先生咸允之凡七閱月而書成計綏遠志十卷土默特志十卷業經先後刊竣歸綏道志四十卷尚未付梓復於各志外爲編墾政記甫經著筆以時將入冬邊地甚寒恐非高年所宜送之歸里俟纂訂成書再付手民是役也蓋自數年來即有志焉而未逮者也今乃得償所願何幸如之惟事屬草創疏漏良多擇精語詳俟之來者因綴其原起以弁簡端云爾光緒三十四年歲在戊申正月吉林貽穀

土默特志十卷　貽穀主修

歸綏道志四十卷未刻　貽穀主修

綏遠土默特職官紀未刻　清歸化城副都統文哲琿敘

土默特志略未刻　清參領都格爾扎布編

綏遠城志略未刻　清佐領觀瑞等編

綏乘十一卷　獻縣張鼎彝纂

張鼎彝序曰方志尚矣而綏遠獨無昔有所謂歸綏識略者又有所謂歸綏史者年湮代遠缺有間焉山西通志所言綏遠掌故頗能娓娓特以志全省其於綏遠未免以一隅視之亦著述之體裁不得不爾也鼎彝曩在總務處時公餘之暇頗思以纂輯自任無如財力才力兩有不逮援筆而中輟者屢焉雖勉成數篇而不詳不備自分留以覆瓿矣友人元君見而惜之謂馬無騏驥駑駘未始不可以致遠凡物惟希者貴子其勿自菲薄也退而思之不能無所動於中夫閉門造車若不出門而試其合轍不得而知其弗合轍亦不得而知彼傖也而賦都倘非陸機之遇固不自知其爲傖有傖之者而傖乃得藉以自鏡且自奮焉亦傖之大幸也因檢舊稿都得十二圖六表五考二略倘有陸機其人者匡我之失補我之闕以增益我之所不能庸詎知傖我者之非教我耶庸詎知傖於前者不自此免於傖耶或者曰子之書志體也盍名以志鼎彝曰不然私家纂述而竊大名焉是真傖而已矣昔記事之書曰乘吾不過記綏事焉名之以乘倘亦大方所不笑乎旹民國九年

綏遠概況　綏遠省政府主席河津傳作義編

傳作義序曰綏省控制邊陲延袤千里天然寶藏甲於東南果使焚萊闢土厚利民生不徒地方繁榮而全國之富力繫焉曩者作

義苙政伊始首鑑於斯詎承積敝之餘民困方亟不得已以勦匪理財爲治標之計年來績效雖著而民利未興顧不足以言根本之治也方今國難嚴重經濟恐慌國人憬於救亡之切僉以開發西北相號召奈因邊陬荒僻聲息隔閡徒竭諮訪之勞仍多扞格之苦瞻顧遲疑良由於此作義備位斯土興利未能亟思引集國內之人材資力共圖發展庶使有裨地方者轉而供獻國家以樹富强之基礎因就平日見聞所及不計粗淺盡量搜求以充篇幅明知內容冗雜缺點甚多不過聊備有志西北事業者之一種參考資料特爲發凡藉申喤引正所謂蓽路襤褸以啟山林者也若以嚴格體察悉本科學原理仍當俟諸國人發揚而光大之則非草創是編之區區本意矣兹值彙刊付梓略誌數言以述其緣起云爾是爲序

癡盦所藏歷代吉金圖考　綏遠通志館總纂陽原李泰棻輯　綏遠出土秦漢吉金

右宦遊諸人所著書目

劉申叔先生遺書　儀徵劉師培著寧武南桂馨刻

儀徵劉氏以左氏學世其家著聞江表而申叔先生晚出尤博洽不可涯際其於學以六書小學爲梯徑以春秋三禮爲質幹以諸

子百家爲圻郭肇法荀揚嗣武許鄭卓哉斯人所謂通天地人而爲儒者也裕孚昔讀先生文竊歎東京製作復見於今每得一篇輒把玩誦習之弗衰癸酉五月奉命典試綏遠歸經故都府主寧武南公佩蘭方謀刊先生遺書遮留相助公與申叔先生曩同游學日本以春秋内外之義號召光復一時同氣之倫熏德景從皈命若鄉蓋文章道義之交也裕孚既受命不獲辭乃益從事搜討維時助我獨先者爲東莞張子次溪因以識倫君哲如得先生遺著如干種嗣趙君萬里又畀以藏稿基礎稍具復求諸先生族弟容季猶子次羽暨其戚張君重威輾轉搜得未刊各稿於數千里外顧尙以爲未足輒携紙墨就北平圖書館鈔錄零種或求之廠肆泠攤所得又若干卷先生之作於焉麤備編次既訖以甲戌正月付梓歷一年之久而全書始成其助之探討商榷者則吳興錢公玄同也先生論文宗旨嚴於文筆之辨所作以有韻偶行爲主瑰麗深醇囊括墳典與其縣人阮太傅相表裏說經諸作奇奧尤難遽曉重以鈔稿坊刻俱多譌脫考正愈難裕孚猥總校勘凡一名一字之疑不憚往復辨證務存其眞繕印既定猶有刊政未盡者別爲校勘記於後以待異時之修補疏略之處知猶不免所冀當世閎達董而正之工既訖功畀稿諸君以裕孚始終厥事督爲喤引辭讓未遑忘其弇陋乃輒撮敍經過以諗讀者獨念府主自辭天津市長以來隱迹是邦久謝政事而以世變無極邪說披猖文物典章剗棄且絕蒿目而憂中國之患有甚不能釋者用是慨斥鉅資冀以故書雅言餉遺學子俾漸漬於人人之心繫輓什一

於千百其志聖人不得已之志其事河汾休養之事也若夫故舊在念死生不渝梓篋中之遺文闡幽光於勿替此其風烈有加曩賢讀是書者服歎同之又何贅焉中華民國之二十有三年十二月桂林鄭裕孚友漁謹序

右宦遊諸人校刊書目

宦海浮沈錄　江都張心泰著

張心泰序曰僕昔年少氣盛好壯游不耐簪組自光緒丁亥謁選遂登仕版一判平陽再選豐鎮三知歸化迄癸巳放歸裁七年耳此七年中陟常山太行之險覘黑水長城之勝歷氈帳穹廬之瘁雖綰官符不翅投荒而馬齒已加長矣每覽其山川人物政教風俗與故鄉異與故籍所載又異因涉筆記之并訂正之編年分類如左所錄是也是錄寫定藏之篋衍彼其時謂此生不復出山矣豈料行年五十復游大梁哉閱之不禁憮然光緒三十二年秋九月朔日江都張心泰書於汝南官舍

歸綏縣志

簡派綏遠省普通文官考試典試委員鄭裕孚纂

金石志

金

方四分

左衛將軍章方一寸

通信牙門將章方七分

從事中郎方八分

副都提控之印方二寸二分

王賀方五分 賀前漢東平陵人武帝時繡衣御史

以上朔縣蘇體仁藏

方五分

千石別部方八分

武猛校尉方八分 以上陽原李泰棻藏

方四分

王德方五分一面臣德二字穿帶印 德北周武川人涇州刺史

以上桂林鄭裕孚藏

歸綏出土銅器古印較夥元押亦夥略舉所見如右

敕建慈燈寺銅鼎銘 在舊城五塔寺召乾隆初德林蘇赫琛銘

維皇清乾隆四年歲在屠維協合實大慈示見後二千七百祀之期故我副都□剛慧公鳩工繕材精舍於歸化蓋欲續大慈氏之炬以永燭斯世也復鑄巨鼎於殿前命琛爲之銘琛辭不獲命乃拜手稽首而銘之曰佛哉吾師遠宗調御具足威神肇修福慧淨

身言意作正等知飾此寶鼎印彼招提聖教覃敷迷津普濟畫此
十方莊嚴佛地妙諦證聖香花示虔滌清三業廣作福田

石

銀洞山磨崖造像　在縣西北喇嘛洞溝中盡頭處北小崖上洞左

右大小佛像凡百餘尊洞左尤多距洞最近處鐫百歲畫三字

銀洞山唐古特經字　亦在喇嘛洞溝中盡頭處北崖上銀洞之左

右凡數十處單刻一字者大至五六尺小亦尺許鐫經文者字大

二三寸小寸許風雨侵蝕大都不易辨識

蟠龍山一字磨崖　在城東北三十里許蟠龍山谷中西岩上字作

〔三〕形大逾尺左丈許有勒粉鈎畫騎獸佛像一尊右數十武西南

石洞壁上有如來佛像一尊

昭君墓石案題字　在城南二十里

筠廊隨筆嘉禾曹秋岳溶嘗至昭君墓墓無草木遠而望之冥濛作黛色古云青冢良然墓前石案刻□閼氏之墓爲蒙古書

六稜碑　在鐵帽村

蒙文石刻　在朱爾溝內麻尼哈達鄉之北山

右時代俱無考

大明寺碑　在白塔村

山西通志朔平府志碑模糊不全上刻故開府儀同三司上柱國代國公完顏㲉代國夫人耶律氏雲中張建中篆鄉貢進士王綍書天輔年立謹案完顏㲉金史無其人當是宗室表之骨赧志脫骨字又誤赧爲㲉本傳骨赧領軍鎮夏邊者凡十二年天眷初爲天德軍節度致仕累遷開府儀同三司卒年八十五白塔爲遼金

豐州天德軍故治蓋久官於此者史不言封代碑不著節度互有詳略也碑著故字則立於卒後當天德年云天輔誤金自太宗天眷三年始定官制爵號且天輔之末遼主尚在夾山此地尚未爲金有也

白塔寺石柱題字　在城東三十里

朔平府志華嚴經塔一名日白塔下有石香亭柱刻金天輔年號

郭公塔石柱題字

綏遠分縣調查概要在城西南塔下石柱刻大金雲內州錄事司郭公諱說字本□正隆五年明經進士王天佑撰開學冀守貞書

華嚴經塔題字

山西通志朔平府志塔在歸化城東五十餘里白塔寺石額篆書

萬部華嚴經塔奉使日記十七日行四十里有廢土城周圍可五里側有浮屠七級高二十丈蓮花爲臺砌人物斗拱較中國天寧寺塔更巍然篆書萬部華嚴經塔拾級而上可以登頂嵌金世宗時閱經人姓氏俱漢字登二層取喇嘛經二頁橫書蒙古字無有識者仍返原處土□寸許者數枚剖而視之或麥糜云是念佛所積供入塔內

右金

加封孔子制碑　碑高五尺濶二尺五寸額篆大元加封宣聖碑記入字首行爲大元加封詔五字凡十行字徑二寸下方爲風雨所蝕末行僅存元大德三字有浭陽張志潭跋碑舊在四子部落烏蘭板申境（武川）元大德十一年七月二十日立清歸綏道文保欲移

置歸化城未果民國六年道尹張志潭始移綏遠舊書院卽今之中山學院

上天眷命皇帝聖旨蓋聞先孔子而聖者非孔子無以明後孔子而聖者非孔子無以法所謂祖述堯舜憲章文武儀範百王師表萬世者也朕纂承丕緒敬仰休風循治古之良規舉追封之盛典加號大成至聖文宣王遣使闕里祀以太牢於戲父子之親君臣之義永維聖教之尊天地之大日月之明奚罄名言之妙尚資神化祚我皇元主者施行□元大德□□□□□□□

豐州平治甸城山谷道路碑　在舊城財政廳高二尺八寸五分濶二尺篆額僅甸城二字可睹凡廿三行行三十字字逾寸延祐七年李文煥撰張鑄立有碑陰碑原置何處無考淸雍正十三年丹津移置歸化城都統署卽今之財政廳

山西通志碑稱郡北一舍有環繞之山名曰祁連中有捷徑故道甸城山谷比之銀甕超遞漁陽險阻近爭一倍抵天平七十餘里

以大青山爲祁連山沿當時淨州天山縣所在因縣名遂以漢書傳合耳所云甸城天平漁陽銀甕今皆不可考惟漁陽嶺名見於遼史天祚帝紀

豐之爲郡其來尚矣地名九原雲朔三輔控御□□方面之劇金源世勳戚里置天德軍節度而鎮守焉風俗惟淳民物尙朴厥土惟瘠鹵厥田惟下中原高且平墾耕牧養軍民相參居止郡南負郭黑河青冢古跡仍存郡北一舍有圍繞之山名曰祁連中有捷徑故道甸城山谷比之銀甕迢遥漁陽險阻近爭一倍抵天平七十餘里歷經沿革山水泛漲阻妨車輛經行寒暑迭遷人無舉覆粵有本州監郡傑烈奉議知州郭承務同知哈剌不花承務判官倫忠勇等典牧是州未及數月講究興除利病遂云方今政務宣閫之外供需漠北以軍旅粮儲爲重計奈何以浮石磽确有妨給餉之正路耶又况歲值凶歉輒欲修理其可得乎遂有此議申明大同總府及憲司計禀河東維獄與聞省臺既從其便行會之間伏遇鎮遏德寧天山分司宣慰使馬馬正奉宣慰同知撒德彌實奉訓宣慰副使孫朝請繼踵馳驛路由是谷亦既見之允協前論就諭相鄰社分命東甸城尖山李家戶三村等鳩集丁役蜂聚平治經之營之不日而就以致險夷之地遂成平坦之途奔馳駕車引重致遠過者無不忻懌復値暴雨衝流窒礙行路累蒙使□下

令承鐲本社三村雜泛明諭家至戶曉常切用力不致將來廢弛前功矣於三岔山路深重峽隘之處設置巡兵警捕一所盜賊畏伏商旅通行路不拾遺民無病涉王德成等旣承其命焉敢不遵嘗聞悅以使民民忘其苦噫守土之官憂民之憂樂民之樂者幾何人哉封部之間有廉君五袴之詠慮其日月彌遠前德闇而弗彰而失其傳鄉人西三州官醫前提領郭瑀洎張源楊禮幷本社王德成□通甫李天祐王通甫等懇請作文記之以刻其石愚辭不獲已故摭其實而□□延祐七年歲次庚申十一月日建 裕齋後人李文煥撰書劉仲義刊石□□□旨裏奉議大夫豐州知州兼諸軍奥魯勸農事張鑄立石司吏王瑞楊宗禮程鵬舉侯忠何寧

碑陰 歸化城都統署烏藍察布六旗會盟使丹津

欽差兵部侍郎兼副都統協理都統會盟使通智

欽差督理粮餉事務前總督倉場巡撫陝西部院法敏

歸化城副都統世祿

歸化城副都統納益保

辦理歸化城彝漢同知事務理藩院員外郎承恆

協理歸化城同知事務理藩院筆帖式阿世達

雍正十三年歲次乙卯孟春十一月□□重立

碑側 邊塞不文罕知存古受命西來獲讀斯碑移置署右承寶守之戊辰秋月三多

共和成立之次年余以漢官來鎮斯土衙齋寥落斷碣傾攲撫讀

一遍殆延祐間闢道碑也延祐距今數百年而古豐又荒僻不文之地徵諸古蹟蓋亦僅焉爰取而整飾之以遺於不朽中華民國二年□月交河賈賓卿識

八角石樓碑　在麻什鄉佛寺碑剝落元至順壬申孟秋爲禪師建

右元

堡子廟碑　在蘇木沁村距縣治八十里東乃莫板村東梁後黑河之西岸西北土山上共五石三石未抄文明萬曆四年把都兒擺

腰台吉建

旹大明萬曆四年歲次丙子仲夏旬五月初二日午時上樑北虜之人把都兒擺腰台吉積善立碑記

嘗觀易曰積善之家必有餘慶書曰作善降祥此是明徵之大驗也自元朝大金遼以還作善者少擺腰台吉見得作善乃第一件實事於是奉佛三寶知佛產自西域極樂國世界欲要親身金光不可一蹴而至使不建立棲佛之處雖有作善之心允無依歸之地由是遊觀青山之後選擇棲佛之所修善峙院塑繪佛像淩晨奮恪以表歸佛之志洗心叩祝願神敬佛之心激切踴躍謹立碑

記以爲後代酋口之一助云爾
旹歲次辛巳年秋季吉日信官擺腰把都兒台吉立造
華岩寺守僧人明來信士功德住筆寫氣武刻氣孫住牙圖兒氣
小則大明國南瞻部州山西汾州鸞官村信士總委蘇廷玉妻王
氏馬明宣府萬全左衛左所舍生毛客妻周氏信舍郭景陽開石
人王蒼信士善賢女人丁氏李鋭妻侯氏陽和城畫匠閻貴

碑高三尺濶二尺陽面蒙文陰面漢文

譯藏文碑之一

村有金朝後裔台吉名擺腰者素信喇嘛黄教全家父母妻子無不爲佛徒其奉佛虔誠人所不及乃時達賴喇嘛降生於土默特旗名色達納瑪甲木素再一世爲楊登甲木素（甲木素即達賴之名）於是擺腰台吉甘願出資建廟削髮爲僧以了心願廟工竣後遥請各處喇嘛唪經數日招請達賴喇嘛之靈入廟饗受香烟當時本村民衆稱讚台吉之功德將來必歸西方之仙境故願集貲立碑以揚

功德永垂不朽云爾

辛巳年蒙歷五月初一日立

譯藏文碑之二

此廟創修於戊寅年次年己卯擺腰台吉聞達賴喇嘛赴蒙古念經當卽前往途中迎迓叩頭並請來納木經三宗計二十一部庚辰年請本地喇嘛念經三日招請達賴入廟村人咸讚台吉功德

立碑紀念

碑高三尺寬二尺五寸陽面蒙文陰面藏文

右兩石外尙有重修碑記三朶訪稿未錄碑文述廟建遼金時寺名華嚴云云

右明

創建聖母廟碑　在舊城三官廟右聖母廟高三尺許闊二尺座八面雕力士及半身猛獸像碑陰記工程捐貲人題名

粤以聖道垂光權洪於十方國土普祐羣生利濟於三界有情非空非色惟妙體而殊現無內無外窺法界而莫窮依稀人世導引萬端昏昏業識覩妙體而塵消汩汩凡心覿莊嚴而頓釋慈恤萬類無非聖道者也由此衆生欲入投之無門一瞻一禮皆口般若之因一宇一屠悉植菩提之果實之真口口若捐資陝陝之功壘壘之峴以自勝於不作者矣燕都弟子朱斌紀書順治戊子己未

清重刻洪武御製回輝教百字聖號碑　在舊城北門外清真寺內高六尺濶二尺四寸九行正書大寸許無書者姓名碑陽爲百字聖號額爲御製贊文四字碑陰題壬子清和月書六字又心修忠孝志義齊仁八字字約八寸

洪武皇帝御製回輝教百字聖號乾元初始天籍注名西域傳法教主教化衆生至德大聖仁慈正烈演政天經衆聖領袖協助天運護祐國王公直無私自帝真君普渡羣迷五朝祈天默祝太平闡教租師靈明洪祐救苦救難幽冥超拔亡靈脫離罪愆降伏邪

教歸真清正素老穆含默德聖人贊曰元氣禀粹聖智生成道傳萬代教授真經大清康熙三十三年穀旦闔教重錄勒石

聖祖御製崇福寺碑　在舊城小召內康熙四十二年立

朕惟歸化城爲古豐州地山環水互夙稱勝境城南舊有佛刹喇嘛拖音葺而新之奏請寺額賜名崇福寺丙子冬朕以征厄魯特噶爾丹師次歸化城於寺前駐蹕見其殿宇宏麗法相莊嚴懸設寶幡並以朕所御甲冑弓矢櫜鞬留置寺中夫朕之親有事於塞外非無由也往昔厄魯特與喀爾喀交惡相攻朕念生民塗炭遣使諭解而噶爾丹追擊喀爾喀竟入掠我烏朱穆秦爰命和碩裕親王聲討大敗賊於烏蘭布通時噶爾丹盟誓佛前永不入犯乃班師而還後噶爾丹蔑棄盟言復掠納木查爾拖音於克魯倫之地丙子春朕親總六師由中路進剿至克魯倫河賊衆望見軍容宵遁適朕所期會西路官兵遇於昭木多大敗之俘斬無算丹木把哈什哈等率衆來歸噶爾丹跳身走是冬朕復駐軍鄂爾多斯剿撫並用厄魯特人衆絡繹歸命而噶爾丹仍未嚮順丁丑率師駐狼居胥山麓官兵分道並進噶爾丹計窮自斃子女就獲餘軍悉平方今中外恬熙邊境生靈咸得宴然安堵喇嘛拖音請建碑垂示永久因書此勒石俾後之覽者知朕不憚寒暑三臨絕塞爲民除殘之意

費公生祠碑　在費襄壯公祠康熙年立鄭祖僑撰文祖僑字惠菴

右玉人康熙壬午科舉人官曲沃教諭父崇雅爲武陵丞卒於官
祖僑走數千里負骸骨歸

曩者噶爾丹遠阻聲教頻年跳梁侵擾各蒙古部落以致九邊析起灞上烽然祁連以北俱爲鋒鏑之場矣天子赫然震怒推轂委大將軍駐劄歸化城凡內外滿漢官兵及蒙古部落咸屬調遣時甲戌季春也自大將軍出鎮邊外雞犬不驚貿易交錯兵無匱餉之患民鮮輸輓之苦且秉雄謀具遠略威儀外嚴風神內照謙光下物赤心示人無論官兵軍卒咸被仁風而遵紀律焉不料渠魁負固屢犯天朝雖逞螳臂之威恐爲尾大之釁皇上親統六師深入不毛勑命大將軍會合各路協力勦除三十五年五月十三日登壇誓衆指揮三軍於昭磨多地方矢石並集白刃交前殲數年之狡寇解生民之怨讟積甲如山尸封塞河大將軍復深入巢穴收合餘燼俾遺孽途窮銜璧軍前皆畏威仰德共戴皇恩向之窺伺中夏憑陵同盟者莫不一朝底定也奏捷後御駕凱旋復以大將軍精忠性成壯武夙具其密謀碩畫素匡贊於宸聰者不可枚舉但鶉奔鼠竄之黨匿形山谷遺患將來特命留鎮邊庭以防復作封爲撫遠大將軍凡滿漢諸軍既蒙用命之賞復被投醪之惠而將軍則揚旌瀚海繫馬陰山嚴刁斗而守烽燧朝夕無暇逸焉方將軍之用兵也三令五申不拘孫吳舊書暗合衛霍方略是以拓境邊外懾服遐方且器量深沉知人善任山藪無棄苞苴不行

兵不敢欺盜不敢發於歸化城駐節數載商賈駢集臬貨流通荒萊既墾黔黎茂育兵革之餘倏成繁華之地雖古之紀功狼胥勒石燕然者未若斯之盛也三十六年八月十一日晉爲内大臣一等公三十七年二月初一日皇上眷念封疆大臣久駐塞外特命迎歸勳第朝夕啓沃凡塞外兵民商賈共深河内之請同念黎陽之別將軍以皇命諄諄不遑久滯與故老營弁多方勸諭撫卹相別凡經過之處無論老幼莫不攀轅迎頌歡聲四起頌將軍之德皆戴天子之恩於無疆也至於今塞外廛閈撲地歌吹動天皆將軍之遺惠所垂雖朝廷屢頒寵眷之典而草野詎忘涓埃之報於是營方面吉地選山澤良材命虞衡之匠引堊黝之司建造祠堂以紀宏勳而慰民望祠成凡軍民商旅仰瞻其下者無異昔年帷幄鼓吹時也首事人等欲勒諸貞珉問序於余余僅以管窺之見述其大概云爾至大將軍平生事業翊贊忠藎俟諸麟閣之紀焉

敕建南文廟碑　在土默特文廟雍正年立通智撰文

庫庫和屯即歸化城唐之豐州是也丹公之先公收羅土默特蒙古開誠向化前蒙太祖太宗賜以世職得守斯土今都統丹公歷任三十餘年爲人敦厚秉性忠誠兩旗土默特暨闔城商賈以及烏蘭察布盟屬六旗蒙古莫不感戴願與丹公建修祠堂各出物料鳩工興修公不敢居功稱皆皇上撫育内外如一殊恩之所致也無奈眾不我許建修愈力丹大人因思内地皆建文廟設立官

學歸化雖屬夷地亦向化日久何不將現建未成之祠堂稍加展修改爲文廟設滿洲蒙古教習恭祀至聖先師教衆人之子弟乎遂於雍正二年陳情奏請皇上洞鑒其誠照所請准行此乃歸化設立文廟官學之所由來也吾儕奉公來此目覩塞外蒙古地方如此建立文廟遇丁誠祭教育蒙童之善智歡忻之至爰於雍正十三年復行奏請如式重修並由官學考拔俊秀者七人授爲九品筆齊格齊隨衙辦事經理藩院議得照通智所請准其設放筆齊格齊七員賞給九品頂戴後果出力行走好送京引見酌量於本旗章京筆帖式選用覆奏前蒙天恩准行自此官學諸生得進身之階愈加鼓勵矣尤願後世有同心重修者是爲序

敕建綏遠城碑　都統通智撰

我朝道隆化洽東漸於海南被炎荒西越崑崙喁喁向内重譯進九北條尤踔遠山經之所未載聖人之所弗通奔走率口口口忱天子嘉其意撫之愈至歸向益堅遂飭兵部尚書管歸化城都統事務臣通智議建城駐兵控制之勢昭一統之口焉城在歸化城之東北五里許大青之山擁其後伊克圖爾根巴罕圖爾根之水抱其前喀爾沁之水帶其左紅山口之水會其右地勢寬平山林拱衞實當翁穩嶺喀爾沁口軍營之衝副都統臣瞻岱戸部員外郎口口文瀾欽天監監副臣李廷耀都統臣丹津涉獻在原相度既深詢謀僉同乃請於朝奉旨令王常以右衛建威將軍移駐茲土口臣正山代陞任古北提督臣瞻岱口口口務於乾隆丁

巳季春三月卽工乾隆己未之夏六月工竣欽定佳名曰綏遠城
周一千九百有六十丈其高二丈有四尺其巔之厚如其高其址
之厚增其高之三之一炮台四十有四四十布四闉四當四隅睥
睨之高五尺有七寸女墻三尺五寸城之門四南曰承薰北曰鎮
寧東曰迎旭西曰阜安皆出聖裁門之樓四樓各五楹箭樓四樓
各三楹角樓四樓各七楹晝夜巡查兵之隊子房八皆列城上門
外之橋各一瀉水河一石橋二甕城祠廟各一隊子房各一城內
遵祀典建神祠關帝廟一城隍廟一旗纛廟一馬神廟一按職守
以營寺舍倉庫一將軍衙門一兵戶司衙署各一筆帖式住房四
副都統衙署二理事廳衙門一固山大住房十二佐領住房六十
防禦住房六十驍騎校住房六十倉庫大使衙署各一官學八鐘
鼓樓一積貯之倉十有五倉各七楹合一百有五楹在城之東南
隅四街市房一千有五百有三十城西教武場場之內演武廳一
八旗之甲士各有家室居處計一萬有二千間以實其內焉口此
城池門樓口祠寺舍倉庫之材口而後購營繕之匠瓴甓之陶塗
藮之用必選其良材美而且堅經畫無漏董督有方皆仰請聖訓
而奉行惟謹用成永固之基爲軍民久安之所以上副聖天子安
內全外一視同仁之至意煌煌乎盛事也哉總理工程事務建威
將軍臣王常管理工程事務內務府郎中臣正山夙興夜寐未嘗
敢言瘁而監工諸有司之勤亦有不可沒者例得備書勒之於石
俾後之往來於斯與夫守斯土者有所震動恪恭而興起云旹乾
隆四年己未六月之穀辰立

重修北門外慶凱橋碑記

嘗聞富平致築病涉之艱承除洛陽肇興利濟之功莫大以故橋
梁是設固方便之靡窮而補葺乏人仍經久而易壞况屬商賈之
要津彝漢之衝衢尤所最急者也如茲歸化城之北門外小河有
所謂慶凱橋者創自太僕卿范公之手幾歷年所彼蓋爲水漲氷
寒之患徒步興嗟泥濘淤陷之苦車馬致慨兼逆害之未靖值糧
道之孔急不有是橋往來奚賴果見聖天子福澤洋溢而施金如
雲輸力若雨雖云動作維艱實覺功成良易迨後凱師遄還行旅
疊濟此慶凱之名實相孚宜乎歷千秋而不朽者也然河流之奔
沸既久車馬之侵頹有年苟不扶顛植蹼奚能久安長用由是趙
子和等同心捜募不嫌施金致懇協力經營忘却奔波擔勞願瞻
車馬坦行仍享無疆之福步趨平適原出創造之仁富平洛陽之
修未敢比德於萬一利涉濟寒之處聊堪小補於二三勒石非誇
爰望後繼是爲序乾隆十四年歲次己巳律應無射中浣穀旦陝
西榆林府神木縣儒學增生張士賢薰沐敬撰并書

新建太平召寶塔碑　在太平召內共二石俱高六尺餘闊二尺四

寸一蒙文一漢文

恭惟我大清國中外一統恩惠普及于絕域萬國感承自古未有
也如歸化城土默特籍貫周圍千里有餘東連察哈爾西帶銀河

南鎮殺虎口北通喀爾喀實爲塞外保障朔漠屏藩一大形勢也昔察哈爾汗被我朝威靈刼輸敗赴西番有我土默特古魯格楚庫爾抗搆托波克等衆未隨落後超於其衆即將散於山溝人丁收羅向化荷蒙太宗聖祖恩賜差遣額爾德尼達爾汗喇嘛前來於崇德三年間創設兩旗編爲佐領二十員至古魯口格楚庫爾抗搆托波克等衆蒙授都統副都統賞給世襲子男等爵鎮守斯土并本處什勒圖納奇拖音雜雅班第達胡圖克圖竝有吹斯克布察哈爾口察汗額爾德尼第彥齊等覺世喇嘛各建聖主萬壽寺院按季諷經蒙聖主大廣黃教各寺賜名由是以就無量等七大寺也又蒙賞給總理歸化城喇嘛班第印信竝授正印副印扎薩克大喇嘛整領各寺於康熙四十六年將七寺黑人徒弟編爲十三個佐領自創設兩旗照管佐領二十員後編陸續繼生人丁及公中佐領竝土默特與豪奇特台吉佐領通計六十有二也粵稽太平召名曰旗廟原我土默特先人感承國家養育之恩心秉誠爲建皇上萬壽之寺於康熙十六年奉命每旗派撥喇嘛各三十名并授大喇嘛二名整領至六十年每旗又增喇嘛十名共計八十名之數住持以來如有缺額仍於旗內補足以爲常例茲我土默蒙古嵩呼皇上如天之威地阜民安樂業畊度人人爭光個個勸勉以繼先人之遺風以效往日之舊道公舉建塔至誠之念隨有樂善大人官員兵丁同心捐助數千餘金交令識見明情喇嘛合符成式以及經理人員實心監造自甲戌起至丁丑止即於其廟後建塔兩座工程告竣尚剩餘銀置產應計租課交令本廟

永作寶塔香火矣噫嘻雙塔幷列端然偉煥遠近瞻仰如日月之
光輝至于隱微非常之妙難以舉陳而以蒙古字跡另石述焉乃
記斯廟斯塔之緣由兼錄土默特旗分佐領及地方綱紀略然總
記以垂後人以繼舊規而已於是勒石永垂不朽兵司驍騎校伊
達米扎布撰文義學教習國學生褚廷翰書丹龍飛乾隆歲次丁
丑七月上浣之吉

重修綏遠城家廟碑記　字剝落

蓋聞之□□云莫爲之先雖美弗彰莫爲之後
菩提寺創始於乾隆乙亥歲廼已故佐領白公諱達
二旗永奉香火經前任協領西公諱靈阿重修
殿鐘鼓二樓其時廟貌一新軍民踴躍遐邇稱
泰公諱山條上念前任白公暨官民善士創造
籌畫捐資共成善事傾者起之頹者復之聖
公諱十四等因存有舊牌坊一座經衆公議情
煌差足妥仙靈而迓
神慶爰爲勒碑記石以誌不朽惟冀後有善者
管理鑲黃正白二旗滿州協領兼廂白旗滿洲佐領紀錄二次泰
山保等捐資建立
大清嘉慶二十二年歲次丁丑五月　穀旦

新建石橋修路碑　在舊城東茶坊郎神廟前

歸化城東茶坊廟左不數武有南北長河澄流灣曲當直來往之衝衢昔人謀資貲利涉爰建木橋意至渥也第興廢頻更暫而不久秋則興功並築儼彩虹之架空夏則抽木頹址仍燕泥之冷落費糜勞頻不能永逸今都人士念及於此謀之寺僧易爲石橋遂欣然樂善一乃心力共募四方醵金數百鳩工庀材積八月而橋成名曰得勝嗟乎磷層新雁齒綠楊影裏傳徧歡騰之聲髣髴小鼉梁一夕照河邊無復厲揭之苦弗美乎七星牛月實利於百歲千秋茲一舉也非敢以掩前人之功實以繼前人之德耳後人觀之而能繼之復爲補葺增修不致久而淩替是又余之所厚望云山西崞縣蘭葆光撰李泰來書嘉慶二十二年歲次丁丑姑洗月穀旦立

明妃墓碑　在城南二十里高四尺闊二尺二寸題曰漢明妃之墓字大六寸又五古詩一首

憶昔出宮闈志在不負主揮手去遐荒非死無以處悲彈馬上調肝腸向誰吐聲淚動天地名妃垂千古邊草伴芳魂紅顏餘朽骨口口若有神一坏萬世覩王嬙有青冢炎漢無寸土要知作傳人邊夜更奇苦

咏昭君墓者衆覩其墓者鮮予於戊申之秋奉使豐州公務既蕆以歸城廿里青冢具存隨偕愛堂侍郎馳往一觀塞草離離獨存

孤冢感成五古屬伍山觀察壽石墓側以誌所見云爾耆英題併書

漢明妃冢碑　高五尺闊二尺五寸白石座碑陽題漢明妃冢四大字左題將軍昇寅副都統祥康歸綏兵備道富珠禮歸化同知齊里克諾爾布二十七字碑陰有昇寅題句

乾坤毓秀無遐邇半出簪纓半床第才貌豈足定閨賢總觀大節知臧否呼韓入覲紹六宮願嫁烏孫挺身起一枝穠豔別椒闈三千粉黛皆委靡畫師伏罪漢王嗔昭君遂志單于喜御溝紅葉水瀰瀰團扇秋風處處同回憶簪花眾姊妹可憐白首甘泉宮琵琶酥酪日歌舞寵擅閼氏塞北空外無胡馬飲江水內無野雞興女戎寧為雞口不牛後誰識女子真英雄大青山下黑河沚旁有孤墳如壁壘空餘牧豎任樵蘇自昔流傳青冢是當年夫歿請還朝詔令從胡亂人理守志賢妃從一終君王忍不諒人只視彼文姬返漢關失節屢嫁中朝士典屬老人吞雪忠牧羊又娶胡兒婢名臣才女縱千秋貞操應令昭君鄙聞道黃河西岸邊亦有明妃舊芳址噫吁嘻一抔黃土易銷沉青冢傳疑勝青史

成帝命從胡俗幾同亂命昭君賦此才識斷不肯亂倫理如欲從胡必不請歸以是知後為閼氏生二女之說為誣飲藥從一之說為確善善欲長惡惡欲短衷此義也

道光十一年歲次辛卯三月十六日長白昇寅題句幷書

七如來經幢　在舊城天福子橋側扎達海河南岸幢高三尺餘上有徑尺圓球一幢下址埋土中中段有二尺許之八面柱每面闊約八寸一面鐫咸豐五年六月建七字餘各鐫佛號曰南無多寶如來南無寶勝如來南無妙色身如來南無廣博身如來南無離怖畏如來南無甘露王如來南無阿彌陀如來字大二寸俗傳某道士建用以壓勝者

重建四鄉農民社免捉驛草豆碑　在舊城海窟龍王廟高五尺闊二尺額題詢事考言四字

蓋聞居上之道養民爲先而養民尤以愛民爲本顧愛民者不徒文貌而在事實是以上有愛民之道民有親上之心急公向義恐後爭先則上下之情相聯一體也且夫子產衆母之稱不禁穆然而有感矣歸化城自國朝設立以來安集商農草野之民接踵而

至耦耕連壤可稱庶來特是歸化城本蒙古之地農民之適樂土者依蒙民之村舍以安居開蒙民之荒野以爲田時有軍口運送差使而捉農民牲畜謂之捉驛或捉於牧廠或捉於耕種或要路途之車馬而越境不返農民之牲畜肥者瘠而瘠者斃甚至扣留不與爲農民者其何以堪此復有府署因喂養號馬差役沿村採買草豆斯二者其大端也其餘如麥糠等差誠難歷舉悍役之到鄉呼號於南北馳騁於東西雞犬不安焉是以四鄉在五十家村龍王廟內立農民之社奉后稷先農田祖之神春祈秋報爲應差之公所而社首郭保等呈懇酌減甫定章程每年春夏季交草六千束秋冬季如數交納每束草定以七觔爲率發價白銀二分由是行之亦有年矣稽夫農民自立社以來捉驛草豆漸有畫一之規自嘉慶三年因蒙員藉差混捉商民駝馬扣留短數以致商民自海秀及鄉總等上控於道憲齊公祖案下蒙斷悉革捉驛之弊定立章程如有奉部應送之差及兵差車輛僱備送至歸化交界更換不得稽滯其車價之費本城十二社與分派備辦而農民獨任其重焉及其分辦章程均存案可查而農民之費遵諭於糶糧時每一斗拔錢半文存貯店社以備應差之用由此而農民亦無拉車應差之事則鄉民踴躍樂存歡聲遍野矣其後草豆之役尙在社首屢呈請行減免彼時廳主素懷輕徭薄賦之心知民不願行之張示即行豁免喂養號馬由城市自行購買而草豆之役遂免已前人勒碑已記其詳惜乎碑之毀而不存也咸豐三年因兵差僱車每斗糧又拔錢半文則農民之差用綽綽然有餘裕也

而有餘不足之間四鄉耆老嘗詢究社首核其實焉去年廢社毀碑即有辦捐輸之役征洋藥之畝而年凶歲歉農民情迫上控將軍蒙委員堂斷復修社重建碑匾其事之詳已不可攷因述其事之梗概嗟呼前之上者有愛民之實民有親上之心則上下情聯其遺風善政猶可想見也夫大同縣學生員楊應南敬撰幷書大清同治元年南呂之月上澣穀旦

綏遠城濬濠種樹記碑 在新城西門甕城內高七尺闊三尺額篆綏遠城濬濠種樹記八字方二寸碑陰記捐貲官兵銜名

流之遠也木之茂也天地自然之機也欲流遠而濬源欲木茂而培根者以人力之有餘而補化機之不足也乃流可遠而不疏之濬之木可茂而不栽之培之將歸咎於化機而化機不任咎也予鎮綏遠既建北門之樓暇則登城眺矚洵爲表裏形勝襟帶岩巒矣而池壅泥沙地虛林蔭所謂清漣而鬱葱者安在乎奚怪生氣不舒而佳氣之不萃乎爰復董勸樂輸得金八千有奇工始於庚午春季左綸喀爾沁之源周濬濠塹或丈餘或七八尺以得泉而後止且於城之內外凡教場街衢之間植柳三千七百餘株又蓋設卡房八所畚鍤貫序歷夏秋而告功成焉顧有客曰務堅壁者深溝壘思樹人者姑樹木公之爲是也殆期三刻莫踰而十年易計歟予曰不然俯流而謂寇不可上攀條而悲人何以堪吾嘗笑若輩之慎矣吾以斯土寥落之故就不息之化機助將儆之形勢

盈盈焉嫋嫋焉彷彿乎鳳池春色柳暗花明使朔漠戈荷之儔共沐聖朝之涵育焉耳客聞之喜而頌予曰地利不如人和理之不易者也而營稱細柳真將軍其可屬公乎予乃起而謝曰固國不以山谿之險吾竊孟子之緒餘耳名將如漢亞夫吾亦何敢頡頏哉惟范希朝之鎮振武也令軍士種柳而成陰利賴范公借衆之力不鳴自功而並受其福竊比於我范公吾願足矣客韙予言遂記其緣起如此誥授建威將軍鎮守綏遠城等處將軍斐淩阿巴圖魯定安撰文賜進士及第誥授奉政大夫提督山西學政江南道監察御史龔承鈞書丹誥授奉政大夫花翎同知銜直隸候補知縣鄭錫祺篆額大清同治九年歲次庚午十月穀旦立

重建綏遠北門城樓記碑　在新城北門甕城高逾八尺闊三尺座高約三尺有篆額碑文計十八行字大盈寸

綏遠城在歸化城東北五里周九里許建於乾隆四年移右衛八旗官兵駐防於此兩城犄角而當關外之衝扼隴西之隘所謂北門鎖鑰者洵無以要於茲矣予於同治戊辰之秋來鎮斯土見城郭完固而北門之樓闕如怪而詢諸僚屬僉曰樓於癸丑春季爲烈風摧而傾之其後師旅興而休息少資糧乏而生計艱雖云運數適逢殆亦壬方缺陷乎予聞而慨然曰城之有樓猶人之有冠也無冠則瞻視不尊予素不信技術家言然嘗誦洛誥一篇知聖王亦究心形勢而西北高樓之詠屢見遺詩所以崇規度於是方

者豈無深意之存焉況夫今日邊警猶嚴則興廢事壯宏規正未可緩於是增鑲陳其策知方作其氣嗣乃創議建樓布勸於眾輸捐踴躍集成萬金遂鳩工庀材於己巳仲夏經始越年餘而告竣飾以粉繪塗以丹雘崇墉聳翠蔚爲大觀矣因念籌邊樓之建也具遠近曲折之圖岳陽樓之修也在政通人和以後予生於千載下而才與智遠不逮李滕二公何敢以指畫商討先憂後樂者竊比前賢乎欲效庾開府之登樓觴詠率僚佐談風月未始非賢者所爲無如時非其時地非其地而予又非其人焉予承天子命坐鎮巖疆深慚無以揚我國威茲幸義合同袍眾擎易舉藉此爲小補之計聊免素餐之譏耳至若山川形勢之概詳載前碑茲不具述誥授建威將軍鎮守綏遠城等處將軍斐凌阿巴圖魯定安撰文賜進士及第誥授奉政大夫提督山西學政江南道監察御史龔承鈞書丹大清同治九年歲次庚午十月穀旦立

韓亨軒先生德教碑　在舊城南茶坊禧神廟高六尺闊二尺四寸

一面鐫貤封修職郎敕贈文林郎候選教諭恩貢生韓公亨軒老夫子德教碑並門弟子姓名

先生姓韓氏諱嘉會亨軒其號也本省朔平府平魯縣恩貢生因曾祖就館茲土遂家焉祖父兼業儒父歿時祖年邁先生方十二

歲家無恆產賴母張太孺人苦節養終寄食母家者八年兼以業師蔚公張公不受束脩先後栽培始得讀書入泮二十二歲遂設教於本城玉皇閣閱三年食廩餼力學愈勤至癸卯試仍不售乃廢時藝博覽羣書卒成飽學性至孝事孀母孺慕終身鄉鄰交贊持躬端謹一以禮法自持至於教授生徒不計貧富不論智愚但有憤悱即盡力啟發雖至倦極少憩即爲講說並於孝弟忠信數大端藉篇章爲戒勸晚年從者益衆而勤勞嚴毅不異初年嘗自謂曰豈能盡如人意但求無愧我心總計三十八年教人子如己子莫不望其上達而惡其下流所以門生中蒙古民人固多顯達而先生之長子秉鈞以己酉拔貢朝考入選補授石樓縣訓導在任甚有政聲自丁父憂去官亦就館茲土仍本先生之實力以授徒因之十餘年間遊庠補廩拔萃發科者二十餘人反本窮源實由先生之佑啟次子振鈞亦取癸酉拔貢雖未朝考而他日所造正未可量是亦德教之徵至張太孺人已蒙旌表入節孝祠師母李孺人賢淑仁慈與先生同膺誥命又見盛德之感召今先生歿已十三年門生等思慕不忘議爲勒石而小門生追溯淵源亦樂背助非教澤入人甚深能如是歟至成就先生之業師前如祁公文煒張公傚載厥後德教可傳者又有辛卯舉人田公錫九乙未舉人裴公日章兼於茲土多所成就亦應藉斯碣以略爲表彰以俟後之詳敘者欽點七品小京官刑部主事壬戌科舉人小門生姻再姪王賡榮頓首謹撰朔平府右玉縣學增廣生員小門生路爾厚頓首敬書大清同治十一年歲次壬申九月吉日公勒

仿白庚公德政碑

自古爲名宦者莫先於慈惠尤莫急於清廉蓋慈惠深則好惡相同愛民如保赤子清廉至則身家不計居心無愧青天故其生也榮其死也哀德彌深而名彌著者此古藎臣之丰度然也今乃口庚公大人而竟見之夷考庚公諱棫字仿白京都蒙古人也系出華宗氏原林古籍鄰長白旗隸鑲紅世習韜鈐祖都尉公策勳滇海家傳科第父宫太保開府皖江其德溥其節光賜爵晉封顯榮褒大累受朝廷之錫命固足以表見於後世而芘賴其子孫矣公少業儒修長通吏治由刑部筆政於禮部兼額外主事上行走京察一等奉旨特授綏遠城理事同治莅任後利興弊剔措理裕如綱舉目張有條不紊上游因公克勝煩劇特調歸化廳蒙古民事同知益復欽厥攸司慎乃無越職分雖卑聲聞自顯十餘年間士民感戴益深不禁於歿世後勒碑刻石以冀永遠不朽具公之譜系行狀而囑文於余余自愧言之無文不足以闡揚公政而慕公之德厚有不容已於言者是年春余初遊斯境隨所步趨莫不頌聲載道衆口一辭余竊慕之以爲官民相得不介而孚有如斯者矣迨後公因偶染微疴旋卽離塵士民哀痛迫切常聞誰嗣之歌於是有敬以牌匾者有呈以帳傘者有供其祿位者爭先恐後難以悉數至於香烟如霧紙灰成蝶猶其下焉者也噫非公實有令德以宜民曷克臻此夫邊陲之地習俗强悍政教雖加流風尚微此豈所易治哉公惟出以至誠睦姻任恤常願和衆而安民忠

正廉明未嘗瘠人以肥己又況罪疑惟輕功疑惟重賞罰之際早已沛棠舍之恩國而忘家公而忘私取與之時自隱勵氷壺之節民獨何心有身受而不生感者乎不特此也比年西氛告警官兵勦除寇賊屢經其地供億浩繁公竭力持籌無使餉糈不給以致酬口紛如虧累甚鉅即或兵民不和因事起衅公婉轉相導卒能轉禍爲福易危爲安公之德不愈普哉公在任時前蒙德軍帥因防河出力案内保奏奉旨以知府在任候升並賞戴花翎復蒙定軍帥以循良卓異保薦奉旨以知府在任遇有本省缺出即行奏補續又蒙撫憲德保奏以連年承辦兵差重大事件一無遺誤奉旨着交部從優議叙方冀郡伯榮遷慰仁風於豪庶詎意鈞天樂作遽遣召以巫陽天何奪吾使君之速耶然而無德者與草木同腐有德者與日月爭光有何悲也詩曰樂只君子邦家之基又曰樂只君子民之父母其即公之謂歟余雖未獲登公之堂承公之教幸嘗竊聞公之政慕公之名又喜其士民感公之德意於歿世不忘而益知公之大有造於斯土也於是乎書同治十二年歲次甲戌十一月上浣立陽高儒學生員張廷彥撰

文修堂施捨南義地碑　在新興板申村東南

歸化人烟稠密客旅尤多每至物故無地厝埋往往屍棺暴露見者傷之幸蒙我歸綏道憲阿查明西龍王廟村舊有惠前道憲置到義地兩塊湮沒久矣經阿道憲查出分作男女兩義墳並擬定章程編列號次凡埋厝屍柩令於村廟登記簿籍於墓前埋立誌

石俾免叢葬迷失之虞歲於清明節十月朔兩修葺之並僱廟僧甲會就近經理統歸善舉司事隨時稽查凡此法美意良雖西伯之仁及枯骨何以加是宜樂善者之聞風興起也文修堂顧君文翰籍隸天津貿易歸化樂善不倦癸未冬季曾施濟生院貧民皮衣數百件甲申春又施敬惜字紙木斗二百具茲復價置新興板申村東南丹府地四十畝零二分將約呈官請作義地其地東西界至官道計寬四十一步南北界至本主計長二百三十五步於地內築土堎分而爲兩以南三十畝爲男義地以北十畝爲女義地表以石樁又隨捐本市錢二十吊請由鄉耆經管生息以供歲納地增錢二吊文蒙阿道憲嘉其志允其請飭將新興板申村地作南義地西龍王廟地作西義地統歸善舉項下經理南義地章程一如西義地辦理自此而歸化地方瘞旅有所暴骨無虞固由於顧君之樂善好施抑亦我阿道憲仁心仁政有以觀感而興起之也夫爰將顧君施地緣由刊立貞珉以垂不朽是爲記

勅建北文昌廟奎星樓碑記

蓋聞天柱高撐懸奎垣之吉曜斗樞妙轉列帝座之祥光德輝顯耀文彩昭彰是以專職於司祿司口映三台而獻瑞分位乎爲將爲相周六合而同匡者也因奉丹詔於東南遂起璇宮於西北歸化城土默特本旗官兵於光緒八年奉部明文准於歸化城東南文明之地自行捐輸建設文昌廟奎星樓以爲報答神庥之所殿啓三楹堪設桂香之寶座樓成八角權司筆點之高臺左右廊俎

豆常存歷千秋而不朽春秋祀牲牢備舉奕百代而彌芳丹楹刻桷塑像金裝臺榭甲夷夏之間青山應增麗藻光華射斗牛之宿黑水亦壯文瀾復於殿東旁院建設書院以作人文蔚起之由故足彰我聖朝文風丕振儒教昌明之至意也非彼蒼睠顧之隆治化陶成之盛亦何以興文教于遐荒開文運於邊塞哉叅領等恐久湮滅遂刻諸石以示將來繼起者有由致也是爲序

歸化善舉款項碑　在舊城楊家巷文廟高六尺闊二尺有奇方趺

無額光緒十一年二月二十五日歸綏道阿克達春遵奏撰記泐石不載書撰人姓名碑文長千餘言并附敬惜字紙章程

青冢詩碑　高五尺闊二尺

閨閣堪垂世明妃冠漢宮一身歸朔漠數代靖兵戎若以功名論幾於衛霍同人皆悲遠嫁我獨羡遭逢縱使承恩寵焉能保始終至今青冢在絕勝賦秋風

鎮守綏遠城等處將軍兼管右衛歸化城土默特官兵調遣宣大二鎮官兵世襲雲騎尉彥德題

將軍號亦菴滿州正黃旗人嘉慶癸卯鄉科捷後承襲世職歷擢參贊大臣定邊左副將軍理藩院侍郎鑲黃旗漢軍都統今簡鎮斯土蓋儒雅而兼將略者也口調護道篆來此里經黑河見所謂

青冢者因思前人頗有歌咏皆未著明妃之功不足爲後世勸及見將軍作喜曰妃無憾矣此詩之後不必有續咏矣故謹爲之序而請勒諸石署理分巡兵備道大同府知府長白朱潤書光緒十三年歲次癸巳五月吉旦綏遠城糧餉理事同知阿克敦布同立

綏遠城將軍克整頓錢法碑　在舊城三賢廟清光緒十七年立

欽命鎮守綏遠城等處將軍庫奇勒巴圖魯克爲出示曉諭事照得歸化城買賣之患在乎錢行之竊利權而錢商之竊利權由於錢法之無定章自光緒六年前任山西巡撫曾批定五五抵百歷任道廳皆假因時制宜爲詞不肯實力奉行以塞私徑因而錢商逞詐取巧以罔市利各行受制莫可如何去年冬令錢底愈亂銀價則有名無實錢數則需多濟寡街市不通兵民交困所以本將軍扎飭前署歸廳德生認真整理乃該署前廳陽奉陰違並未遵辦竟以支吾遮掩交卸而去續經本將軍傳問十四社因據稟覆獨寶豐社不遵本將軍復扎飭現署道廳查明詳覆旋據該署道廳竟以爾社商掩耳偷鈴之言率行詳覆是以本將軍批令該護道署廳仍遵前任巡撫曾批示定章凡各行交易無論現成撥兌概以五十五文抵百行使各行在錢行往來暫存錢文均按向來四標公議銀利行幾釐之息錢利亦行幾釐之息銀利與錢利務必兩平不可畸重畸輕從此明定章程飭令曉示各行商永遠遵行不准再有紊亂茲據署同知平勝詳覆既稱傳諭四鄉耆十五社總領等遵照本將軍批飭遵行並取十五社切實甘結一面出

示曉諭但本將軍猶慮爾衆社商民未能深體本將軍爲爾永除弊根以均事利之意難免日久奸徒復萌故習誘惑紛更除將如此定章辦理咨行山西巡撫外合行再嚴揭示爲此示仰爾十五社衆商民等知悉自此示之後不論何行敢有咬噘倡率變亂定章或久而生懈不真遵行或有奸商引誘取巧滋生弊端或有惡儈暗中播弄霸作存空有一於此若有司詳明設別行首告拘訪查出本將軍直腸硜性定按惡棍擾害地方律重處斷不稍容有司不嚴查究治及知而不舉一併參辦決不姑循各宜懔遵毋貽後悔照此勒石三賢廟俾爾永遠奉行特示大清光緒辛卯年十月吉日

慶凱橋更名太平橋碑記

粵稽廣輿圖所載橋樑津渡不一而足窮其稱謂非相形命名即因制取宜惟歸化城北有慶凱橋係聖朝平北凱旋王師濟渡之河迨雍正年創造此橋取名慶凱但此橋坐於濫泉之上自雍正年迄今經修五次耗財正鉅均被泉水湧沸搜損橋根究其所以皆因修葺未得其法以致工程不能保固近仿河工邊築淤泥壩一法俾積泥淤泉過水旁出幸免搜根之患可期永固金湯故更名曰太平橋云但此次工程衆善捐財多寡不一惟城之粟店不樂施捨信士賈喜挺身獨任一力包修完固故特著名以誌不朽

薩屬善里九旗四村公立遵斷復整水利碑　在舊城民政廳內高

五尺餘闊二尺五寸一面刻記文一面刊示諭文爲恆州程卓午撰光緒三十三年十月立石

竊聞聖祖仁皇帝親征奏凱犒賞旗師倍加餉項始將大小兩黑河下游之地分畫九區招民認種各之曰善里九旗四村按畝升科亦能使大小黑河之水每畝納米一升七合二勺以濟軍餉嗣蒙綏遠將軍費開渠灌溉名曰將軍渠因水改糧每畝共加升糧四升二合尚恐上游截壩下游無水有碍國課釐定分水章程每年自九月初一日起鐵帽爾村使水五天至初六日起歸入善里九旗四村使水三十九天澆畢後再歸鐵帽爾村使水八天至此澆灌畢下餘水分始歸上游各村分使如若秋水淺小善里九旗四村不敷澆灌以俟來年三月春水再行補澆歷經遵奉在案蓋善里九旗四村居住下游地土窪下全賴秋水澆灌以期播種二麥完納國課乃自近年以來人心不古上游各村迭次違章沿河一帶節節築壩截水灌地以致下游善里九旗四村交納水科之地滴水無分屬向上游各村理論置若罔聞涉訟不休情逼無奈投奔道憲大人胡轅下控訴當蒙批飭歸府主張蘿府主余托府主任糧餉府吉親詣覆勘會訊明確斷令仍遵舊章復整水分詳奉道憲大人胡批准如詳辦理刊碑立石以垂永久等因嗣後上下游各村自當恪遵批示永遠遵行除將各廳會銜示諭刊列碑後外理合撰擬碑文刊碑立石道署村中各立一碑以資永守爰

以爲記經理渠頭孫儒等十人同四村會首花戸人等公立光緒三十三年孟冬〻月穀旦

吳曉峯先生懿行碑　在舊城南茶坊高六尺闊二尺四寸額鐫景仰懿型四字碑陽爲序文陰爲立石人銜名

吳君名天章字曉峯余鄉之故家裔也幼而穎異性秉仁厚行敦禮義毅而能任信而無欺通經史工詩賦嘗以勤學篤行檢身節用八字銘於座右於此可想見其生平及弱冠游泮食餼明經後同治十三年春游學歸化稽查處總理那總戎慕其賢請辦文案事言聽計從歸化安堵皆先生力也光緒二年春稽查裁撤遂設帳授生徒不較貧富不計脩金凡才可造就者無不循循以誘之游其門者鮮有不成人材濟濟先生之門爲最尤可嘉者急難好施不慳推解凡涸處茲土者乞於先生必爲之周濟務以一勺蘇之如沙河之李某父子夥敷困甚無貲先生助以三十餘金使得旋里其慷慨如此不惟於鄉人有然而且於直隸蔣牛刺之少君困於旅邸迎館中以養之且助其貲爲歸計於大名府段姓者病臥道旁適先生自學堂歸見其尚有生氣遂傭人負於濟生店且延醫藥日令人致其飲食月餘病瘳助資以全其歸其於生者已如是若夫死而無歸者於陝之唐某具棺以殯之於直之陸某則同史君以葬之凡所義舉殆難枚舉同鄉諸公皆慕其賢不忍沒其長厚之誼屬予作誌以表之予才學荒疎恐未能悉闡其實然

義不獲辭況予於先生里居相隔十有餘里知之最稔聊以蕪詞略敘其概云爾候選儒學訓導廪貢生張承命拜撰弟子生員郭象伋敬書大清宣統元年歲次己酉孟夏穀旦

吳曉峯夫子德教碑　亦在舊城南茶坊高六尺闊二尺四寸

歸化者漢襄郡所屬之盛樂也自魏拓跋氏發跡以來頗爲底定但俗尙浮屠迄我朝聖祖仁皇帝平定準部號爲塞北名區富商巨賈轂擊肩摩而文人學士無聞焉有之自余鄉吳先生始先生名天章字曉峯古雁門人也幼聰頴倜儻尙大節而不沾沾於俗儒之迂腐廪膳明經後游學北方僑古豐宏開絳帳終日講學孜孜無倦容見其地瀰荒陋而少年子弟往往有秀頴傑出者始慨然曰川嶽鍾靈不以地限風氣之俚俗學校不興故也於是糾合本廳縉紳邢君天菴史君光甫相與禀請於代巡臬憲及道府諸大憲爲之立學校定考籍賢大吏亦喜其有志風化合辭允准奏請設立學校先生乃殫精竭慮博采內郡儒學則例因地之宜而折其衷並將聖廟春秋享祭之典悉歸於儒學而督理之至是邊外諸廳亦彷其制而一時幷興焉由是華囗官商聞先生名莫不步追子弟而嚮學過其門者數百人偶有家資寒薄而才堪造就者先生亦極力栽培不責其束脩不數年而家絃戶誦均沾化雨從前野蠻之習竟有丕變凡一時才人名士盡出其門至今登仕籍而行青紫者已數十人丁未歲余遊塞外而先生年已七旬餘

矣循循善誘不懈於初轉移風化之重先生直以一布衣肩之余與先生同里而先生年輩最老品行之純篤學問之淵雅惟余知之爲最深及門諸生感先生之教澤咸爲醵資勒石不欲其久而漸忘因請余屬辭以代口碑余學淺筆鈍似不足以盡先生之德教惟誼關桑梓義不容拒聊誌數語以述先生生平之梗概云爾

乙酉科舉人白鳳彩拜撰弟子生員郭象伋敬書大清宣統元年歲次己酉孟夏穀旦

右清

創修模範監獄碑

略曰歲在甲寅夏予奉命治事綏遠軍民庶政而外整理司法慨然於模範監獄之闕如次年己卯爰與本署審判處雷處長祖培悉心商榷就本區財政之狀況現時之基礎統籌而兼顧之提歸綏縣已裁習藝專款本銀四千兩息銀三百四十九兩七錢九分又罰金項下銀五千元作爲籌備底款復查有歸綏縣舊日糧倉一所倉房六座墻極固足爲改修工廠之用倉西民房所佔官地南北十八丈東西十丈價由民間購回築監房凡數十間房扇面形計可禁三百人房皆臥磚雙瓦大監墻寬六尺高一丈八尺有餘如瞭望臺職員室教誨室炊所洗濯所等均粗具焉材料不足者取土默特旗廢倉以補助之伐城外官樹以增益之自民國四

年四月鳩工始十月工蕆總支銀洋萬六千二百有奇越時約二百日督是工者爲雷處長一人

中華民國五年十月即舊曆丙辰年秋九月上將銜陸軍中將綏遠都統潘矩楹識幷書丹篆額

漢明妃墓碑　高五尺闊二尺五寸一面題漢明妃墓一面刻七言詩一首

奇策安邊付女流琵琶一曲自千秋寒凝青冢烟猶慘聲咽長河水帶愁忍辱肯爲胡地妾論功羞煞漢關侯炎劉已盡單于殁賸有昭君土一坏

中華民國五年丙辰春隨何春江都護查籌綏區善後得覩明妃故冢因賦一律以誌之天津李廷玉撰天津馮明書

五更月偈碑　在舊城北門外清真寺高四尺餘闊二尺前額爲天空雲淨後額闡揚正教四字俱篆書字大幾三寸偈分刻兩面尾刊馬福祥跋

回之爲教也一日五時所以拜真主一夜五更所以記真言苟非素習回經深明回教之宗旨而欲得清真奥祕戛戛其難之余生

長回教少年失學既未識司蘭經文亦未通亞刺伯語言於回教宗旨茫乎莫辨雖從俗從宜遵行回教規則而行之不著習焉不察終身由之不知其道豈不大可哀耶民國紀元以來余護軍朔方公餘之暇因得涉獵正教真詮清真指南及天方典禮性禮至聖實錄四典要會諸書然管窺蠡測莫窮高深略見吾教之清真而所以清所以真者猶未得其要領焉邇來回教生持五更月歌索書甚多余恭讀一過覺有味乎其言堯夫謂萬物中有一身一身中有乾坤現茲月歌作者身中其有一乾坤哉代久不衰陰陽無間得主有常天人同一此介廉先生本躬行心得之理爲覺世牖民之計萃羣經之精華鑄明德之寶鑑出以淺顯之筆作爲唱道之文言近指遠守約施博善道也亦善教也惟願人之得之者書萬本讀萬遍參真悟道歸真復命其在斯乎爰恭錄勒石用廣流傳且以應索書者是爲跋中華民國十年十月穀旦特加陸軍上將銜中將勳二位一等大綬寶光嘉禾章一等嘉禾章一等文虎章蒙疆西路總司令綏遠都統馬福祥謹書幷跋

第一監獄碑記

略曰綏遠第一監獄原設監房改過遷善四號儲藏室兩座工場二所甫經草創規模粗具惟以犯多房少幾不能容余自莅都統任公餘閱囚詳詢審判處劉處長毓璋監獄情形始知房屋不敷用工場又乏基金加以各房土坑堅硬潮溼有碍衛生盡焉傷之

乃籌捐銀八百元飭將儲藏室兩座改修監房分爲感化兩號以資容納又捐工場基金銀六百元飭於舊有工作外添設毡科以資服習又捐銀六百元飭將各監房原有土坑一律改作木坑以求適用是役也劉處長董其事督工購料者則該監典獄長王澤生爲期凡三閱月用銀共二千元工既竣爰述顛末俾後有考焉

中華民國十一年三月穀旦綏遠都統馬福祥

重建大通橋碑　在清真寺北路西高四尺餘闊二尺碑陽刻文六行字約方寸無書者姓名

歸綏舊有和合橋係經本城紳商募資建築年久失修業經坍塌行旅殊感不便近頃京綏鐵路通車行人往來繁多尤賴是橋以資利濟乃竟無顧問者本會同人以事關公益公同集議僉謂舊橋既塌非重新建造不足以便行旅而利交通乃公舉許君立亭閻君潤齋鳩工庀材督造是橋閱數月而工竣所需工料各價計共大洋二千數百元悉由本會獨力擔任並因利便交通改名爲大通橋茲特略述重建情形以垂永久云爾是爲誌何孟英撰綏遠總商會正會長邢揖卿副會長王贊廷等重建中華民國十二年七月二十日立

王昭君墓碑　高六尺闊二尺二寸額曰塞外留芳

余少讀杜詩至明妃村篇不禁神爲之往及官寧夏即聞歸化有昭君墓而雲中志以爲在拂雲堆不知何據後讀遼史地理志拂雲堆在雲内州並不言有昭君墓而豐州下則直書青冢即王昭君墓據此則昭君墓之在豐州已無疑義又考清初張文端公使俄行程錄云歸化城南有青冢高二十丈闊數十畝冢前石虎雙列白石獅子僅存其一光瑩精工必中國所製以賜明妃者也又有綠琉璃瓦礫狼籍似享殿遺址等語則昭君墓之在今地益信竊擬因公晉京必假道一至其處以紓景仰頻年路出歸綏每限於期程未得展謁墓下深以爲憾民國十年拜綏遠都統之命又以軍事旁午弗敢自暇逸以勤軫駕今秋歲豐民和邊徼寧謐因得一往償所願焉至則冢高如昔見所立碑碣類皆近人撰擬所謂石獅石虎及享殿遺址俱蕩然無一存者夫清初距今不及三百年耳已湮沒若此回溯元明上至於漢其足以增環佩畫圖之色者不知凡幾獨蒙地文化晚開志乘從缺聽其湮沒爲可惜也雖然漢自和親以來公主之遠嫁單于者存歿多無可考而昭君獨於今爲烈亦可謂不幸之幸倘以昭君長處漢宮不過良娣貴人之屬而已何足稱道於世今漢家陵寢已無寸土而青冢巋然獨存至使騷人遷客形諸詠歌豈不以昭君既出塞號寧胡閼氏邊境賴以無事能使呼韓邪稽首稱臣願保塞自效其功不在衛霍下哉至其生平事蹟散見於傳記者頗不一致茲弗具錄因念蹈揚邊功以慰逝者與保護勝蹟以示將來皆守土者之責也爰補樹若干株並立墓側綏遠都統馬福祥敬撰並書中華民國十

二年月日

昭烈祠碑　在新城昭烈祠祀綏遠暫編騎兵第二團團長玉祿等三十三人

蓋聞報功崇德祠壇典重於春秋成冢刊碑忠義光增於河岳查綏遠土匪猖獗民不聊生差幸主客各軍奮勇痛勦其中身輕白刃爲國捐軀者不一而足追念英烈理應表彰勒石垂口以誌不朽云爾綏遠都統李鳴鐘民國十四年七月七日立

重建綏遠清真大寺碑　在舊城北門外清真寺高七尺闊二尺六寸文共十有六行行約四十六字一面爲隸書一面則楷書

共和政造五族一家信教自由揭在憲典各族人民風起雲湧爭自奮興以謀偉大之建設而躋文教於大同新者重修舊者恢復無不一壯觀瞻况庵觀寺院政府頒有保存之明令璀璨莊嚴有加無已形式爲精神之所繫佛剎也道院也禮拜堂青年會也均已金碧輝煌一新社會之耳目我教東來流傳最古豈可甘落人後不思有以振興發揮而光大之以與世競哉溯我綏遠之有清真寺也創自前清乾隆五十四年維時穆民只數百家亦非土著亦來自迤東迤西之外省寺內大殿以及南北講堂規模湫隘人

數與地勢爲正比例亦覺敷用近則交通便利生齒日繁每逢年會人滿爲患小寺擴充現有六所以我教民戶計已達三千之多較昔增十倍矣因陋就簡不圖改進非所以繼往而開來也艾君輔庭適長俱進會謀之於衆鄉老等助成刷新之舉募款修葺動議於民國十二年後鳩工庀材大興土木迄十四年秋乃告成計重修大殿起高五尺加大七間南北講堂展後一丈七尺起高二尺寺院展大數丈一切設施木石雕琢丹艧彩繢備極燦爛洋洋乎洵九邊之大觀自今以往當不患拜主贊神聖者之比肩屈膝而無地可容也特是物華天寶人傑地靈非徒爲觀美也我民文化遜於他族無可諱言父老子弟應注意缺點急起直追以補偏而救敝在社會立於同等地位在國家得於同等待遇聖教闡揚自未有艾廣廈千萬間不難落成也豈惟綏遠區區一隅之清真寺爲之生色歟余宰是邦躬逢其盛茲值工竣刻石勒碑因撰數語以誌不忘並勗來者三等嘉禾章簡任職歸綏縣知事馮延鑄撰歸綏縣參事會書記長閔葆賢書中華民國十四年九月上浣穀旦立

歸綏道示諭碑　在道署前今民政廳高五尺闊二尺許無額刻示諭及和解筆錄民國十四年十二月立

爲俯順人民請維持固有水利准出示曉諭刊石立碑以垂永遠事案據歸綏縣屬闍桂芳各村代表錫琨等以該縣所屬水磨溝

所發之水向來規程無論清混水除由畢克齊鎮按以水分使用外應由上十里坡下五里坡小里保閻桂芳等村輪流灌溉如再有餘水可以輪由後紅岱東西紅岱波林岱新營等處此口口夏秋三季之使水程規每到冬季九月九日由下四村即紅岱等村到畢鎮將水接出使用至十月一日始行仍歸畢鎮由畢鎮用訖又歸倘不汲出彥董家營子等村使用此係向來使水規程迄今二百餘年垂爲成例所有討合氣村之渠係在水口之旁源流微小僅爲牛馬所飲便利迨至光緒年間各村允其使用但所灌之地爲數無幾業已默認該村有使水之權其他各村不特無此權利而且並無引水渠路所以歷年相安無事者亦係均守程規詎料兵州亥村張榮等屢年妨害水利最近十一年春間該張榮復又偷水反而唆使伊村李才狀告十里坡周八寬等在歸綏縣涉訟該李才等自知理曲又央求中人調處以兵州村既無使水權利嗣後永不使用以息爭端等情雙方在歸綏縣合立和解筆錄有案詎至本年縣署忽然出示將絶對無使水權利之兵州亥村列在上游使水村內反將小里保閻桂芳子應使水之各村一筆抹煞如若成爲事實則數萬人之生命何托爲此陳明確情伏乞速令該縣維持舊規以息爭端等情呈控到署當以案關水利不能不秉公查勘當經遴員前往密查旋據委員呈覆屬實同時並飭據該縣知事馮延鑄查案抄送前項和解筆錄內載有兵州亥村地畝無使水權利嗣後兵州亥村仍照舊規不准使用水磨發源之清混水等語案經兩造遵處已歷四年綜核前後事實毫不

容亥此次該縣布告竟誤聽張榮一面之辭擅行重定新規旣據委查明確復經令該縣遵照取銷仍行轉飭各該村查照舊規辦理在案茲據閻桂芳各村代表等先後呈請本署查照成案出示曉諭准予勒石立碑俾資遵守各等情到署據此本道尹旣負察吏安民之責不能不以多數民意爲從違況一村與十餘之關係孰輕孰重斷不能任一二人之侵佔而奪數萬人之命脈啟各村之糾紛而翻百餘年之成例要必酌古準今因應咸宜據呈立碑遵守等情案卷炳存已成鐵證自係爲保證將來起見除呈請都統及咨行實業廳分別立案並批示照准外合行追溯本案經過事實並附刊和解筆錄示仰歸綏縣屬閻桂芳各村一律遵照原案辦理自此曉諭之後永遠垂爲定案倘有刁狡之徒不服遵守横加破壞准卽指名呈控以憑依法究辦特此曉諭其各凜遵此諭右仰通知道尹鄧長耀中華民國十四年十二月立押

和解筆錄

中華民國十一年七月十八日縣公開審理李材與周八寬使水糾葛一案案件點呼後到庭當事人如左

原告人李材關係人蒙古福壽張榮張茂德老虎森壽彭蘭香福圪進滿喜張瑗

被告人周八寬調處人武聘卿陳恆鳳

一和解之成立民國十四年七月十八日經中人武聘卿陳恆鳳

秉公調處兩造均已允服各方面情形遵處息訟投具和解狀存案

一和解之内容經中評令李材買地約據確係水地理應按水澆灌所有與周八寬兩造控爭實因誤會所致應毋庸議至於兵州亥村地畝向無使水權利嗣後兵州亥村各地方仍照舊規不准使水磨溝發源之清混水灌地倘有上壩挖堰爭水情事准沿河上下五十里坡等村從重議罰討合氣村舊有使水權利准嗣後該村用水畢即行退歸水磨溝大河内如該村故意將堰放開灌兵州亥田禾道路令其擔負賠償責任若係山水浩大無法堵塞灌壞兵州亥村田禾不負賠償之責兩造認可遵處完案各無反悔知事劉培蔭承審員何光弼書記高鳳中華民國十一年七月日

懦夫媿色四大字刻石　在青冢前高五尺闊二尺方趺字大盈尺

有跋

西漢當元帝之際邊禍日亟内外臣僚率皆委靡不振怯懦卑鄙之無識者流並無人焉敢挺身而出爲國家捍危難者猶明妃以弱孱女子耳蹈豺狠窟其冒險精神與班定遠後先輝映倚裝書此以表欽忱中州吉鴻昌世五氏題并識中華民國十有五年五月中浣穀旦

修築蜈蚣壩臥碑　高二尺四寸闊四尺四寸在縣政府土地祠字大五分隸書

漠南大青山麓有蜈蚣壩界歸武間上下十餘里許石徑逼仄行旅苦之南來北往車輪爲摧狹處相逢不能前進擱至二三日每値寒冬立壩凍死者伊不乏人歷來守斯土者多議興修卒未果沈邸李曉東都護蒞任之二年警務處長吉公鴻昌履勘後動議非修不可綏遠道道尹鄧公長耀政務廳長郭公景岱踵之籌款鳩工鄧公爲總辦吉公爲會辦幷由馮工程師鶴鳴嚴糧捐局總辦惟性章塞北關監督炳昭郭土默特總管景隆王善後局坐辦錦堂趙菸酒公賣局局長冠臣韓實業廳長安商會王會長大勳孔副會長昭德爲幫辦武川縣宋知事兩村爲坐辦延鑄亦濫竽坐辦之數每週親勘一次即景生感輒觸吟興先後疊韻湊成四章以作修路紀念非敢云詩也時中華民國十五年五月中澣

昔聞朔漠有陰山山在黃雲紫塞間山前山後風俗殊輒因猾夏諸夷蠻崎嶇山路蜈蚣壩壩上羊腸鳥道攀南歸北武只十里無人不嗟行路艱西北發展此吭要往重民生便往還開山鑿石精擘畫當軸仁者抱痌瘝醵資鳩工速興築恐違農時趁春閒移熟愚公開五丁神工鬼斧公輸般經始計程可百日峯迴路轉平不彎直將險巇化坦途向皆卻步今歡顏車塵馬足任馳逐紅土梁連白石灣欣見槖駝結隊來絡繹於途儔侶班交通無阻運輸利

莫言難渡猶秦關綠楊紅杏三月時數家茅店夕陽殷當年杜老謫出塞征人遠戍悲刀環李華有文弔戰場天陰鬼哭餘淚潸壯游多被文字誤望風生畏身覺孱馬邑龍堆路幾千人無遠志何其頑豈知今有縮地術一日千里游塵寰兵工農工互爲用鞏固邊防路政須况復陰山久失險空餘蒼翠堆煙鬟蜈蚣壩上履如砥坎坷盡鋤榛莽刪我來登覽一長嘯掃石留詩苔痕斑興盡晚歸書所見沙溪春漲碧潺潺

我今節屐又登山盤空疑上白雲間迴看行人小如蟻蝸角紛紜爭觸蠻山勢蜿蜒肖蜈蚣蜈蚣壩險窮追攀昔人曾嗟蜀道難此比蜀道行尤艱路狹天寒人凍死轍車羸馬難生還祇有識征病行旅更無仁慈憫痌瘝而況晚近多傲吏詩酒自娛佟清閒西北開拓有宗工力超五丁巧超般層巒疊巘闢蹊徑道直如髮殊弓彎石骨嶔崎儼壁立樹木欣欣山開顏胡人牧馬任南下白道梁接黃河灣紫臺青冢弔漢妃銘勒燕然文讀班毳幕酪漿俗牛飯人家茅屋掩柴關俛臥白石大如斗仰排丹嶂瑪瑙殷春色十分供點綴晴川遠樹綠迴環壯游出塞朱顏老感旹濺淚花潸潸嘯傲詎必淩滄洲拈句枯澁自笑孱也似醉翁嗜山水放浪莫嘲太守頑世外桃源誰避秦峰懸古寺通仙寰修路濟人利輸運辛勞豈希榮寵頒歸途夕照鴉影亂暮煙疑紫迷螺鬟我心那得如路平塊壘盡澆俗塵刪馳驅奔走儕牛馬鬢髮偏爲作詩斑新詩再詠蜈蚣壩柳塘綠水正深潺

古豐州北屏青山紫塞黃河掩映間春來綠野佳氣多枝頭好鳥

嗚鯀蠻我生慣作汗漫游好入名山藤葛攀百事埋頭鼓餘勇敢憚煩勞更憚艱贏得吟鞍載風月故園東望不思還漫道詩人心悱惻感賦流離悲痌瘝七日一上蜈蚣壩孜工勤情非偷閒上意誠摯遍宣傳民眾歡欣動一般羣力奮鬪爭進取鎚險鑿幽通曲彎旅客來往僉曰便驅車過者無愁顏何論漢下白登道何論胡窺青海灣胡越一家久同化游牧志略玫班班環球大同烏託邦那可肥瘠勿相關此壩昔嗟行路難馬瘏僕痡汗血殷縱有阮籍登山屐徒步翻嫌舉足孱扶笻必欲淩絕頂怪石當前相笑頑放眼四顧眾山小盪胸生雲殊人寰民未病涉始仁政負戴道路無白頒兩山排闥送青來雨後翠重擁螺鬟九邊風景亦壯觀到此游騁俗慮刪倘留碑碣紀勝迹後人剜剔苔蘚斑落日西巖經壩口小橋流水聽潺潺

十數人家四面山鑿井耕田樂此間行李往來牛蒙旗不是古時蠢爾蠻山腰橫亙限南北巉峭縈紆不易攀東倚長城阻胡騎西瞰黃河飛渡難沙場白骨簇燐火自來征戰幾人還罷兵生聚乃仁者視民如傷憐病瘝鑿山修路工代賑信而後勞懲游閒不日成之險如夷交通無碍便百般吾鄉亦有鷂兒梁老龍背與蛇腰彎蹄鐵鏦錚馬不前一度舉趾一汗顏吾昔曾踰抓蛟嶺十八盤道卅六灣又嘗游覽彈琴峽相逢故人荆喜班北走幽燕淩恆嶽居庸雁門皆雄關獨有漠南蜈蚣壩青山犄角沙石殷莫謂余生負丘壑連年奔馳轍迹環風景絕佳春暮游杏花紅雨落潸潸登壩放眼大地寬健步方知體不孱誰道山堅不可移生公法妙感

石頭歐美尤多探險家梯航不惜周瀛寰北壩區區何足算況今修路令早頒棧道剷平十里餘石齒嶙峋盤雲鬟詩情到此應更遠爽挹襟袖懊惱刪數言權作路工記信手拈來管搦斑蜈蚣壩名傳不朽峰巒矗矗水潺潺知歸綏縣事上谷澄園馮延鑄

昭君青冢碑　高三尺許寬一尺三寸民國十九年四月綏遠省主席獻縣李公培基題

詩人題句意偏多吾欲題詩卻奈何忽見明妃青冢樹春來猶自影婆娑琵琶曲調動人哀夢裏何曾到紫臺寄語漢朝諸將相單于心事費疑猜攘夷失策誤和親青冢依然草自春漢帝諸陵迷綠野更無寸土瘞宮人嘶羣胡馬草成茵絕塞蛾眉倍癉神漢使南歸憑寄語旃廬夜月強工嚬寒風獵獵動邊塵幾度抬頭望紫宸雲去月來明朔漠兩端心事一端人嫁得單于亦□□漢宮春老竟如何畫圖箇箇承恩幸誰及昭君墓土多

青冢植樹記碑　在青冢高六尺寬二尺八寸碑陰刻集貲者十八人銜名

豐州古玁狁地也而志方郡如元和郡縣志僅詳疆界至太平寰宇記始及陵墓以故考豐城古蹟者實自昭君冢始猶憶先人魯

川公在京邸與顧船印林石州諸君子游舉凡北徼彙編蒙古游牧記均與參訂然於昭君一家亦考之不詳誠以貞魂毅魄之所寄良足繫士人景仰之思而國家政蹟所在當先紀封疆也歲庚午清明後十日涵礎李公召集軍政各長議定植樹冢右始掘土獲梵文經卷隨風湮滅既而石虎現木柱現而零星螭瓦碧苔疊篆尤難更僕數知古人於冢右實有大招提在夫元代如成吉思汗清代如費揚古或有冢或有祠迄今香火不絶則昭君以一女子喋血行間殉身沙漠節烈風概寧不爲後人敬仰耶曦建設斯土職在造林徵是議亦將竭蹶從事爰集同僚醵貲置守冢田戶常資灌漑一以鑒前此植樹之失一以啟後人弔古遙集之思而芳草蔥蒨冬雪不彫之靈異亙古如斯他日豐城諸名流纂風土記者先纂青冢一志雜取古人詩文排比之更取近人題口附入不遺則尤爲守此土者所厚望焉是役也植楊柳三千株拓地六畝建房兩間事畢別書集資姓名於碑陰曦不揣檮昧濡筆而爲之記雁門馮曦撰太谷武炳虞書中華民國十九年四月中浣勒石

重修萬部華嚴經塔記碑　在城東五十里華嚴經塔下高六尺餘闊二尺四寸一面刻文及捐貲人姓名無書者姓名

綏遠自戰國迄明初並列郡縣其間若兩漢地臨徼塞則有都尉之城北魏地近郊圻猶傳柱國之宅隋唐遼金時代較近名蹟尤

多本縣東五十里有浮屠七級高二十丈蓮花爲臺人物斗拱精緻絶倫誠鉅工也考朔平府志塔頂建有石額篆書萬部華嚴經塔前人疏於愛護不知何時失落拾級而登頂上嵌金世宗時閱經人姓氏俱漢字風雨侵蝕下層坍塌將有傾頹之虞本年夏李主席涵礎游覽到此以古蹟應當保存亟須修理第念地方經災患之餘民力竭蹷不願重累吾民旋集同寅醵金爲之鳩工庀材因陋就簡加築土垣經營匝月始克蕆事明春補植樹株點綴風景游人憑眺能無懷□之感乎是爲記歸綏縣縣長張錫餘撰中華民國十九年十一月立

建築龍泉公園碑　在龍泉公園民國二十年七月立

風景園林乃物質建設之一不僅潤色城市且可增人健康故東西各國對於森林公園莫不經營締造所以備民衆游憩之所爲公共娛樂之場也我國東南諸省亦皆公園林立良以山明水秀之區少事點綴便成名勝惟茲綏遠地處邊荒風沙滿目欲藉天然景物建築幽雅園林不亦戛乎其難而臥龍岡之風景則獨有可取殆所謂十步之內必有芳草不信然歟岡在歸綏市東積土而成高闊數丈下湧流泉細水淙淙清潔可愛即此基礎闢建森林公園誰曰不宜於是請諸省府撥發專款沿泉四周採地二十餘畝分別擘畫次第進行泉南插秧種稻既可試驗作物又如江南風味宛在邊城一舉兩得謂非計之至善者乎泉之後方及其

左右宜植樹株引水灌溉自易成活更建船亭於土岡之上俯視仰觀全園在望依泉鑿池提高水面澆樹灌田皆可引用偏西設運動場俾助游人活潑精神少南復編草爲亭近傍稻畦晚坐納涼倍饒佳趣計畫甫定集合同僚醵資栽楊樹五千四百餘株或問之曰夾道綠槐陰堪消夏緣堤碧柳爽可宜人他若門盈桃李社結枌榆桑柘成春松柏挺秀皆足以增景色暢幽情何僅拳拳於楊之一種意究安在答曰楊者揚也一則闡揚固有之風光藉以推行水利農產日益增加矣一則發揚將來之文化咸知努力造林材木不可勝用矣今於園中密而植之實寓有提倡農業振興林政之要義焉又豈第林泉瀟灑供人游覽而已哉是役也共同植樹機關凡十有四省政府主席李培基民政廳長陳賓寅教育廳長張欽財政廳長許雲慶政治實察所長王謙高等法院長侯封魯菸酒事務局長毛桂恩塞北關監督温承澤印花税局長袁志華墾務局總辦李紅稽查處總辦武炳虞會辦王煥東土默特總管滿泰歸綏市公安局長卜兆瑞而曦則職司建設負有全責實行種樹而外一應工作綢繆督促昕夕未遑計自民國二十年四月中旬以迄七月上澣時越三閱月始告厥成夫名其園曰龍泉以其岡號臥龍泉出其右且與老龍灘青龍背壤地相接蓋紀實也顧事屬初創粗具規模雖不能抗衡列邦步武內地然由此發軔擴而充之亦何難日臻美備蔚爲大觀耶慮夫來者不悉斯園之所自也爰述巔末而爲之記綏遠建設廳廳長馮曦中華民國二十年七月下澣

鄭母張太夫人墓志銘 高一尺方二尺二寸膠西柯劭忞撰文長白寶熙書丹上虞羅振玉篆蓋

夫人諱素琴山西臨汾縣人陽城縣典史鄭君道湜之妻而民國和順縣知事裕孚之母也鄭君廣西桂林縣人爲典史憫恤獄囚曲施恩貸夫人實佐之光緒二十六年陽城縣石臼村拳匪作亂大府檄知縣勘其事知縣懦不欲行君奮然請往竟爲亂衆所戕奉旨賞邺銀予雲騎尉世職夫人嫠居裕孚幼卒教之成立裕孚歷任神池清源和順崞臨汾安邑等縣知事當官涖事一稟夫人之訓故鄉人稱賢母必首舉張夫人近世仕宦者服官之地往往去其鄉絕遠風土異而習俗殊下之情不易達於上亦其勢然也裕孚粤人官於晉屢宰繁劇有循良之譽其吏能固殊絕於衆亦因爲夫人父母之邦恆以習見習聞者教其子易於得民故也嗚乎可謂賢矣夫人以捐賑得奬三等慈惠章舉節義給褒章褒詞令問孔修匾額准立碑坊生於咸豐三年九月二十日卒於民國二十一年十一月十三日年八十子一裕孚也孫六植昌歸綏縣縣長樹昌工商部工業技師懋昌義昌棣昌桐昌曾孫三裕孚將葬夫人於歸綏城北之新阡走京師來請銘銘曰

粤有仁賢兄公是虔朝夕饔飧兒幼母嫠朋僚賻之述志以辭拯難賙貧施於六親逮於鄉鄰媞媞德徽勒碑銘詩永表母儀

闈中感賦詩石刻　在舊城楊家巷文廟內高一尺長二尺八寸

綏遠普通文官考試闈中感賦

察東驚寇至綏遠尚掄才皓月懸冰鑑甘霖淨塞埃同官優坐鎮多士喜招徠欲達需材意還期奏凱回邊陲春到晚入夏始看花季智名誰識文翁化未加移風唯植學喻物正萌芽莫作才難嘆環綏處處沙

民國二十二年五月綏遠舉行第一次普通考試典試委員長代縣馮公曦闈中詠五律二首植昌適宰歸綏幸獲先覩謹書以勒石典試委員鄂城余鍾秀陽原李泰棻臨汾張秀升集寧紀守光東陽李鍾翹桂林鄭裕孚歸綏潘秀仁朔縣蘇體仁河間袁慶曾慈谿虞振鏞祕書長紹興曾厚載錄五十三人監試委員解縣王平政監誓委員涼城張欽桂林鄭植昌記

趙元禮送鄭友漁典試綏遠詩石刻　在舊城乃莫齊召橫一尺五寸縱一尺

鄭友漁先生任綏遠典試委員適其哲嗣植昌作宰歸綏遇合之奇遂成佳話遠道賦寄以誌良緣

廿年三度歸綏住意外風雲遇合奇令子入官由學古先生有道可題詩紀遊臨澤縈前夢表德瀧岡媲孝思多少英髦待甄采好

憑巨眼作良師癸酉夏日天津趙元禮

行行十字

忠恕堂三字石刻　在縣府大堂橫三尺三寸縱一尺六寸跋十四

余幼時權酤綏遠自甲辰至庚戌凡七年嗣官山右歷神池清源和順崞臨汾安邑等縣戊辰後供職平津歲庚午兒子植昌任綏遠省政府祕書余始再至作數日留蓋已三十年矣今歲余奉簡命典試綏遠植昌適宰歸綏乞書法語爲居官守身之則因書忠恕二字以與之中華民國二十二年癸酉五月桂林鄭裕孚識並書鄭植昌勒石

修葺門沁壩碑　在壩頂高五尺一寸闊二尺額曰永垂不朽

察素齊畢克齊兩鎮居歸綏縣城西陰山之麓由城之畢由畢之察相距各三十里許泉甘土肥淳樸富庶有古風焉介兩鎮北迤有門沁壩者爲入山達武川之孔道重谿疊嶂亂石縱橫峻峭若不可登者當冬日雨雪霏霏人畜之死於斯傷於斯者年必數數聞也兩鎮同人目擊心憫久欲修治之俱以款絀而罷民國二十年辛未春縣長張公允與助成由建設專款下撥千元發建設局諸備修葺其冬有司往勘擬削低壩頂三丈而稍平之計須五千番而籌得者僅五之一工遂不果興明年商之駐軍請以兵士修

築値鳩工庀材之際駐軍忽他調事又輟洎癸酉春咸以過者之艱苦猶昔若平治無期何以慰鄉人之望乃如集議量帑修治周君尙禮經理其事李君映溪呂君生昇助之鑿幽險疏梗轡以洩以宣閼四十日減低丈餘方以慶往還之便而弗意淫潦隨之南山崩潰數百尺土石所聚通者復阻幸駐軍再莅察鎮營長李公俊更慨分部卒百許力爲鋤理不旬日而蕆事於是全功以竟而後先所需爲銀計已千有百六十餘元其以不敷而呈准縣府籌補者爲銀又二百五十元除支歷修諸費餘悉分助村保衛團及護路隊之饟餼周君李君呂君志寒暑窮日夕是斷是度是尺是尋尤所謂執事有恪方斲是虔者今縣尊桂林少愚鄭公植昌題頒扁額各一昭激勸褒有功也回溯修治之艱難各方之翊贊用勒斯石以志始末若夫後陳風物綺藻紛披反復其詞以爲波瀾則又俟諸博雅之君子與和傅向玄記桂林鄭植昌書中華民國二十三年十二月

禮義廉恥四大字　在縣政府大門右側高四尺三寸闊二尺鄭植昌書民國二十三年六月一日立

□解壁記

豐之爲郡其來尚矣地名九原雲朔三轄控御□□之衝金湯世動承里
置天德軍節度而鎮守焉風俗惟淳民物尚朴厥土惟瘠□□□下中原高
且平墾耕牧養軍民相參居止郡南負郭黑河青冢古跡仍存郡北一舍有圖
繞之山名曰神連中有捷徑故道向城山谷北之銀瓮逕通漁陽險阻連亘一
倍□天平七十餘里歷經涉華山水泛漲阻妨車兩經行寒暑遞遷人無舉覆
粤有本州監郡將烈奉議知州郭承務同知哈剌不花承務判官倫忠勇等典
校是州未及數月講究興除利病遂云
方今政務宣聞之外供需漠北以軍旅糧儲爲重計奈何以漆石磽确有妨給
餉之正路耶又況歲值凶歉□歉修理其可得乎遂有此議申明大同總府及
憲司計稟河東維縣與聞□省臺既從其便□□之間以還鎮邊德寧天山分
司宣慰使馬馬正奉宣慰同知撒德彌實奉訓宣慰副使孫朝請繼踵馳驛路

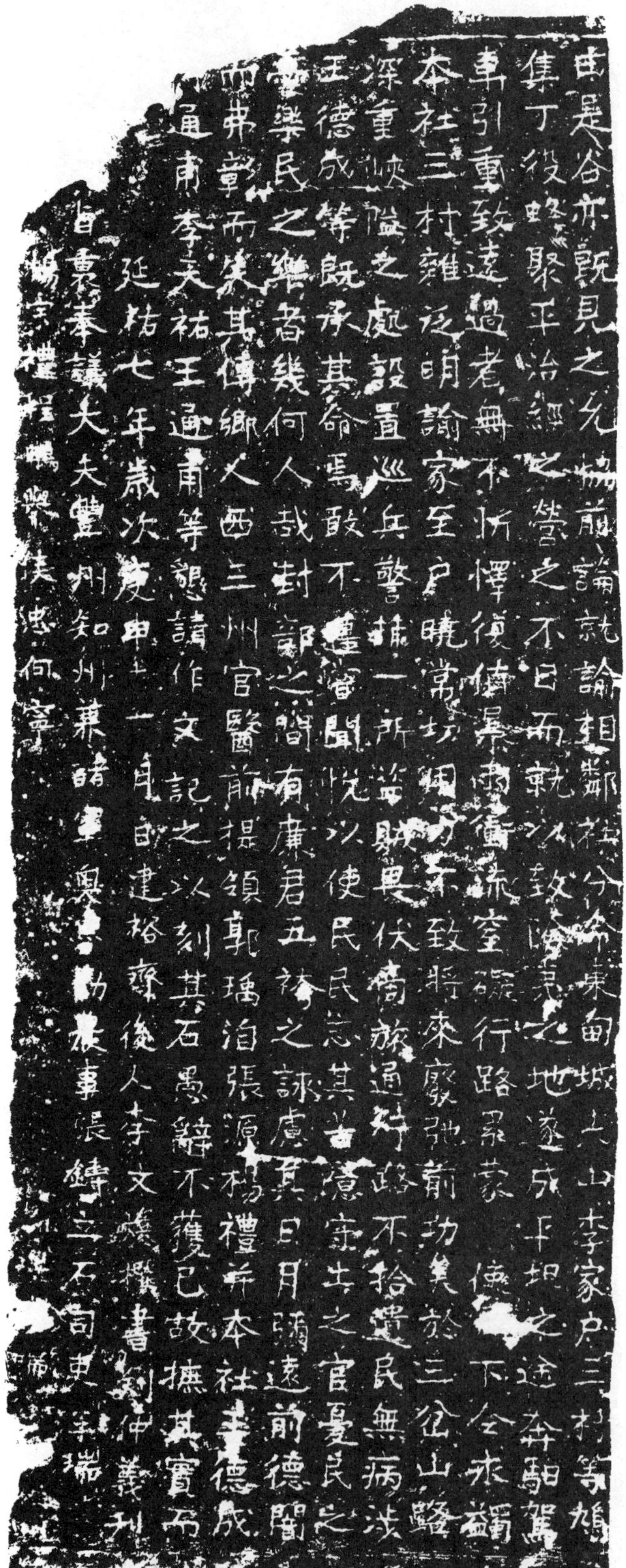
由是谷亦既見之允協前論就諭祖鄰社分命東面城上山李家户三村等雄
集丁役蜂聚平治經之營之不日而就以致險峻之地遂成平坦之途奔馳駕
車引重致遠過者無不忻懌復倚累甗衛流室礙行路衆蒙便下合永鋪
本社三村雜役明諭家至户曉常切用力不致將來廢弛前功美於三岔山驛
深重峽隘之處設置巡兵警捕一所盜賊畏伏商旅通行路不拾遺民無病涉
王德成等既承其命焉敢不遵當聞悅以使民民忘其勞憲宗士之官憂民之
樂樂民之樂若幾何人哉封部之間有廉君五袴之詠虞其日月彌遠前德闇
而弗彰而美其傳鄉人西三州官醫前提領郭瑶泊張源楊禮并本社王德成
通甫李天祐王通甫等懇請作文記之以刻其石愚辭不獲已故摭其實而
延祐七年歲次庚申十一月日建裕齋後人李文熾撰書劉仲義刊
旨[illegible]奉議大夫豐州知州兼諸軍奧魯勸農事張鑄立石司吏[illegible]瑞
[illegible]陽宗禮程[illegible][illegible]德何寧

金

禁止沙錢銅碑　在舊城三賢廟三元成等鑄立

夫制錢之內攙使沙錢本干例禁近年歸化城間行攙使迄今愈行愈廣蒙道憲安府主炳出示嚴禁並會鄉耆等酌量改除後公議存沙錢者到三賢廟換取制錢飭兩相抵永絕後患如再有不法之徒仍蹈故轍禀官究治決不寬恕恐年遠無據將沙錢毀鑄銅碑俾闔邑週知以昭炯戒於不朽云十五社外十五行鄉耆三元成等公立清光緒十五年歲次己丑八月立

石

清高宗撥款收養貧民上諭碑

上諭各省郡縣州邑皆有養濟院以收養貧民此即古帝王哀矜煢獨之意朕聞歸化地方接壤邊關人烟湊集其中多有疲癃殘疾之人無棲身之所日則乞食街衢夜則露宿荒野甚可憐恤查彼口舊有把總官房三十餘間可以改爲收養貧民之所每年於牛羊稅內撥銀二三百兩米粟百餘石爲饘粥寒衣之費着該處同知通判揀選誠實鄉耆經理其事仍不時稽查以杜侵蝕之弊倘地方有樂善好施者聽其捐助共成善舉但不得稍涉勉強着該都統會同該同知通判妥帖辦理務令窮民均沾實惠特諭欽

此乾隆元年丙申月立

重修養濟院牌坊序碑

考茲牌坊之建始自乾隆元年至道光十年因久殘缺爲之重修迄今復五十餘年矣兼以地處下溼地基不固易於傾欹漸又丹漆剝落磚瓦凋零若不及時修葺誠恐一經頹毀厥工益繁爰爲籌款重修易其枯朽補其缺殘輪奐爲之一新猶望後之守茲土者同切民瘼共成善舉隨時補葺無虞廢墜以仰體國家矜恤煢獨之至意實爲幸甚光緒六年八月重修署歸化蒙古民事府同知德

歸綏道更定濟生店章程示諭碑　在省立第一小學校高五尺闊二尺四寸附刊章程八條

歸綏道阿示查歸化原有養濟院惟專收養孤貧殘廢又限於百名定額而此外之老疾窮苦尚復不少每至冬春之際飢寒交迫溝壑堪虞是以本城曾設濟生店向於冬季收養貧老無依之人奈之一定經費每致有名無實前於光緒二五等年經各官商先後捐助銀兩將濟生店擴充修理推廣收養嗣於九年秋間蒙現署撫憲前升臬憲奎按臨歸化以貧民較多令再推廣收養遵於

舊店西院增建房屋十一間約計東西兩院可容貧民五百名應即以此定爲收養貧民額數並將原立章程更定八條刊掛門壁

計開

一濟生店支發錢米等項均責成值年鄉耆悉心經理每届開店收養之時着寫賑人查明貧民籍貫姓名年歲或係年老或係殘疾分別登簿聽候司事查實知照鄉耆按名支糧如有開除隨報停支其收養貧民並支給糧米各數目由鄉耆按月開摺呈送道廳查考事竣造具清册送由歸廳報銷至店内人數有無浮冒粥米有無偷減及店内人夫有無淩虐需索貧民各情弊應由四鄉耆督同十五社總領輪流逐日早晚親身到店協同司事認真稽查仍責成司事隨時查察該鄉總等如有稽查曠誤不到者立即禀知道廳每誤一次罰米五石以充濟生店煮粥之用

一濟生店仿照舊章仍專收貧苦年老之人惟前次推廣收養仍爲地勢所限祇能收養貳百伍十名現在添蓋房屋應以收養五百各爲率其年壯貧民仍難濫收如有實係患病者亦准暫爲留養病痊應即令其出店自行營生

一濟生店每年自秋季霜降之日起至來年春季穀雨前一日止共計收養貧民六個月其開店日期由廳先爲條示俾衆周知

一店内貧民每名每日各給粥米市斗貳合其米由值年鄉耆計口核算送交該店早晚兩次均眼同司事及輪應稽查之鄉總過斗盤量看令火伕下鍋煮熟盛粥散給至店内食粥貧民原以五百各爲額但遇風饕雪虐之天如實有貧丐難覓棲食者不妨額外

酌加收養惟人太多則店屋擁擠米太多則經費難籌亦不得不定一限制嗣後如須額外酌加收養仍以人不得過陸百五十名米不得過壹石叁斗爲度

一店內每日煮粥兩次燒炕拾盤煤爐捌箇統共發給柴炭制錢壹千捌百文連燒土擔水幫夫以及抹布笤箒簸箕均在其內不得另行支銷每日又給燈油貳觔

一店內自開店之日起至撤店之日止僱用寫賬人一名每月工資制錢一千五百文共用火夫八名每名每月各給工資制錢一千文即於火夫內撥充東西兩院院頭各一名每名每月於火夫工資外加給制錢五百文以上所用人夫每名每日各給油麪一觔倘該人夫等有剋扣粥米需索貧民等情弊一經查出從嚴懲辦斥逐更換又自撤店之日起至開店之日止僱用看店二名每名每月各給工食制錢一千五百文自撤店以後如實有老病貧民及偶遇風雪陰雨之天貧民無錢不能投店者仍准暫投該店住宿斷不准該看店人索取房錢

一店內貧民遇有患病應由院頭隨時報明司事撥給醫藥調治如在店病斃除有人領埋者應毋庸議外倘無人領埋該院頭即報由鄉耆傳知地保掘坑深埋不准隨便拋棄致令暴露

一濟生店未收年壯之貧民當口外天氣嚴寒每至日暮無錢投店亦實有僵凍堪虞者如果濟生店實在人滿無地可容擬另於濟生店外包賃寬敞店所作爲官店准其貧民投宿不取房火錢文以每屋煤爐一箇熱炕兩盤能容百餘人爲度即令店家照料月

給房租人工及柴炭燈油等項制錢二百文倘濟生院能容住宿即將此官店停止以節經費以上八條所需銀錢係由闔郡官商公捐銀兩生息項下支發應按年由歸廳詳報院司核銷光緒十一年三月二十五日泐石

節孝婦楊母張太夫人誌銘

清旌表節孝婦楊母張太夫人者郡之舊城人幼聰慧有志操年十八適同郡楊公逢春入門後事翁姑至孝處琴瑟尤諧和迨年二十八不幸楊公病逝遂誓守柏舟節矢志靡他而理家政訓子女晨夕傍徨數十年如一日焉治家之暇常以誦天經認真主爲立身職志其氷霜堅節誠巾幗中所罕有者清末郡守樊以潔身守節具陳事實詳請宮廷旌表書上准建碑坊用彰國風夫人常念清真大寺開學阿衡及負笈海口口每因供養不裕時恆棄學去乃慨捐助祖遺純和成値銀八千元之房院一所以所得租給供養費翊贊宗教鬚眉中恐難能也况婦人乎今該院廣廈宏開人才濟濟謂非夫人之力其孰能之蓋夫人矢節四十餘年誠摯勤明甚可誌也百代而下觀瞻所及當爲我穆民教中增一光明也已爰爲之銘曰

青山蒼蒼黑水泱泱貞孝堅礪與天地長

白志謙撰文白志光書丹清真大寺執事馬俊俱進會會長艾玉璽監修孝男楊洪敬遵旌表建碑中華民國十四年閏四月吉日建立

出塞紀略浮屠一座高矗天半六角七級純磚砌成不用木石外
向寫作菩薩天王面面拱立承以蓮花瓣外撐數尺因以爲簷刻
劃玲瓏生動如真全未剝落但丹堊漫漶爾南篆書顔額曰萬部
華嚴經塔每級高三丈許階梯而登首級有石碑八座陷入壁間
暗不可讀吹火照之字體頗工開列男婦數千百人姓名別無隻
字誌銘中有忠勇校尉某漢兒都目某女直都目某通事某種種
名色姓名類多中華氏族其女直姓名者十之一爾傍及婦人或
稱妻某或稱娘子某氏或稱某娘娘其一碑署曰萬部華嚴經塔
看經人數虬首比邱福州惠仁發宏誓言如有情數經爲看毗盧
海印定光寒願眼恆無缺陷諸苦惱大地衆生俱如普賢行滿此
外絶無紀載可考彼地相傳舊有石碑備書修建始末以金銀鏤

錯其額爲竊盜者取去蓋傳聞失據久矣上六級稍明啟二牖以納日光其間或東西向或南北向層層相間絕頂第七級中空如庭中間無物東首壁端大書曰大金大定二年奉敕重修不言其自何代始以此推之疑其創於元魏高宗以後壁間題署甚多大抵皆金元人遺筆多有墨蹟如新而語皆粗鄙重傳其眞不敢妄易一字備錄於後塔內都無佛像亦無鳥雀窠巢間有鴛鴦飛集於下地多蝎子草似麻而短手誤觸之痛楚不可耐無異被螫於眞蝎也附錄華嚴塔題名總管府判石仲玉至元二十年八月初一日來遊於此今人同古人殘月如新月至正十年正月二十二日劉拱同潼川二婦人同姐閙姐題　天堂路大德二年五月初九日書　欽差戴聰明四川江安縣人元統二年四月初八日來

登　尋真誤入蓬萊島香風不動松花老採芝何處未歸來白雲
滿地無人掃至治三年二月十一日書至元六年五月初三日文
山相國幕下相士三人到此　大定十八年三月十二日關西鎮
戍軍樊典到此題豐州在城塔至元十一年五月豐州管水鴉提
點王英張伯州題　大朝至元八年西夏國仁王院僧惠善同進
宣沖平五禪師到此記　朱朝大明國山西太原府代州崞縣儒
學增廣生員段清字希濂嘉靖三十九年九月十五日韃兵大舉
攻開堡塞將一家近枝六十口殺盡止存清一家大小五口俯念
斯文一脈留其性命恩人達爾漢帶回北朝路逢房叔二人段應
明段茂先又遇妹夫石枚清妻陳氏男甲午兒官名段守魯長女
雙喜兒次女賽喜兒陳氏於嘉靖四十年四月初一日病故閏五

月二十七日妹夫石枚帶甲午兒投過南朝去了六月初八日留名　去年曾醉海棠叢聞說新枝發舊紅昨夜夢迴花下飲不知身在玉堂中瑞伯書　泰按此即白塔距歸化五十里康熙三十五年征噶爾丹駐蹕於此光緒十八年四月十三泰履歸化任因辦賑事忙未能親往囑友人代抄友人將石碑八座人名全抄而金元人遺筆未抄新修通志金石記載此碑未錄全文難資考證今讀錢塘虞氏出塞紀略備錄金元人遺筆語雖粗鄙然口外金石甚尠可爲佗日著歸綏志者之一助且前同歸綏道幕平湖沈蓉卿譚及明一統志殿本載白塔圖云係互市之場予藏一統志係明坊刊本無此圖今讀碑中崞縣生員段希濂嘉靖四十年題名云嘉靖三十九年九月十五韃兵大舉攻開堡塞云云大約嘉

靖三十九年前白塔必屬明邊惟泰友人所抄有天山榷場華巖
邑七字爲虞氏所失載按蒙古遊牧記四子部落旗西北有廢淨
州城金史地理志淨州刺史大定六年以天山縣升爲豐州支郡
刺史兼榷識察北至界八十里縣有天山舊爲榷場大定十八年
置爲倚郭據此與大德加封孔子廟碑則金元之邊界可考惟此
處爲金之華巖者必因華巖塔而名則在金大定以前可知
予任歸化時因辦賑派平湖沈□□少尉到大青山後查賑并囑
其查賑後順訪北魏遼金元碑刻有無存者歸來呈大德加封孔
子廟碑此碑在歸化大青山後二百餘里烏藍花地方碑陽卽加
封孔子文所謂先孔子而聖者云云其碑陰有足資攷證且可補
新修山右金石志之遺亟錄於後

□□□□儒學校□李讓叙事□□□□□稅使司前□　軍府
洒古鎮之雄藩今淨州□□□□通衢之□路□示
□　天山□□鳳闕西枕龍州南迎宣蔚司俗云北接和甯省□　宣聖
之廟□永鎮生民之風化焉
聖朝頒行
詔旨追封
大成至聖文宣王　淨州路□管府
大德十一年七月　立
右宦海浮沈錄

歸綏縣志校印未終適植昌於二十四年二月九日卸篆事幾中輟賴有徐君德支拄其間得以繼續工作乃工未迄功款已告罄徐君留學舊都亟返歸綏告之新任縣長郝君熙元時亢君錦榮掌地方財務吳君致中任農會幹事長各以其力先後籌措始得蕆事故特識之桂林鄭植昌記

歸綏縣志勘誤表

類別	頁數	行數	字數	誤	正
自序	三	十三	十	膏	膏
輿地志	二	六	五	喜	嘉
	三十一	二十六	二十九	5	8
民族志	六	十五	十六	弊	幣
	十四	七	三	麟	鱗
學校志	一	九	十三	齋	齊
	第二頁至第十一頁	書口	第五第六	教育	學校
藝文志	二	一	二十二	樣	漾
	二	二	二十四	觀	親
	二	四十三	九	乂	乂
金石志	十二	七	八	紹	詔

總纂鄭委員裕孚

歸綏縣縣長鄭君植昌

修志局徐局長德

修志局同人合影

自右而左上一劉君丕巢二郝君大中三韓君桂四李君子芸五李君瑞庭
下一趙君國鼎二趙君允仁三鄭君植昌四徐君德五趙君國襄

亢君錦榮

趙君羨漁

解君守業

王君澤民

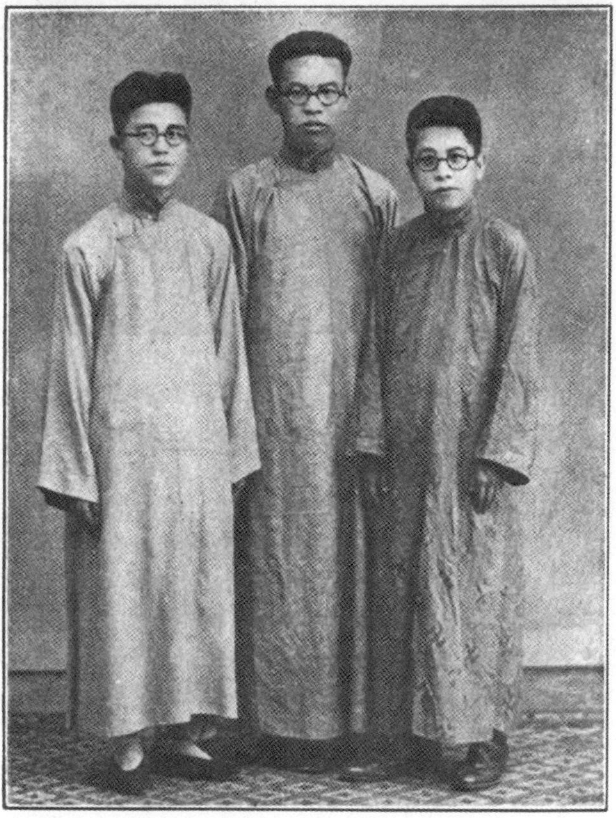

右趙君羨漁中甯君守謙左崔君希賢

繪圖員任亦鸞女士

總纂鄭君之夫人

趙羨漁攝影